于立 ● 著

学人、学科与学问

Scholar, Discipline & Knowledge

东北财经大学出版社　大连

Dongbei University of Finance & Economics Press

图书在版编目(CIP)数据

学人、学科与学问 / 于立著. —大连：东北财经大学出版社，
2016.3

ISBN 978 – 7 – 5654 – 2101 – 3

Ⅰ.学…　Ⅱ.于…　Ⅲ.青年教师–师资培养–文集　Ⅳ.G451.2-53

中国版本图书馆 CIP 数据核字(2015)第 206823 号

东北财经大学出版社出版

(大连市黑石礁尖山街217号　邮政编码　116025)

教学支持：(0411) 84710309

营 销 部：(0411) 84710711

总 编 室：(0411) 84710523

网　　址：http://www.dufep.cn

读者信箱：dufep@dufe.edu.cn

大连图腾彩色印刷有限公司印刷　　东北财经大学出版社发行

幅面尺寸：185mm×260mm　字数：367千字　印张：24 1/4　插页：1

2016年3月第1版　　　　　　　　2016年3月第1次印刷

责任编辑：李　彬　王　玲　　责任校对：那　欣　刘　洋

封面设计：冀贵收　　　　　　　版式设计：钟福建

定价：68.00元

作者简介

——为青年学子励志而写

于立，经济学博士，教授，东北财经大学"青教班"班主任。

常习太极拳、太极剑、梅花棍。喜国内外调研，常言："祖国在我心中，世界在我心中。"

学历学位：本科毕业于辽宁财经学院计划统计学专业，获经济学学士学位；曾在中国社会科学院工业经济研究所和澳大利亚新英格兰大学经济计量学系攻读硕士学位；博士研究生毕业于东北财经大学产业经济学专业，获经济学博士学位。

任职任教：东北财经大学讲师、副教授、教授、博士生导师；计统系副主任、工商管理学院副院长、研究生部主任、MBA学院院长、教育部重点研究基地——产业组织与企业组织研究中心主任；天津财经大学副校长，兼任法律经济分析与政策评价中心主任，"优青班"班主任。

学术兼职：国务院学位委员会学科评议组成员，国务院反垄断委员会专家咨询组委员，全国MBA教育指导委员会委员，教育部工商管理学科教学指导委员会委员；国家自然科学基金评审委员，国家社会科学基金评审委员；中国工业经济学会副会长，中国企业管理研究会副会长，中国管理现代化研究会常务理事，多家刊物编委。

辽宁省学科拔尖人才，辽宁省委、省政府咨询委员，大连市人大财经委委员。曾任上市公司独立董事。

荣誉奖项：获国务院政府特殊津贴，辽宁省首届哲学社会科学成就奖，教育部、财政部优秀教师，教育部人文社科优秀成果二、三等奖，教育部教学成果二等奖。

项目成果：主持国家社科基金重大项目、社科基金一般项目，国家自然科学基金项目多项；教育部、辽宁省、商务部、国家知识产权总局项目多项。

主编过丛书多套；发表过著作多部、论文多篇；提交过咨询报告多篇、内参报告多篇。

序　言

这本书是根据我专为经济学与管理学优秀青年大学教师"实验班"而编写的"讲义"的内容选编而成，因此内容和体例都比较独特。根据需要和精力，这套"讲义"打算出版多辑，本书是第1辑。

一、"实验班"初衷

为何要办优秀青年大学教师"实验班"？国内大学有一些教育"实验班"，但多是本科和研究生（硕士和博士）层次。针对财经类大学的办学特点和人才需求，实事求是、因地制宜地在更高层次上举办面向青年教师的"实验班"，是我们的新尝试。"实验班"的主要特点有：在培训内容上是"跨学科、重逻辑、问题导向"；在激励机制上，通过导师引导、共同提高，主要靠青年教师们的自我和相互激励。

国外大学招聘的青年教师在博士毕业后，大多要经过六年左右的"试用期"。然后经过考核才能决定是否给予"终身教职"（Tenure），否则"非升即走"（Up-or-Out）。国内大学虽然还没有实行这种制度，但进取心较强的青年教师需要有一种激励机制。这个年龄段是个关键时期，错过良机或者盲目地"单打独斗"实在可惜。"实验班"的主要目的就是设想在最关键的学术期，通过有效的引导激励机制，唤醒和维持青年教师们的学术进取精神，促使他们升进新的更高学术层次，为一生的学术生涯再搭阶梯。简单说就是"护苗助长"。"实验班"的另一目的是可为申报国家级"优青"、"杰青"以及教育部跨世纪人才等培养后备人选。

"实验班"的设想是我提出的，并且已经先后在天津财经大学和东北财经大学开始实践。

二、"实验班"学员

"实验班"的培训对象是学术发展潜力较大的青年教师（和科研人员），有点像"博士后师资班"，但门槛更高、结业更难。这两所大学"实验班"的基本报名条件都有三条：一是全日制博士毕业，并且在35周岁以下，不限学科专业；二是主持过国家自然基金或国家社科基金项目；三是在国内外发表过高水平论文。在这些候选人中，再经专家组面试筛选，报学校批准确定。

天津财经大学"实验班"的具体名称是"优秀青年教师培训班"，简称"优青班"。"优青班"由学校科研处每人资助8万元，已经开办了3期（共16人），效果良好，首批计划办6期（50人左右）。东北财经大学"实验班"的名称是"青年骨干教师培训班"，简称"青教班"。"青教班"成员列入学术后备人才培养计划，2015年开办第1期（15人），首批计划办4期（60人左右）。

经验表明，学员的学科背景适当宽些为好。比如，这两所大学"实验班"的学员中，各种学科背景都有，包括理论经济学、应用经济学、统计学、法学、工商管理、公共管理、管理科学与工程等，同时又毕业于多所大学。虽然组织研讨难度不小，但的确能够互相借鉴、共同提高，实现"范围经济"。

三、"实验班"的组织

我有幸受聘担任这两所大学"实验班"的班主任和导师组组长，"实验班"由我主讲或主持，同时聘请境内外著名学者加盟组成导师组。"实验班"的组织方式主要是Seminar，天津财大"优青班"一直坚持每周一次，东财"青教班"不定期灵活开课，逐步提高研讨密度。"实验班"实行两年培训期，四年考核期。每次研讨都要由主讲导师精心准备大纲和讲义及相关的辅助材料。天津财大"优青班"开班较早，《"优青班"讲义》已经编印4辑，计划编印9辑。

天津财大"优青班"秘书处设在科研处，依托法律经济分析与政策评价中心

（具有法律经济学博士点，为天津市人文社科重点研究基地）。东北财大"青教班"秘书处设在教务处，依托产业组织与企业组织研究中心（教育部人文社科重点研究基地）。每期班都配备学术秘书，负责印制材料、联络和收送信息。

"实验班"的组织可以灵活多样。有时用一种形式，有时几种形式并举。主要形式有：举办专题讲座，发布研究选题，评述经典和前沿学术成果，讨论论文初稿，修订投稿论文，交流学术动态和会议信息，评价政策法规，拟定项目选题，修改项目申报书，起草和修订政策咨询报告等。除平时的定期研讨外，还组织不定期、专题性的夏令营、冬令营、暑期班等。

四、"实验班"的导师

导师组的校内同事以及聘请的校外学者，大家基于志同道合的理想和信念，也都积极投入、大力配合。如香港岭南大学的林平教授（美国明尼苏达大学博士），台湾大学的熊秉元教授（美国布朗大学博士），美国科罗拉多大学的陈勇民教授（美国波士顿大学博士），加拿大卡尔顿大学陈志琦教授（加拿大西安大略大学博士）、山东大学的乔岳教授（英国萨里大学博士）等就已经多次参与主持专题研讨。

在主持和组织"实验班"的过程中，我本人虽然需要付出很多时间和精力，但在同高起点青年学子和高水平学者的研讨和交流中，学到的更多。由于学员和议题的跨学科性，"实验班"有必要经常采取"会讲制"，包括"双人会讲"、"主辅配合"和"一讲一评"等多种形式。

我本人本科学的是统计学（辽宁财经学院），硕士阶段学的是工业经济学（中国社会科学院）和经济计量学（澳大利亚新英格兰大学）两个专业，博士阶段学的是产业经济学（东北财经大学），曾在大连理工大学和世界银行经济发展学院进修。主业是产业经济学，后来又搞企业理论、反垄断经济学和规制经济学，近期主要研究法律经济学和法理经济学。还出版过能源价格、资源经济、国际贸易、美国财政制度和社会稳定等方面的书。整个学习和研究路程虽然收获不少，但也走了不少弯路。现在看来，这对主持"实验班"倒比较有利。

我先后担任过上述两所财经大学的计统系副主任、工商管理学院副院长、研究生部主任、MBA 学院院长、产业组织与企业组织研究中心（教育部人文社科重点研究基地）主任、国家重点学科（产业经济学）首席教授、法律经济分析与政策评价中心主任、分管研究生和科研工作的副校长。这些经历也使我比较容易与青年学子进行沟通。

　　本书的五篇内容虽然主要是为较高起点的青年教师和科研人员而编著，但其实都是些普及性"大众货"，基本上全是常识。而且既然是面向"实验班"，也就难有一定之规。因此，不仅本书的内容，今后的"实验班"工作也欢迎感兴趣的同行多多给予批评指导。

于　立

2016 年 2 月

目　录

第 1 篇

学习名师与自身践行

启功先生题写的北京师范大学校训"学为人师，行为世范"，不仅针对师范大学的师生，也是对所有大学教师的共同要求。

《礼记·大学》："修身、齐家、治国、平天下。"

北宋学者张载名言——"横渠四句"："为天地立心，为生民立命，为往圣继绝学，为万世开太平。"

于子云："青年崇儒，中年尚道，老年信佛。"

第1讲 经济学大师的风范[①]

学人须知（于子归纳）：

儒家说"不愤不启，不悱不发"；

道家说"为学日益，为道日损"；

佛家说"开口便错，动念即乖"。

引言

本部分主要目的和针对的现象如下：

1.一些青年教师和学者虽然有经济学学位，但受的经济学教育支离破碎，并未"入门"。经济学重视的是思想脉络和分析框架，绝不是分散的概念。何况所受的经济学教育内容中，无用或错误的比例相当高。

2.一些具有管理学学位的青年教师和学者，由于管理学的"无根"（即缺乏理论基础）性，遇到问题不能形成一致性逻辑思路，经常陷入"开口便错，动念即乖"的境地。国际上并不单设"工商管理"学科。

3.某些从其他专业（工程、数学、法学）转行从事经济学教学和研究的教师，难以形成经济学的思维习惯，跳不出原学科的旧"笼子"。

4.某些博士生和博士后有志从事经济学研究，但仍在走弯路、歧路，事倍功半。在这一点上，教师和学生都存在如何对待"不愤不启，不悱不发"这个教育学基本规则的问题。

---

① 本讲于立整理，且主要参考的是：布赖特.我的经济人生之路——18位经济学大师讲述的心灵故事（Lives of the Laureates：Eighteen Nobel Economists）[M].柯祥河，译.海口：海南出版社，2007.该书的英文版和中文版都是本好书，但有些关键经济学名词的中文翻译不够准确，包括书名。

5.多数人（"95%法则"）①即使再努力，也很难成为较为合格的经济学家，但至少应该知道真正的经济学者是如何学习和从事研究工作的。本文提到的经济学教授几乎都是诺奖得主或受过其指导，应该说，可信度较高。

6.从事经济学学习和研究的学生，毕业后不一定从事经济工作或商务工作，但可把经济学作为"练手之器"，从中掌握本事、形成套路、体悟智慧、修身养性。这就是"为学日益，为道日损"的基本道理。很多学生和家长，包括不少教育工作者，并不明白大学是基本教育而不是专业教育的道理，仍在过分强调所学专业。

一、"学习某个学科的最好方法，就是教这个学科"

对于经济学者，特别是大学教师而言，学习某个学科的最好方法就是教这个学科。这个说法在诺奖得主中得到公认。下面就是几位经济学诺奖得主的亲身经历。②这些经历对于如何处理教学与科研的关系很有启发。

据说，这个说法最早来自哈耶克（Friedrich August von Hayek），并被列入经济学家经典语录。1945年，当时为经济系主任的哈耶克建议刘易斯（（W. Arthur Lewis）开门新课，而刘易斯觉得并不熟悉该课内容。哈耶克则对其说："那正好！学习某个学科的最好方法，就是教这个学科。"刘易斯这样做了，几年后结合教学内容出版了《1919—1939年的经济回顾》，该书实际上是刘易斯系统创立发展经济学的前期基础。

索洛（Robert Merton Solow）曾给研究生上"经济周期"这门课。他首先关心究竟要让学生知道哪些东西。他认为，"学习一门课的最佳方式就是教这门课"这句话有一定的道理，但还没有道出核心。大可不必为精通这门课的技术性细节而教它，因为阅读相关的书就能解决。教这门课的重点是把关键问题搞清楚。当同一门课教过两三遍后，对该课程的主题、基本原理、与经济学相关学科

---

① 中国学者钱钟书说过："大抵学问是荒江野老屋中二三素心人商量培养之事，朝市之显学必成俗学。"学者或学问可分为多个层次。只要不是非此即彼的简单化，道理就通了。

② 截至2011年，诺贝尔经济学奖已颁奖43届，产生了69位得主，其中美国经济学家50人，占比达72%；男性68名；60岁以下者12人，最年轻的肯尼斯·阿罗，获奖时51岁；70岁以上24人，最年长莱昂尼德·赫维茨，获奖时已90高龄；60到70岁之间33人，差不多占获奖人数的一半，平均年龄约67岁。2012年（第44届），仍是两美国教授荣获经济学诺奖。

的关联和与现实的关系，就会不断有新的体会。索洛就是从教经济周期理论开始，对庇古、罗伯逊、哈伯勒、汉森、萨缪尔森和希克斯等名家的理论无所不通，最后形成了系统的经济增长理论。

夏普（William F. Sharpe）在华盛顿大学商学院任职时，在较短时间中曾尝试教过统计学、运筹学、计算机科学、微观经济学、公司理财和投资学等多门课程。他在教学过程中，对"学习一项东西的最佳方法就是试着去教别人"这句话有了深刻理解，还完善了"资产定价模型"。

又如，赫克曼（James J.Heckman）是微观经济计量学的大家。他在哥伦比亚大学时，开始并不熟悉经济计量学，只是由于原来教经济计量学的教授离开，系主任找不到别的人选，就动员赫克曼为研究生讲授经济计量学。他为此接受挑战，查找文献，大胆引进，在其基本方法和实际应用方面都大有进展，后来在微观经济计量学领域取得多项重要成果。①

二、向大师学习，也要向同学或同事学习

自己要成为大师，首先要向大师学习，而且要与大师为伍。

施蒂格勒（George J. Stigler）说过，他在华盛顿大学读本科时，成绩虽然优异，却经常选错课程。他承认自己当时缺乏良好判断力，父母文化水平又低，他曾误选了过多的实用性较强的课程和过多的政治学科目。他认为，这主要是因为华盛顿大学虽有值得尊敬的教授，却缺少一流的大师。后来到了芝加哥大学之后，他认识了奈特（Frank Hyneman Knight）等大师级学者，才如鱼得水。奈特教会学生了解，较早期学者的理论已经过时间的检验，值得尊重，对当代的学术观点更应持怀疑态度，而且学者名声大和官位高都无足轻重。正是奈特，把施蒂格勒领入经济思想史的广阔领域。

在学术思想（产业组织）形成时期，对施蒂格勒影响最深的是戴瑞克特（Aaron Director），他是一位苏格拉底式的学者，非常善于提问，而且彬彬有礼，从而促使别人改变观点或寻找证据。他对麦吉提出质疑，促成其写成有关驱除对

---

① Econometrics 不应译成计量经济学，而是经济计量学，即用于研究经济问题的计量学，不是研究计量问题的经济学。类似的还有法律经济学（Law & Economics）等。

手定价（Predatory Pricing）的重要论文；他对泰尔塞提出的问题，对其发表有关维持转售价格的论文有所贡献；他质疑鲍曼等人，对其发表有关价格歧视的论文启发很大。

施蒂格勒不仅得到多位经济学大师的指导，也有幸得到了后来成为大师的同学的启发。他认为，同学弗里德曼逻辑性强、悟性好，能快速了解别人的论点并发现别人的缺点，对自己的学术生涯有深刻的影响。他与萨缪尔森等也为研究生同学，有机会交流思想，对此其觉受益终生。

施蒂格勒在经济思想史、信息经济学和产业组织领域都有独到贡献。他有一句名言：许多"新"观点，其实都不新，只是没人知道而已，而且经常是错误或没有价值的。他的许多经济学成就都受益于与他人的讨论和争辩。

三、学经济学的人很多，但真懂的却很少

弗里德曼（Milton Friedman）曾经说过，经济学是一门迷人的学问，而最迷人之处是，它的基本原理如此简单，只需一张纸便可写完，然而真正懂得经济学的人实在太少。

这一评价对于从计划经济转向市场经济的中国而言，更是一针见血。不仅在大学期间没有系统学过现代经济学的人是如此，即使是改革开放后毕业的博士、硕士差不多也是如此。这从政府文件、官员讲话、报刊评论一看就知。就是学位论文、基金项目结题报告以及相当多的论文和著作，明眼人一看就知有没有分析框架作为理论基础。从学科角度看，产业经济学、财政学、政治经济学等比较明显。

这种情况在工商管理学科中更为严重。中国在学科分类单中划出管理学门类，其中单列"工商管理"，好处当然有，而坏处是使本来就缺乏理论基础的管

理学更加"无根"。①在经济学国际惯例中，具体说是JEL分类编码中，M类包括企业管理与企业经济学、营销学和会计学等，大体相当于中国的工商管理。

表1　　　　　　　　　　　国际通用经济学分类

编号	学科名称	编号	学科名称
A	一般经济学	K	法律经济学
B	经济思想史、方法论	L	产业组织学（或产业经济学）
C	数理方法、数量方法	M	企业管理与企业经济学、营销学、会计学
D	微观经济学	N	经济史
E	宏观经济学、货币经济学	O	发展经济学，技术进步、增长经济学
F	国际经济学	P	经济体制
G	金融经济学	Q	农业经济学、资源经济学、环境经济学、生态经济学
H	公共经济学	R	城市经济学、农村经济学、区域经济学
I	卫生经济学、教育经济学、福利经济学	Y	其他经济学（书评、学位论文）
J	劳动经济学、人口经济学	Z	经济学专题（文化经济学）

　　按国际惯例，正规的期刊中，论文都附有本文在JEL分类编码体系下的隶属。国内的主要期刊在英文摘要中也大多专门列出。这一点十分重要！

---

①

	学科	普适主题	中国现状
1	管理学	激励与约束	无根
2	经济学	竞争与垄断	混乱
3	哲学	科学与宗教	贫困
4	法学	权利与义务	幼稚
5	史学	兴起与衰落	新代
6	政治学	效率与公平	纠结
7	文学	情爱与怨恨	迷失

上表基本概括了人文社科领域的主要问题。

四、如何对待论文发表难？

1951年，贝克尔（Gary S. Becker）在普林斯顿读本科（大三）时，写了篇关于古典货币理论的文章，引起教师的争辩。第二年，他与老师鲍莫尔（William Jack Baumol）合作，把文章发表于《美国经济评论》。题目是《古典货币理论》（*The Classical Monetary Theory：The Outcome of the Discussion*）。同在1952年（读大四），他在《美国经济评论》又发表了另一文章——《论多国贸易》（*A Note on Multi-county Trade*）。在世界一流的期刊上，一个在读大三、大四的大学生，一年发表两篇论文，是很少见的。这可能说明其过于顺利了。因为一般公认，能在《美国经济评论》发表论文，就基本具有了教授职称的资格。

其后，贝克尔经历了多次"投稿难"的考验：

第一次，他在芝加哥大学读研究生期间（研二），对政治民主的经济学方法进行了研究，并写了一篇文章。当时这类文章都发表在《政治经济学》（*Journal of Political Economy*）上，编辑也有意发表，但审稿者（包括曾培养出多名诺奖得主的奈特）却不同意。最终，其只好1956年在《法律经济学》（*Journal of Law & Economics*）上发表。

第二次，他的博士论文是关于种族歧视的经济学分析的，争议较多。他写成《歧视经济学》（*The Economics of Discrimination*）一书，交给芝加哥大学出版社，也不受编辑欢迎。后经学校经济系承担部分费用才勉强出版。有趣的是，当时的编辑10年后在《美国经济评论》上发表文章，对该书评价很高。

第三次，贝克尔曾写过两篇有关婚姻经济学的论文，投给《政治经济学》（*Journal of Political Economy*）期刊社，两次均得到审稿人的负面评价。而两次都是由于时任编辑的施蒂格勒的据理力争，才得以发表，好在都获得了学界好评。

1992年，诺奖委员会在颁奖辞中说，贝克尔的研究经常引起争议，在一开始就遭到怀疑和不信任。他本人也承认，获得诺奖除了声誉和财务方面的激励之外，也有利于从事较窄范围经济学的研究者在人才市场中得到认可。

贝克尔对待学术的认真和执着后来得到同行的极大尊重。诺奖得主赫克曼曾提到，贝克尔曾经几次因论文答辩访问过哥伦比亚大学，此后该大学有关劳动经济学的一个重要论坛（专题研讨会）长期在首要位置，为其保留一个空椅子，敬尊为神。这是一个既说明问题，又十分有趣的例证。

五、"两篇论文打天下"

诺奖得主中，名气最大而成果（数量）最少的莫过于科斯（Ronald H. Coase），他甚至没有认真地读过博士。

"科斯定理"（Coase Theorem）一词是20世纪70年代由施蒂格勒提出的。施蒂格勒是研究经济思想史最有成就的学者，他曾经说过，科斯定律是整个20世纪经济学发展中最重要的思维定律。张五常说，科斯读过很多著作，翻阅过无数文件，但研究的正规的经济学论著只有三本：马歇尔（Alfred Marshall）的《经济学原理》、奈特的《风险、不确定与盈利》、维克斯泰德（Philip Wicksteed）的《政治经济学常识》。科斯原本只有学士头衔。1951年其要转到美国任教，需有博士学位。他拿几篇发表了的论文（包括《公司的性质》一文）成功申请到 D. Sc. 荣誉博士学位。而为他写推荐信到美国布法罗大学去的是戴维克特（Aaron Director），也只有学士学位，但他还为哈耶克写过推荐信。可贵的是，科斯和哈耶克后来都获得了诺奖。

科斯1932年毕业于伦敦经济学院。因为课程修完早于规定的毕业时间，1931年他到美国去，在芝加哥大学旁听奈特的课并有所悟，写下了1937年发表的《公司的性质》一文的初稿。这是其后来1991年获诺贝尔经济学奖时被提到的两篇文章中的第一篇。

科斯的第二篇论文更为传奇。1959年发表的《联邦通讯委员会》一文，当初被投到芝加哥大学戴维克特（Aaron Director）任主编的《法律经济学》期刊时，多位教授不同意其中某些段落，但科斯坚持不删改。戴维克特说不删改也可以，但刊登后其要到芝加哥大学作一次报告，以便回应质疑。

这就带来了1960年春在戴维克特家晚餐后的大辩论，在场的人都是大师级人物，包括施蒂格勒、弗里德曼等多位后来的诺奖得主。张五常介绍，辩论结果是科斯一比九胜。施蒂格勒说，当晚没有录音是经济学界的大损失。据麦吉（McGee）回忆，大家离开戴维克特的家时都说他们为历史作了见证。芝加哥大学的约翰森（Harry Johnson）当时在伦敦，过了一天给芝大经济系打了一封电报，说："听说又有一个英国人发现了新大陆。"十多年后，曾经反对科斯最激烈的克塞尔（Kessel）对张五常说，要回到斯密才能找到一个像科斯那样对市场有那么深入感受的人！

晚餐辩论后，科斯动笔写下了今天大家都知道的《社会成本问题》一文。这是科斯一生中的第二篇重要论文。

六、最成功的经济学教科书

萨缪尔森（Paul Anthony Samuelson，1915.5.15—2009.12.13），是新古典综合学派的创始人，举世公认的经济学集大成者。他16岁时进入芝加哥大学，而后在哈佛大学取得博士学位。他使麻省理工学院的经济学系誉满全球，培育出多位杰出经济学者，如克鲁格曼、默顿和斯蒂格利茨等人，其中多人日后获得诺贝尔经济学奖。

他21岁前就开始发表论文，号称经济学界"最后一位通才"。他在经济学的多个领域都取得重要成果，如国际贸易、经济计量学、经济周期理论、人口学、劳动经济学、金融学、经济思想史和区位经济学等。

萨缪尔森一生勤奋，涉猎广泛，成果颇多，但最著名的还是两本书：一是1947年出版的《经济分析基础》（*Foundation of Economic Analysis*），多位诺奖得主都说从中受益良多；二是1948年开始出版的《经济学》（1985年开始与诺德豪斯合著）教材，其是最畅销的经济学教科书，先后出版19版，被译成40种语言，全球销售400万本。在中国，中国人民大学高鸿业教授翻译出版了几个版本，用心良苦，劳苦功高。[①]

七、"不要轻易给学科下定义"

经济学领域有一个常见坏习惯，就是动辄就随意地提出"×××经济学"。有的是主观臆想的，例如"中观经济学"（从方法论上无此学科）、"工业经济学"

---

① 读过高鸿业教授出版《经济学》时写的译者前言，当知此言不谬。

（整个经济学主要研究的都是工业问题，应为产业经济学或产业组织），等等；有的是望文生义的，如"法与经济学"（应为法律经济学）；有的是主辅颠倒的，如"计量经济学"（应为经济计量学）。不一而足。

夏普（William F. Sharpe）曾特别强调，任何一个研究领域，都要比从事这个领域研究的人重要。给一门学科下定义，得自负责任，尤其是给自己研究的学科下定义，就更是如此了。①

从多位经济学大师的经历看，有一条比较可信的"定律"，即没有系统学过经济学思想史的人难以成为好的经济学家。中国有许多影响很大、名气不小的"著名经济学家"，其实对经济学思想并无多大贡献。中国经济改革与发展是前所未有的伟大实践，身临其境的经济学者（中国人）或研究中国经济问题的外国学者应该提出一些有所创新的经济学思想。但到目前，苗头还不明显。②

八、公认应获未获诺奖的经济学大师

第一人：罗宾逊夫人（Ms. Joan Robinson），有史以来最著名的女性经济学家，新剑桥学派最著名的代表人物和实际领袖。被众多经济学家视为应该获得而未能获得诺贝尔经济学奖的少数经济学家之一。她的代表作是 1933 年出版的《不完全竞争经济学》一书，与张伯伦同期出版的《垄断竞争理论》内容和观点都十分接近，这在经济学界被公认一奇。但由于她提出了很多非常激进的政治和经济观点，造成学术对立的两边对其都很有争议。

第二人：奈特（Frank Hyneman Knight，1885.11.7—1972.4.15）。他是 20 世纪最有影响力的经济学家之一，也是最伟大的思想家之一，他勇于挑战学术权威，在经济学发展和经济分析方法的创新方面有着杰出贡献。作为一个经济学家，他是芝加哥学派的创始人；作为一个批评家，他告诫公众，经济学家的知识是有限的，其预测的失误是不可避免的；作为一名教授，他培养出了像萨缪尔

---

① 我本人对此深有体会，曾试图做点"正本清源"的学术工作，先后出版过三本书：一是《产业经济学的学科定位与理论应用》，二是《规制经济学的学科定位与理论应用》，三是《法律经济学的学科定位与理论应用》。但由于多种原因，也可能落入"开口便错，动念即乖"的陷阱。

② 有人评价，中国信奉马克思主义经济学，但说不清什么是马克思主义经济学，也没有把马克思主义经济学当作科学。在理论方面，只注重对马克思主义经典著作的释义；在应用方面，把经济理论变成对经济政策的注释，结果可想而知。

森、弗里德曼、科斯、施蒂格勒和布坎南这样著名的经济学家。他的名言是，很多看似真理的东西，其实都大有问题，有勇气冲破知识的迷雾，才不愧为真正的学者。布坎南曾回忆听奈特课时的感觉，对于未入门的同学来说，他似乎思想混乱，知识破碎；对于学术知音而言，他却思考深刻，富于启发，使人受益终生。他未获诺奖的原因可能是去世过早。施蒂格勒认为，奈特是杰出而不循常规的老师，虽教学中缺少条理性，经常变换主题，但启发性却高人一筹。

第三人：阿尔钦（Armen Albert Alchian，1914—2013）。世界最伟大的经济学家，历史上最杰出的价格理论家[1]。经济学界常见的问题是：为什么阿尔钦还没有拿得经济学诺贝尔奖？20世纪70年代初期，麦吉（John McGee）和张五常举他为天下经济学者之首，使还没有认识阿尔钦的巴泽尔感到奇怪，后来巴泽尔承认阿尔钦名不虚传。阿尔钦是个从来不介绍自己的人，不大计较论文发表于何处。阿罗（Kenneth Arrow）有这样的回忆：1957年，阿尔钦写了一篇足以震撼行内的关于成本与产出（Costs and Outputs）的文章，被最有名的《美国经济评论》录取了，但当受到邀请为其老师出文结集时，却推却了大名鼎鼎的学报。不知这一特点是否就是他没有获得诺奖的原因？

诺奖得主夏普说过，他走上经济学者这条路，归功于在加州大学洛杉矶分校读硕士学位时讲授微观经济学的阿尔钦。阿尔钦在第一堂课上就说，"经济学期刊的内容，有95%是错误的或无关紧要的。"[2]类似地，华人学者傅斯年在北京大学时曾为中央研究院史语所的新人定下一条金科玉律，即"三年内不许发表文章"。这条规矩到中国台湾后依然有效。这在学术界被传为佳话。

出于各种角度，受过是否可能获得诺奖议论的，还有戴维克特（Aaron Director）[3]、张五常（Stephen N.S. Cheung）、杨小凯等人。

---

[1]　2013年3月7日《南方周末》在关于张五常悼老师阿尔钦文章的"推荐理由"中说，2013年1月布坎南去世之时，全球关注甚众。2月阿尔钦去世，关注者只在圈内。看来得不得诺奖，声名大小悬殊。其实，阿尔钦是当之无愧的产权经济学之父，有原创性贡献，非一般的诺奖得主可比。

[2]　我本人在指导博士生和博士后过程中，也曾矫枉过正，提出"四不原则"，即"一不读书"：大多数的经济学教材和期刊文章不要读，必须慎重挑选；"二不上课"：博士生课程表上的学分课程多走形式，有的可以糊弄，有的则要数倍的时间和精力学懂弄通，在职读博的则应全力投入博士学习和科研，读博的同时为学生上课不仅误人子弟，也误自己；"三不出国"：一些青年教师读博期间如能有出国进修机会，本是好事，但有不少人没有较好的学术基础或没有取得某方面的初步成果，出国难以与高水平教授请教交流，效果反倒不佳，特别是在互联网时代，信息资料容易获得，那些在国内都不接触也不讨论外文资料的人，出国何益？"四不发表"：很多大学对博士生都有发表论文的数量规定，但大家都知道"垃圾文章"害人害己。

[3]　他还是弗里德曼的妻兄（Brother in Law）。

九、经济学大师弗里德曼的两面性

一方面，由于弗里德曼思维敏捷、思路清晰，有时会不讲情面，一些学者特别是学生有点怕他。赫克曼就曾说过，他读研究生时第一年选修了弗里德曼的所有课程，对有的课程感到非常吃力，但最后却获得很高的分数。

另一方面，弗里德曼坚持真理，他既热心扶持他人，又勇于修正自己。例如，贝克尔提到，他刚开始从事家庭经济学的研究工作时，在一次关于生育率的经济分析会上，遇到强烈的批评，有些招架不住。但由于得到了弗里德曼的大力支持，从而信心大增。赫克曼在选择研究生院时，对芝加哥大学了解甚少，只是因为听说弗里德曼非常杰出，并读过他的一些文章，便放弃了其他大学，而选定了到芝加哥大学深造。

布坎南（James Mcgill Buchanan）说过，由于弗里德曼分析能力过强，有时会使学生觉得压力大，有挫折感。但他又说，有一次，当一位不大有名的学者指出其某篇论文中的一个错误后，弗里德曼很快就很有风度地接受了。这件事却使布坎南极大地增强了学术上的自信。

卢卡斯（Robert Lucas）说过，弗里德曼对学术的专注（不讲情面）是十分令人钦佩的，在学术道德和品行方面为学生树立了榜样，就像奈特为弗里德曼和施蒂格勒的好榜样一样。

弗里德曼自己说过，他在研究政策性问题时，希望自己是在行使一位有见地的公民的职责，而不是一个科学工作者——经济学家的职责；而从事经济学学术问题时，希望自己是一位严肃的学者，只服从真理，而不是向政府或政客献媚。

十、对参与公共政策的看法

中国的经济学界过于看重经济学者参与公共政策，甚至将其当作主要评价标准，这只能是中国特色。

弗里德曼在公共政策领域一直比较活跃，也试图影响公共政策。他认为，一个经济学家的见识，虽然有助于对政策问题形成更好的判断，但这并不是最重要的，而对自己科研成果的评价不应根据参与公共政策作出。

贝克尔从事的研究多与公共政策相关，比如教育、犯罪、家庭、吸毒和其他政治问题，但他对公共政策的讨论却漠不关心，更不为任何政客献言献策。直到55岁时，其从未出版过一部通俗性读物。55岁这年，经过35年的经济学研究后，他才十分慎重地接受《商业周刊》的邀请，开始写定期专栏。他从这种经历中磨炼出新的本事，即如何以简单而非技术的方式表达经济思想。并说，如果一种观点复杂到无法简单表述，通常就意味着其还没有完全理解。

2008年荣获诺奖的克鲁格曼（Paul R. Krugman）曾被誉为"专栏经济学家"和"预测大师"，但人们可能忽略了他在国际贸易理论等方面的贡献，而且据说，他本人并不看重参与公共政策。[1]

十一、培养真正经济学人才的教学方式

弗里德曼从自己的经济学求学过程中，深刻认识到自由讨论的重要性。他自己成名后也就身体力行，坚持此道。他曾说，学生不是从教授，而是从同学那里学到东西的。教授的真正作用，只是提出一些问题，让学生自由讨论而已。

诺奖得主托宾（James Tobin）说过，他自己的经历是，教授们把主要的教育责任留给学生，让学生们自学和讨论。研究生教育如果只把一大堆教材传给学生，然后测验学生对教材的掌握程度，这不是好的做法。他的大学毕业论文导师是经济学大家，但告诉他对论文主题并不了解，让他自行负责。他的博士论文导师是熊彼特（Joseph Alois Schumpeter，1883—1950），对他的选题——消费函数也不感兴趣。每次指导时对论文所谈不多，却总是谈其他问题。而恰恰是这种"偏离主题"的谈话，使托宾日后受益无穷。

诺奖得主卢卡斯回忆说，弗里德曼教授上课时很少讲课。他在课堂上经常采取辩论的方式，用学生的观点或报纸引文引入一个问题，然后发表看法。或者提供一些可供选择的方法，让学生清楚地理解并陈述问题，直到该问题被系统解析，而且能用图解说明。弗里德曼常常请某个学生和他"对话"——担当"助

---

① 据传，旨在通过发布讽刺性的假新闻针砭时弊的网站——The Daily Currant，曾发布消息说，克鲁格曼的律师向美国纽约南区破产法院提出破产申请。许小年教授也曾公开发表言论，甚至质疑克氏获诺奖的正当性。

教"，一起将问题思考进行到底。

赫克曼提到，20世纪70年代，在芝加哥大学经济系有几个很有特点的专题研究会，有时每天多达三场。共同的特点是，事先阅读演讲者的论文，其发言时语速极快，讨论十分热烈。如果一篇论文在这种研讨会中得到勉强的接受和认同，也就意味着在其他任何地方都可能获得成功。略有的差别在于，施蒂格勒主持研讨会时常用幽默语言使演讲者感到丢脸；贝克尔主持研讨会时氛围较为宽松，更多的是他本人阐发观点；弗里德曼主持专题研讨班时设定一个基本的标准，即参与者必须事先仔细阅读规定的学术资料，熟知"某段某行"的问题。他思维敏捷，气质威严，令人望而生畏。

提出过哈罗德—多马经济增长模型的埃弗塞·多马（Evsey D. Domar）讲过，在芝加哥大学听过兰格（Oskar Lange，1904—1965）的课。兰格是位善良且富有条理的老师，他的讲解如此清晰，根本无需再去看课本，甚至无需再去思考，而这正是他讲课的最大弱点。而上完熊彼特的课，多马总要在哈佛大学校园转上半天去思考他讲的内容。如果能让学生处于"健康的迷惑"状态，讲课效果才是好的。[①]

十二、老子一样的伟大经济思想家

具有国际影响、靠自学成才的华裔经济学家杨小凯认为[②]，哈耶克（Friedrich August Hayek，1899—1992）是像孔子（Confucius）一样的伟大思想家。他在《我所了解的哈耶克思想》一文中说，"哈耶克对人类思想的影响可能会与孔子思想对中国人思想的影响一样深远和无孔不入。"[③]

杨小凯对诺贝尔经济学奖得主没有崇拜感，对其中几位还觉得很难说值得获此殊荣，而且对科学方法有特殊嗜好，但读了哈耶克（他是一个从不用数学模型

---

① 很多大学对教师的评价标准是本末倒置的，中国的经济学教育问题不少。
② 杨小凯（1948.10.6—2004.7.7），原名杨曦光，澳大利亚经济学家。在中国读中学时，曾因一篇名为《中国向何处去》的大字报被判刑十年。杨在狱期间向同押的大学教授、工程师等人学习了大学课程，包括英文、微积分等。出狱后，在湖南大学数学系旁听一年，1980年以同等学力考入中国社会科学院，1983年受到在武汉大学访问的著名经济学家邹至庄赏识推荐，赴美国普林斯顿大学学习，1988年获博士学位。2000年，杨小凯成为澳大利亚莫纳什大学经济学系首席教授。他出版了一系列英文论文和著作，很快获得了广泛的国际瞩目，曾两次被提名诺贝尔经济学奖。
③ 哈耶克的思想影响之深远可比孔子，且其思想体系和思维方式与老子无异。本文的开篇辞：儒家说"不愤不启，不悱不发"；道家说"为学日益，为道日损"；佛家说"开口便错，动念即乖"，是对中华传统文化精华的高度概括，而且具有极高的普适性。

的经济学家）的著作后，有一种强烈的相见恨晚、非常欣赏的感觉。杨认为，哈耶克非数学的经济思想，比现有最好的经济数学模型深刻得多。也许经过几代人的积累之后，能用非常复杂高深的数学工具严格证明哈耶克的假想。

著名学者邓正来曾潜心（至少"闭关"五年）研究哈耶克的学术思想，并出版了《哈耶克法律哲学》一书。[①]

哈耶克的主要学术思想充满了中国哲学家老子（Laozi）的智慧（道），体现了道家文化的精髓，其思想体系中的核心概念——自生自发秩序就来源于老子的《道德经》。哈耶克认为，中国老子《道德经》中的"我无为，而民自化；我好静，而民自正"两句话，是对自生自发秩序理论最经典的描述。据说，哈耶克对老子的思想十分熟悉，到了信手拈来的地步。

十三、长寿是经济学大师的共性

经济学大师长寿不见得是严格的定律，但至少可以举出许多例证。这些长寿的经济学大师的共同特征是：

1.勤于思考，善于思考，勇于思考。有人说，思考停止，衰老开始。这些人多是"终身教授"，不仅是工作意义上的，更重要的是思维意义上的。

2.好的经济学家虽然不一定是大富豪，但一定不会贫穷。温饱不愁才能思考。为项目经费而奔波者不可能有好的科研成果，特别是在人文社科领域。[②]

3.寿命小于90岁不能称为好的经济学家，身体不一定强壮，但心理必定健康。有人说，好的经济学家是为人类社会谋福利的，所以"好人有好报"，都健康长寿。梁小民说，此话是否是真理，无法确证，但经济学家普遍长寿却是事实。已经去世的诺贝尔经济学奖得主，寿命超80岁的概率在80%以上；知名经济学家中长寿老人亦不少。

中国长寿的经济学家有：（1）马寅初（1882—1982）100岁，耶鲁大学硕士，哥伦比亚大学博士；（2）张培刚（1913—2011）98岁，哈佛大学博士；

---

① "法律哲学"更接近"法理学"，是从哲学的角度研究法律问题。与此类似，"法律经济学"是从经济学的角度研究法律问题。日常的法律问题多为"术"，法律哲学则为"道"。同理，法律经济学多为"术"，而"法理经济学"更为"道"。从这个角度理解"为学日益，为道日损"，可能容易理解其实质。

② "哲学社会科学"概念本身就不科学。

（3）陈岱孙（1900—1997）97岁，哈佛大学博士。这几位如果毕业后继续在国外从事经济学研究，也有荣获诺奖的可能。

国外长寿的经济学家（均为诺奖得主）有：（1）罗纳德·哈里·科斯（1910—2013）已经超过103岁，伦敦大学荣誉博士；（2）保罗·萨缪尔森（1915—2009）94岁，哈佛大学博士；（3）米尔顿·弗里德曼（1912—2006）94岁，哥伦比亚大学博士；（4）西奥多·舒尔茨（Theodore William Schultz，1902—1998）96岁，威斯康星大学博士。其他经济学大师有，哈耶克93岁。

美国经济学家威廉·维克瑞（William Vickrey）（1914—1996）可能是诺贝尔经济学奖历史上最幸运，又最不幸运的人。维克瑞20世纪40年代末就开始在学术界崭露头角，特别是在最优税制结构研究领域成绩斐然。但是，在82岁之前，维克瑞并没有什么显赫的名声。1996年10月8日，瑞典皇家科学院决定把该年度的诺贝尔经济学奖授予他和另外一位经济学家莫里斯，以表彰他们"在不对称信息下对激励经济理论做出的奠基性贡献"。然而，维克瑞教授在得到通知三天之后，在前往领奖的途中去世。

十四、经济学大师的学术环境

纵观经济学大师的成长环境，特别是学术环境，有下列几条"普适性"特征：

1. 相对稳定的研讨班或论坛[①]：例证如芝加哥大学的各种讲坛、哥伦比亚大学的劳动经济学研讨班。

2. 形成影响较大的学派：例如芝加哥经济学派、奥地利经济学派、新古典经济学派、古典经济学派、新制度经济学派等。

3. 建立精干的研究所：如奥地利经济周期研究所、法国图卢兹大学产业经济研究所。

4. 有核心学者长期供职：公认的核心领袖型学者。（1）本人未获诺奖但培养出多位诺奖得主的大师，如奈特、戴维克特、米塞思（L.Mises）；（2）自己为诺奖得主又培养出多位诺奖得主的大师，如弗里德曼、萨缪尔森；（3）开创新的学

---

① 天津财经大学的"优青班"只是一种模仿，只能说方向、方法对头，成果如何有待将来评估。

术领域的大师，如哈耶克、科斯、施蒂格勒、贝克尔、阿罗（Kenneth Arrow）；（4）极具思想性、影响深远的大师，如哈耶克、弗里德曼、科斯。

　　5.求学过程中，少选"急功近利"的"术"味十足的课程[①]：例如，施蒂格勒曾后悔选了过多的商科课程，甚至学过 MBA；夏普对会计的不必用脑非常厌恶；等等。

十五、附件　Category：Economics Theorems

From Wikipedia，the free encyclopedia

This category includes theorems in economics，political science and other social sciences.*See also category*：*Economic theories*

A

- Arrow's impossibility theorem

B

- Bishop‑Cannings theorem
- Bondareva‑Shapley theorem

C

- Capital market imperfections
- Coase theorem

D

- Duggan‑Schwartz theorem

E

- Edgeworth's limit theorem
- Envelope theorem

F

- Factor price equalization
- Faustmann's formula

---

① 中国目前的研究生教育，从入学考试、课程设置，到教学方式和论文写作，有很多还远不是培养"Ph. D"的模式。

- Fisher separation theorem

- Frisch – Waugh – Lovell theorem

- Fundamental theorems of welfare economics

G

- Gibbard – Satterthwaite theorem

H

- Heckscher – Ohlin theorem

- Henry George theorem

- Holmström's theorem

I

- Intensity of preference

L

- Lerner symmetry theorem

- Liberal paradox

M

- Modigliani – Miller theorem

- Moving equilibrium theorem

N

- Nakamura number

- No-trade theorem

O

- Okishio's theorem

R

- Rybczynski theorem

S

- Sonnenschein – Mantel – Debreu theorem

- Stolper – Samuelson theorem

T

- Topkis's theorem

参考文献

[1]PARISI F，ROWLEY C K. The Origins of Law & Economics：Essays by the Founding Fathers [M]. Cheltenham：Edward Elgar Publishing Limited，2005.

[2]BLAUG M. Great Economists since Keynes[M]. Cheltenham：Edward Elgar Publishing Limited，1985.

[3]PRESSMAN S. Fifty Major Economists[M].London：Routledge，1999.

[4]布赖特.我的经济人生之路——18位经济学大师讲述的心灵故事（Lives of the Laureates：Eighteen Nobel Economists）[M].柯祥河，译.海南：海南出版社，2007.

[5]曾伯格.经济学大师的人生哲学[M].侯玲，等，译.北京：商务印书馆，2001.

[6]邓正来.哈耶克法律哲学[M].上海：复旦大学出版社，2009.

[7]史飞翔.三年内不许发表文章[J].读书，2013（4）.

[8]杨小凯.我所了解的哈耶克思想[J].经济前瞻，1995（10）.

[9]赵峰.长寿的经济学家[N].经济学消息报，2009-08-21.

第2讲　不愤不启　不悱不发

——回忆恩师汪祥春[①]先生

人生在世，从事任何行当，尤其是求学和治学过程中，最幸运也最关键的莫过于有"高人"指点。真正意义上的老师（不是当前社会上叫乱了的那种"老师"）就是这种"高人"。我得到过多位"高人"的指点。其中，我的博士生导师东北财经大学汪祥春先生给我的教益最多。特别需要说明的是，汪先生是我的博士生导师，也是我本科和"硕士生"[②]导师。

一、本科时的"课外辅导员"

我入大学前由于做过四年公社"报道员"，曾在《锦州日报》做过一段实习记者，在省、市、县的新闻媒体上发表过一些稿件。虽都浅薄，有的文稿当时就知道属于"胡编乱造"，但接触的人和事不少，思考了很多问题。1978年春恢复高考第一批（即所谓"77级"）入学时，由于同学大多有工作经历和对种种社会问题有或多或少的思考，整个社会又处于"拨乱反正"环境之中，所以对于规定的读书修课虽然较少公开逃课，但大多时间均用在感兴趣的书籍和课程上。对一些课程所投入精力远超要求，并且几乎用上了所有的假期时间。后来我在指导研究生时，总强调"学者没有假期"，但只有少数人能够理解。

---

① 汪祥春，1918年出生，浙江黄岩县人。教授，产业经济学专业博士生导师，政府特殊津贴获得者。1942年入南开大学经济研究所学习；1944年毕业，获硕士学位。1947—1949年在美国芝加哥大学和威斯康星大学进修，师从经济学家米尔顿·弗里德曼（Milton Freidman）等学习价格理论和就业理论。新中国成立后先后在东北统计局、东北计划统计学院、辽宁大学、辽宁财经学院、东北财经学院任职或任教，并被大连理工大学、福州大学、江西财经大学等校聘为兼职教授。曾担任中国计划学会常务理事、中国宏观经济学会常务理事、中国价格学会理事、中国工业经济研究与开发促进会顾问、辽宁省委省政府和大连市委市政府咨询委员会委员等职。

② 1982年3月至1984年1月，中国社会科学院研究生院代培硕士生。

像英语，上大学后才接触（中学曾学过俄语，但因不明就里，白白浪费了时间），但因上大学前有人指点，因此下了些功夫，第三学年开始阅读外文书籍，还曾边译边读地接触了一些英文教材和著作。

《资本论》是财经类学校所有专业的主课教材，在苦读中我发现了中文版《政治经济学》对《资本论》的诸多误解，当然心里更多的是困惑。由于当时学校所设现代经济学课时较少，教学水平也较低，已经不能满足我对相关知识的渴求。

由于我假期多在校自学，得到了系辅导员刘艳梅老师的关照。她把我引见给学校经济研究所的马大英教授。马教授是中国财政史领域颇有建树的著名学者，当时负责学校的外文书籍选购。他非常高兴地向我推荐英文教材和著作，并破例地以他的名义帮我从图书馆和经济研究所资料室借书。我也是"好借好还，再借不难"，尽管有的书实际上没有限期，且当时这类外文书借者较少。

后来，马教授向汪先生提起我，辅导员老师也向汪先生介绍我。以后的课外学习得到了这两位教授的鼓励和指导。汪先生早年留美，时任计划统计系的系主任，他的指导使我如鱼得水。

就这样，我啃读了英文版的《经济计划原理》、《经济计量学》、《成本-收益分析》、《中国的统计制度》、《微观经济学》、《宏观经济学》等著作，写下了百万字的读书笔记。尽管当时对书中很多内容大多似懂非懂，但对开阔眼界、少走弯路着实帮助不小。有趣的是，恋爱时，我无意中向对方展示了这些"成果"，导致"一见钟情"的后果，婚后她在我读硕士、读博士、出国留学和开展教学科研时，一直给予支持。

可以说，我的家庭幸福和人生快乐都受益于汪先生。汪先生对我的引导也影响到我的女儿。她在国内硕士毕业后，自己决定到美国留学，并自食其力，获得经济学博士学位。

二、学士论文的"副导师"

我本科就读的辽宁财经学院（后改名为东北财经大学），当时是全国唯一一所在"文革"中未停止招生的财经类大学。正因为如此，尽管当时刚恢复高考不久，但在学校的图书馆和研究所资料室仍能找到少量的比较近期的外文书刊。

1978年前后，全国经济学界正热议所谓的"洋跃进"，当时一下子引进较多的大项目，但大多未经认真的科学论证。也正是在那以后，可行性研究或项目论证这些概念和方法开始流行。马大英教授很敏锐，建议我仔细阅读《成本—收益分析原理》的英文原著。

书中涉及的"影子价格"、"社会折现率"、"机会成本"、"货币时间价值"、"净现值"、"内部收益率"等一整套概念吸引了我，于是就把这本书译成了中文。读《成本—收益分析原理》一书时，没有从"福利经济学"的理论角度去理解，主要将其看成是基本建设投资项目经济论证的先进方法，我跨系找基本建设经济系（后改为投资系）的王立国同学（他后来也师从汪先生，成为同门师弟）讨论多次，以加深理解。

本科毕业前，我选定的学士论文题目是《成本—收益分析评价》。论文导师本是苍开极教授。他多次叫我到家中接受指导，启发我思考许多相关问题。给我留下深刻印象的是，他对全文修改不多，但对文中一段不到千字的内容，我修他改地反复五、六次。苍教授最后也不满意，认为仍有需进一步完善的地方。这对我启发很大，使我初步懂得了文字功夫需要推敲锤炼的道理。

苍教授在统计学方面造诣较深，而且思想开放。他对我说，文章的数学方面有把握，不会有问题，但经济学的背景不那么简单。于是，他就主动与汪先生打好招呼，然后叫我再去找汪先生求教。

就这样，汪先生此次担任我学士论文的"副导师"。在前后一个多月的时间里，向我提出了多个至今也难以准确、简明回答的经济学问题，何况当时我还只是一个"学士学位候选人"。现在仍能记得的问题如：

1. "社会折现率"与"个体折现率"如何协调一致？

2. "影子价格"在"线性规划"中被定义为"最优解"的"对偶解"，经济学中如何准确理解？

3. "机会成本"的数值确定是否需要考虑"机会"可能实现的概率问题？

……

在毕业前不久，时任系主任的汪先生，亲自到我们班主持一个"专题报告会"，由我向全班43名同学介绍"成本—收益分析的理论和方法"，再由汪先生作点评。此事令我终生难忘。而更难忘的是，他当时极为严肃地说了几句"重话"。大意是，做学问没有止境，青年人最忌骄傲。

事后得知，汪先生特别重视这篇学士论文，当时有"一大一小"两件事与此相关。"大事"是世界银行的专家曾向时任国务院总理提出建议，政府在审定重大投资项目时应该重点考虑"影子价格"和"社会折现率"等问题。因而当时的中国社会科学院马洪院长，委托汪先生提交一份相关的经济学知识背景报告。"小事"是有的同学议论我在本科毕业前获得了大连市学生联合会颁发的"学习有创见者"奖状（全校三人），有点"飘飘然"。

三、硕士班的"推荐人"

本科毕业时，我没有报考本校或其他学校的硕士研究生，其中的重要原因是，汪先生建议我留校任教时，曾透露一个重要信息：中国社会科学院数量经济与技术经济研究所和工业经济研究所准备合办一个硕士班，先在辽宁财经学院附近的大连理工大学"中美科技培训中心"（对应"管理工程系"）上一年基础课，再回北京学习专业课和写学位论文。大连理工大学当时有美国商务部赠送的先进小型电子计算机，美国教授主讲经济学和管理学课程。机会难得，我以"代培研究生"的身份，本科毕业后直接学习硕士课程。

当时汪先生为我写了三封推荐信。第一封写给社会科学院数量经济与技术经济研究所负责人乌家培先生，第二封写给社科院工业经济研究所副所长吴家骏先生，第三封写给中美科技培训中心中方教务长张隆高先生，希望他们对我的学习给予支持。后来搞清，这三位都是汪先生的老友或同学，他们为我协调有关部门，专门开绿灯，并且减免学费。我一直对这三位先生执"弟子之礼"，将其尊为学业和人生导师。由于家境贫寒，读本科时因营养不良患肺结核，没想到这样一来，我得以青年教师和代培硕士生的身份"带薪学习"，使我温饱无忧。

汪先生为我量身定做的这套"系统工程"（我留校任教时的研究方向是当时非常时髦的"系统工程"。后来一是因为其体系过于庞杂，二是因为我的数学基础使我做不到得心应手，而改行）很有"效率"。一是免除了研究生统一入学考试，当时我的身体状况和学习习惯很可能使我达不到录取分数；二是可以根据需要和兴趣选修课程，这很符合我的特点；三是经济上解除"后顾之忧"，使我不再依靠他人。这三条，对青年学子而言是多么难得的人生幸事。

我所参加代培的这个硕士班，除了较早接触电子计算机（机时不受限制，只需预定，这在当时难能可贵）和现代经济学外，还有一种特殊的也许只有中国社会科学院才有的课程安排，那就是主要的专业课多采取"名家讲座"的形式。记得由陈岱孙、胡代光、厉以宁等主讲西方经济学理论，乌家培、张守一等主讲数量经济学方法，徐寿波主讲技术经济学，戴园晨主讲中国宏观经济，王绍飞主讲财政学，蒋一苇、吴家骏等主讲企业制度，周叔莲、汪海波等主讲工业经济。这种"名家讲座"不求知识的系统性，而是侧重前沿和创新，于我每次都是"盛宴大餐"。同学们如饥似渴摄取养分，许多同学后来颇有建树，如社科院学部委员、数量经济与技术经济研究所所长汪同三，香港岭南大学经济学主任林平，国务院研究中心副主任李剑阁，中国投资有限责任公司董事长兼首席执行官楼继伟等。后两个还是我同宿舍的同学。

四、出国留学的"指路人"

汪先生早年留学美国，曾在威斯康星大学和芝加哥大学学习。汪先生常向我们介绍他留学时相识、后来获得诺贝尔经济学奖的弗里德曼（重点是其价格理论）和斯蒂格勒（重点是其产业组织理论）等学者的学术思想，对我们影响很大。

在早年留学回国的著名经济学家中，汪先生特别推崇他的两位南开大学校友。一是原辽宁大学副校长宋则行先生（1917.10—2003.6.5）。宋先生曾获英国剑桥大学哲学博士学位，师从经济学大师梅纳德·凯恩斯。汪先生认为宋先生不仅真正懂得现代经济学，特别是宏观经济学，而且有学者风范和骨气。我和同学郭庆旺博士论文答辩时，有幸聘请宋先生担任答辩委员会主席。

另一位是南开大学的杨敬年先生。杨敬年先生（1908—）1948年获英国牛津大学哲学博士学位，老先生在百岁时又完成了对亚当·密斯的《国富论》的重译和出版工作。

汪先生鼓励我们及早出国学习，至少要有访问学者的进修经历。所以汪先生的众弟子，大多都有出国留学或进修的经历，这也是其入门或博士毕业的条件之一。

我的出国留学过程中有两次"奇遇"，被汪先生戏称为"有福勿争"。一是在1986年，学校获多个国家公派出国进修名额，但没有足够的合格人选。当年全校有9个指标，只有6人通过初选参加全国EPT考试（英语水平考试）。我的英语成绩是130分（总分150分），90分达到出国线。这一成绩还在学校多年保持了非外语类教师的最高分记录。

二是后来办理签证时，本来是国家公派访问学者（Visiting Scholar）身份，却糊里糊涂地被澳大利亚大使馆弄成了硕士生签证。而从1988年起，澳大利亚开始对留学生收取远远高于中国国家资助标准的学费。到澳之后才发现这个问题，经向澳方申诉后，澳方竟然给我支付了一学年的足额学费和安置费。接下来的好事是，接待我的澳方官员又把我介绍给一家非常友善、又很想了解中国的房东。就这样，我在澳两年的学习中，也无需交纳房租。

在选择专业时，汪先生建议我选择主流的经济学专业，我却自作主张地选择了经济计量学（Econometrics）专业。我原以为，经济学的教材已经东看西读地知道了不少，其实后来才发觉很多都是一知半解。后来跟随汪先生攻读博士课程时，又得再次补课。可以说，前前后后折腾了几年，还是没有跳出汪先生早就划定的圈子。

五、不怒而威的博士生导师

在本科毕业后，到读博士之前，我在中国社会科学院研究生院和澳大利亚新英格兰大学，共用了四整年的时间学习几个专业（工业经济、经济计量学、技术经济学）的硕士生课程，其后也写了一些零散的科研论文，还从事过一些教学工作。

正式成为博士生之后，汪先生对我说，"你学的知识和课程很杂乱，现在最需要的是把微观经济学和宏观经济学的基本理论真正搞懂，争取做到融会贯通。然后再学习产业组织理论。"当时我还想申辩点什么，但看汪先生的表情极其严肃认真，只好作罢。

汪先生为我们选定了两本英文教材作为主要参考教材，并以研究班

（Seminar）的形式组织教学。我想争口气，暗中下了不少笨功夫，力争把有关的内容基本掌握，并把书后习题全部做完，还写了大量的笔记。费了此番功夫使我明白了，要想搞懂一本教材，是需要参考多种教材的。事实证明，这种笨功夫是必要的，对于改变我长期形成的不求甚解的学习习惯很有好处。有的内容可以广泛涉猎，但对于基础理论，一定要举一反三，触类旁通。

我从实践中体会到，汪先生针对国内经济学教育的不足总结出的这条经验现在仍然对很多人有效。我接触的不少硕士和博士生吃亏都在于对经济学理论没有真正搞懂上，从而不能确立科学的经济学思维方式。

汪先生对学生很少发脾气，说重话，很多话点到为止，但大家都感到了汪先生的"不怒自威"和循循善诱。有几件小事可作佐证。

1."表扬别人鞭策你"的激励法。和同学交流发现，很少有人受过汪先生的当面表扬，汪先生常常会提及某某又取得了成绩。同学之间当面偶有赞美之语，汪先生至多微笑认可。一次，我向同学郭庆旺说起先生多次表扬他，他笑着说你也被表扬过。先生经常说起诸弟子长项，如，王询思考深入，见解独到；原毅军到国外读博士后，见多识广；周天勇思维敏锐，脑勤手快；杜两省执着扎实，肯下功夫；王立国兴趣广泛，广交朋友；卢昌崇功底较好，成果连连。这种"照镜子"使人相形见绌，备感压力。

我的博士论文选题是能源价格理论。当时社会上的流行观点仍是没有经过人类劳动的自然物品没有价值，因而其产品的价格构成中也就不应包含这部分。汪先生不仅给予支持，还把收集多年的参考资料交给我，他的鼓励使我不改初衷。好在论文答辩前几个月，全国人大常委会通过了《中华人民共和国矿产资源法》，其有关内容与我的研究结论基本一致。我心里高兴，因为不仅学术上可自圆其说，还有了法律依据。

2.刚读博士时，先生对我说，某某写字原来不太讲究，后来通过练字帖大有改进，劝我不妨一试。我当即明白是我的作业文字写得不好。我没有按先生推荐的办法练字，而是马上用近两年的工资买了电脑和打印机。以后再交用电脑打印的作业和习作，汪先生就没有再提练字帖的事。为此，我还准备了一番"口吃者因脑快嘴慢多属聪明"、"有思想者因脑快手慢因而字不好"的"歪理"，以备巧辩。

3.有一次，先生路遇时问我最近忙些什么事。在我想作表面性回答的瞬间突然明白他关心的是我近期有无研究成果。又过几天，他告知我说，中国价格学会主办的最近一期《价格理论与实践》有篇论文似乎论点有误。汪先生了解我对该问题有过思考，于是我写了篇商榷性论文，杂志很快予以刊登。汪先生知道后很高兴。

4.还有一次，在辽宁省价格学会年会上，我谈到一个观点说，价格改革成功的标志就是物价局撤消。事后省物价局长给汪先生打电话告我一状。但汪先生从未与我提起此事。不过没过两年，物价局真的被合并到别的机构去了。

5.在中国工业经济学会的某次年会上，会议策划者——时任学会常务副会长的吴家骏先生希望我们系统介绍一下国际上产业经济学学科的发展情况。我知道学会内部对产业经济学学科看法不一，不愿惹起争议。汪先生得知后，采取了一个稳妥的方式，就是我们事先共同商定报告大纲，正式报告时由汪先生开头，再由我接着讲。事后了解到，随着改革开放的深入，学者们特别是青年学者容易接受符合理性的经济学科分类和主流流派。我们的观点逐渐在同行中得到认同。

六、题外：大学前的启蒙

在回忆汪先生时，让我想起进入大学前遇到的两位高人。因为正是有了这两位高人的指点启蒙，后来在大学中我才能较早地进入汪先生的视野。

我1974年高中毕业后，先是参加生产队劳动两个月，然后到辽宁省义县头台公社任宣传干事。当时公社"革命委员会"中一位姓苏的业务干部，大概是看我天天忙于给村民"宣讲"谁也不懂的"无产阶级专政理论"、"反击右倾翻案风"等，就私下建议我试着读读马克思的《资本论》。这在当时是可以公开阅读的少量书籍之一。我试了一段时间，实在读不下去，就放弃了。虽然如此，这件事对我后来读书修课影响很大。特别是上大学学习政治经济学时才开始明白他的真正意图，不断搞清对一些马克思主义问题产生误解的根源所在。

另一位高人是我经常跟随其到乡下进行调研，同时也是我高中时的政治课老师薛闯宇（辽宁大学政教系毕业，后在县人大常委会副主任位置上退休）。他经常提一些如何看待农民房前屋后"偷种"某些非粮作物这种所谓的"资本主义尾巴如何去掉?"、"抓革命怎么不促生产?"、"学大赛为何越学越穷?"之类的问题。

我当时符合"根红苗壮"的政治标准,多次有机会经推荐到以张铁生而闻名的朝阳农学院"深造"。我几次动心,但这两位均予以劝止。

1977年恢复高考,我考入辽宁财经学院。入学报到前,薛老师为我送行时非常郑重地建议我一定要下大功夫学好英语。我在好几年以后才明白个中道理。

学生简介:

1978年3月至1982年1月,本科就读于辽宁财经学院计划统计系。

1982年3月至1984年1月,中国社会科学院研究生院代培硕士生。

1985年2月至7月,广州外国语学院出国留学人员英语培训班。

1988年10月至1990年1月,澳大利亚新英格兰大学经济计量学系硕士生。

1990年8月至1994年7月,东北财经大学博士,师从汪祥春先生。

1996年9月至12月,世界银行经济发展学院访问学者。

曾任东北财经大学教授,博士生导师,MBA学院院长和教育部人文社科重点研究基地——产业组织与企业组织研究中心主任。现任天津财经大学副校长,中国工业经济学会副会长,全国MBA教育指导委员会委员。

曾任国务院学位委员会学科评议组成员,现任国务院反垄断委员会专家咨询组成员,国家自然科学基金管理科学部评审委员,国家社科基金应用经济学组评审委员。

附:薛闯宇老师的回信

于立:

你谈及的大学前的两位高人的指点一事,令我受宠若惊。当年我也是刚刚步入社会舞台,对社会、对人生的理解大多带有书生气。我还记得当年我和你以下村蹲点为名,实则行备考之实的趣事。我们在交流中给你留下记忆的那些话题,我自己早都忘却了,但确实是我的真性情使然。不谦虚地说,我是个有自己思想的人。正是这一以贯之的真性情,让我在看到安徽凤阳小岗村实行家庭联产承包责任制的报道后,顶着县领导说我搞"光屁股大包干"的指责,率先在全公社落实了家庭联产承包责任制。也是凭着这股真性情,在1997年县人大、政协换届选举中,勇敢地挑战了某些当权者的假民主,在"两会"上同时当选为人大副主任和政协副主席,成为当时惊动全国人大,时至现在也是全国绝无仅有的"事件"。这些都是过眼云烟了。因我们后来缺乏交流，你大概不知道。此刻，也不过是看到你的文字触及了我的一点思绪而已。

当时公社"革命委员会"中一位姓苏的业务干部，叫苏德润，当时是农经助理。后来调到县农业局，任农经股股长。是个有思想、有能力的干部。我很尊重他，并从他身上学到了很多东西。我在农村工作期间是县、市农经学会会员，有多篇优秀农经论文发表就得益于他。

我是退休后开始学习电脑的，目的就是想跟上社会前进的脚步，享受现代科技带来的快乐，丰富自己的晚年生活。我的电子邮箱当时主要是便于亲友之间联系申请的。现在QQ有了邮箱的功能，我很少用了。今天偶然打开，我才看到你的文字。真有相见恨晚的感觉。以后，再给我发邮件时，最好同时给我一个手机信息，我就会及时看到了。兴之所至，匆匆所写，很欠斟酌。迟复为歉了。

顺问夫人好！祝万事如意！

薛闯宇

第3讲　上善若水、大象无形

——贺吴家俊老师80寿辰

引子

在吴家俊老师80寿辰之际，我以学生、会员和学者的三重身份，向三种身份（导师、理事长、学部委员）的吴家俊老师表达感恩、致谢和敬仰的三种情谊。

"三三见九，九九归一"。还可理解为"道生一、一生二、二生三、三生万物；一归道、三归一、三归二、万物归三"。

吴老师曾送我《80年代：中国经济学人的光荣与梦想》（柳红著，广西师范大学2010年出版）一书。其中"访日归来"是对吴老师的访谈。该章引言写道"中国人领受欧风欧雨是从日本开始的。遗憾的是，中国近现代历史最大的特点就是中断，一次次中断，一次次重来。"这句话很沉重，也很深刻。

一、对学生——不遗余力、扶持提携（因而感恩）

我在"怀念我的博士导师汪祥春老师"一文中（参见于立选编：《研究生教育》第3辑，天津财经大学2012年印刷），特别提到我在社科院研究生院作代培研究生时，汪老师曾专门写过两封信（分别给吴家俊、乌家培老师）。吴老师当时在工经所任副所长，负责研究生教育，经他多方协调，特别为我免收学费、安排食宿。并同马洪、孙尚清、蒋一苇、周淑莲、汪海波、陈栋生等为我们授课。

吴老师讲授日本企业的管理和企业制度，令人耳目一新，我后来研究特殊法人制度因此受益。

20世纪80年代，中国经济转型处于关键时期，工业经济教科书内容和体系都需要跟进。当时统编的《工业经济学》既要继承原有架构，又要增加新内容。此事主要都是吴老师构思策划，却不担任主编，而是由李贤沛、戴伯勋、吕政任主编，江小涓、于立和高栓平任副主编。

暨南大学张耀晖曾提议工经学会出版一套研究中国工业经济的系列丛书，吴老师主持策划，最后却让我作主编，他只作顾问。这套丛书共由十几部相对独立，又形成体系的著作组成。各方面比较满意，社会也较为认可。

当年我在东北财经大学争取设立产业经济学国家重点学科、建立产业组织与企业组织研究中心、创建教育部人文社科重点研究基地的过程中，吴老师极力帮助，并以朋友关系，请著名的日本经济学家植草益加盟。还有法国著名经济学家拉丰和梯若，搞得研究中心很像回事。后来，国家重点学科和重点基地都成功获批，吴老师功不可没。

二、对学会——当主心骨、作黏合剂（因而致谢）

吴老师在争取博士点、硕士点和国家级项目为学校排忧解难方面，想了很多点子。多次组织工经学会有影响的教授，或者结合年会，到有关学校现场指导学科建设和项目申报。前后有多个大学（很多人）大受其益。形式有效，又不落俗套。

工经学会下设学术委员会（原称学科建设委员会）的机制设计，独具匠心，相当于中央书记处或公司治理结构中的董事会（会长会）领导的管理团队，曾一度很有成效。

史忠良教授、夏大慰教授和我等先后担任学术委员会的主任（我当过两届4年副主任）。大家深有同感，吴老师为学术委员会工作出谋划策、"既拉又打"。当时的学术委员会活动较多，他发挥了积极的作用。

工经学会有会长会、学术委员会、理事会等多个层次。虽然副理事长和常务理事人数较多，其作用有限，但对年轻会员有吸引力，对学会形成凝聚力有好处。

三、对学术——兼收并蓄、宽宏大量（因而敬仰）

个人或个体的"求异存同"与组织或整体的"求同存异"，才是真正符合哲理的。只强调后者既不现实，也很片面。吴老师对此把握得恰到好处。这一点很像原北京大学校长蔡元培先生的做法，他从来不过多地强调自己熟悉的领域。能够真心欣赏他人的成果和研究领域是一个学者最重要的美德。

工经学会会员有老有少、有左有右；有财经类大学的，也有综合性大学的；有坚守信念的，也有与时俱进的；有强调理论的，也有侧重应用的；有本土学者，也有海归学者；有来自英美的，也有来自日俄的。难得的是，大家都公认吴老师有见解，有主见，且容人，实在难能可贵。观点有时有争议，但对吴老师无争议。

学科建设是工经学会的重要任务，也是工经学会有凝聚力的一个重要因素，这与其他学科有所不同。在工经学科发展的几个关键时点（如改革开放初期从无至有建立学科，以《中国工业经济管理》为代表；随着向市场经济的转型和国家学科目录的调整，调整学科，以《工业经济学》为代表；借鉴国际主流发展学科，吸纳反垄断经济学、规制经济学、法律经济学、发展经济学、企业理论等，还曾策划设立 MIA（Master of Industrial Analysis，专业学位），吴老师总是从工经学会大局出发，既要求务实前行，又要求兼容并蓄。

早在十几年前，吴老师就请汪祥春老师在年会上介绍国外的产业经济学或产业组织理论，但当时工经学会保守思想较强。十几年后在首都经贸大学承办的年会上，吴老师又一次安排汪老师和我专题汇报国际主流产业经济学的产生与发展。在发展中期，支持、鼓励再统编的《工业经济学》增加产业组织理论的核心内容。虽然现在看该书体系并不完善，但客观上效果较好。

第4讲 问题导向、绝学无忧

——论文写作与发表的体会

引言：对有志青年学子的几项要求

- 多发表头条论文（问候语：您有几篇头条论文？）。配发"编者按"或"评论员文章"。
- 多首创关键词（对应至少一篇论文：一词一文）。
- 搞一两个"项目群"，自然就是创新群体。

一、近十年头条位置发表论文与转载情况

表1   近十年头条位置发表论文与转载情况

	题目	作者	刊物	时间	备注
1	关于"过度竞争"的误区与解疑	于立、吴绪亮	中国工业经济	2007年第1期	头条。英文全文转载
2	资源枯竭型国有企业退出障碍与退出途径分析	于立、孟韬、姜春海	中国工业经济	2003年第10期	头条。全文转载
3	自然垄断的"三位一体"理论	于立、肖兴志、姜春海	当代财经	2004年第8期	头条。全文转载
4	资源性贫富差距与社会稳定	于立、候强	财经问题研究	2007年第10期	头条。两次全文转载

续表

	题目	作者	刊物	时间	备注
5	家族企业治理结构的"三环模式"	于立、马丽波、孙亚锋	经济管理	2003年第1期	头条。全文转载
6	论中国药品价高之谜	于立、于左、田坤	经济与管理研究	2007年第9期	头条
7	国际竞争政策的分歧、互动与展望	于立、吴绪亮	世界经济研究	2006年第9期	头条
8	规制经济学学科定位中的几个问题	于立	产业经济研究	2004年第4期	头条
9	中国乡镇企业产出增长的来源实证分析	于立、姜春海	产业经济研究	2003年第5期	头条
10	规模经济与自然垄断的关系探讨	于立、姜春海	首都经济贸易大学学报	2002年第5期	头条
11	区域集中型市场结构的界定及其影响	郝媛媛、于立	产业经济评论	2009年第2辑	头条
12	"三林问题":关键是林权制度改革	于立、候强、李晶	经济学消息报	2008.5.23	头条
13	评我国新不良贷款	于立、丁宁	经济学消息报	2005.5.20	头条
14	资源枯竭型国企的遗留问题	于立、李晶	经济学消息报	2005.7.22	头条

几点体会:

1.作为一个有志学者,应该树立一种志向,以在刊物头条发表论文为荣。常问"您有几篇头条?"目前普遍做法是讲究刊物"封面论文",也是此意。以头条为荣,这是对有志青年学子的特殊要求。

2.一般性的刊物完全可能发表一些比较重要的论文。自己虽不能与高人相比,但可确信的是,诺贝尔经济学奖得主的成名作多不是在最好的刊物上发表的。所以真正学者不必刻意在乎刊物的"级别"或"数量"。

3.当然，对于刊物头条论文，也不宜过于看重，因为可能存在"学术悖论"的问题。

4."学术悖论"的基本涵义是，学术性越强也就越无人能赏识，而难以赏识又如何判定学术性高低？这种"学术悖论"在论文评审、课题申报、成果鉴定、学术评价中普遍存在。重要的基金组织或刊物还是能够通过一些比较有效的措施，部分地克服"学术悖论"的负面影响，但不可能根本解决。

5.一定要重视合作（协同）。特别的思想性极强的思辨性研究除外，多数研究要依靠合作。

二、首创"关键词"举例

争取首创"关键词"，而且一个首创"关键词"对应一篇论文。于立具有"知识产权"的关键词和相应的论文如下：

1."三林问题"：见于立."三林问题"的关键是林权制度改革[J].财经问题研究，2008（9）.

2."三牧问题"：见于立."三牧问题"的成因与出路[J].农业经济问题，2009（5）.

3."三渔问题"：见于立."三渔问题"与公共管理——辽东湾海蜇捕捞案例分析[J].公共管理学报，2007（2）.

4."资源性贫富差距"：见于立.资源性贫富差距与社会稳定[J].财经问题研究，2007（10）.头条。区别于行业性、区域性等概念。从"资源诅咒"谈起。

5."中国药价之谜"：见于立.论中国药品价高之谜[J].经济与管理研究，2007（9）.头条。

6."特殊法人"：见于立.国有企业改革与治理结构的构建新思路[J].辽宁城乡金融，2009（2）和于立.特殊法人企业有关问题的进一步探讨[N].东北财经大学学报，1999（1）.

7."跳单问题"：见于立.最高人民法院首个指导性案例的法律经济学分析——"跳单案"案例研究[J].财经问题研究，2012（9）.

8."国际竞争组织（ICO）"：见于立.国际竞争政策的分歧、互动与展望[J].

世界经济研究，2006（9）.头条。

9."三环模式"：见于立.家族企业治理结构的"三环模式"[J].经济管理，2003（1）.头条。

10."区域集中型市场界定"：见于立.区域集中型市场结构的界定及其影响——对中国"煤电冲突"的另一种解释[J].产业经济评论，2009（2）.头条。

11."社会不稳定规律"：见于立.资源枯竭型城市（矿区）社会不稳定规律——葫芦岛市杨家杖子矿区的"五步曲"案例分析[J].公安研究，2006（3）.

12."纵向价格双轨制"：见于立.纵向价格双轨制"电荒"的经济解释与出路[J].中国工业经济，2008（10）.

13.自然垄断"三位一体"：见于立.自然垄断的"三位一体"理论[J].当代财经，2004（8）.

14."循序渐转"：见于立.资源枯竭型城市产业转型应走"循序渐转"之路[N].中国经济时报，2005-05-23.

三、研究与发表十例（切忌急功近利）

下面把我从事论文写作与发表的几个经历，提供给青年朋友，请大家自己去体会做这一行当的"酸甜苦辣"。相信大家也会积累自己的经验。

1.《投资理论与实践》创刊号头条

1985年，安徽省《投资理论与实践》创刊号（1985年第1期，时为内部双月刊）"突然"刊登了我写的论文，题目是《浅谈投资的计划与控制》。原文最初是在社科院研究生院读书时《宏观经济学》的课程论文，授课教授为戴园晨。该门课程获"优秀"成绩。后来因中国数量经济学会征文中选到合肥参加年会。会后文章入选乌家培、张守一教授主编的《中国宏观经济模型研究》一书第14章，该书是国家哲学社会科学"六五计划"国家重点项目的组成部分。

这是我首次正式发表学术论文。首战成功使我信心大增。创刊号头条位置很难碰到，而且未经投稿，也不知情。见到样刊和稿费时觉得既突然，又兴奋。

2.《经济研究》上险些闯祸

1991年7月，《经济研究》编辑部与东北财经大学经济研究所共同举办国有企业改革方面的全国性研讨会，我向会议试投一稿，题目为《国有企业的进退障碍与价格扭曲》。那个时候，我常向不同会议征文投稿，主要是为了借机旅游。这次会议不用外出，为的则是会友。有趣的是，我虽然没有机会在会上认真宣读论文，但会后没有几天，就收到《经济研究》的用稿通知，略作修改后（题目为《国有企业进入和退出产业的障碍分析》）不到半个月便收到了刊物。事后得知，《经济研究》刊物专为这次会议留出一篇稿件加一篇会议述评的页数空间。一百多篇会议论文只选中我的这篇，一定有高人慧眼。

麻烦的事是在其后。由于在较早前投给另一刊物的另一篇稿子（一直未收到反馈意见）与此文的基本思想和内容有重复交叉，结果两篇稿子同期发表，影响不好，犯了学术大忌。事后我试图向编辑部讲明原因，但辩解加检讨均无效。好在没有公开批评，只是私下警告。这次深刻教训给我敲了警钟，以后绝不敢造次。

3.在《价格理论与实践》与人商榷

在我刚入学攻读博士学位的一天（1990年），与导师汪祥春教授路遇，他问我最近忙些什么事。在我想作表面性回答的瞬间，突然明白他关心的是近期有无研究成果，并不是随意的询问。

又过几天，他告知我说，中国价格学会主办的《价格理论与实践》最近一期有篇论文似乎基本论点有误。汪先生了解我对相关问题有过思考。于是我很快写了篇商榷性论文《关于限价的理论与误区》，杂志也很快予以刊登。事后分析，这次偶然的收获存在着必然因素。一是导师对价格理论问题看得准；二是该篇文章涉及价格理论和中国经济改革的基本问题，不可不辨。另一个可能的因素是导师也许向刊物编辑部为我作了推荐。遗憾的是，直到先生仙逝，我都没有与先生核实此事。如果说先生的确为此作了推荐，但我寄出文章前并未让先生过目把关，他老人家对学生竟如此信任！

4.国际贸易学会的无偏赏识

中国的经济学和管理学教育都存在专业和学科划分过细的问题。国际上也不存在所谓的"财经类大学"。我自己涉猎的比较杂，主要凭兴趣。有一次，突然心血来潮，与另两位学友发现中国国际贸易学会每年都有会议征文，不仅不收会务费，且对优秀论文还有奖励，觉得值得一试。我们三人都不搞"国字头"的学科，但觉得当时学界对"有效保护理论"研究不多，就由我主笔写了篇《有效保护学说与中国的外贸政策》的文章。当时并没有进行比较深入的实证研究，只是浮浅地结合中国对外贸易中的关税及非关税保护的可能实际效果作了些初步分析。

功夫没有白费。论文不仅入选当年的优秀论文，我作为论文作者代表参加会议，认识了不少国际贸易领域的学者朋友（当然有学者提出了继续深入研究的建议，实际上该文也的确不够深入），还获得现金奖励（好像相当于两个月的工资）。时任外贸部副部长，后任国务院副总理（政治局常委）李岚清为我颁发了优秀论文证书。后来，论文又以《有效保护率初探》为题在《数量经济技术经济研究》刊物上正式发表（1988年第5期）。

第二年，中国国际贸易学会又发了年会征文，我和两位朋友就又提交了名为《关于中国劳动力比较优势的思考》的文章，结果又一次入选获奖，并编入国际贸易论文选第5辑《中国外贸发展战略与体制改革》。这次获得奖励不如上次，以后也就作罢。

这两次经历对青年学者可否有些借鉴？我的切身经验，一是搞研究一定要"问题导向"，千万不能局限于自己的所谓"学科"；二是虽然学者之间可能会有"学科偏见"和"同行相轻"现象，但多数情况下，真有水平的资深学者对初出茅庐的青年人会更宽容一些，会更加看重"发展潜力"。这种情况在项目评审、评优奖励等事项中比较多见。

5.国有企业制度研究做深做透

围绕企业制度理论和政府研究，已经做过多项课题，包括国际合作研究，理清了基本思路，发表了多项成果，有的被译成日文发表。可以说，未来多少年也不会落后。

1996年，在世界银行经济发展学院研修时，有机会为一个小型研讨会作报告，讲对国有企业改革的新思路。世行的一位华人高级经济学家（后为德意志银行大中华区首席经济学家）马骏博士很感兴趣，提出可以共同申请美国福特基金资助。刚巧，中国国家自然科学基金管理学部正试图开展国际合作。因此，我俩合作向福特基金（其中多次回答匿名评委的书面质疑）的申报材料由我又按国家自然科学基金的要求，到北京答辩。最终获得国内外共同资助（国内是人民币，国外是美元）。

主要成果是，国有企业不适合一般意义上的现代企业制度，也不适用普通公司制，应按"特殊法人"的模式运作，并相应修改《公司法》。这是一个新的整套理论和政策（法律）建议。有关建议曾提交人大常委会（成思危副委员长）和国务院（吴邦国时任副总理）。虽然国家没有明确地采纳建议，但或早或晚必然"重回正路"。我对此深信不疑。

其中有趣的事是，由于多次收到国外美元资助，并相应地向外方寄送中期和最终研究成果，引起了有关机构的特殊关注，并曾来学校党委调查。当然，由于项目资金来源、程序公开、合法，研究内容无涉国家机密，后来自然解除"关注"。

另外与此有关的三件趣事是：（1）我于1994年8月18日在《经济学消息报》发表《中国建立现代企业制度——特点与问题》一文后，该报于1994年8月25日为此文补发"特约评论员文章"：《国有独资公司应该缓行》。（2）《中国市场报》1998年7月17日在"有此一说"专栏中，以别人名义，以"东北财经大学于立博士认为"开头，发表《特殊法人企业是国企典型形式》的文章。这种处理方式既不能算抄袭，也不付稿费。后来，在2006年10月21日的《解放日报》又遇到类似事件，只是内容改为竞争政策国际协调问题，内容取材于我在上海财经大学的一次学术报告。（3）《中国经济大论战》第2辑（主要取材于《经济研究》副刊《经济研究资料》）以"市场经济必然存在国有企业，国有企业就是'政企不分'"为题，摘要刊登我在《经济学消息报》1995年7月15日发表的文章。其实我不愿意参加这类所谓的"论战"，因为有时不属学术之争。

6.引出系列题目的"跳单"问题

"跳单"问题虽然在现实中广泛存在，但真正的思考和研究却始于王玥同学（"博士前"）的观察。几经讨论（前后至少有十几次），决定以此为题申报国家自然科学基金项目。这就是2012年春节前后的主要兴趣点。《"跳单问题"的B-T-C范式及其应用》顺利获得国家自然科学基金立项资助（60万元），这是目前天津财经大学"一般项目"中资助额度最高的项目，创下一项新的纪录。

目前，相关的研究成果有一篇已经发表在《财经问题研究》（2012年第9期，与冯博合作）上。这是该自然基金项目首个标注论文，也是最高人民法院首批首个"指导性案例"的法律经济学研究。这原本就是个法律经济学问题，却无人从法律经济学角度进行研究。

该问题研究的特点是：（1）由"博士前"最早提出问题，再以团队力量推进研究；（2）很快获得国家级项目；（3）一般项目资助额度最高；（4）还会有系列成果发表；（5）真正实现了"科学研究-学科建设-人才培养"三合一。

7.前景广大的竞争政策国际协调

竞争政策或称反垄断政策（反垄断执法以及反垄断经济学）是产业经济学和法律经济学研究的核心内容。

国际竞争组织问题。经济全球化之后，国家间的竞争政策必然出现日益增多的争议甚至冲突。国际贸易组织（WTO）主要是解决国家之间贸易冲突的组织，在解决反倾销和反补贴方面有所成效，但在解决竞争政策的国际协调方面则力不从心。成立已经十年之久的国际竞争网络（ICN）是个富有想象力的特别组织，我们也曾提出成立国际竞争组织（ICO）的建议。中国目前对ICN的参与程度明显不够，应该发挥发展中大国的作用，积极倡导国际竞争组织（ICO）。其重要性不亚于APEC。这样，既可对竞争政策的国际协调做出贡献，又可从中有效保护自己的利益。

我早已关注这个问题。已经完成的工作有：（1）教育部人文社科重点研究基地重大项目《竞争政策的国际冲突与协调》；（2）多篇论义，包括头条论义；（3）拟申报国家自然科学基金国际合作重大项目。其重要意义从最近东海、南海冲突也可显现出来，未来会更加重要。这才是真正的"预研项目"。

8.先走一步的反垄断问题研究

早在20世纪90年代，国内较多开设产业经济学的学校（博士点）都不大了解产业经济学就是产业组织理论，而且产业组织理论的落脚点就是竞争政策或反垄断问题的时候，我们已经开始协同研究反垄断问题。比有关学校早动手15~20年。后来，国内讨论和出台《反垄断法》时，我们已经发表大量研究成果（成系列的论文、研究报告、著作、译著）。

2012年成为国务院反垄断委员会专家咨询组成员（北京之外，上海和天津各有一位）。

某些问题成为"热门"之后再着手研究，便很难成功。"老问题"的特点是参考资料少，但有了进展就是突破；"热门问题"的特点是难以取得进展，偶尔有点心得，说出来都是常识。目前值得关注的问题包括"大面积楼房拆迁会引起的环境与经济问题"、"独生子女成为社会中坚后的社会学研究"、"教育女性化有关问题"等。

9.形成"项目群"的资源枯竭问题研究

下表是个项目群的例子。前后用了十年时间（如果从自己的博士论文算起有20年），做了三个国家级项目，包括一个重大项目。出了4部著作，整个团队发表科研论文近百篇，我自己指导了40多篇硕士（MBA）论文和两篇博士论文。

表2 项目群（团队、经济性、效果；总经费300万元）

	自立项目	省级项目	国家项目	论文与著作	效果
企业角度	《资源枯竭型国有企业退出案例研究》	《辽宁省资源枯竭型国有企业退出问题研究》（重点）	《资源枯竭型国有企业退出问题研究》（国家社科）	相关论文20篇，同名著作（经济管理出版社）	教育部社科三等奖；蒋一苇企业发展奖
产业角度	《资源枯竭型城市产业转型的难点与途径》	《辽宁省典型资源枯竭型城市产业转型与可持续发展研究》（重大）	《中国煤电产业纵向关系研究》（国家自然）	相关论文30篇；著作2：《资源枯竭型城市产业转型研究》（中国社科出版社）、《纵向产业组织与中国煤电关系》（东北财经大学出版社）	省社科一等奖
城市角度	《资源枯竭型城市社会稳定的有关问题》	《辽宁省资源枯竭型城市社会稳定问题研究》（重点基地）	《资源枯竭型城市社会稳定问题研究》（社科重大）	内参7项；论文40篇；同名著作（中国社科出版社）	教育部社科二等奖；国家领导人批示

取得两项国家级奖项——全国人文社科优秀成果二等奖和三等奖，一个"蒋一苇企业发展与改革奖"，获省级奖多项。也是主持人荣获"辽宁省首届社会科学成

就奖"（共7人，奖金10万元）的主要原因。时任辽宁省委书记的李克强亲自发奖，有照为证。

- 项目群或有"规模经济"和"范围经济"的功效。
- 系统提出"三林问题"、"三牧问题"、"三渔问题"。
- "跳单问题"、"反垄断问题"等都属"项目群"研究项目。

> 老子：道生一，一生二，二生三，三生万物；
>
> 于子：一归道，二归一，三归二，万物归三。

- 于立主编"著作群"举例：

第一组：

1.《产业经济学的学科定位与理论应用》（2002，东北财经大学出版社）

2.《规制经济学的学科定位与理论应用》（2005，东北财经大学出版社）

3.《法律经济学的学科定位与理论应用》（2012，法律出版社）

第二组：

1.《产业组织与政府规制》（2006，东北财经大学出版社）

2.《产业组织与反垄断法》（2008，东北财经大学出版社）

3.《纵向产业组织与中国煤电关系》（2010，东北财经大学出版社）

第三组：

1.《研究生教育第1辑》（2005，东北财经大学出版社）

2.《研究生教育第2辑》（2007，东北财经大学MBA学院）

3.《研究生教育第3辑》（2012，天津财经大学MBA中心）

第四组：

1.《传统文化与现代社会第1辑》（2007，东北财经大学MBA学院）

2.《传统文化与现代社会第2辑》（2008，东北财经大学MBA学院）

3.《传统文化与现代社会第3辑》（2013，天津财经大学MBA中心）

第五组：

1.《"优青班"讲义》第1辑（2012，天津财经大学）

2.《"优青班"讲义》第2辑（2013，天津财经大学）

3.《"优青班"讲义》第3辑（2014，天津财经大学）

10.扬长避短、目光长远的法律经济学研究

政治经济学的30年，制度经济学的30年，法律经济学的30~40年，即经济学的"百年大计"。不仅可搞"项目群"，简直是"大金矿"。

- 从"市场失灵"、"政府失灵"到"法律失灵"。
- "法理经济学"学科建设任务更重。

"目光长远"容易理解，何谓"扬长避短"？应符合"2011计划"的标准："国家急需，世界一流"。其他领域较难做到。

第5讲　如何发表头条特稿？

—— 《中国经济改革与发展的"三小法宝"》一文诞生记

青年学子应该：（1）多发表头条（至少是封面）论文或文章，配发"编者按"或"评论员文章"；（2）尽量多地首创关键词；（3）搞一两个"项目群"。

这里以我与冯博合作发表在《改革》2013年第1期的《中国经济改革与发展的"三小法宝"》一文为例，对如何发表刊物头条特稿，谈些体会。希望对"三种人"（博士后、博士中、博士前）有所启发，并祝愿大家以后比我们做得更好。

这篇文章的几个特点如下：

一、字数

两万字，属较长文章。一般情况是刊物编辑要求作者对初稿缩减字数，本文是修改时要求增加4 000多字。增加的这部分内容，实际上已经可以构成一篇独立论文的框架。

后面所附的为该文全文。《"优青班"讲义》中的第12讲只是初稿，字数上相当于全文的2/3。

二、内容与题目

该文题目显然符合《改革》刊物的要求。头条文章对任何学术性刊物都十分重要。有的政府部门工作性刊物，要以行政级别（官衔）为主要标准。有的学术性刊物也有按作者名气（头衔）为重的可能。

三、发表时间与位置

当年首期头条特稿（Special Paper）。首期刊物一般会在图书馆或阅览室摆放全年。既是头条，又是特稿，可见刊物对此文的重视程度。在刊物封面，还有【"三小法宝"直面当今现实：如何存续"根"与"认同"，于立解开经济改革和发展玄机】的字样。

四、作者人数

实际作者本为三人，第二作者和第三作者都是后期加入。在写作和修改过程中，作者之间讨论多次，还分别征求了相关学者的意见。投稿时原为三位作者，但考虑到刊物一般情况下不得超过两位作者的要求，正式发表时第三作者只好在首页下方加以说明。

五、注释与参考文献

文章既有页下注，又有篇后注。严格地说应是，页下注是真正的"注释"（Notes），篇后是参考文献（References）。经济学论文与法学论文差异较大。

六、写作风格

正文和注释写作风格较有特色，不属常见的规范论文，但刊物发表时保留原貌。此文写作风格有点像"春秋笔法"。

所谓"春秋笔法"，也叫"春秋书法"或"微言大义"，是中国古代的一种历史叙述方式和技巧。这种笔法是一种使用语言的艺术，由孔子作《春秋》时首创。其特点是，在文章的记叙之中表现出作者的思想倾向，但不是通过议论性文辞表达出来。春秋笔法以合乎礼法作为标准，既不隐晦事实真相，据事直书，又要做到"为尊者讳、为亲者讳、为贤者讳"。①

七、写作周期

此文发起于2009年，到2013年正式发表，历时4年。其实，对主要问题的思考时间更长。按国际惯例，一篇论文于酝酿、写作、修改到发表，3~5年是正常的。国家自然科学基金项目中的"面上项目"的周期也是此理，例如第一年申报，获批后研究四年，其后两年后续成果发表，第七年才进行"后评估"。

八、观点交流

此文首次露面时是学校科研处承办的天津市社科联年度研讨会的主题报告，当时只有几十个幻灯片。后来，又以《中国经济改革与发展的"五力模式"》或相近题目，先后在首都经贸大学、兰州大学、新疆财经大学、中南大学、山东工商学院、北京交通大学和东北大学，为博士生、EMBA、研究生和本科生作过多次报告或授课，与很多学者和学生进行过交流。内容和观点经过不断的充实、修改和提炼，当然有的内容体现在其他成果之中。

从"五力模型"（强调"五行"）缩减为"三小法宝"，显得更为严谨。

九、转载和评论

暂略。

十、头条文章的重要特点

1.文章选题重要。但也不能大而不当。②

---

① 但是，这种"春秋笔法"仍能做到"孔子作《春秋》，乱臣贼子惧"，可见手法之高。2012年，温家宝总理也曾在记者会上说过"知我罪我，其惟春秋"之语。
② 如在申报国家社科基金重大项目时，有的人只是在一般性问题的基础上，增加几个子项目，那是典型的"大而全"，效果不会好。

2.长期研究结晶。好一点的文章不可能短期完成。

3.符合刊物特点。能为刊物"出彩"。总是给刊物"丢分"的很难长期生存。①

十一、附录　完整稿（发表时略有改动）

中国经济改革与发展的"三小法宝"②

Three Junior Talismans for Reform & Development of China's Economy

内容提要：本文在"三阶段"划分的基础上，借用中国建国"三大法宝"的经验（对应第一阶段），尝试总结出中国经济改革与发展（对应第三阶段）的"三小法宝"，即"小产权"、"小财政"和"小市场"（或"双轨制"）。研究发现，"三小法宝"符合"激励相容"的原则，坚持"实事求是"的要求，达到"法德统一"的目的，各司其职，各有奇效，共同创造了中国经济发展的奇迹，可以更好地解释"中国经济之谜"。"三小法宝"的重要启示是，政策制定和法治建设的核心在于植根于"激励相容"的"不折腾"，否则难免"瞎折腾"。借助于"三小法宝"的思路，目前仍在严重困扰社会各界的医疗改革、教育改革和国企改革等难题会比较容易解决。

关键词：三小法宝　小产权　小财政　小市场（双轨制）

Abstract：On the basis of "three stages" division, this paper, learning the "three major talismans" in the founding of new China (in line with the first stage), attempts to summarize the "three junior talismans" for reform and development of China's economy (in line with the third stage), namely "minor property rights", "small treasury" and "dual - track system". The paper makes a conclusion that "three junior talismans" are consistent with "incentive compatibility" principle, adhering to "seeking truth from facts" requirement, reaching the "law - morality

---

① 作者与刊物的关系，也如同教授与大学的关系。钱钟书的小说《围城》中，三闾大学校长高松年有段名言："名教授当然好，可是因为他的名望，学校沾着他的光，他并不倚仗学校里的地位。他有架子，有脾气，他不会全副精神为学校服务，更不会绝对服从当局指挥。万一他闹别扭，你不容易找替人，学生又要借题目找麻烦。我以为学校不但造就学生，并且应该造就教授。找到一批没有名望的人来，他们要借学校的光，他们要靠学校才有地位，而学校并非非有他们不可，这种人才真能跟学校合为一体。"

刊物与作者合为一体、互利互惠是个理想的境界。

② 作者为于立、冯博、吴绪亮。

unity" purpose, each playing its rule and having wonderful effects, together have created the mystery of China's economic growth. The important enlightenment of "three junior talismans" is that policy making and the construction of rule of law must root in "buzheteng" principle whose core element is "incentive compatibility".

Key words: three junior talismans, minor property rights, small treasury, dual-track system

一、引言："法宝"之说

改革开放以来，中国经济发展取得了举世瞩目的惊人成就。无论是连续30多年持续的经济高速增长，还是金融危机后奇迹般的率先回暖，都激发了深陷经济危机的西方国家对"中国经济发展之谜"探究的热情，中国自己更没有理由不对中国经济发展的动力进行认真总结和归纳。慎言"中国模式"不是总要反复地交学费，不是总是心中无数，不是不去分辨到底做对了什么或者做错了什么。中国经济取得的成功，必有"法宝"。手中有法宝，不识太可悲，不用更遗憾，错用需防范。为了有利于中国经济今后的改革和发展，现在急需一个"鉴宝"过程，然后再去"寻宝"和"用宝"。目前，我国经济改革面临着一个历史性的攻坚期，必与30年前的改革不同，改革攻坚阶段不可避免地触动既得利益，很难实现改革初期"全民受益，无人受损"的局面（"帕雷托改进"）。正如2012年11月21日，中共中央政治局常委李克强在一次会议上所指出的："我国30多年来取得巨大成就，靠的是改革开放，甜头已经尝到。在新的起点上要全面建成小康社会，加快转变经济发展方式，让群众过上更好生活，依然要靠改革开放。这是我国发展的最大'红利'。但也要看到，当前改革进入了'攻坚区'和'深水区'，改革如逆水行舟，不进则退，不干可能不犯错，但要承担历史责任。必须迎难而上、攻坚克难，坚决破除一切妨碍科学发展的体制机制弊端。"因此，我们当前急需认清哪些是行之有效的法宝，这些法宝是否继续有效或需要作出哪些改进。

（一）"三大法宝"的基本特征

所谓"法宝"，一般是指能够产出非凡效果的宝物，也可比喻用起来特别有效的工具、方法或经验。法宝具有这样几个基本特征：一是"有效性"，必须

"出奇制胜"，产生非凡效果，甚至扭转命运；二是"独特性"，难以借用、照搬或模仿，甚至"秘不传人"；三是"时效性"，时过境迁便不可再用，不可滥用，否则后果不堪设想。法宝、法宝，法中之宝，单件法宝已经威力巨大，如能成为体系，构成"三大法宝"或"三小法宝"①，则会更有整体效果，成效也会倍增。

"三大法宝"已经成为一种哲学范式，在文化、经济、社会等各方面发挥着奇效。在中华传统文化中，"儒家之宝"、"道家之宝"、"佛家之宝"、"法家之宝"有简明扼要、画龙点睛之妙②；在传统武侠小说和历史传说中，法宝多有引人入胜、扭转乾坤之神化效果。更重要的是，在中国革命和建设事业的历史进程中，"法宝"之说道理也很相近。

（二）中国革命成功的"三大法宝"

中国历史传说中姜子牙有三件法宝：打神鞭、方天印和杏黄旗。姜子牙用这三大法宝辅佐周文王、周武王灭商兴周，大建奇功。毛泽东在1939年总结中国革命的基本经验时，说中国共产党也有三大法宝，一是"统一战线"，可比作姜子牙的"打神鞭"；二是"游击战"，可比作姜子牙的"方天印"；三是"革命团结"，可比作姜子牙的"杏黄旗"。同年，毛泽东在《〈共产党人〉发刊词》一文中指出："十八年的经验，已使我们懂得：统一战线，武装斗争，党的建设，是中国共产党在中国革命中战胜敌人的三个法宝，三个主要的法宝。"[1]其中，用"武装斗争"替换了"游击战"，更重要的是用"党的建设"取代了"革命团结"。1949年6月，毛泽东在《论人民民主专政》一文中对"三大法宝"作了更加完整的概括，指出："一个有纪律的，有马克思列宁主义的理论武装的、采取自我批评方法的、联系人民群众的党；一个由这样的党领导的军队；一个由这样的党领导的各革命阶级各革命派别的统一战线；这三件是我们战胜敌人的主要武器。依靠这三件，使我们取得了基本的胜利"。[2]

---

①　数字"三"在中国传统文化中占有独特地位。老子名言，"道生一，一生二，二生三，三生万物"（第42章），我们反其意而用之："一归道，二归一，三归二，万物归三"，如果再加上横批"为学日益，为道日损"（老子第48章），则恰好构成一幅形式完整而理趣浑然的楹联。
②　中华传统文化中的几大名家多有类似"三宝"的概括。儒家三宝：智、仁、勇，如孔子曰：智者不惑，仁者不忧，勇者不惧（《论语》）。道家三宝：慈、俭、让。如老子云："我有三宝，持而保之：一曰慈，二曰俭，三曰不敢为天下先"（《道德经》第67章）。佛家三宝：佛、法、僧，亦即觉、正、净。法家三宝：法、术、势。

（三）新时期治国的"三大法宝"

2006年10月，香港《大公报》报道，"树立科学发展观，构建社会主义和谐社会，走和平发展道路"这三项方略在中国新一届中央集体执政过程中日趋系统化，将成为继"统一战线、武装斗争、党的建设"后，中共领导全面建设小康社会和实现民族复兴的新"三大法宝"。[3]当然，新"三大法宝"的归纳还需要进一步充实和提炼。①

毛泽东最初提出中国革命"三大法宝"是基于18年的实践，而后逐渐精炼和完善，到1949年正式提出时已历经28年。现在，改革开放已经30多年，我们对基本经验的总结依然缺少共识。对于"不折腾"这种简单用语，虽然国人多能心领神会，但仍难免有简约之憾。②这不仅仅是名词概念的问题，而且事关中国未来发展之路。

（四）经济改革与发展的"三小法宝"

改革开放以来，中国经济保持了长达30多年的高速增长，即使在20世纪90年代的亚洲金融风暴和2008年至今的全球经济衰退时期，中国经济仍然高歌向上，一枝独秀，被学术界誉为"中国经济增长之谜"。到底是什么力量让中国经济在如此长的时间里保持高速增长？这种高速增长势头还能持续多久？学术界对此问题还缺少深入的研究。

我们通过考察中国经济改革与发展的经济基础、制度环境和竞争动力，将中国经济改革与发展的成功法宝总结为三个主要方面，即"小产权"、"小财政"和"小市场"或"双轨制"。法宝有大有小，相对于涵盖政治、经济、军事等的整体发展经验而言，"小产权"、"小财政"和"双轨制"可谓中国经济改革与发展的"三小法宝"。这"三小法宝"表面上看似乎不够严谨，但实质上却各司其职，富有奇效，作为中国经济高速增长的动力和"助推器"，共同创造了中国经济增长的奇迹，但也存在不少弊端。对其的正确态度是正视现实，客观分析，趋利避害。

---

① 实践走在理论之前，实践带动理论发展的例子常有发生，比如反倾销案例层出不穷带动了中国反倾销研究从无到有地发展起来，反垄断也是如此。类似的情况还有，中国孔子学院已经在全世界援建了106个国家的350多个教育机构，中小学孔子课堂达500多个，但全都缺少适用的教材，教育部的教材规划恐怕也会落空，因为那不是短期能够完成的。
② 有人试图将"不折腾"译成英语，虽可列出10多种备选，但都不能令人满意。也许直接用汉语拼音更好。

二、"法宝"之一："小产权"

（一）"小产权"的性质

众所周知，产权明晰是市场经济的制度基础。但是直到 2007 年 3 月 16 日，第十届全国人民代表大会第五次会议才通过了《中华人民共和国物权法》[4]，并于同年 10 月 1 日起施行。也就是说，我国自 1978 年施行市场经济以来一直缺少明确的法律基础。但是为什么我国在产权制度缺失的情况下还取得了经济的飞速发展呢？①这看似奇怪的谜团，其实就是"小产权"在发挥着奇效。"小产权"现象的存在充分体现出中国人的智慧，它巧妙地解决了既要搞市场经济，又难于界定产权的矛盾。

"小产权"无论是在法学上还是在经济学上都不是一个明确的概念。如果只把"小产权"界定为小产权房，未免过于狭隘。"小产权"的界定与"产权"、"大产权"等概念密切相关，又有所不同。所谓"产权"是指一组权利，包括占有、使用、收益和处置等权能。如果对某物完整拥有这四项权能，那就拥有该物的"完整产权"，或"大产权"。如果只拥有部分的权能，那么就只拥有该物的"部分产权"，或"小产权"。因此，广义的"小产权"是指占有、使用、收益和处置这四项权能的分离，以实现"物尽其用"。其实，"股份制"、"公司制"、"信托"等都是"小产权"的实现形式，这些制度都发轫于英美法系，并极大促进了经济发展。但当它们传入大陆法系国家时都饱受质疑，甚至被否定。因为其打破了大陆法系秉承的"一物一权"的物权制度。这些"小产权"理论虽然至今都未被大陆法系的学者从理论上完全厘清，但是却被经济发展的实践所证实。"小产权"制度产生和发展的事实昭示着暂时摆脱产权理论的桎梏，通过实践来检验真理，已被充分证明是成功的。

由于对"小产权"内涵的莫衷一是，使其也很难找到准确的英译，Informal Property Rights，Partial Property Rights，Limited Property Rights 等都不是理想的翻译，也许 Minor Property Rights 相对较好一些。狭义的"小产权"往往与农民集体

---

① 与此类似，举世公认《反垄断法》是市场经济的"经济宪法"，《反垄断法》保护市场竞争，而竞争才是经济繁荣的原动力。但《中华人民共和国反垄断法》[5] 直到 2007 年 8 月 30 日，才由第十届全国人民代表大会常务委员会第二十九次会议通过，并自 2008 年 8 月 1 日起施行。这也是一些国家不承认中国是市场经济国家的一个借口，而此时中国经济高速增长已经足足持续 30 年之久。事实上，中国虽然长期没有《反垄断法》，但《反不正当竞争法》、《价格法》等相关法律法规中有十分重要的相关类似规定，不断出台的、涉及各行各业的改革开放政策实际上也构成广义上的竞争政策，均起到相近的支撑作用。

土地上建设的房屋有关，其特点是未缴纳土地出让金等费用，其产权证不是由国家房管部门颁发，购房合同国土房管局也不给予备案。"小产权"房是占用集体土地搞建设，并向集体经济组织之外成员销售的住房。据国土部不完全统计，2007年以前，全国"小产权"房的面积累计高达66亿平方米。另据全国工商联数据，1995—2010年，全国"小产权"房竣工建筑面积累计达7.6亿平方米，相当于同期城镇住宅竣工面积总量的8%。"小产权"房在深圳、北京等房价较高城市持续热销，最多的已达到房地产市场销售总量的1/5。[6]事实上，可能没有人说得清"小产权"房的规模与种类。

2012年5月25日，"深圳市土地管理制度改革综合试点"正式启动，深圳有望在土地改革上再次示范全国。土地管理制度的核心，就是对土地权益的确认和明晰，深圳将在此领域探索权益实现的多元化途径。确权的重点和难点在于原农村土地权益如何实现，即深圳大量建立在宅基地上的集体产权房，如何实现权益。对这一问题，深圳拟在符合政策规定的基础上，建立健全相关政策体系，推进原农村土地确权试点实践工作，加强原农村土地产权制度创新。比如原农村土地"依现状、依改造"进行确权；在"房地合一"体系内，探索房地权利分离条件下的管理制度，探索土地权益书、作价入股等补偿模式等，破解确权难题。

（二）"小产权"的普遍性

以上讨论的只是"小产权"房的有关概念问题。实际上，广义的"小产权"涵盖的内容非常广泛，如"承包制"、"股份制"、"公司制"等都是"小产权"的实现形式。甚至在一些省份，不仅"小产权"房很普遍，"小产权"墓也很常见。

现实中"小产权"是非常普遍的现象。大多数城市楼房房产至多只是一种土地产权共享的"公寓"（Apartment），而不是真正意义上土地产权独享的"房屋"（House）。因此，名义上称之为"大产权"的城市房产其实也是"小产权"，因为产权人并不拥有土地所有权，只是拥有70年的土地使用权。随着城市房产接近70年的时限，或者实际上只有20年左右的使用寿命，必然会引发广泛的产权纠纷。这也是目前大量"拆迁纠纷"产生的根本原因。

从"小产权"的视野出发，可以方便地解释中国农村经济改革的成功经验。1978年，十一届三中全会拉开了中国改革开放的序幕，1983年开始家庭联产承包责任制在全国农村全面推行。很快，98%左右的农户都实行了包干到户，家庭承包经营的土地面积占耕地总面积的97%左右。家庭联产承包责任制的核心是实现土地所有权与使用权的分离，农民对土地拥有典型的"小产权"。正是这种"小产权"，极大地调动了中国农民的积极性，使广大农村迅速摆脱贫困和落后，逐步走上富裕之路，并由此创造了令世人瞩目的用世界上7%的土地养活世界上22%人口的奇迹。

"小产权"同样可用来分析中国国有企业改革的路线图。从扩大经营自主权，再到利润递增包干，继而进行承包经营责任制试点，最后实施抓大放小、规范破产、下岗分流、减员增效和建立"现代企业制度"，"小产权"的灵活性和重要作用在30多年的国有企业改革历程中表现得淋漓尽致。

"小产权"问题实际上还广泛存在于土地以外的诸多方面。比如，从"物极必反"的意义上说，"全民所有制"的国有资产名义上是最大的"大产权"，实质上却是最小的"小产权"。单个的产权所有者不可能真正行使权力获取权益。另外，国有独资公司也不是严格意义上的公司①。公司制的本质特征是"产权分散、股东众多"。近年来，围绕国有企业的垄断属性和行业分布的争论大多不得要领，还处于"名不正、言不顺"的较低层次。[7]此外，股份制实质上也可归结为"小产权"。一般意义上的有限责任公司和股份有限公司的单个股东，既无动力、又无能力干涉公司的日常经营，资本所有权与资本运营权出现不同程度上的"两权分离"，这本身就是"小产权"的重要实现形式。

(三)"小产权"的积极作用与简要评价

有些人习惯上认为，"小产权"是万恶之源。实际上，"小产权"在中国经济改革与发展过程中功不可没。

从世界范围看，股份制从根本上解决了现代经济中社会化大生产与生产资料私人占有的矛盾。从中国的实践看，基于"小产权"的家庭联产承包责任制和国企改革绕过了"姓社姓资"的意识形态障碍。由安徽省凤阳县小岗村的十八个农户最先开始实行的"包产到户"（家庭联产承包责任制）和早期国有企业改革推行的承包经营责任制，都是中国经济改革极为成功的"小产权"实践。深圳近期正在推进的"小产权"房屋确权的"新土改"，也是"小产权"这一法宝的进一

---

① 根据我们的研究结论，国有独资公司应走"特殊法人"之路，相应地应该取消现有《中华人民共和国公司法》中有关国有独资公司的条款，分门别类制定"特殊法人"的相应法律或法规。

步应用。

简言之，"小产权"为中国经济的改革和发展提供了制度基础，位于"三小法宝"之首。甚至可以预见，农村集体土地的"小产权"方式，可能在很长一段时期内仍是中国"三农问题"的有效解决途径。但从另外角度看，"小产权"回避了难题，也引发了不少有待解决的问题。但如果不正视现实，不是顺势利导，而是简单否定，不仅于事无补，还可能会激发严重的社会问题，最终还得言归正传。

三、"法宝"之二："小财政"

（一）"小财政"的性质

"小财政"是指中国经济现实中广泛存在、有时甚至起实际主导作用的"预算外"①政府收入，特别是数额巨大的"土地收入"（有人称"第二财政"）和与税收基本持平的"行政收费"以及"国企红利"②（有称"第三财政"），广义上还包括各种"灰色收入"和"小金库"。③一些地方和部门，挪用社保基金也是屡见不鲜。其中，虽然经常伴有个人的贪贿行为，但往往是有利于地方和部门的局部利益的。"小财政"的突出特点就是把追求局部利益放在首位。但问题的关键是，如果像有些经济学家所说的，中国经济快速发展的奥妙主要就在于地区之间的竞争作用，那么"小财政"无疑就是其中的重要"动力"和"源泉"。

"小财政"外表形形色色，内在错综复杂，表现五花八门，合法性莫衷一是，但均表现出游离于监管之外的实质。从规模上看，"小财政"不仅不"小"，而是"大"得惊人。但从制度的角度看，它又难入正堂，只配作小，列为预算之外。

相对于"小产权"而言，对于"小财政"（特别是"小金库"），更是贬多褒少，尤其是在《预算法》修订中引发了强烈的争议，如何界定和处理"小财政"已经成为《预算法》修订中的最为核心的问题，也是我国改革财政预算制度的突破口。如果说"小产权"像臭豆腐，闻起来臭，吃起来香，那么"小财政"（和

---

① 即使是名义上纳入政府正式预算的项目，由于中国实行财政年度与日历年度合一的财政制度，每年三月"两会"通过当年的财政预算后，各省（市、自治区）再根据中央确定的转移支付额度，最后确定本级预算。所以，中央财政至少有三个月"非法运行"，其他下级财政则有三至六月"非法运行"。这当然也属于"小财政"性质。

② 中国的国有企业原来根本不"分红"，近年来有极少的"分红"。据此，国有企业已经成为事实上的"非营利组织"（NPO）。这也为其他国家不承认中国的市场经济地位提供了口实。

③ 从方便理解的角度看，广义的"小金库"比"小财政"涵义更为准确。但为了避免"小金库"有时涉嫌违法违纪，而改用"小财政"一词。

"小金库")则像加进了"鸦片"的盛宴，使人欲罢不能，越陷越深。各级政府、各个组织虽然很少对其给予正面肯定，但都乐此不疲，个中奥妙不言自明。

"预算外收入"的合法性问题一直是我国财政预算制度争论的核心。1994年通过的《预算法》中原则上赋予了"预算外收入"的合法地位。1996年财政部颁布的《预算外资金实施管理办法》中规定：预算外资金是指根据国家财政制度和财务制度的规定，不纳入国家预算，由地方各部门、各企事业单位自收自支的资金。虽然预算外收入拥有明确的法律地位，但是随着财政分权制度的实施，预算外收入迅速膨胀。到2006年，其数额总量已与4万亿元左右的预算内财政收入不相上下，而这些资金在实际运行中往往成为政府的"私房钱"或"小金库"，容易游离于监管之外。在2012年《预算法》的修订过程中，是否取消"预算外收入"再次成为争论焦点。《预算法修正案草案二审稿》中首次明确建议，"各级政府的全部收入和支出都应当纳入预算。"如果此条款通过，那就意味着"预算外收入"将退出历史舞台。但也有人担心，全面取消预算外资金虽然方向上是正确的，然而在中国目前的经济体制和责权格局条件下，也会降低地方政府和企业资金运行的效率，减损其参与经济活动的积极性。这显然是一把"双刃剑"。

（二）"小财政"的普遍性

第一，"土地财政"是典型的"小财政"，但规模巨大，一般占到地方政府预算的50%甚至更多。一些东部城市每年的土地收入高达1 000亿~1 500亿元之多。近年来，全国每年财政收入8万亿~10万亿元，"土地财政"可占其一半，只是不正式列入预算而已。"土地财政"有其历史原因，在一定时期它起到了非常重要的积极作用。改革开放之初，正是凭借着收取的土地出让金，很多城市才完成了最初的原始积累。但是近年来，"土地财政"推高房价的弊端以及其可持续性问题引起了很多社会争议。

第二，"灰色收入"更是典型的"小财政"（或"小金库"）。根据中国经济体制改革基金会国民经济研究所副所长王小鲁的调研，中国居民收入当中的灰色收入约占当年国内生产总值（GDP）的17%，隐性收入约占GDP的1/3。若据此计算，2011年灰色收入高达7万亿~8万亿元，隐性收入超过10万亿元。[8]

第三，国有企业"不分红"或分红比例过低，大多成为"小财政"（或"小金库"）。按照非营利组织（NPO）的一般定义，由于不分红或基本不分红，中国的国有企业整体上属于"非营利组织"。据财政部公布的数据，2010年国有企业实现利润近2万亿元，只拿出5%左右上缴"红利"。2007年恢复"红利"征缴以来，中国央企中上缴比例最高的资源性行业及垄断行业，也仅仅上缴税后利润的10%。

第四，如果"小财政"缺乏有效的监管，往往会沦为名副其实的"小金库"。我国近年来持续开展周期性的清查"小金库"活动，在党政机关和事业单位开展"小金库"专项治理。治理的对象一般包括：违规收费、罚款及摊派设立"小金库"；用资产处置、出租收入设立"小金库"；以会议费、劳务费、培训费和咨询费等名义套取资金设立"小金库"；经营收入未纳入规定账簿核算设立"小金库"等。也都说明"小金库"名类繁多、情况复杂。

（三）"小财政"的积极作用与简要评价

如果说中国经济发展的主要动力是地区间的竞争，那么地方政府以"土地财政"为特征的"小财政"（或"小金库"）显然功不可没，它为地区间竞争提供了主要的经济动力。[9]改革开放之初，为了打破30年计划经济体制形成的"大锅饭"弊端，以"灰色收入"为特征的"小财政"（或"小金库"）也是必不可少的。在医疗、教育等行业严格准入限制且结构单一的情况下，优质资源供给严重不足，以"红包现象"和"不规范收费"为特征的"小财政"（或"小金库"）也难以避免。①

当然，随着"小财政"和"小金库"规模的越来越大，随之而来的腐败现象日益严重，这是我们不愿看到的"副产品"。②由此看来，"小财政"（或"小金库"）这个法宝较多地表现出"双刃剑"特点。

如何从根本上既能保持经济活力，又能控制腐败程度，过去是、现在是，将来也仍然是整个社会面临的"两难困境"。当然，"小财政"或"小金库"中的某些弊端在一定程度上也是可以避免的。

四、"法宝"之三："小市场"或"双轨制"

（一）"双轨制"的性质

"双轨制"可以理解为"小市场"。狭义的"双轨制"是价格双轨制（Dual-

---

① 至今，社会各界对教育和医疗等领域的产品和服务属性仍存在诸多误解，其根源在于对"共用品"理论的误解。[10]
② 2009年，曾经开展全国性的彻查"小金库"活动，并鼓励举报"小金库"，如果属实，最高奖10万元。按上述列举的事实，这项举报奖励当属笑话。另外，近年来也试图实行干部财产报告制度，但成效如何都有待客观评估。

Pricing System）；广义的"双轨制"（Dual-Track System）则包罗万象，既包括经济领域的各种"双轨制"，也包括政治和法律领域的"双轨制"。如政体上的"一国两制"，司法、执法过程中的"正卷与副卷"，社会保障和用工制度中的"老人老办法，新人新办法"、"正式教师与代课教师"，甚至有的寺庙也实行"一山两制"：有的靠财政，有的靠"香火钱"。

"双轨制"或"小市场"在其他转型经济中也或多或少出现过，但远没有中国这样普遍。如果说中国经济转型的典型特征是"渐进型"的话，那么就必然要以"双轨制"为基础。这是不以人的主观意志为转移的。或者说，"渐进型"经济转型与"双轨制"是相互依存的。

（二）"双轨制"的普遍性

仅就经济领域而言，就可列出多种"双轨制"。

第一，中国经济是典型的城乡"二元经济"。在不同地区之间也曾实行"沿海与内地"、"东部与西部"的梯度发展战略。对国企与民企的政策之间存在差异也是争议不断。

第二，一度非常流行的价格双轨制严格说来只是一种"横向价格双轨制"，即同种商品或服务有不同的价格水平和价格形成机制。但是，价格双轨制理论在改革开放初期为中国经济的快速发展做出了不可磨灭的贡献，打破了僵硬的价格管理制度，带动了计划和物资体制的改革。这种横向价格双轨制在中国加入WTO之后，虽然在名义上已经终结，但事实上，价格双轨制至今仍以"纵向价格双轨制"等其他形式存在着，甚至在整个中国的经济结构之中都存在着"双轨制"的痕迹。

第三，"纵向价格双轨制"不仅现在有，在某些行业还将长期存在。比如，以中国的"煤电关系"为例，上游电煤市场竞争程度较高，中游电厂之间竞争程度次之，下游的电网则高度垄断。那么，在纵向的电价形成机制中，上游与中游之间必然存在价格双轨制，中游与下游之间也存在价格双轨制。现有的政府规制机构和反垄断部门对于纵向价格双轨制，还比较缺少了解和应对措施。[11]

第四，"汇率双轨制"曾存在较长时期，而且官方汇率与市场汇率差别较大。[12]近年来表面上的官方汇率与市场汇率差别变小，但由于国际收支表中不同账户开放程度不一，加上关税和限额等政策，造成中国名义汇率与实际汇率（购买力平价汇率）之间仍然差异巨大。例如，按名义汇率，中国2011年47万亿元的GDP，折合7.5万亿美元，而按购买力平价计算则超过11万亿美元，甚至有人认为2010年中国的GDP已经超过美国，可见差异之大。这也是国际上对中国汇率政策指责较多的原因之所在。但是，特别是近几年，国内某些商品的价格高于国外的现象也很严重。①

（三）"双轨制"的积极作用与简要评价

"双轨制"的发明和运用似乎需要极大的智慧，其实更多的是"自然而然"的结果。目前对"双轨制"的理论研究还不够系统全面，也不够深刻，总的看是大大低估了"双轨制"的客观作用，同时高估了人们对其的主观认识。

总体来说，"双轨制"对于中国这样的经济转型国家来说，是不以人的意志为转移的必然选择，它确实提供了一种可行而且有效的运行机制。在"激进疗法"不可行的情况下，"双轨制"则是必然选择，而且在某些行业和领域还将长期存在。它与"摸着石头过河"的思路是高度一致的。当然，弊端也不少。重要的不是指出"双轨制"的种种弊端，而是如何与时俱进，趋利避害。应该并轨的要及时并轨，暂时不能并轨的要限制其弊端。

五、"法宝"之根：激励相容②

大体上看，中国的现代史可分为三个阶段，1921—1949年为第一阶段，即新中国成立时期；1950—1977年为第二阶段，为探索尝试时期；1978—2012年为第三阶段，为改革开放时期。新中国成立时期靠的是老"三大法宝"（统一战线、武装斗争、党的建设）；第二阶段还有待总结，总的看"瞎折腾"的比重较大；如果说第三阶段政治上新的"三大法宝"是"树立科学发展观，构建社会主义和谐社会，走和平发展道路"的话，那么就经济改革和发展而言，"三小法宝"可算一说。③

"三小法宝"的根本特征是激励相容，前提是"实事求是"，目标是"法德统一"，它实际上构成了一个完整的理论学说和思想体系。

第一，"三小法宝"之说符合"激励相容"的宗旨。

---

① 人民币汇率有三"谜"："贫困线之谜"、"升值贬值之谜"和"货币指数之谜"[12]。
② 需要特别说明，本文强调指出"三小法宝"的积极作用，并不是否认它们的消极作用。至于如何更好地使"三小法宝"扬长避短，需要另文探讨。
③ 本文的立意和"三小法宝"的提出，主要基于这样的信条，即"欣赏老子看透'万物生息流转之道'的智慧，学做'处无为之事，行不言之教'的高人"。

按照"机制设计理论之父"——诺贝尔经济学奖得主赫维茨教授的理论,贯彻"激励相容"原则,能够有效地解决个人利益与集体利益之间的矛盾冲突,使行为人的行为方式和结果符合集体价值最大化的目标,即实现个人价值与集体价值两个目标函数的一致化。[13] 中国革命和建设,特别是经济改革与发展的一条基本经验就是,政策、法律、制度和机制如能做到"激励相容",能让各种利益主体有积极性,特别是让市场这只"看不见的手"充分发挥作用,①往往就会收到事半功倍之效,也能长期延续;否则就会事倍功半,不可持续。[14][15] 这里的利益主体既包括每个独立的理性人,也包括各种组织、集体乃至政府。成功的经验有家庭联产承包责任制、分税制改革、地方政府竞争等,反面的教训包括"社会主义草与资本主义苗"、"红与专对立"、"个人利益与集体利益矛盾"、医疗市场种种乱象、公款消费屡禁不止和矿难频发等。

举例来说,在分析企业的社会伦理或社会责任时,企业本身盈利同时对社会有益的属于"君子行为",即"君子爱财、取之有道";企业赔本又对社会有害的属于"傻子行为",一般无需多虑;企业赚钱但坑害社会的属于"小人行为",理应禁止,但要防止"法不责众"现象产生;企业亏本但造福于社会的属于"圣人行为",虽应鼓励但不会持久。这四种组合中只有第一种才是激励相容,应该成为社会的主流和趋势。一个社会的法律法规、政策制度、企业行为、文化民俗等,能够尽量做到激励相容,这样的社会才是真正的和谐社会。

第二,"三小法宝"之说坚持"实事求是"的要求。

经常有人把"实事求是"简单地理解成就是说真话,但这其实大大低估了这条重要原则的哲理价值和指导意义。"实事"就是事实或实践,"求"是探索追求、论证检验,"是"为真理、规律。完整的表达是:根据事实和实践,采取适当的方法和途径,提炼、总结并检验真理和规律。用英语表达则为 Seeking Truth from Facts。"实事求是"这四个字体现并包含了自然科学、社会科学以及人文思想的根本之道。"三小法宝"可能名称不雅,但的确是事实、有奇效、为根本。对于"三小法宝",可取的正确做法是尽量发挥其积极作用,限制其消极作用,而不是视而不见,叶公好龙。事实表明,无论是学术研究还是治国执政,实事求

---

① 即使是经济学家,也有不少人对"看不见的手"多有误解。亚当·斯密(Adam Smith)是在研究和经多次修改发表《道德情操论》(The Theory of Moral Sentiments,1759)之后才发表《国富论》(An Inquiry into the Nature and Causes of the Wealth of Nations,1776)的。

是都绝非易事。

第三，"三小法宝"之说达到"法德统一"的目的。

"以法治国"和"以德治国"不可偏废，缺一不可，应该统一。①孔子所说的
"道之以政，齐之以刑，民免而无耻；道之以德，齐之以礼，有耻且格"就是这
个道理。中华传统文化十分推崇"内用黄老、外示儒术"或"内圣外王"的治国
之道。"三小法宝"在本质上与其高度一致。

根据法律经济学（Law & Economics）特别是法理经济学（Economics of
Jurisprudence）原理，②不仅有"市场失灵"（Market Failure），也有"政府失灵"
（Government Failure），还有"法律失灵"（Law Failure）。[16]中国经济改革与发展
过程中出现过几个重要的"法德统一"的事例。例一：1997年刑法废除"投机
倒把罪"，2008年国务院公布《关于废止部分行政法规的决定》，在废止和失效
的92项行政法规中，包括了颁布20年的《投机倒把行政处罚暂行条例》。例二：
1978年安徽省凤阳县小岗村18位农民冒险搞"包产到户"，2008年9月30日，纪
念改革开放30周年之际，胡锦涛总书记到小岗村视察。村子以"大包干纪念
馆"闻名。例三：安徽省芜湖市个体户年广久雇工经营、制作和销售"傻子瓜
子"，多次面临取缔，因邓小平多次在高层提及并收入《邓小平文选》而闻名全
国。例四：原浙江本色控股集团有限公司法人代表吴英，因涉嫌非法吸收公众存
款罪，2007年被捕，2009年金华市中级人民法院一审判决死刑，2011年浙江省
高级人民法院开始二审吴英案，2012年1月18日，二审维持吴英的死刑判决。
在这前后，很多经济学家和法学家呼吁改判。2012年5月21日，浙江省高级人
民法院做出终审判决，以集资诈骗罪判处吴英死刑，缓期二年执行。2012年3月
国务院决定设立温州金融综合改革试验区，吴英案所引发的广泛讨论无疑对改革
所迈出的这一步起到了一定的推动作用。

总之，"三小法宝"之说是"法德统一"的典范。

六、"法宝"神威：以医疗行业改革为例

医疗行业的改革一直都是"老大难"。这里就以其为例，针对"市场主导"

---

① 我们有一个粗略的基本判断，新中国成立后的前30年左右以"政治经济学"为主导；改革开放
30年左右以"制度经济学"为显学；现在起的未来30几年以"法律经济学"为根基。这是中国经济学的
"百年大计"。
② "法理经济学"就是用经济学的理论和方法研究法理问题，这是有待设立的新学科，我们已经
取得一些进展。

还是"政府主导"的争论核心，借用"三小法宝"，界定概念、正本清源、消除误区、明确思路，为进一步的政策论证和医改评价，提出基本的方针大略。

中国的医疗行业充满着似是而非的说法和含混不清的概念，现实中则存在一些奇怪的现象。这些怪象表面上看似乎不符合常识，属意料之外，其实深究其后，就会发现仍在"情理之中"，并不违背规律。社会各界都承认中国医疗领域普遍存在严重的"看病难"、"看病贵"、"药价高"和"机构少"现象。但这些现象都违背经济学常理，也对"医疗领域过度市场化"的观点提出了致命的挑战。

怪象一："看病难"与进入限制过多并存。以挂号难、床位少、住院难为特征的"看病难"就意味着医疗资源供给严重不足，但这种供给不足主要是人为造成的，如果没有过多的行业进入限制根本不会出现这类现象。

怪象二："看病贵"与医价管制过多并存。"看病贵"主要是指诊疗过程中耗时长、昂贵的检测仪器使用过多、"红包"现象及过高的其他费用，甚至经常出现过度治疗。但是与此同时，政府对医疗价格进行了全方位管制，医院很少有自主定价权。长期的医疗价格管制效果乏善可陈，而且是"越管越贵"。

怪象三："药价高"与制药企业众多并存。中国的药品制造企业多达五千家左右，且以仿制药为主，按常理药品价格应该较低才对。制药企业的利润率也的确不高，但为何患者面临的实际药价却严重偏高，普遍高达出厂价的几倍甚至十几倍呢？一定是某些环节出了严重问题。

怪象四："机构少"与过度治疗并存。与中国的人口相比，特别是在中小城市和农村，医院和医生的数量严重不足。由于外地求医者的大量涌入，大城市的医疗机构也普遍供不应求。一方面医疗资源普遍短缺而且城乡差距较大，但另一方面却又广泛存在"过度医疗"的现象，如过多使用吊瓶、开大药方、过高的支架率和过高的剖腹产率，等等。

我们认为，中国医疗行业改革陷入困境的主要原因是在认识上陷入以下三个误区：一是在产权和医疗产品的属性方面，错误理解"公益性"概念以及背后的"共用品"理论，对行业进入限制过度，甚至提出下一步医改就是要"把基本医疗卫生服务作为公共产品向全民提供"的说法；二是在资源投入方面，过分依赖政府财政投入，而政府投入却又严重不足；三是不能正确理解医疗领域的"市场失灵"问题，过分强调政府主导。这三个误区实质上是"三位一体"的，正好对应"三小法宝"。因而,"三小法宝"理论框架既可对医疗行业的"病因"进行准确诊断,也可开出有效"药方"。

(一)"小产权"视角:医疗行业的性质与产品属性

在讨论医疗行业改革问题时,社会各界对"公益性"的认识涵义非常混乱。从根本上说,"公益性"首先是个法理学概念,它与"外部性"和"产权"概念直接相关。"公益"或"公共利益"最早出自伊斯兰教法,其基本涵义是,出于"公共利益"的考虑,立法者和执法者可不拘泥于法律词句,而适当采取灵活变通的方式,以求更公正的结果。英语语义下的"公共利益"(Public Interest, Common Well-being 或 General Welfare)是政策辩论和政治学的关键用语,但汉语语义下的"公益性"还远远不是概念清晰的法理学概念。

从法理经济学角度看,医疗行业的性质或产品属性(特别是所谓"公益性")可用"共用品"理论进行分析,参见表1。

表1 **医疗行业的性质与产品属性**

		排他性	
		排他	非排他
竞争性	竞争	私用品(Private Goods): 药品、医疗器械、医疗服务、病房等	公有品(Common Goods): 被动吸烟(公害)、环境污染
	非竞争	共享品(Club Goods): 药品专利、治病偏方	共用品(Public Goods): 清洁空气、传染病防治、疫苗接种

第一,同时满足"竞争性"和"排他性"条件的为"私用品",一般不存在"市场失灵"问题。不同于一般的感性认识,医疗行业的绝大多数产品和服务都属于"私用品",而"私用品"不涉及"公益性"问题,也不会引起产权争议。比如,医院病房经常不能满足需要,又可方便付费,是典型的"私用品"。普通的医生诊疗服务、医疗药品和器械等都是如此。

第二,具有"竞争性"但不具排他性的属于"公有品"。"公有品"会引起"小产权"问题,但其所造成的"市场失灵"是可以有效避免的。最著名的研究成果是哈丁的"公地悲剧"。[17]法理经济学研究已经充分证明,清晰地界定产权是解决"公有品"悲剧问题的有效手段。对医疗行业而言，对健康有害的污染物排放是典型的"公害"（Public Bads）。空气、河流湖泊、海洋、土地这些资源具有一定的自然净化能力，百分之百的"零污染"并不符合经济学原理。但当产权界定不清时，污染排放就具有"竞争性"（甚至可以进行排放权市场交易），但不能排他，因而"公地悲剧"就会发生。另外，公共场合被动吸烟实质上也属于权利受到侵害，是一种"负效应"的"搭便车"。

第三，具有"非竞争性"但可以通过某些措施做到"排他"的属于"共享品"或"俱乐部品"，药品专利、治病偏方等属于此列。如果没有专利保护制度，就不会有人花大投资从事医疗行业的研究与开发。虽然，在外行人看来，"非竞争性"表明不存在额外成本就可享用，但为了鼓励创新，市场经济国家都是通过专利制度使之"有偿共享"，从而有效地解决了其中的"公益性"和产权问题。政府需要做的只是保护专利、鼓励创新，同时根据《反垄断法》防止滥用知识产权。中国医疗行业中制药企业创新不足，大多生产模仿品，严重缺乏国际竞争力，这更不能成为判定过度市场化的理由。

第四，同时不能满足"竞争性"和"排他性"条件的才为"共用品"。清洁空气、传染病防治和疫苗接种（其实在一定程度上也是可以排他和竞争的）等应属此列。这部分医疗服务，"公益性"程度极高，产权界定更难做到，因而不可能市场化。真正的"共用品"（如国防）注定是"市场失灵"的，但现实中这类产品和服务非常少见。中国2003年出现的SARS疫情引起了各方对"公共卫生"的重视，但不能矫枉过正。

从医学的角度看，"公共卫生"是指针对社区或社会具有"共用品"性质的医疗措施（而不是指在医院提供的"私用品"性质的医疗措施），主要包括传染病（如结核、艾滋病、SARS等）的预防、监控和医治；对食品、药品、公共环境卫生的监督管制，以及相关的卫生宣传、健康教育、免疫接种等。上述职能中有的并不属于"共用品"，也不必完全由政府财政支出来包揽。这里需要指出两点：一是现实中政府干预程度较高（或市场化程度较低）的具体领域，与纯粹"共用品"法理上的理论界限可能并不一致，需要进行科学的综合性政策评价；二是经济学中"没有免费的午餐"，医疗领域也没有真正的"免费医疗"，只不过收费方式或负担比例不同而已。

（二）"小财政"视角：医院设立与运营的分类组合

理论和各国医疗实践表明，政府全包的"大财政"思路是行不通的。中国目前确实存在政府医疗投入不足的问题，但即使能够大幅度提高政府投入，作用也将是极其有限的，因为还要考虑效率的因素。从"小财政"的视角看，医院（医疗机构）的投资设立与日常的运营管理，可有如同表2的分类组合①。这应成为下一步医疗改革的方向，当然表中的具体比例数字还需要科学论证，或在实际发展过程中适时动态调整。

表2　　　　　　　　　医院设立与运营的分类组合与医改方向

		医院设立	
		公立	私立
医院 运营	非营利	甲类（10%左右）：政府主导（公立+非营利）。主要负责提供普遍性基本医疗服务。如CDC机构	乙类（65%以上）：主要由财团、慈善组织和宗教团体兴办，免纳税收，成为主体。政府可给予财政补贴。目前数量太少。鼓励境内外民间资本投资
	营利	丙类（10%以下）：靠政府投资，按市场定价收费，这种模式最不可取。中国目前这类比例显然过大	丁类（15%左右）：市场主导。初期可适当给予税收优惠，降低进入门槛，不应政策歧视。既可高端，也可低端。为医药研发的主力

关于表2的几点说明：

第一，政府主导的医疗机构（"甲类"：公立+非营利模式）不仅在中国天经地义，其他国家也不可或缺，但在比例上可以根据具体情况进行调整。它们的主要职责是提供普遍性的基本医疗服务，不应该也不可能做到自负盈亏。主要负责公共卫生的各级疾病防治与控制中心（CDC），性质上类似于政府机构，应该依靠政府财政预算运营。

第二，"乙类"（私立+非营利模式）医疗机构可由境内外财团、民间慈善组织或宗教团体设立，按非营利组织（NPO）运营，基本特点是既不纳税，也不分红。政府也可以适当参股（即PPP模式）②，但不要干预日常运营，包括医疗和

---

① 与此类似，企业也可分为"国有国营"、"民有民营"、"国有民营"、"民有国营"。最糟的是思维僵化、非白即黑。这几种组合模式在不同经济发展阶段或不同时期，都是可能存在的。
② PPP是英语Public Private Partnership的缩写，意为公私合营。

药品定价。按各国的经验，这类医疗机构应成为主体，但是在中国真正意义上的慈善医院还未出现[①]，而且很多人普遍认为慈善医院应该"看病不要钱"或可能只是"象征性收费"，这些误解让慈善医院经营举步维艰。

第三，中国现实中80%~90%的医疗机构属于"丙类"（公立+营利模式），比例实在过高。它们一方面靠政府财政投入而设立，另一方面靠市场化定价收费进行运营，还要享受免于税收和上交红利的便利。中国的公立医院，特别是城市大医院，大体上都是或至少是部分投入靠财政资源，而收费主要靠市场化。这是一种最不合理的组合安排。国外的私立医院两头都主要靠市场，那是天经地义的事情。如果投入靠财政，则收费应采取平价医疗的做法，这也是理所当然的事情。这类机构的设立与运营模式是中国医疗体制的最大失误，弊端较多，在下一步的改革中大部分应分别转型为另外三类。

第四，下一步的医疗改革，切忌"一刀切"。对于市场主导的私立+营利性医院——"丁类"，政府应该规范并鼓励其发展。针对某些特定"公益性"服务，也可以在特定时期（发生战争或疫情）免于征税或给予财政补贴。对于"丁类"医院或诊所，政府更不要干预日常运营，医疗和药品定价应以市场为主导。现实中，我国私立+营利性医院（"丁类"）长期不能获得与公立医院（"甲类"+"丙类"）同等的待遇，有时只好通过过度医疗、发布虚假广告等方式维持经营，从而造成恶性循环。我国于2012年出台了《卫生部办公厅关于确定社会资本举办医院级别的通知》和《卫生部关于社会资本举办医疗机构经营性质的通知》，在这两个文件中明确规定私立医院可以像公立医院一样参与评级，有机会成为三甲医院，同时也可以作为非营利性医疗机构经营。这些文件的基本宗旨是符合正确改革方向的，但落实还需要时日，还要克服诸多困难。

2011年，《中共中央国务院关于分类推进事业单位改革的指导意见》出台。《指导意见》明确划分事业单位类别，准确定位事业单位属性，并根据公益服务方式和市场化程度作进一步的分类。基本内容是，按照社会功能将现有事业单位划分为：Ⅰ类承担行政职能；Ⅱ类从事生产经营活动；Ⅲ类从事公益服务。同时，根据职责任务、服务对象和资源配置方式等情况，将从事公益服务的事业单

---

① 2005年2月开业的中国首家民营慈善医院——上海慈爱医院，后因持续亏损不得不转变管理思路，试图通过"赚钱搞慈善"维持生存。

位细分为两类：承担义务教育、基础性科研、公共文化、公共卫生及基层的基本医疗服务等基本公益服务，不能或不宜由市场配置资源的，划入Ⅲ$_1$公益一类；承担高等教育、非营利医疗等公益服务，可部分由市场配置资源的，划入Ⅲ$_2$公益二类。这种分类与本文提出的思路大体一致。

（三）"小市场"视角：医疗行业的市场失灵解析与政府职责

围绕医疗行业是否应该市场化的争论十分激烈。其中，医疗行业在哪些方面存在市场失灵，如何对待市场失灵是关键所在。共用品、自然垄断和信息不对称是公认的市场失灵的三个主要方面。表3就是对照市场失灵的主要方面，而对广义的医疗领域可否市场化问题的要点概括。其中有的细节问题还需要更多的深入研究，但基本观点应该是成立的。

总的看法是，"小市场"（或"双轨制"）的思想更适合于医疗行业。"公共卫生"领域存在市场失灵，可以政府主导；而普通的医疗服务不存在市场失灵，当然可以市场主导。"公共卫生"一般包括对重大疾病尤其是传染病（如结核病、艾滋病、SARS等）的预防、监控和医治，对食品、药品、公共环境卫生的监督管制，以及相关的卫生宣传、健康教育、免疫接种等。这些领域存在"公益性"问题（及其相关的"共用品"问题）和信息不对称问题，但与自然垄断无涉。普通的医疗服务不存在"公益性"和自然垄断问题，但存在信息不对称问题。然而，这里需要强调指出，政府主导也解决不了医疗行业的信息不对称问题，主要还是靠市场竞争。政府所要做的主要是，一是树立分类指导的理念（如上述甲、乙、丙、丁四类，还可根据情况具体细分），对不同模式的医疗机构实施不同（但不是政策性歧视）的激励政策；二是取消各种不当的市场准入限制，鼓励社会资本和医疗资源进入；三是加强制度建设和监管，如防止滥用"举证责任制度"，做好激励性规制等，并在处理好"公共卫生"领域市场失灵的同时，注意不要跌入"政府失灵"或"法律失灵"的陷阱。[①]

七、结语

"三小法宝"的提法，与人们通常对"小产权"、"小财政"和"小市场"概念的习惯理解大有不同，因此不能光从字面去理解。正确的态度应是：由表及里，

---

① 从法理经济学角度看，在市场失灵、政府失灵和法律失灵三者同时存在，或两两存在的情况下，如何处理先后次序或者如何取舍，目前尚未取得较好的成果。

表3　　　　　　　　　　医疗行业的市场失灵解析与政府职责

分类	医疗行业特点	结论要点
共用品	• 药品研发过程中存在一定的非排他性和非竞争性，但专利制度可有效解决。 • 公共卫生、传染病防治方面存在共用品问题。吸烟有负外部性（"公害"）。仿制药品多说明具有非排他性。 • 主要方面无共用品性质的市场失灵。	• "公共卫生"领域存在市场失灵。"公共卫生"以外的领域无市场失灵，可以市场化或以市场为主导。 • 应实行政府、非营利组织、民间资本和境外资本的"多元化"格局。CDC带有政府机构性质。 • 医疗服务是否属于共用品，与共用品是否由政府提供也不是一回事。"公共卫生"也不必由政府完全包办
自然垄断	• 无证据表明存在自然垄断意义下的市场失灵。理论上也不成立。 • 药商与医院合谋，医院与药品捆绑等现象存在，但不属自然垄断，而是市场垄断或行政垄断	• 医疗行业不存在自然垄断。对该领域现存的市场垄断和行政垄断应实行"反垄断"政策；同时避免"规制俘虏"现象。 • 现有的市场准入限制应该基本取消
信息不对称	• 某些方面比较严重，其他方面并不严重。 • 虽然信息不对称现象较普遍，但多数情况下不构成严重问题	• 竞争是解决信息不对称问题的主要途径。应鼓励医院（医生）间竞争，尤其是促进民间资本进入医疗领域和符合资质的医生多点行医。 • "举证责任倒置"、激励性规制等是有效解决办法。 • 政府主导解决不了信息不对称问题
行政垄断	现实中存在，有些方面还比较严重	政府开始鼓励社会资本进入，方向是正确的

去伪存真；正视现实，趋利避害；有利无害，世间无有。

　　"三小法宝"侧重的是一种法理概念或哲学分析，希望可以成为观察事物内在规律和本质的"慧眼"。①

　　"三小法宝"的分析框架不仅可以较好地解释中国改革开放30多年的经济快速发展之谜，也可以比较清晰地说明医疗改革这个老大难问题的改革思路，当然

①　哲语说，"开口便错，动念即乖"，"道可道，非常道；名可名，非常名"，世间充满悖论。以此心态，修学悟道，可有所得。

还能对中国下一步改革所面临的重要问题提供解决方案。比如，根据"三小法宝"的思路，多年来困扰人们的教育体制改革、国有企业改革和垄断行业改革等，都可以找到更为名正言顺并且切实可行的思路方案。

参考文献

[1]毛泽东.《共产党人》发刊词[J].共产党人，1939（1）（创刊号）.

[2]毛泽东.论人民民主专政[N].人民日报，1949-07-01.

[3]赵国鸿.专家析胡总治国新"三大法宝"[N].香港大公报，2006-10-08.

[4]《中华人民共和国物权法》，第十届全国人民代表大会第五次会议于2007年3月16日通过，自2007年10月1日起施行。

[5]《中华人民共和国反垄断法》，第十届全国人民代表大会常务委员会第二十九次会议于2007年8月30日通过，自2008年8月1日起施行。

[6]纪睿坤.小产权房初步清理整治方案已提交国务院[N].21世纪经济报道，2012-04-03.

[7]于立，马骏.中国国有企业改革与治理结构的构建新思路[M]//梁能.公司治理结构：中国的实践与美国的经验.北京：中国人民大学出版社，2000.

[8]王羚.专家推算灰色收入规模占GDP17.2%[N].第一财经日报，2010-09-08.

[9]张曙光.政府竞争中的"诸侯"和"王爷"[N].中国经济时报，2006-11-14.

[10]于立.教育与医疗行业"市场化"问题的法理经济学分析[D].天津财经大学法律经济分析与政策评价中心工作论文，2012.

[11]于立.纵向产业组织与中国煤电关系[M].大连：东北财经大学出版社，2010：16-18.

[12]于立.人民币汇率之谜[J].改革，2011（8）.

[13]HURWICZ L. The design of mechanisms for resource allocations[J]. American Economic Review，1973，63（2）：1-30.

[14]STIGLER，GEORGE J. The Successes and Failures of Professor Smith[J]. The Journal of Political Economy，1976，84（6）：1199-1213.

[15]ROGER B，MYERSON. Optimal coordination mechanisms in generalized principal-agent problems[J].Journal of Mathematical Economics，1982（10）：67-81.

[16]THOMAS C，SCHELLING. Strategy of Conflict[M].Boston：Harvard University Press，1960.

[17]HARDING，G.The Tragedy of the Commons[J].Science，1968.

第6讲　巧定位、重特色①

——东北财经大学产业组织与企业组织研究中心的"生存之道"

内容提要：本文专为中国工业经济学会组织召开的"全国产业经济学专业博士点、重点学科和重点研究基地经验交流会"而作。文章吸纳中国经典哲学思想，结合东北财经大学产业组织与企业组织研究中心建设教育部人文社科重点研究基地的做法和体会，探讨"弱小单位"如何在强手如林的学术环境中以特立足、以柔克刚的"生存之道"。

关键词：项目群　三招两式　案例研究

一、不求规模，但求特色

东北财经大学产业组织与企业组织研究中心（以下简称"研究中心"）的前身是东北财经大学工业经济研究所，为教育部人文社科重点研究基地，于2000年改为此名，并于2004年正式入选。在此建设过程中，2002年获批产业经济学国家级重点学科。研究中心与东北财经大学MBA学院优势互补，相互促进。

经济学和管理学学科建设和科学研究在国内已经强手如林，更不要说国际同行。一个弱小的组织或单位如何生存，还要有所发展？光有辛苦努力显然是不够的，更需要"大智慧"。②说到"大智慧"与辛苦努力的关系，可从我们提倡的两副对联中体悟出一二。

---

① 本讲原刊于《东北财经大学学报》（2006年第5期）。
② 重点学科点和重点研究基地的主要任务之一是产生"想法"（Ideas）。人们总结工作时多说"做法"，但可能"想法"更重要。二者间的关系似可总结为："想法先于做法，想法多于做法，想法快于做法，想法重于做法。"

第一副是MBA学院的对联：上联"不求规模，但求特色"，①下联"刚柔相济，天人合一"，横批"静观修慧"。其中，上联是我们追求的"办学宗旨"，下联是我们推崇的"管理理念"，而横批是我本人书房中的横匾，是我比较欣赏的一种境界和处世方式。②

第二副是研究中心的对联：上联"人法地，地法天，天法道，道法自然"，下联"道生一，一生二，二生三，三生万物"，横批"三招两式"。上联引自老子《道德经》第25章，下联引自老子《道德经》第42章，横批是经我总结，并在研究中心形成共识的"经典说法"，后面将具体解释。③

我本人同时担任东北财经大学MBA学院首任院长和产业组织与企业组织研究中心首任主任。这两个单位人员交叉任职，灵活调配，同时还采取内部专职和外部（中心外、校外、国外三个层次）兼职相结合的用人体制。研究中心首任名誉主任是世界经济学界著名，并在产业经济学领域取得卓越成就的法国拉丰（Jean-Jacques Laffont）教授。在拉丰教授不幸英年早逝之后，研究中心又聘请日本著名规制经济学家植草益教授为名誉主任。MBA学院不招收本科生，只招收MBA、EMBA，也曾有过培养DBA的尝试；研究中心也不招收本科生，只招收产业经济学、规制经济学和产业组织学的博士后、博士生和硕士生。④从这个角度上看，MBA学院和研究中心倒是真正意义上符合国际惯例的"研究生院"⑤或"研究型学院"，尽管整个学校是个"教学研究型"大学。⑥

当初将工业经济研究所更名为产业组织与企业组织研究中心之时，就有两重考虑：一是既要符合国际惯例，又要容易被国人接受，因为当时国内对"工业经济学"、"产业经济学"、"产业组织学"等概念广泛存在很不必要的误解；二是综

---

① 这一提法受到大连市发展观的启发。原先的提法是"不求规模，但求最佳"，后来改为建设"大大连"。这两个提法反映完全不同的发展观。有人说，前者追求"GNP"，走"富民强市"的实惠之路；后者追求"GDP"，走"外强中干"的浮夸之路。

② 万物静观皆自得，欲立正见生智慧，时时示弱不示强，处处相生不相克。

③ 在东北财经大学首届EMBA毕业典礼上，我曾对毕业生赠送的两件富有哲理的纪念品评论道：一个以"六艺园林"为内容，主要体现儒家文化；一个以"老子铜像"为代表，侧重突出道家思想。中国传统管理哲学，特别是治国方略中的"内用黄老，外示儒术"思想，在这两个纪念品中得到了完美体现。MBA学院和研究中心既提倡"修身、齐家、治国、平天下"的儒家精华，更鼓励大家能够欣赏老子看透万物信息流转之"道"的智慧，学做"处无为之事，行不言之教"的高人。详见《新商报》，2006年5月22日。

④ 严格地说，这三个专业之间划分过细，不尽合理。但这也许正是"矫枉过正"之策的有效运用，有利于达到"实质正确"的目的。

⑤ 对研究生院可有两种基本理解：一是经过批准成立的行政管理单位；二是不招收或较少招收本科生，只招收或主要招收研究生的学院。前一种是中国目前的现实，后一种才是本义上的研究生院。

⑥ 中国目前的某些"大学排名"陷入了误区。合理的"大学排名"应以"学科排名"或"学院（系）排名"为基础，而不是以整个大学的总量指标为标准。

合发挥学校产业经济学科和 MBA 教育的已有优势，这实质上也是经济学与管理学、抽象理论研究与应用理论研究、一般研究与具体实践等方面的优势互补。[①]几年的经验表明，这样的考虑并因此确定研究中心之名收到了意想不到的效果。事实上，研究中心在企业组织、产业组织研究的基础上，后来又"道法自然"地扩展到社会组织的角度或层次，因为这本来就可以是"三位一体"的。[②]

下面分若干方面，具体说明我们是如何坚持"巧定位、重特色"的"生存之道"的。[③]

二、学科定位，科研先行

俗话说，"十年树木，百年树人"，在某个学科领域真正做到"立功、立德、立言"，也许必须同时具备"天时、地利、人和"才能有点起色。

就东北财经大学来说，在汪祥春教授的带领和倡导下，1977 年恢复高考招生后就设立了产业经济学（最初为"工业经济"）专业，1981 年获得硕士学位授予权，1986 年获得博士学位授予权；1997 年被批准为财政部重点学科，2002年被批准为国家重点学科；2004 年被批准为教育部人文社科重点研究基地。虽然未来发展如何还难以确定，但就目前看来，我认为以下几条比较重要：

第一，抓住时机，因势利导。产业经济学学科在中国的发展经历了两大机遇。有的学校抓住了机遇，有的学校则没有抓好。第一个机遇是从 1978 年起中国经济从计划经济向市场经济转型，整个经济学从体系到内容都发生了根本变化。第二个机遇是传统的工业经济、商业经济等从苏联引进的学科，在 1996 年国家调整学科目录时变为产业经济学。这种情况下，新老学校和相关学者基本上都站在同一"起跑线"上，但思想开放和学术积累较好的学科点会很快适应，而抱残守缺的学科点则落伍和被动。当然从长远看，还要看学校的投入和综合实力。

东北财经大学产业组织与企业组织研究中心一直关注产业经济学学科建设。

---

① 南开大学董永祥博士（2003）在其《企业理论的历史与现状》一文中对此有专门评述。
② 例如，我主持研究的国家社科基金重大项目《资源枯竭型城市社会稳定问题研究》主要就是从社会组织角度进行的。
③ "特色"其实就是产业经济学中的"差异化"。在其他条件不变情况下，同行竞争、差异化程度越大，市场势力也越大，甚至可达到某种程度的"垄断"。

1988年，早年留学美国的汪祥春教授就在国内率先提出用产业经济学改造中国传统的工业经济学，建议在经济学和工商管理类本科生和研究生课程设置中增加产业经济学。在1998年召开的中国工业经济学会（当时的名称为"中国工业经济研究与开发促进会"，简称"工促会"，以下简称"学会"）20周年年会上，汪祥春教授和我应邀一同作"产业经济学的产生与发展"的主题报告。其后，学会委托我和中国人民大学的李平教授任主编和副主编，出版了名为《产业经济学理论与实践问题研究》的1999年年会论文集。在2001年学会年会上，我作了题为"产业经济学学科定位涉及的几个基本概念"的报告，之后又主编出版了《产业经济学的学科定位与理论应用》一书。

　　第二，科研先行，教材跟进。[①]在中外经济学界，对学科有所贡献或比较公认的教材一定是深入广泛研究的结果。例如，经济学诺奖得主萨缪尔森主编的《经济学》教材已出版近20个版本，发行册数多到惊人，每一版都反复修改、精心编写。后来以合作者身份加入的诺德豪斯也是经济学界的大师级人物。[②]

　　认识到这个问题后，我们多次抵挡各种"诱惑"，坚持没有较好把握不再写教材。[③]好在产业经济学专业不招收本科生，而硕士研究生和博士生教学完全可以用专题讨论或用外文原版教材来解决。与此同时，研究中心坚持科研先行、教材跟进的长期战略。受学会的委托和国内同行的信任，至今我已经主持翻译出版了《产业经济学前沿问题》，主编出版了《产业经济学的学科定位与理论应用》和《规制经济学的学科定位与理论应用》"姐妹篇"，主编出版了《产业经济学理论与实践问题研究》、《产业经济前沿问题研究丛书》（10部）和《产业组织与政府规制》。近期，在两个教育部重点研究基地重大项目基础上，还正在筹划出版《产业组织与反垄断法》和《产业组织与国际竞争政策》两部著作。

　　与此同时，我们还一直收集并跟踪国际产业经济学的主要教材和重要著作，

---

　　① 国内出版最早、影响最大的工业经济学教材是马洪主编的《中国工业经济管理》（上、下册）（中国社会科学出版社1980年第1版）。后经教育部审定作为高等学校文科统编教材，马洪主编，李贤沛、戴伯勋、吴家骏、汪海波副主编，1986年由经济管理出版社以原书名出版。其后，一本重要的过渡性教材是李贤沛、戴伯勋、吕政主编，江小娟、于立、高桂平副主编的《工业经济学》，经济管理出版社1994年出版。这两本教材的特点之一是集中反映了当时中国工业经济学科的现状，特点之二是吸收了当时从事工业经济学科教学和研究的主要学者参加。再其后，陆续又有多本教材出版，但除保留第一个特点外，第二个特点已不存在。当然，"统编教材"也是中国特定时期的产物。

　　② 国内常见"助教编教材"的现象，多数是害人误己。为此，多数学校也不把教材视为科研成果。我也曾同人合作编写过《当代西方产业组织学》的教材，现在看来也有问题。就连书名都不妥，尽管这是当时丛书主编的要求，但何为"当代"？何为"西方"？

　　③ 坦白地说，其中也有在中国目前的国情下，编写像样的教材确实存在投入多、收益差的因素。

争取三年内编写一套《产业经济学》教材，包括普及版和高级版。

第三，建设平台，内外互动。在全国一级学会中，中国工业经济学会是凝聚力大、学术性强、联系广泛、发展势头好的学会之一。研究中心在其成长的每一步，如学科发展、学位论文答辩和科学研究，都离不开学会的支持和帮助。表面上看，研究中心承担了学会网站的建设和维护工作，需要投入一定的人力和物力，但我们从中获得的收益比起投入不知要多多少倍。

第四，小事做起，循序渐进。学科的发展和基地的建设，有许多具体细致的工作。1998年我们曾在美国 MIT 施马兰西（R. Schmalensee）和乔斯考（P. L. Joskow）两位教授的帮助下，整理了《产业经济学专业研究生英文参考资料选录》，同时还整理了《产业经济学专业研究生中文参考资料选录》（肖兴志、钱勇）。[①]2004年，又建设了《产业组织经典文献库》（一期），使同行可以通过电子邮件查找《产业组织经典文献目录》，阅读或打印文献全文。几年来，我曾专门为几部重要著作撰写书评，并公开发表，如陈甬军教授翻译的《反垄断与管制经济学》（见《产业经济研究》2004年第4期）、于良春教授所著的《自然垄断与政府规制——基本理论与政策分析》（见《中国工业经济》2004年第7期）、叶泽教授所著的《电力竞争》（见《中国工业经济》2005年第6期）。[②]

再举几例说明我们在一些具体小事上的良苦用心。例如，在博士生入学考试题中加入"为什么说'工业化'不是产业经济学的研究对象?"，从而使博士生受到潜移默化的引导，又不必在不同导师之间产生多余的争论。又如，我们在一次博士生入学考试中，要求考生根据自身情况和东北财经大学产业经济学的学科特色提交一份"博士研究计划书"，而不是提出多少相关问题要求回答。这种题目既不用担心漏题，又能达到测验的目的。

现实中，博士生培养质量方面存在诸多问题。为此，我专门写过《博士生研究能力培养中的问题与尝试》、《博士论文选题及答辩应注意的八个主要问题》[③]、《博士学位论文创作中的十诫》[④]等文章，并在实践中身体力行。

---

① 当时，互联网远没有今天这样方便，整理中文资料需要投入较多时间和精力。虽然整理过程中存在一些遗漏或不足，但资料公开后，有多位学者提出反馈意见，对我们鼓舞很大。
② 我曾经许诺，一要定期组织研究人员完成《产业经济学经典文献选评》，二要为产业经济学的重要著作撰写书评。现在看，第一项许诺进展滞后，第二项许诺完成得也不够好，需要检讨。这项工作非常必要，于人于己益处都很大。
③ 这篇文章受到北京交通大学荣朝和教授的启发。
④ 这篇文章受到江西财经大学史忠良教授的鼓励。

回过来总结，这些工作既具有一定的"公益性"（外部性），同时对于研究团队自身的培养也至关重要，真正可以实现"双赢"。

三、不拘一格，巧用助理

教育部重点研究基地建设的五项任务中，科研管理体制的改革和人才培养是两部重头戏。它们之间也存在相辅相成的关系。对此，我们研究中心进行了许多方面的尝试，其中体会较深也行之成效的是"不拘一格，巧用助理"。

1. 主任助理

重点研究基地建设的文件曾有规定，基地主任可以自主选聘副主任和研究人员。在现实中，选聘研究人员难点不在人选，而在待遇。选聘副主任难点不在待遇，而在人选。因为按惯例，副主任属"干部"，因此讲究级别，从而造成进退都难。我们研究中心在运行过程中，都是自主选择适当人员先担任主任助理，同时报学校备案，经过一定的过渡期后，再报请学校任命。这样做的好处有：一是调整灵活，后患较少；二是自然而然，"水到渠成"；三是多少自便，因事而异；四是减少摩擦，保证效率。

2. 导师助理

研究中心与MBA学院的优势互补是我们的重要特色。其中最明显的体现在EMBA学位论文的指导方面。EMBA学生的特点是年纪较大，社会经验丰富，但时间紧张，理论较弱；研究中心的一些博士或博士生相对年纪较小，社会经验缺乏，但精力充沛，理论较强。MBA学院选的EMBA导师大多是学校的资深教授，学术水平较高，但不可能将较多时间用于共同调研、理论补课以及全面的文字与细节修改。为此，我们专门针对EMBA学生设计了"导师助理"制度，即由EMBA学生提出选题意向，学院确定选题，导师确定大纲，助理协助指导，通常都与EMBA一同调研。[①]通常还要求导师助理同时完成一篇相关论文或研究案例的初稿，再由导师修改讨论定稿。在指导过程中，导师指导计入工作量，导师助理也有一定的补贴，同时也计入工作量。几年实践证明，这种做法多方满意，效

---

① 为了探索EMBA论文的指导模式，保证EMBA论文的质量，我曾专门写了50个写作大纲范本。

果良好；既有效率，又有质量；一举多得，事半功倍。[①]正常情况下，每协助指导一篇EMBA论文，导师助理对相关领域的社会现实都会有相当深入的了解，同时也能发表一篇较好的学术论文。

3. 课题助理

不同于一些名牌大学，像东北财经大学这样的学校一般较难吸引一流的学者。[②]研究基地的五大职能之一是人才培养。研究基地能否自行培养一批"留得住、用得上"的学术骨干至关重要。[③]我们的实践表明，巧用课题助理是行之有效之策。具体做法是，针对某项重要课题，选择精力充沛、基础较好、协调能力强的博士或博士生担任课题助理，从课题申请、课题调研、课题结项、课题验收等全程参与，并使其成为研究骨干。经过三五年的时间，不仅课题可按期完成，课题助理也得到了极大的锻炼和提高。例如，我指导的博士或博士生中就有肖兴志、张嫚、于左、孟韬等人通过担任课题助理，积累经验并成为科研骨干，先后都能独立获得国家社科基金青年项目和国家自然科学基金青年项目。当然，还有更多的人通过担任课题助理的锻炼，独立获得省部级课题资助。而且，这些课题助理几乎都有破格晋升或任用的经历。

4. 主编助理

巧用主编助理也是一个行之有效的办法。主持一套丛书或论文集的研究、写作和出版，需要投入相当多的时间和精力。一般情况下，编委会适宜决定"大政方针"，设副主编虽可行，但协调起来效率较低，而适当选配主编助理（或主编秘书）则效率较高。近年来，我主编的《产业经济前沿问题研究丛书》（10部）、《产业经济学理论与实践问题研究》、《产业组织与政府规制》等书，深受主编助理之益。同时，担任主编助理的博士后、博士或博士生，如于左、姜春海、唐要家、吴绪亮等也从中受到锻炼，增长了才干。

---

① 在2005年辽宁省优秀学位论文评选中，MBA学院的一篇EMBA学位论文荣获辽宁省优秀硕士论文奖。同年举行的EMBA教学评估中，东北财经大学的EMBA导师助理制度获得好评。

② 国外二流大学的待遇通常明显高于一流大学。道理是，水平相当的学者到二流大学工作需要有超过一流大学的待遇。如果与一流大学的待遇相同，二流大学也只能吸引二流的学者。二流大学二流待遇吸引的将是三流学者。

③ 在2006年教育部重点研究基地（经济类）联谊会中，我同北京大学中国经济研究中心主任林毅夫教授谈起，一流大学考核较严，学者之间竞争压力大，不利之处是学者一般不愿从事较长时期才会出成果的研究项目；相反，二流大学竞争压力较小，水平较好的学者就有可以从事自己兴趣高，但研究周期较长的项目。结果，从长期看，二流大学也可能出现少量一流学者。林教授同意这种看法，并说国外一流大学的教授大多都是在其他大学做出较好学术成绩才应聘过来的。

四、"三招两式"，道法自然

在多年的研究基地建设过程中，我针对产业经济学的特点，提出一个"三招两式"的说法。这种说法可能不够严谨，但具体、形象，而且易于掌握，并富有"整体性"。其中的"三招"是"结构、行为、政策"；[①]"两式"是"分类组合"和"重视直觉"。"三招两式"是一个可以灵活运用、不断创新、适应性宽的互补性整体，有些类似于老子所说的"道可道，非常道"意义上的"道"。[②]

"三招"。讨论产业经济学的相关问题，首先要考虑是否存在市场结构问题，再看是否存在企业行为问题，最后观察竞争政策问题。至于是用经济计量学[③]方法还是博弈论方法，那是第二位的问题。我曾经在学校的一次博士生入学考试中出了这样一个题目，"请问WTO规则中哪一条与产业经济学无关？"事后，在课题讨论中，要求运用"三招两式"进行分析，讨论结果可想而知。又如，在分析"自然垄断产业是否需要市场进入规制？"时，"自然垄断"主要从"市场结构"着眼，"市场进入"则主要从"企业行为"入手，"规制"则属于"竞争政策"层次。稍加分析便会明白，"自然垄断"是企业竞争的自然结果，政府政策关注的重点在于应否或如何打破垄断格局，而不是考虑限制"进入"问题。[④]

"两式"。第一式："分类组合"。这里所说的"分类组合"有其特定涵义。其哲学基础是老子的"道生一，一生二，二生三，三生万物"。例如，中国现实经济和社会生活中的几大难题，如国企改革、天价医院、学校收费等，运用"三招两式"中的"分类组合"，就可方便地直中要害。举例来说，如果把产业分为垄断产业与竞争产业，企业分为国企和非国企，再分别研究竞争产业中的非国企、竞争产业中的国企、垄断产业中的非国企和垄断产业中的国企的性质和行为，那么经常争论不休的一些重大问题的分析思路就可能变得很清晰。再如，把医院分

---

① "三招"的总结是受英国雷丁大学著名产业经济学教授阿顿（M. A. Utton）的启发。阿顿教授发表过《市场主导与反垄断政策》（Market Dominance and Antitrust Policy）等重要著作。他在东北财经大学讲学与研讨中，涉及任何产业经济学问题，都用一个套路去分析思考，给我们留下很深的印象。
② 提倡"三招两式"不是说要搞"花拳绣腿"，而是要学会观察事物的"关窍"或"命门"。
③ 经济计量学（Econometrics）本身不属经济学范畴，是研究经济（学）问题的计量学。按汉语的习惯，两词排列构成新词时，前者多起形容词作用，后者才是本体。类似的例子还有法律经济学、政治经济学、制度经济学、社会心理学、生物计量学，等等。
④ 我们曾运用"三招两式"方法，分析过许多产业经济学问题，如"过度竞争"、"产业政策"、"技术创新"等。我还写过一篇题为"产业经济学研究中的十一大误区"的文章，发表在《财经问题研究》2005年第4期。

为公立和私立，性质上分为营利性和非营利性，再分别研究私立营利性医院、私立非营利性医院、公立营利性医院和公立非营利性医院的性质和行为，不必要的争论也会大大减少。同样，如果把学校分为私立营利性学校、私立非营利性学校、公立营利性学校和公立非营利性学校，再借鉴国际经验，对中国教育领域的争论和症结也会比较明了。在这种"分类组合"基础上再运用"三招"，很多看来复杂的问题其实就变得并不那么复杂了。①

　　第二式："重视直觉"。②直觉（Intuition）是人们在已有知识与经验的基础上，对事物整体的把握，对事物本质的直接理解，以及对事物关系的迅速识别，是一种含有结论性的判断。心理学家迈尔斯（David G. Myers）在《直觉：它的力量与危险》一书中，利用大量重复的试验证明，直觉是产生直接认识、无需观察和推理便可立即领悟的能力，它和分析逻辑一样，是优秀科学家的必要素质。爱因斯坦也曾说过：物理学家的最高使命是要得到那些普遍的基本定律，……只有通过那种以对经验的共鸣的理解为依据的直觉，才能得到这些定律。直觉能力可以说是一种隐性知识，难以通过埋头苦读的方式直接获取，往往需要在长期的学术团队研究中实现隐性知识和显性知识的转化而"悟"出来。而学术带头人的作用则主要体现为对这个团队的引领与持续的影响。

　　直觉与研究选题、科研假设、推理推论都密切相关。一些博士生（甚至博士后）读书很努力，学位课程学得也不错，但科研工作迟迟不入门，主要就是因为缺乏经济学直觉的培养。经济学直觉最好的经济学家当属诺奖得主科斯、华人经济学家张五常等人。林毅夫教授在其《论经济学方法》中也提到了"直觉"的重要性，张五常教授在谈论学习与思考的方法时非常重视"预感"（Hunch）。③在我看来，他们所说的"直觉"和"预感"是一回事。

　　我们从实践中体会到，"讨论课"（Seminar）是培养经济学"直觉"（或预感）的较好方式。多年来，研究中心坚持每周至少一次"讨论课"，成效明显。

---

① 这种"分类组合"方法还可用于许多方面，背后有非常深刻的哲理。
② 有这样一则笑话："有人问：应该到哪里发表论文才能弹无虚发？答：如果你能理解并能证明，那么就寄给数学杂志；如果你能理解但无法证明，那么就寄给物理学杂志；如果你不能理解但能证明，那么就寄给经济学杂志；如果你既不能理解也无法证明，那么就寄给心理学杂志。"这当然纯属笑谈，但反映出人们对经济学界一些存在偏差的印象。
③ 正如张五常在《思考的方法》一文中所言，"逻辑是可以帮助推理的正确性，却不是思想（Idea）或见解的根源。""纯以预感而起，加上想象力去多方推敲，有了大概，再反复以逻辑证实，是最有效的思考方法"（张五常，1988）。

"讨论课"的形式十分灵活,可以是主讲人两人以上的"会讲",①可以是学位论文的开题报告会,②有时是EMBA论文答辩会,③有时还可以是"大纲发布会"。④可以说,MBA学院与研究中心的优势互补在这方面得到了充分体现。

五、"四两拨千斤",事半功倍

研究中心和MBA学院合起来有三十位左右专职(Full Time)人员,其中教学与科研人员(Faculty)和行政人员(Staff)各占其半。而每年的MBA(包括EMBA)和研究中心三个专业(产业经济学、规制经济学、产业组织学)的博士生和硕士生,招生规模近500人,同时,我们还要承担国家重点学科和研究基地的建设工作,任务确实很重。我们应对的办法主要有二:一是"巧借外力"方略;二是"一石多鸟"方略,以求达到"四两拨千斤"、事半功倍的效果。⑤

在"巧借外力"方略上,我们的教学和科研都实行专职与兼职相结合的办法,在校内、校外和国外大量聘用具有真才实学的专家、教授。比如,国内就有浙江财经学院王俊豪教授、中国社科院张昕竹教授、吉林大学谢地教授担任研究中心的专职博士生导师。还有多位国内著名学者担任研究中心兼职研究员。MBA特别是EMBA外聘的教授就更多。⑥

在"一石多鸟"方略上,具体采用了横向扩展法、纵向扩展法和横纵结合法。我们深受老子的"道生一,一生二,二生三,三生万物","人法地,地法天,天法道,道法自然"哲学思想的启发,并力争做到得心应手、"天人合一"。⑦

1. 横向扩展法("范围经济")。例如,在我主持的国家社科基金重大项目

---

① "会讲制"是MBA学院和研究中心学习岳麓书院的传统做法,而逐渐形成的一种专门针对MBA和其他研究生的授课方式。主讲人一般为两人,可以是企业家与学校教授的组合,可以是不同学科教授的组合,可以是校内外教授的组合,学生也可以提问或评论。实践证明,效果很好。

② 有时,针对经验丰富或在某些方面确有专长的EMBA学生,一篇论文的开题报告会可长达3~4个小时,甚至不止一次。最后,往往都能形成一篇比较完整的写作大纲,再加上导师助理的作用,通常这种学位论文会构成研究中心研究课题的组成部分,或作为研究案例。

③ 这种答辩会通常都会成为进一步学术研究的讨论会,还要形成比较重要的学术论文的写作大纲。

④ 我在为博士生授课时有时不是"讲课",而是变成"大纲发布会"。这种大纲可能是"课题调研大纲",也可能是"论文写作大纲",还可能是"博士论文研究大纲"。其中有的可能最终并不能形成正规的科研成果,但对于培养博士生的科研兴趣和思维训练很有帮助。

⑤ "四两拨千斤"是太极拳的一个重要原理,强调通过借力来放大本力。

⑥ 遵循"刚柔相济,天人合一"的哲学理念,为实现学校学者与校外专家的优势互补,研究中心还与辽宁省锦州市公安局合作专门成立"社会心理研究室"。

⑦ "天人合一"是重要的中国古代哲学思想。可以从"人与自然的和谐"(如"茶禅一味"、"物心一体"、"拳禅合一")的角度,也可以从"推天道以明人事"(如《易经》)的角度对其进行理解。

《资源枯竭型城市社会稳定问题研究》中，借鉴"三农问题"（农民、农村、农业）的分析方法，紧密围绕资源枯竭和社会稳定的主线，分别研究"三渔问题"（渔民、渔村、渔业）、"三林问题"（林工、林场、林业）和"三牧问题"（牧民、牧场、牧业），收到"举一反三、一通百通"的功效。又如，我们在承担教育部研究基地重大项目《中国反垄断法与反不正当竞争法的共同经济原理及其衔接》和《竞争政策的国际协调：机理、机构与法律》的同时，又申请辽宁省高校"创新团体"项目《产业政策与全球化》。这种"三位一体"的"横向扩展法"研究方式，无疑会取得明显的"范围经济"（Economies of Scope）。

2. 纵向扩展法（"规模经济"）。比如，关于建立现代企业制度和企业制度改革问题，我先后主持了两项"市级课题"、一项"省级课题"和两项"国家课题"，并争取到国际资助。详见表1。研究成果表现为系列研究报告、论文和专著，有的以英文发表，在相关领域有了较好的话语权，取得了明显的"规模经济"（Economies of Scale）。

表1　　　　　　　　　　　　　企业制度改革与创新

项目名称	项目来源	项目级别
《大连市国有企业制度创新的整体思路》	大连市科委软科学项目	市级
《大连市公有制实现形式多样化的思路与建议》		
《国有企业现代企业制度试点中的问题与建议》	辽宁省社科基金项目	省级
《中国乡镇企业产权与治理结构研究》	国家自然科学基金	国家
《中国国有企业改革与法人治理结构》	国家自然科学基金	
	美国福特基金	国际

3. 横纵结合法（"网络经济"和"聚集经济"）。比如，我主持了资源经济方面的九个课题（"项目群"）。[①]这些课题从不同层次和不同角度进行研究，前后共有校内外、国内外几十个研究人员参加，获得资助（立项拨款和配套资金）

---

① 省级有关部门了解相关情况后很是满意，因为这意味着省级课题是选择有据的，又与上级"保持一致"。国家基金部门也很认同，因为这自然就意味着地方的配套资助。学校收效更大，"名利双收"。这样，就实现了"多赢"。

达几百万元，而且还将延续几年时间才能全部完成。详见表2。这种横纵结合法进行"项目群"研究可以取得明显的"网络经济"（Economies of Network）和"聚集经济"（Economies of Conglomeration）。"三三见九，九九归一"，在较长的时间内，通过"项目群"式研究，既可获得多项资助，先后完成多个项目；同时又可指导多篇学位论文，发表系列论文，递交多篇政策研究报告，出版系列专著，从而在比较明确、稳定的研究方向中做广（开放思维）、做深（集中研究）、做透（寻求突破）和做精（升华提高）。

表2　　　　　　　　　　　　　　资源经济方面的"项目群"

	自立项目	省级项目	国家项目
企业（组织）角度	《资源枯竭型国有企业退出案例研究》	《辽宁省资源枯竭型国有企业退出问题研究》（辽宁省教育厅项目）	《资源枯竭型国有企业退出问题研究》（国家社科基金项目）
产业（组织）角度	《资源枯竭型城市产业转型的难点与途径》	《辽宁省典型资源枯竭型城市产业转型与可持续发展研究》（辽宁省教育厅重大项目）	《中国煤电产业纵向关系研究》（国家自然科学基金项目）
社会（组织）角度	《资源枯竭型城市社会稳定的有关问题》	《辽宁省资源枯竭型城市社会稳定问题研究》（辽宁省重点研究基地项目）	《资源枯竭型城市社会稳定问题研究》（国家社科基金重大项目）

六、案例研究，特色见长

近几十年来，研究方法在经济学研究过程中日益显示出前所未有的重要性，甚至可以说，个人之间与组织之间经济学研究的竞争主要体现在研究方法方面。经济学诺奖得主中有不少人主要是基于经济学研究方法方面有所贡献，而不是侧重经济学思想，如纳什、丁伯根、列昂惕夫、康诺罗维奇、克莱因、海萨尼、泽尔腾等。当然，这个过程中也有过于偏重数学模型，而忽略经济学思想和直觉与预感的倾向。但是，就国内财经类大学的科研现状而言，这个问题还不十分明显，整体上还处于普遍缺乏数学模型阶段。①

　　这里需要特别强调的是，研究方法不只是数学模型，还有其他方法。比如，案例研究就是一种相对独立的有效方法，在管理学研究中已很常见，但在经济学研究中尚未得到应有的重视。在中国，一方面是缺乏统计数字，而且真实性经常受到质疑；另一方面是转型时期的经济和社会现象缺乏定势和连续性，时间序列数据多不完整或样本过小。这种情况下，案例研究正适其时，这也是财经类大学的优势，应该说其大有用武之地。

　　案例成果可分为两类，一类是教学型案例，另一类是研究型案例。前者多附使用说明，后者则形式多样。研究型案例切忌仅仅停留在"就事论事"的层面，而应抽象出案例的一般意义，升华到"就事论理"的高度，也即逻辑学中所谓的由"单称判断"过渡到"全称判断"的过程。换言之，"就事论理"与"实事求是"是同义词，即"Seeking Truth from Facts"。案例研究方法不是"举例说明"，而是在事实描述基础上的逻辑分析，当然也可以与数学模型研究方法相结合。

　　经济学研究不外乎两大任务，一是发现新理论，二是检验旧理论。案例研究则是发现新理论的起点，也是"证伪"旧理论的捷径。②

　　就产业经济学来说，由于产业经济学本身属于应用经济学，其核心问题是企业行为及其影响，因此在所有经济学科中产业经济学是比较适合案例研究的学科。在国际上，比较侧重应用的产业经济学研究，特别是政策研究，大多体现在"判例"或"判例法"方面。③

　　为此，我们研究中心设有专门的案例研究室。在日常研究中极其重视案例研究方法，并利用MBA学院的优势，将案例研究作为研究中心的特色与专长，并作为我们的"安身立命"之本。

　　目前，研究中心已经完成或准备编辑出版的案例有：

　　① 值得关注的是，《经济研究》2006年第5期刊登的致作者与读者的公告中特别强调，"如果论文不用数学模型，仅用文字就把所研究问题说清楚，在严谨的文字逻辑推理、对事实的准确把握以及恰当的表述下，得出有价值、有深度的结论，那么这样的论文尤为可贵。我们特别欢迎不使用数学模型来研究中国经济问题、基础理论问题、经济政策问题、经济史问题，以及调查研究报告、理论综述等方面的来稿。"
　　② 著名思想家波普（Karl Raymund Popper）提出的"证伪原则"（Falsification Principle），具有很大影响。林毅夫教授接受波普的观点，即理论不能被"证实"，只能不被"证伪"。我们只能暂时接受尚未被"证伪"的理论（林毅夫，2005）。张五常对波普更是赞赏有加，并著有专文，见《经济学消息报》2006年第704期。
　　③ 对这一特点，目前中国的法学界已引起重视，但在经济学界，即使是产业经济学界，还尚未引起足够重视。这又是产业经济学学科发展和科学研究中的一个方向性问题。"判例法"不光代表一类法系，而且可为我们克服"一刀切"或"非此即彼"思维习惯提供启示。

A.《产业组织经典案例丛书》。这套丛书以研究中心原创性案例为主，根据研究进展分辑出版，其中有的已经单独公开发表。如有可能，我们争取将其变成一个吸纳社会投稿、定期发行的正式刊物。

B.《产业组织与反垄断》课题配套案例丛书，包括《并购控制》、《横向协议》、《滥用主导地位》和《国际竞争政策》四个分册。

C.《资源枯竭型城市社会稳定问题研究》配套案例。现已基本完成的有《"三渔问题"与社会稳定研究——辽东湾海蜇捕捞案例分析》、《资源枯竭型城市（矿区）社会不稳定规律——葫芦岛市杨家杖子矿区的"五部曲"案例分析》、《资源型城市贫富差距的形成与影响——辽宁三起"杀人·吃人"案件的社会心理剖析》。

参考文献

[1]林毅夫.论经济学方法[M].北京：北京大学出版社，2005.

[2]张五常.卖桔者言[M].成都：四川人民出版社，1988.

[3]于立.研究生教育若干问题探索[M].大连：东北财经大学出版社，2005.

第7讲 科研工作中的《异同比较手册》

导言

- "手册"双重性：不为"法宝"，则为"误区"（"不为良相，则为良医"）。

- 叶公好龙，敷衍了事，陷入误区；使用"手册"，积累经验，得心应手。

- 不识好歹，不辨是非，屡战屡败；问题导向，分清差异，百战百胜。

- 总注：以下分析比较中，社科基金以经济学组（理论经济学+应用经济学）和管理学组为主，自然基金以管理学部（管理科学与工程+工商管理+宏观管理）为主。

一、社科项目与自然项目的差异

表1 社科项目与自然项目差异

	社科项目	自然项目
整体特征	社会性强（"政治化"?）。不能与自然项目同时申请	科学性强（"学术化"）。不能与社科项目同时申请
研究内容	较为宽泛，重视政策涵义。应避免"虚假创新"	较为具体，重视结论逻辑。应避免"过度数学化"
研究过程	侧重议论与思辨。应避免以领导人讲话或官方文件为依据标准	侧重模型与证据。应避免以数学推导代替逻辑分析

续表

	社科项目	自然项目
研究选题	限定较多（重大项目更甚）	限定较少（重点和重大有限定）
评审"第1关"	"活页材料"（申请者匿名）。不重视申请者前期成果和学术经历	内容提要、关键词和立论依据（申请者实名）。重视申请者学术经历
结题验收	普通项目到期（2~3年）一次性结题验收。重视结题报告。重大项目会议答辩鉴定（特殊的免于鉴定）	普通项目到期（4年）结项，两年后评估。重视论文发表。重点、重大项目会议答辩鉴定
经费额度	金额较少。难度也较小。一般项目15万元，重点项目25万元，重大项目50万~80万元	金额较多。难度较大。面上项目55万元，重点项目250万~300万元，重大项目2 000万元。优青100万元
项目种类	一般项目、青年项目、重点项目、重大项目（每年4批）。后期资助、学术外译。期刊资助	青年项目、面上项目。重点项目、重大项目。优青项目、杰青项目。创新团队、国际合作

二、申请报告与科研论文

表2　　　　　　　　　　**申请报告与科研论文的差异**

	申请报告	科研论文
时间性	属事前设想，注意留有余地	属事后整理，力求准确
题目	申请题目较为宽泛，语言中性，观点应无倾向性。字数不宜过多。可巧用副题	论文题目尽量具体，观点可有倾向性，但要"实事求是"
内容特点	说明"拟将"研究内容，无结论性意见。即使已经进行前期研究并取得某些成果也要省略	阐述"已经"研究内容，有结论性意见。具有"化整为零"特点
内容重点	侧重研究思路和技术路线；多用框图；说明如何获得数据、进行调研和构建模型	侧重论证过程；适当运用图表；整理展现数据，陈述调研结果、模型识别与检验结果

	申请报告	科研论文
参考文献	• 适当多些，可以分类。 • 忌列低档次文献	恰到好处
写作风格	• 申请书格式，符合基金特点。 • 可用"春秋笔法"	• 标准论文格式，符合刊物要求。 • 注意"标注"资助来源

注：申请书切忌对评委进行"科普"而抬高自己，但阐述不到位又担心"水平不高"。面临这种"两难困境"，最好的处理方法是运用"春秋笔法"（单独一讲）。这本身就是对申请者的"面试"。

三、研究报告与科研论文

表3 研究报告与科研论文的差异

	研究报告	科研论文
数量	一份研究报告，可有多份中期报告。重点写好最终成果报告	一个项目对应多篇论文
题目	较为宽泛，语言中性。一般较大	尽量具体，一般较小。有倾向性
内容特点	说明"已经"研究"相关"内容和研究过程。结论性意见可不"唯一"。语言可较为灵活	阐述"已经"研究"主题"内容，结论性意见应该"唯一"。语言应准确、严谨、简练
内容重点	侧重理清思路和技术路线；多用框图；说明如何获得数据、进行调研和构建模型	侧重论证过程；适当运用图表；整理展现数据，陈述调研结果、模型识别与检验结果
参考文献	适当多些，可以分类	恰到好处
写作风格	• 研究报告格式，符合基金特点。 • 首先"标注"资助来源。且注意"唯一性"	• 标准论文格式，符合刊物要求。 • 注意"标注"资助来源。慎重处理"多家资助"问题

续表

	研究报告	科研论文
团队组合	如实列出，可分主次。顾问、调研、辅助、致谢人员。可以分工协作，集体完成	如实列出，宜少不宜多。有的刊物限1人或2人
独创性	可归纳整理他人成果，但要有所创新	必须有独创性，不排除合作研究

四、申请报告与结题报告

表4 申请报告与结题报告的差异

	申请报告	结题报告
时间与目标	事先设想。目标应留有余地，因验收时会以此为据	事后总结。尽量与申请书对应。有的目标如未完成，则需特殊说明原因
团队成员	尽量"强化"，但不应"虚化"。青年项目人数不宜过多，突出项目负责人。重大项目必须列有多位资深教授，形成"强强组合"。一般（或面上）项目可以"一强多弱"（如师徒组合）	如实填写。重要成员变更需要说明。实际参研人员用博士生取代资深教授的现象普遍，但结题评审时专家会一眼看出
经费预算	一般规律是根据可能，不是根据需要。但要符合规定	一般要用完。有时可留存少量出版费用
实际研究	最好已经启动并有前期成果，否则申请书水平不会高，但填表时要讲究分寸，进退适当	一般应"超额完成"研究计划。有的内容可作为其他项目的"预研"，形成"滚动发展"

五、问题导向与知识导向

表5 问题导向与知识导向的差异

	问题导向	知识导向
创新性	• 创新：提出新问题或解决老问题； • 关键：合理选题+科学炼题； • 前提：形成"科学问题"	• 守旧：老题目，无新意； • 症结：教育制度害死人（误人子弟=害人父兄），"名义博士"； • 更像"Homework"
立足点	• "忘我"境界； • 必然是跨学科研究，因问题不会按学科"量身定做"	• "不自信"表现； • 习惯于从已有学科（或专业）知识出发
方法论	问题决定方法，也可创新方法。方法创新更难。方法可以"现学现卖"	方法选择内容。"家庭作业"性质。"课堂作业"则更糟
发表难易	易于发表。头条、重点、高稿酬。转载、引用，扩大学术影响	难于发表。除非靠关系+版面费。多属制造垃圾
文献素材	少而零散（"好货不便宜"）	多且集中（"便宜没好货"）
困难程度	难度大，但允许"失败"	无难度，至多属"助教编教材"
例子	1.中国股市晴雨表失灵问题探究 2."无创新增长的可持续性"（无创新发展、无创新成长）	"银行业的规制问题研究"

六、纵向项目与横向项目

表6 纵向项目与横向项目的差异

	纵向项目	横向项目
基金性质	• 基金性质。非营利性。 • 重视社会效益。社会性经济效益（社会效益与经济效益不对立）	• 非基金性质。具有营利性。 • 追求企业或部门利益（刘志军案例、重庆事件）
资助特点	• 多为基础性科研。 • 有IPR（署名权）问题，但不保密。 • 作者追求引用率，资助者重视标注	• 应用性R&D。 • IPR属委托者。 • 一般要保密
科学悖论	存在"科学悖论"问题。讲究程序公正、有效	目的性强，也有风险。程序简单
扶持政策	不提成（管理费是中国特色），还多有配套激励。可减免教学工作量	应该提成，不减免正常工作量，也不应作为晋职依据
成果形式	科研论文、著作。学术会议报告。培养博士、博士后	咨询报告、实验数据。政策建议？可有博士后参加，但不培养博士

注：

1."经济规制"与"社会规制"：范围还是性质？

2."经济效益"与"社会效益"：范围还是性质？

七、科研论文与博士论文

表7 科研论文与博士论文的差异

	科研论文	博士论文
写作风格	• 突出重点，直奔主题。 • 一部电影	• 重视体系，说清来龙去脉。 • 电视连续剧

续表

	科研论文	博士论文
常见误区	1. "综述式笔法"，没有科学问题； 2. 有 "关系"，没 "因果"； 3. 有 "方法"，没 "数据"； 4. 分不清 "页下注" 和 "参考注"； 5. 多而不当的自我引证	1. 写成 "研究报告" 或 "教科书笔法"； 2. 自封 "创新之点;" 3. 堆砌 "研究方法"； 4. 分不清 "页下注" 和 "参考注"； 5. 过分罗列 "在读期间成果"
资助来源	必须标注。但要注意 "多项资助" 问题。否则弄巧成拙	若有基金资助，可在 "后记" 中说明。一般说，博士后才可能申请项目
团队问题	可以 "合作研究"，但要分清主次	强调 "独立完成"（独创性声明）。处理好其他人的贡献

八、国内项目与国外项目

注：国内项目和国外项目种类都较多，这里只是简单比较。另外，国外项目不同于国际项目。一些国际上资助国内学者研究的项目，目的性较强，需要慎重对待。

表8　　　　　　　　　　　　国内项目与国外项目的差异

	国内项目	国外项目
申请书	● 多为标准申请书格式(Application Form)，特别注重形式审查。多为一次性完成。有的基金 "会审" 流于形式。 ● "填表" 重于 "科研"。 ● "关系" 作用大	● 少见标准格式（基本信息除外），多为 Research Proposal。特别注重实质审查。经常会根据评委疑问，多次修改补充。 ● "科研" 重于 "填表"。 ● "推荐" 作用大
经费管理	形式上很严格，实质上漏洞不少。在经费使用上不相互信任。过去金额较少，近期数额较大	形式上不严格，实质上漏洞少。重视学术信誉。多无报销审查。过去数额较大，近年增长较慢

续表

	国内项目	国外项目
资助特点	1.简单重复比例较高、互不通气； 2."非共识"项目难获资助； 3.主要依靠政府机构和科学院系统，大学为辅； 4.重视应用研究：指南和招标限制较多； 5.政府主导性过强	1.注重连续性资助、重点资助； 2.重视"非共识"项目； 3.主要依靠大学，大学为科研主体； 4.重视基础研究：自由宽松程度高； 5.更尊重科学规律
人才培养与引进	项目资助与人才培养和引进脱节，近年有所改进，但力度仍然不够。科研精英不易获得资助	项目资助配合人才培养和引进。突出人才易获资助。同时也以项目资助吸引科研精英

注：

1.中国各级政府附属的研究机构数量过多，不利于真正创新。社科领域的更像"秘书班子"，侧重于起草"政府文件"和"领导讲话"。缺少真正的国家"智库"。

2.科学院为主的科研体制弊端较多。同时，大学发展缺少资源。

3."举全国之力"的科研体制局限性较大，效率较低。

九、自我标准与公认标准

这是一对相对概念。可以理解为：个人标准与他人标准，校内标准与校外标准，本市标准与全国标准，国内标准与国际标准，等等。

表9　　　　　　　　　　　**自我标准与公认标准的差异**

	自我标准	公认标准
职称与头衔评定	本校有评审权的，按教师比例的。三、四级教授及以下职称	早期的国评博导，长江学者，院士。一级教授公认性高。二级教授水分增加
人才评选	有指标限额，上级备案的：先进教师、劳动模范、人大和党代表	无指标限额，统一评比答辩的：教育部人才、优青和杰青、创新群体

续表

	自我标准	公认标准
教学评比	多为自我评审。校内评比，甚至按院系分配	国家级教学成果奖、精品课程；国家级重点学科
研究中心	自封的"单打独斗"型一人中心。"三无机构"	教育部重点研究基地。"六有"：固定人员、办公设施、滚动项目、标志性成果、充足经费、较大影响
科研项目	填表就算的！经费低于5万元的。非科研基金、非正规评审的	国家级项目：国家自然+国家社科。社科虽有限额申报，但仍然统一标准。通讯评审入围的
科研成果	● 横向课题；自己出版著作与教材；本校刊物或不实行匿名审稿的。 ● 省部级领先或国内领先的。涉及国家机密的除外	● 纵向课题；匿名审稿的国际或核心期刊论文；公认著作与教材； ● 基础科研一定是国际标准，不存在校内领先或国内领先一说
学位	一流、二流、三流学校学位水平差别很大	全国优博或提名。一般非"985"或"211"学校博士不能任大学教师

因此，"头羊作用"（优青计划）、"骡子精神"（铁人三项）、"豺狗精神"（创新群体）就显得非常重要！

十、自我满足型与开放办学型

表10　　　　　　　**自我满足型与开放办学型的差异**

	自我满足型	开放办学型
人才培养	无博士学位"优秀教师"；鼓励"优秀青年"教师读博；校内自评学位负责人、带头人；首席教授无考核、无竞争	三种人：优青培育（头羊）、铁人三项（骡子）、创新群体培育（豺狗）。院系级和校级协同并进

续表

	自我满足型	开放办学型
职称评审	照顾性"破格"	优秀者不占学科指标，直接进入"大评委"
教师引进	本校博士留校（近亲繁殖）；非教师人员转教师系列；从更低层次学校引进；院系自定，无校级教授委员会面试、投票；无试用期	真正海归博士；211以上学校博士（第一学位211学校）；有6年试用期
学术影响	校内、市内"有名"；首席教授；"小海地著名"	国务院有关委员会成员；教育部有关委员会成员；国家级学会副会长以上；校外刊物编委；国家重点学科首席教授；校外特聘、兼职教授；参与校外重大项目（奖金10万以上）
教学成果	校内教学成果、教改文章；自编教材（助教、讲师）	国家级教学成果；教育部精品课程；统编或广泛使用教材（多次再版）
项目推选	院系自选、简单分配，不计后果，甚至排挤优秀者	聘请懂行且有投票权的专家（"科研导师"制度），对选题、论证、填表全程指导，"一对一"周期定向培育、考核。同时对博士也是必要补课

十一、附录

1.研究生院（维基百科）：台湾称为研究所，港澳称为研究院，是大学之后的进阶教育研究机构，一般设于大学中，以"某大学某研究生院"的形式存在，也有独立设立者。研究生院需大学毕业及同等学力才能取得报考或申请入学资格，主要为培养硕士、博士人才及进行基础研究工作，许多大学教授也会在研究生院开课并领导研究工作。有些政府、民间组织及企业机构也会设立名为研究所、研究中心或研究院的研究机构（智库），但只是同名，不具教育性质，也无法取得学历证明——学位。

2.大学的"五流分类"：一流大学——"985"大学；二流大学——"211"大学；三流大学——主要学科有博士点（或有国家级重点学科或重点研究基地）大学；四流大学——无博士点的以本科为主的大学；五流大学——专科为主的大学。

3.二、三流大学的生存之道（"九阴真经"）。"前面距离拉大，后面追兵逼近"。全面赶超不可能，力争局部（单项）成为"绝活"。先走一步，弯道超车，迎头赶上。

4.三个基本条件：一是眼光要高（力避"小海地著名"）；二是扬长避短（校内强项不一定有前途）；三是重点培育（"羊、骡、狗"战略）。人无我有，人有我强，人强我特！

5.致命障碍：单打独斗、相互扯皮、驱除良币、穷在窝里。

第8讲 如何研究重大项目——案例研究

案例：国家社科基金重大项目

《资源枯竭型城市社会稳定问题研究》

目录

1. 引子
2. 项目答辩会情况
3. 研究成果与结题
4. 项目研究体会与经验
5. 对青年学子的建议

2

第一部分：引子

3

国家社科重大项目情况

	批次	立项总数	选题方向	受理数（申报数）	立项率
2005年		35	20	179	20%
2006年		41	37	330	12%
2007年		55	42	380	14%
2008年		62	42	613	10%
2009年		71	65	668	10%
2010年	第1批：54 第2批：81	136			
2011年	第1批：63 第2批：89 第3批：37	189			
2012年	第1批：35 第2批：64 第3批：91 第4批：41	237			
合计		826			

4

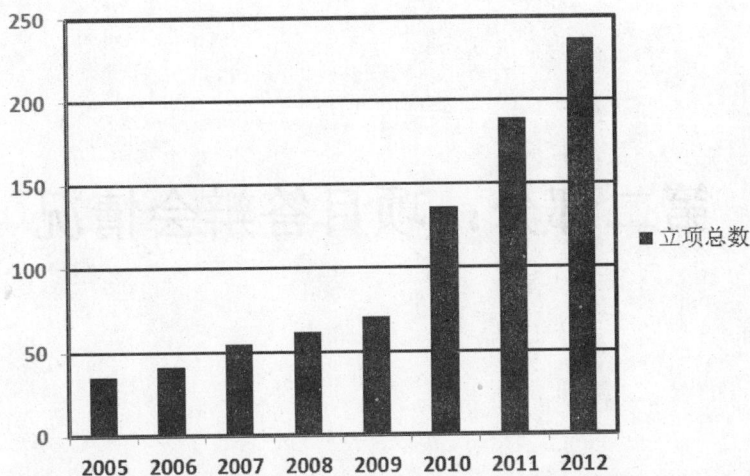

国家社科基金重大项目历年立项总数

项目成果与影响

- 免于鉴定，成绩优秀（评价是"调查细致、研究深入、成果丰富"，结项时免于鉴定）。
- **3**本著作，几十篇论文。
- **7**项内参（成果要报《新华社内参》、《公安内参》等）。
- 多项奖励：成就奖（**10**万奖金免税）、优秀成果奖。
- 多项转载：《新华文摘》、《人大报刊》等复印。
- 竞争激烈！东财首个（第二个在**4**年后）。都是名校、大师。
- 多年后受邀担任政府顾问和政策咨询顾问。
- 社会稳定问题更严重、更复杂，但研究进展不大！

第二部分：项目答辩会情况

7

国家社科基金重大项目招标
（原题：社会稳定问题研究）
《资源枯竭型城市社会稳定问题研究》

首席专家：于立
东北财经大学
产业组织与企业组织研究中心
（教育部人文社科重点研究基地）
2005年8月30日于京西宾馆

首席专家于立博士简况

学历	本科	辽宁财经学院计划统计专业
	研究生1	中国社科院研究生院工业经济专业
	研究生2	（澳）新英格兰大学经济计量学专业
	博士	东北财经大学产业经济学专业
	研究员	世界银行发展学院（美国财政制度）
职务		产业组织与企业组织研究中心主任（教育部重点基地）、MBA学院院长
主要社会兼职		国务院学位委员会学科评议组成员
		国家自然科学基金管理科学部评审委员
		全国MBA教育指导委员会委员
		中国工业经济学会副会长
		辽宁省委、省政府、大连市委、市政府咨询委员
荣誉	全国优秀教师	国务院特殊津贴获得者

9

课题组构成

- 首席专家于立博士任教育部人文社科重点研究基地主任；基地的运作机制有利于承担重大项目。

  于立是产业经济学国家重点学科首席教授；担任MBA学院院长，多年主讲《企业、政府与社会》特色课。

  于立主持过国家社科基金和国家自然科学基金5项。

- 课题组成员选自产业经济学（产业组织学、规制经济学）、财政学（公共经济与政策）、区域经济学、国民经济学、政治经济学和社会学等专业（9个博士点，博导8位，博士10名（包括社会学博士2人），博士生8名，年龄28~56岁）。

- 研究中心设有"社会心理研究室"，专兼职人员近30人。已经开展多项有关社会稳定研究项目。

- 合作者包括社科院社会学所杨团研究员。

10

研究价值和重要意义（1）

- 资源枯竭型城市的转型和稳定是世界性难题。

  法国洛林、德国鲁尔、英国西密德兰、日本九洲、美国底特律、苏联的巴库等，有的长达几十年，花费资金数千亿美元，社会影响很大。

- **中国的典型城市**：辽宁的阜新、抚顺、本溪、葫芦岛；黑龙江的大庆、鸡西、黑河、**大兴安岭**。对整个中国社会的稳定构成威胁。

- 资源枯竭型城市研究成果对其他资源型城市更有意义。10％已经枯竭＋70％面临枯竭＝80％。

- **基本经验**：规划上要"**未雨绸缪**"、产业转型要"**循序渐转**"、稳定上追求"**长治久安**"之策。

11

研究价值和重要意义（2）

- 中国资源型**城市178个**（1/4在东北），人口约3亿。10％已经枯竭，70％面临枯竭，共80％资源型城市涉及枯竭问题。近1 000万人已经失业下岗，还有几千万人面临下岗。

- 8 000座矿山，2/3进入中老年期，400多座已经枯竭。

- 矿难：2005年1～8月，煤矿发生特大事故33起，2003年51起，2004年42起。累计发生百人以上死亡矿难19起。煤矿安全设施欠账500多亿元，百万吨死亡率是美国的100倍。中国煤矿产量占世界30％，死亡却占80％（**重大事故：3～9人；特大事故：10人以上；特别重大：30人以上**）。

12

研究价值和重要意义（3）

➢ 资源枯竭型城市严重影响中国社会的稳定。

➢ 资源枯竭型城市的刑事犯罪发案率是全国平均水平的2倍。群体上访、卧轨阻路、请愿、挟持领导人质等严重影响社会稳定的事件大多发生在资源枯竭型城市。如杨家杖子事件、大庆万余人事件、昆明东川拦截铁路、抚顺集体上访，等等。

➢ 潜在矛盾随时爆发。辽宁西部设"防暴师"的原因。

➢ 2005年8月在大连召开"东北地区资源型城市可持续发展座谈会"。

13

于立主持的相关项目

➢ 《资源枯竭型国有企业退出问题研究》

国家社会科学基金项目，已完成）

➢ 《辽宁典型资源枯竭型城市产业转型与可持续发展研究》

（辽宁省政府重大项目）

➢ 《辽宁资源枯竭型城市社会稳定问题研究》

（辽宁省政府项目）

14

对应三个研究角度

- 资源枯竭型企业：重点是国企退出（企业是主体）企业有进有退；"双重国有、两难交织"。
- 资源枯竭型产业：重点是产业转型（属中间环节）产业有盛有衰；优化产业链；产业内与产业间调整。
- 资源枯竭型城市：重点是社会稳定（政府作用大）强调持续发展，力求循序渐转。企业进退、产业转型是社会稳定的前提，但城市问题是各种矛盾的综合体现。

15

"三三见九，九九归一"

- 三项相关课题（国企退出、产业转型、社会稳定）
- 三个研究角度（企业可进可退、产业有盛有衰、城市何去何从）
- 三重组织层次（企业组织、产业组织、社会组织）

16

于立主要相关成果（不含论文）

1. 于立：《能源价格理论研究》
2. 于立：《美国财政制度》
3. 于立：《资源枯竭型国有企业退出问题研究》
4. 于立：《中国乡镇企业产权与治理结构研究》
5. 于立：《产业经济学前沿问题》（译著）
6. 于立：《产业经济学理论与实践问题研究》
7. 于立：《产业经济学的学科定位与理论应用》
8. 于立：《规制经济学的学科定位与理论应用》

17

于立指导的MBA硕士论文

序	题 目	作 者	导师
1	资源枯竭型企业退出中的问题与建议——以杨家杖子矿务局为例	张立君	于立
2	资源枯竭型国有企业的退出——以本溪矿务局为例	潘远章	于立
3	资源枯竭型国有企业退出中的战略选择——以阜新矿务局为例	张殿才	于立
4	资源枯竭型国有企业退出战略研究	张 耀	于立
5	资源型企业与资源型城市协同发展问题研究——以盘锦为例	袁宏志	于立
6	资源型城市可持续发展的对策——高新技术产业园理论与实践	张志坚	于立
7	资源型城市发展规律——以盘锦为例	关秀萍	于立
8	资源依赖型企业如何应对资源枯竭——以盘锦乙烯公司为例	黎 明	于立
9	资源依赖型企业如何走出困境——"华锦集团"发展思路探索	于成国	于立
10	辽河石油勘探局职工收入及生活状况的调查分析	王惠书	于立
11	辽河油田钻井一公司发展历程及存在问题分析	刘淑静	于立
12	中国石油行业管理体制研究	王 卓	于立
13	辽河石油多种经营的发展之路——兼论资型企业的产业替代	廖 锐	于立
14	辽河石油勘探局非石油企业公司制改造	石宝莹	于立
15	资源枯竭型国有企业关闭破产问题研究	李昀峰	于立
16	资源枯竭型国有企业退出遗留问题——鸡西恒山煤矿的案例	邵国强	于立
17	资源枯竭型城市产业转型研究——鸡西市"循序渐转"的经验	田象生	于立
18	资源枯竭型城市产业转型中的财政政策——鸡西市的例证	钱言考	于立

于立指导的博士生调研报告

序	题 目	作 者	导师	备注
1	资源枯竭型国企退出时职工安置问题——阜新矿务局的经验与启示	姜春海	于立	已发表
2	资源枯竭型国有企业退出途径研究	孟韬	于立	已发表
3	国有企业"买断工龄"的问题与规范——以东北老工业基地资源枯竭型国有企业为例	孟韬	于立	已发表
4	资源枯竭型国有企业破产后矿区稳定与发展——以辽宁杨家杖子矿区为例	孟韬	于立	已发表
5	资源枯竭型国有企业组织形式的演变——以辽河油田为例	于左	于立	已发表
6	人口迁移：资源枯竭型国有企业退出时职工安置的一次尝试——阜新煤矿下岗职工及家属移居瓦房店市炮台镇纪实	于左	于立	已发表
7	资源枯竭型国有企业的环境代价分析——以抚顺矿务局为例	于左	于立	已发表
8	中国产业基金的建立：来自欧洲结构基金的启示	于左	于立	已发表
9	民营企业的三重进入障碍与资源型城市产业转型——以鸡西市龙海矿业集团公司为例	于左	于立	后发表
10	资源型城市环境治理与可持续发展问题研究——以鸡西恒山国家矿山公园为例	李晶	于立	后发表
11	中国矿产资源补偿机制研究	刘劲松	于立	已发表

19

社会稳定机制示意图（"龟壳模型"）

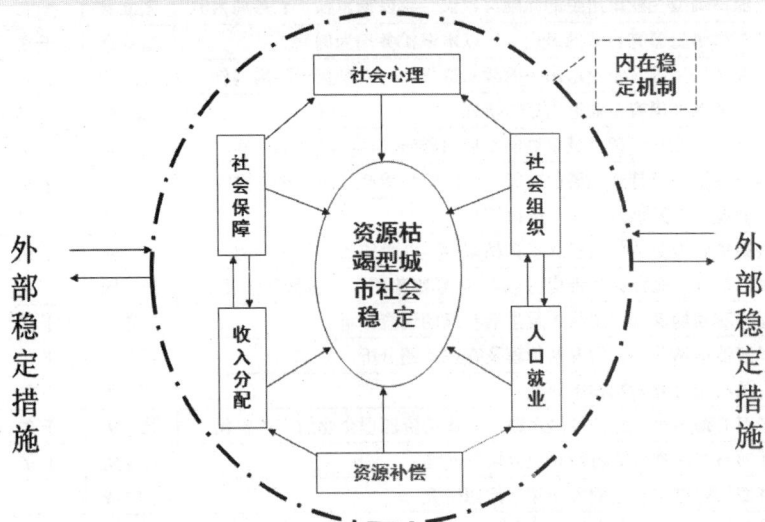

20

社会稳定机制基本思路
——"龟壳模型"解释（1）

- 资源枯竭型城市稳定与全社会稳定的关系。外部敌对势力渗透？

- 从机制建设上追求"长治久安"。"国务院安全组"等只是特殊时的应急措施。

- 自动（内在）稳定器与外在稳定措施（动用武警、经济安抚、严禁越级上访、关注组织者、干部处分）。

- "中医"与"西医"的道理。

21

自动稳定器的作用机理
——"龟壳模型"解释（2）

1、"资源补偿"：矿山的"养老保险"。

2、"人口就业"：正常流动、人口迁移。人口政策问题很多。

3、"收入分配"：累进税、遗产税、转移支付、最低生活标准、失业救济。

4、"社会保障"：社会救助、社会保险、社会福利。

5、"社会组织"："单位人"与"社会人"。无处交党费现象。身份证管理。"砍手党"、"斧子队"、"野人"。

6、"社会心理"：从众、攀比；沟通、告解。

- 其他自动稳定器：社会信仰、宗教、慈善事业。

22

社会稳定机制的设计与运行
——"龟壳模型"解释（3）

- 自动稳定器的单独作用（功率大小、传递快慢）。
- 自动稳定器的相互作用（替代与互补，抵消或加强）。
- 自动稳定器的综合作用（有主有辅、组合搭配）。
- 自动稳定器的建设（当前与长远，政府推动）。
- 外在稳定措施的选择与实施。
- 政府的作用（中央政府与地方政府）。

23

现实与误区（"龟壳破裂"）

- 目前，"自动稳定器"都不健全，作用有限。自动稳定器也可变成"定时炸弹"。
- "矿山企业"：矿山关闭与企业破产。"乱开药方"。
- "资源税"与"资源补偿费"。"经济快速增长之谜"；"能源问题的误区"。
- "造反夺权"与建设"和谐社会"指导思想的根本不同。
- 中国古代文化中有关社会和谐思想的正确解读。
- "稳定的成本"、"稳定与发展的关系"、"稳定与和谐"（新疆、深圳）。
- "效率优先、兼顾公平"与"企业追求效率、政府强调公平、社会实现和谐"。斯密的经济思想。

24

研究计划与研究方法

- 见投标申请书。
- 与世界银行的合作。
- 特别强调**案例研究**方法。MBA学院的特色和便利，也是研究中心的主要研究方法。

25

结语

❖ **"不求规模，但求特色"**——办学宗旨

❖ **"刚柔相济，天人合一"**——管理哲学
****

❖ **"社会组织论"一书的构想（后记）**

26

附：评委提问（答辩会后补充）

- 中国社科院社会学所所长景天魁（组长）
- 中央维稳办政研室主任夏诚华
- 中国社科院政治所研究员杨海胶
- 中国人民大学劳动人事学院院长曾湘泉
- 中国政法大学社会学学院院长乐国安

问题：

1. 与一般的社会稳定相比，资源枯竭型城市的社会稳定有何特殊性？
2. 产业转型在"龟壳模型"的地位如何？各个"自动稳定器"的相互联系怎样（后改变）？
3. 资源枯竭型城市与其他城市相比，维持稳定在程度和因素上有何特殊性？
4. 资源枯竭型城市社会问题的政治角度如何（分类研究）？
5. 国外经验借鉴性如何？中国的特点在哪里？
6. 研究方法方面，如何考虑地区差异、历史文化因素？

27

第三部分：研究成果与结题

28

项目群（团队、经济性、效果；总经费300万）

	自立项目	省级项目	国家项目	论文与著作	效果
企业角度	《资源枯竭型国有企业退出案例研究》	《辽宁省资源枯竭型国有企业退出问题研究》（重点）	《资源枯竭型国有企业退出问题研究》(国家社科)	相关论文20篇，同名著作（经济管理出版社）	教育部社科三等奖；蒋一苇企业发展奖
产业角度	《资源枯竭型城市产业转型的难点与途径》	《辽宁省典型资源枯竭型城市产业转型与可持续发展研究》（重大）	《中国煤电产业纵向关系研究》(国家自然)	相关论文30篇；著作2：《资源枯竭型城市产业转型研究》（中国社科出版社）、《纵向产业组织与中国煤电关系》（东北财大出版社）	省社科一等奖
城市角度	《资源枯竭型城市社会稳定的有关问题》	《辽宁省资源枯竭型城市社会稳定问题研究》（重点基地）	《资源枯竭型城市社会稳定问题研究》(社科重大)	内参7项；论文40篇；同名著作（中国社科出版社）	教育部社科二等奖；国家领导人批示

老子：道生一，一生二，二生三，三生万物；
于子：一归道，二归一，三归二，万物归三。

29

三生万物，三位一体

- 研究三个层次：企业、产业、城市
- 对应三个项目：两个国家级（一大一中），一个省重大
- 获得三个奖项：二等、三等、蒋一苇

30

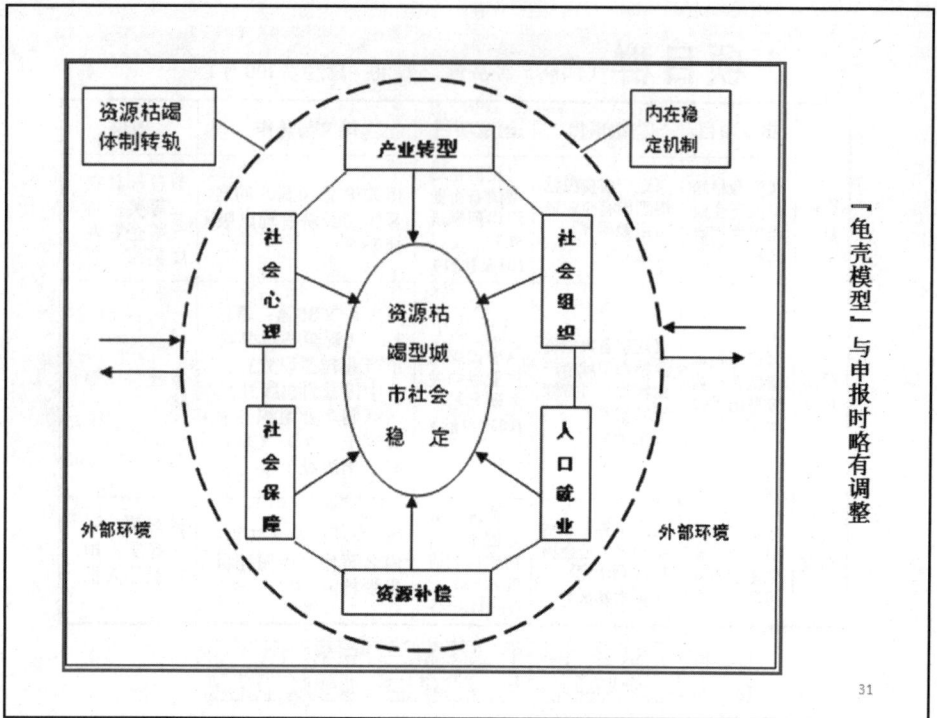

"龟壳模型"与专题研究

模型组成	专题研究	相关研究
产业转型	"循序渐转"产业转型理论体系与政策思路	可持续发展，转型机制，转型模式
社会组织	资源枯竭型城市社会不稳定"五步曲规律"	矿难控制，群体上访，滋事事件，暴力与暴利关系
社会心理	"资源性贫富差距"的形成与社会心理分析	若干"人食人"典型案件剖析，矿山文化与不稳定因素
人口就业	"买断工龄"的制度安排、缺陷及其重构	关闭与破产的区别，劳动力市场运行机制，人口迁移
社会保障	"三林问题"与林权制度改革	煤矿安全规制，环境治理，棚户区与塌陷区改造
资源补偿	"三渔问题"与公共政策调整	资源税费改革，资源价格确定，资源产权分析

全国哲学社会科学规划办公室
National Planning Office of Philosophy and Social Science

坚持正确导向 突出国家水准 注重科学管理 服务专家学者

首页 | 信息 | 工作要闻 通知公告 社科动态 机构设置 建议 | 工作 | 管理规章 课题指南 问题解答 立项信息 项目进展 经费管理 成果管理
成果 | 成果选介 成果数据库 社科基金专刊 成果要报 | 交流 | 学术研讨 国际交流 各地规划管理 | 资料 | 专家数据库 常用社科查询

中国共产党新闻 >> 全国哲学社会科学规划办公室 >> 成果选介

"资源枯竭型城市社会稳定问题研究"最终成果简介

于立 2011年05月09日15:28

最终成果简介东北财经大学于立教授教授主持的国家社科基金重大项目《资源枯竭型城市社会稳定问题研究》（项目号05&ZD035），主要最终成果为专著《资源枯竭型城市社会稳定问题研究》和《资源枯竭型城市产业转型问题研究》，中国社会科学出版社出版。此前，于立教授主持完成的另一国家社科基金项目（批准号为02BJY065）《资源枯竭国有企业退出问题研究》，发表同名著作，经济管理出版社出版。这三部著作分别从"企业退出"、"产业转型"和"社会稳定"角度入手，构成中国资源枯竭研究领域独具特色的完整体系和系列丛书。课题组成员有王立军、于左、姜春海、吴绪亮、侯强、钱勇、孟韬、孙康、李晶、徐斌、肖兴志、刘晓梅、杨刚、张抗私、王建林、张芳等。

重要新闻
- 李长春出席2011年度国家社科基金项…
- 中宣部：推动哲学社会科学繁荣发展 服…
- "十二五"时期各学科重点领域和重点研…

图片新闻

《中国诗歌通史》鉴定　湖南社科基金项目会议

学术研讨
- 研讨"国家力量与玉树抗震救灾"
- 民建中央举办文化创意产业论坛
- 学界研讨专题片《任继愈》

成果选介

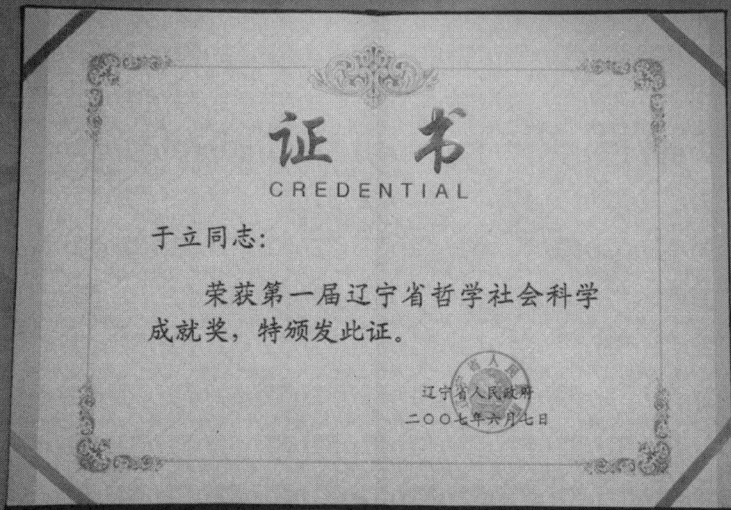

证 书
CREDENTIAL

于立同志：

荣获第一届辽宁省哲学社会科学成就奖，特颁发此证。

辽宁省人民政府
二〇〇七年六月七日

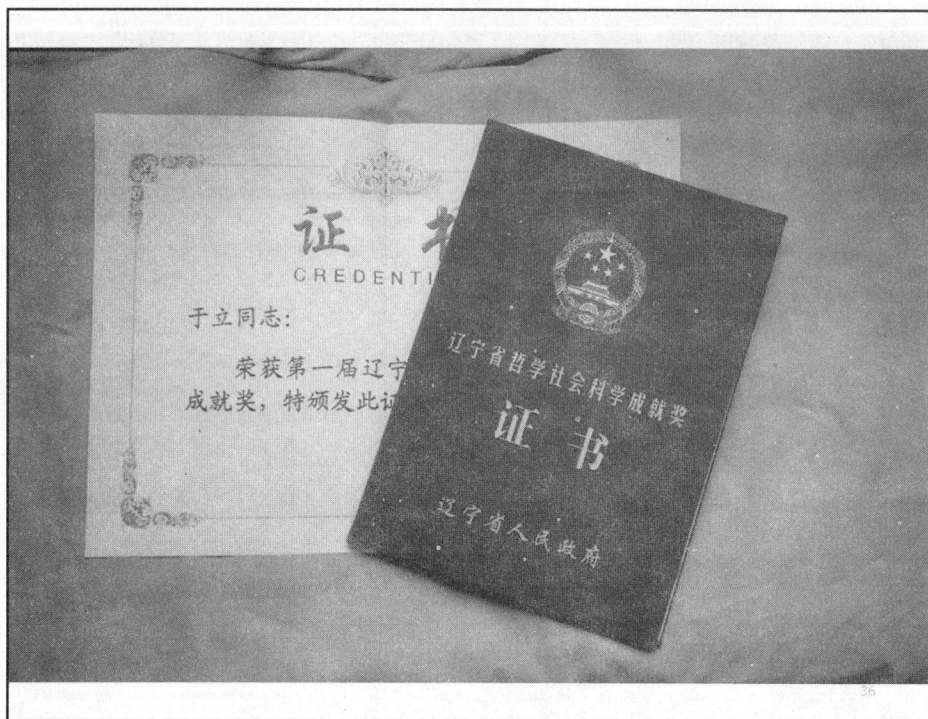

证　书

CREDENTI

于立同志：

荣获第一届辽宁

成就奖，特颁发此证

辽宁省哲学社会科学成就奖

证　书

辽宁省人民政府

36

第四部分：项目研究体会与经验

37

1、跨学科研究：问题导向

- "问题导向"自然主要是跨学科研究。

- 重大项目"跨学科研究"有优势，一般项目有劣势。

- "跨学科研究"更愿参加项目答辩。

- 本项目涉及经济学、社会学、心理学、政治学、矿物学、地理学……

- 首创关键词：龟壳模型、三渔问题、三牧问题、循序渐转、关闭破产、不稳定规律、企业、产业、城市"三位一体"……

38

2、"调查细致、研究深入、成果丰富"

- 下过400米煤矿井下，到过森林、油田、煤矿、渔场、草原。

- 会见过多个"人吃人"案犯和家属，现场观看注射死刑。

- 与移民闹事带头人、群体事件知情者私下面谈，看两万元的"生死合同"，听无处交党费者诉苦。

- 驾车到过主要的资源枯竭型城市和现场，如冬季自动保温的森林公园、夏季天然冰宫、看不见树木的林业基地、移植不活的"塔头"，收集过"三个千年"的胡杨、接受过"油精"和"煤精"艺术品。

- 调研资料论公斤称，文字材料以千万字计，参与和协助调研人员过百人。

39

3、不与人争，水到渠成

- 道生一，一生二，二生三，三生万物。
- 单个项目到"项目群"，小团队到创新群体。
- 冷门变热门。资源问题，社会稳定问题。
- 搞研究不为职称、不为金钱、不为当官、不为发表。
- 活法：不与人争；求异存同；迎头赶上；绝学无忧。

40

4、安身立命，绝学无忧

- 每年近**60**万硕士，**7**万博士，近**700**万毕业生。就业形势严峻。
- 学科结构问题也不少。教育问题不少！
- 本科、研究生、博士。大学生奖，留学。
- **MBA**学院、教育部基地、国家重点学科。法律经济学博士点。创立法理经济学学科。
- 天津财大图书馆赠书著述、翻译书籍**26**种（**46**本）。
- "优青班"实践。

41

三十年感悟

1. 和谐人生——青年尚儒，中年崇道，老年信佛；
2. 科学发展——工作中尚儒，治学上崇道，生活里信佛；
3. 和谐社会——中层尚儒，高层崇道，基层信佛

↓2003年始学太极剑

↑2000年始学太极拳
↓2008年始学梅花棍

（本讲为2013年6月2日于东北财经大学发言内容）

第 2 篇

学科定位与发展评介

在学科定位方面，我已经出版《产业经济学的学科定位与理论应用》、《规制经济学的学科定位与理论应用》和《法律经济学的学科定位与理论应用》三本书。近期还要力争完成"跳单经济学"和"法理经济学"的研究和写作。

当然，有时可能处于勇气有余、底蕴不足的境地。但是，科学就是要创新和修正，青年学者更应如此。

本篇所列的是一些代表性文章。人云亦云、照本宣科，绝非"青教班"学子所为。

人云亦云、照本宣科，绝非"青教班"学子所为

第9讲 现行经济学学科设置问题与法律 经济学的兴起[①]

The Classifications of Economics and the Rise of Law & Economics

内容提要： 本文从比较国内外现行经济学学科设置入手，评述法律经济学的学科定位、学科特征与发展趋势，并分析政治经济学、制度经济学与法律经济学的关系。在应用经济学一级学科目录下，增设法律经济学这一内容丰富、方兴未艾的"金矿"学科，已经水到渠成。

关键词： 法律经济学　法理经济学　行为法律经济学　学科分类

一、现行经济学学科设置的国内外比较

（一）中国现行经济学学科设置存在的问题

表1是中国现行的研究生学科目录中的经济学分类。[②]它存在如下的主要问题：

1.分类不当。虽说从概念上可以划分理论经济学和应用经济学，但实际上一涉及具体学科，多是既有理论，又有应用。"人口、资源与环境经济学"，是三个独立的应用经济学二级学科，即"人口经济学"、"资源经济学"和"环境经济学"。现在列入理论经济学并不合适。"统计学"是重要的经济学方法，但本质上属于数学学科，也不存在"统计经济学"，即使称作"经济统计学"，仍是研究经

---

① 本讲原刊于《改革》（2011年第4期）。
② 国家社科基金学科分类中的经济学目录也存在不少问题。

济问题的统计学。①现在列入应用经济学二级学科比较勉强。

表1　　　　　　　中国现行经济学门类学科分类（一级＋二级）

	编号	学科名称		编号	学科名称
一级学科	0201	理论经济学	一级学科	0202	应用经济学
二级学科	020101	政治经济学	二级学科	020201	国民经济学
	020102	经济思想史		020202	区域经济学
	020103	经济史		020203	财政学
	020104	西方经济学		020204	金融学
	020105	世界经济		020205	产业经济学
	020106	人口、资源与环境经济学		020206	国际贸易学
				020207	劳动经济学
				020208	统计学
				020209	数量经济学
				020210	国防经济

2.含义不清。例如，何为"国民经济学"？它与宏观经济学是何关系？又如，"世界经济"主要是指国别经济体研究，它与国际公认的"国际经济学"相距甚远，也不符合理论经济学特点。"国防经济"也是强调与国防有关的实体经济。英文中的 Economy 强调实体经济，Economics 强调经济学的"学"，而 Economies 强调经济性，含义大有不同。②

3.将大划小。如"西方经济学"不仅名称不规范，内容上也涵盖所有的经济学学科，但却只被列入理论经济学之下的"二级学科"。另一方面，西方经济学体系之中的很多学科属于应用经济学，不属于理论经济学。

---

① 在汉语习惯中，在涉及学科存在交叉、但有主有辅的情况下，多是"定语"在先，主词在后。按此规则，Econometrics 就应与"生物计量学"（Biometrics）一样，称为经济计量学，而不是计量经济学，因其本质上属于计量学，不属于经济学。又如，博弈论（Game Theory）研究集大成者虽可获诺贝尔经济学奖，但不等于说博弈论就属于经济学，它是一种用途广泛的数学方法，可用于经济学、政治学、社会学、军事学等多个领域，相应可有经济博弈、政治博弈、社会博弈和军事博弈。与此类似，统计学（Statistics）本身也不属于经济学，它也是一种用途广泛的数学学科，也可用于经济学、政治学、社会学、军事学等多个领域，相应可有经济统计、政治统计、社会统计和军事统计。

② 经济概念至少可有四种理解。一是指实体经济的，如工业经济和国民经济，对应的英文为 Industrial Economy 和 National Economy；二是强调经济体制的，如计划经济和市场经济，英文为 Planning Economy 和 Market Economy；三是指经济学科或经济问题研究的，如制度经济学和产业经济学，英文为 Institutional Economics 和 Industrial economics；四是强调经济性的，如规模经济和范围经济，英文为 Economies of Scale 和 Economies of Scope。传统的政治经济学是个例外，英文一直为 Political Economy，它与后来的 Political Economics 是有区别的。所以称为两种涵义的政治经济学。

4.主辅倒置。如"数量经济学"的核心是"经济计量学",本是研究经济问题的计量学,它与博弈论类似,都属于经济学研究的主要方法,但本身并不是经济学。[①]如果强调其研究方法的特性,与统计学一起并入理论经济学,更合适一些。"经济思想史"归属理论经济学应无异议,因其强调的是经济学思想的来龙去脉。而"经济史"则不然,如强调"经济"应归入应用经济学,如强调"史"应归入史学。

5.需要更名。如财政学应改为"财政经济学"或公共经济学,金融学应改为"金融经济学",国际贸易学应与国际金融学合并为"国际经济学"。

6.急需增设。如本文重点评述的"法律经济学",如果继续保留理论经济学与应用经济学的二分法,应该增列为应用经济学二级学科。法律经济学是用经济学理论和方法研究法律问题的经济学分支,内容丰富,前景宽广。

(二)国际主流经济学学科设置或学科分类

国际上经济学分类通常都采取JEL分类法(Journal of Economic Literature Classification Codes)。详见表2。JEL,即经济学文献为季刊,由美国经济学学会(American Economic Association,AEA)主办,主要刊登有关最新发表著作和论文的评述文章和信息。AEA的索引数据库EconLit,包括1969年以来的学术论文、著作、评论、学位论文和工作论义,采用的也是JEL分类法。

2008年第2版的《新帕尔格拉夫经济学大辞典》,由1 506位世界著名经济学家,包括25位诺贝尔经济学奖获得者编写,用的也是JEL分类。

2001年创办的中国经济学年会,由北京大学中国经济研究中心、复旦大学经济学院、南开大学经济学院和中国人民大学经济学院等国内名校为理事单位,十年来历年年会的征文和讨论分组参照的也是JEL分类。

对比中国现行的经济学分类,对国际通用的经济学分类(JEL分类)可做如下特点分析:

1.国际上不区分"工商管理"各学科,[②]而是将企业管理、营销学、会计学等列入广义的经济学之中。中国在学科目录中单独列出"工商管理"学科,虽有

---

① 与其相关的Mathematical Economics的准确涵义是"经济数理学",而不是"数理经济学"。
② 中国的大学分类中有为数不少的所谓"财经类大学",一般英译为University of Finance & Economics,这非常具有中国特色。在英美学者看来,Finance和Economics相当于两个系,合起来都难以构成一个商学院(Business School),更谈不上大学(University)了。

表2　　　　　　　　　　　国际通用经济学分类（JEL分类）

编号	学科名称	编号	学科名称
A	一般经济学	K	法律经济学
B	经济思想史、方法论	L	产业组织学（或产业经济学）
C	数理方法、数量方法	M	企业管理与经营经济学、营销学、会计学
D	微观经济学	N	经济史
E	宏观经济学、货币经济学	O	发展经济学，技术进步、增长经济学
F	国际经济学	P	经济体制
G	金融经济学	Q	农业经济学、资源经济学、环境经济学、生态经济学
H	公共经济学	R	城市经济学、农村经济学、区域经济学
I	卫生、教育与福利经济学	Y	其他经济学（书评、学位论文）
J	劳动经济学、人口经济学	Z	经济学专题（如文化经济学）

一定道理，但弊端也很明显。证据表明，国内外在工商管理方面研究有所成就的，都离不开经济学的理论基础和研究方法。[①]

2.JEL分类中对应字母S、T、U、V、W的内容还在空缺。也许现在对应字母Y和Z的其他学科或专题内容以后逐渐成熟后再纳入补充。这种分类很有长远眼光，可与时俱进。

3.在JEL分类中，不同于中国的"金融学"，而称"金融经济学"[②]；不同于中国的财政学，而称"公共经济学"；不同于中国的国际贸易学，而称"国际经济学"。显然都更为确切。

---

① 工商管理学科的理论基础是经济学和心理学。最近20多年来，经济学研究中大量吸纳了心理学的成果，甚至出现了行为经济学（如行为金融学、行为法律经济学）和实验经济学研究热。
② 金融经济学显然更加规范。它主要是针对微观的领域，包括金融市场、金融机构与服务、公司理财与公司治理，这些是商学院的主课。而宏观的金融学对应国际上的公共财政（Public Finance），属于公共经济学（Public Economics），是公共管理学院的主课。与货币有关的金融学，属于货币经济学（Money Economics）或宏观经济学（Macroeconomics）。

4."法律经济学"为经济学第K个分支学科，说明了本文所要讨论主题的重要性。国外已经出版《法律经济学百科全书》、《法律经济学手册》和《新帕尔格拉夫法律经济学大辞典》，无论是从这些巨著中所涉及的繁杂条目、宽阔领域、巨大篇幅、多人参与等方面看，还是从各国特别是中国的法律体系建设需要看，①法律经济学都是有待开发的"金矿"性学科，而且事关中国经济学甚至整个社会科学学科发展的"百年大计"。②

5.与法律经济学有一定交叉的产业组织学或产业经济学，早就是一个成熟的经济学分支，而国内现行学科目录中所列出的产业经济学却"抱残守缺"。法律经济学中涉及的法律服务市场问题被并入产业组织学（L84）领域。

6.法律经济学关注重点是法律的经济分析，特别是法律对整体经济、部门经济和个人产生影响的实证研究。与地下经济（Shadow Economy）相关的法律问题与发展经济学（O17）相交叉，与计划经济和转型经济相关的法律问题与经济体制（P37）相交叉。

7.与法律经济学相关程度较大的政治经济学、制度经济学、产权经济学等，一般包含在经济体制（P）门类之下，大体相当于中国的三级学科。

8.福利经济学从理论体系上看，是微观经济学（D）的组成部分；从应用角度看，又与卫生、教育与福利经济学（1）划为一类。作为微观经济学组成部分的福利经济学，是成本–收益分析的理论基础，而成本–收益分析又是法律经济学的常规方法。

二、法律经济学的学科定位与关联

（一）法律经济学的由来与兴起

法律经济学（Law and Economics）或法律的经济学分析（The Economic

---

① 正当笔者修改此文时，随手翻开一期综合性的《改革内参》，共有十几篇文章或研究报告，竟有2/3涉及法律经济学内容，如国家垄断调解解困、调解模式考虑、调解员标准、财税制度突出问题、汇率制度思考、破产法执行、选调法官制度弊端、新拆迁法适当其时、财产申报制度为何难、贫困线标准需调整，等等。

② 从大的框架上看，中国的经济学重心发展变化客观上存在一种"百年大计"。即新中国成立后的前30年左右，整个经济学甚至整个社会科学体系都以"政治经济学"为核心；至今为止改革开放30年左右，以"制度经济学"为核心；以后的30年左右，则必将以"法律经济学"为核心。

Analysis of Law），是用经济学理论和方法研究法律问题的经济学分支。^①

法律经济学起源于亚当·斯密（Adam Smith）和杰里米·边沁（Jeremy Bentham），后来者庇古（A.C. Pigou）和罗纳德·科斯（Ronald Coase）以及马克斯·韦伯（Max Weber）^②都是法律经济学的奠基者。弗德里奇·哈耶克（Friedrich Hayek）和布鲁诺·莱奥尼（Bruno Leoni）为法律经济学的发展作出了重要贡献。而标志着法律经济学学科体系形成的是波斯纳1973年发表的《法律的经济分析》这部著作。

目前，几乎所有北美大学的法学院和经济院（系），都开设法律经济学。最著名的两个法律经济学学术机构，一是芝加哥大学法学院，包括最著名的法律经济学学者，如波斯纳（美国联邦上诉法院法官）、科斯和贝克尔（二人均为诺奖得主）；二是乔治·梅森大学的法律经济学研究中心，诺奖得主史密斯曾在此任职，后转到查普曼大学（Chapman University），另一著名人物是戈登·图洛克（Gordon Tullock）^③，他1969年创立《公共选择》杂志，并担任该杂志主编长达25年，1998年他获得美国经济协会"杰出会员奖"。他在公共选择领域的成果可与诺奖得主布坎南齐名，而这个领域正是法律经济学的基础领域。

2000年，由巴卡尔特和吉斯特主编的《法律经济学百科全书》的出版说明中指出，法律经济学的快速发展，使得很多分支都日臻成熟，学者们对基本概念、基本理论甚至政策建议都能形成共识。但是政策制定者、律师和法官们却不一定如此。这并不是因为他们不关心法律规则的经济后果，而是因为法律经济学的文献过于庞杂或者具有比较明显的交叉学科性质，所以难以企及。而这正是编撰法律经济学百科全书的初衷。

如同波斯纳在为《法律经济学百科全书》所写的序言中所说，1980年以前，一个作者用一本书的篇幅就能涵盖大部分法律经济学的内容。但到了21世纪，对"业内学者"而言，任何个人都不可能熟悉法律经济学的各个领域；对

---

① 过去，有人望文生义地称其为"法和经济学"、"法与经济学"，现在应予澄清。虽然英文多用 Law & Economics，但绝不是两个学科的简单相加。"法经济学"也不是好的称谓。法律经济学虽然具有较大的交叉学科性质，但与政治经济学或制度经济学类似，本质上都属于经济学范畴。更准确的法律经济学英译名应为 Economics of Law，或按常规称为 Legal Economics，而常见的"Law & Economics"只不过是约定俗成而已，斯蒂格勒和波斯纳都曾对此有过解释。当然，约定俗成会形成"惯性"或"路径依赖"。比如，进行文献检索时，用 Law & Economics 作关键词就会轻车熟路，用 Legal Economics 有时反倒不知所云。
② 马克斯·韦伯既是法学家，又是经济学家。
③ 戈登·图洛克曾在中国天津从事外交服务工作，他的汉语达到非常熟练的程度。

"业外人士"而言，法律经济学对各个法律领域都有贡献，值得每个法律从业者、经济顾问、社会学者、心理学者、史学学者和哲学学者密切关注。

随着法律经济学的快速发展，出现了两个明显的变化趋势：一是范围越来越宽，几乎所有的法律领域都受到经济学的影响和冲击；二是分工越来越细，除较早的对《税法》、《反垄断法》、证券监管和产业规制方面进行经济学研究外，近期法律经济学又大举进军《侵权法》、《合同法》、《家庭法》、《知识产权法》、《宪法》、《刑法》、《海事法》、《劳动法》、《仲裁法》和《反歧视法》等领域。在研究方法上，除过去常用的经济计量学外，博弈论的引入也是方兴未艾。

（二）法律经济学的二级领域与三级领域

表3　　　　　　**JEL分类法中法律经济学的二级领域与三级领域**

二级编号	二级领域	三级领域
K0	法律经济学基础	法理经济学、法律效果经济评价
K1	基本法律领域	《宪法》、《财产法》、《合同法》、《侵权法》、《产品责任法》、《刑法》等
K2	政府规制领域	《反垄断法》、《公司法》、《证券法》、《规制法》、《行政法》等
K3	其他法律领域	《劳动法》、《环境法》、《卫生法》、《安全法》、《国际法》、《税法》、《个人破产法》等
K4	程序、体制与行为	诉讼过程、非法行为、执法效果

按照JEL分类，法律经济学下设的二级领域和三级领域如表3。①这里需要注意的问题有：

1.法律经济学自身的学科基础是"法理经济学"（K0）或"法律原则经济学"（Economics of Legal Principles）。可以说，"法律经济学概论"或"法律经济学导论"就是指"法理经济学"，而且后者更加规范。

2.相比之下，法律经济学起步较晚，仍有许多议题属于热门问题。除部分已经成熟，如反垄断经济学、规制经济学、合同经济学、犯罪经济学外，有的还属于"经济分析"阶段，尚未达到"经济学"的程度。另外，表中所列只是比较热门的法律领域。实际上，近年来，法律经济学在《禁毒法》、《婚姻法》等许多领域都取得了丰硕成果。

① 现行教育部研究生学科目录中，法学（03）门类下设法学（0301）、政治学（0302）、社会学（0303）和民族学（0304），更是过于宽泛。本文所说的法律和法学仅对应狭义的法学（0301）。

3.法律经济学下的 K21 与产业组织下的 L4 存在交叉，甚至重复。但二者的角度和思路差异很大。K21 侧重对《反垄断法》的经济分析，L4 侧重对垄断现象和行为的经济学研究。从研究范围上看，产业组织（L）只是侧重为反垄断的经济分析（L4）奠定经济学基础，范围要窄得多。而《反垄断法》只是法律经济学（K）的一个范围很小的组成部分。

4.同理，法律经济学下的 K23 与产业组织下的 L51 存在交叉，甚至重复。二者的区别是，K23 侧重对政府规制有关法律的经济分析，而 L51 侧重对政府与被规制主体间的博弈行为，以及规制政策的效果评价。

5.表3只是法律经济学学科体系的分类，并不是法律体系的分类，但对中国的法学学科分类有所启示。中国现行的法律分类与研究生学科目录中的法学分类并不一致。中国现行法律分为 7 类，即与《宪法》有关的法律、《民商法》、《行政法》、《社会法》、《经济法》、《程序法》、《刑法》，在体系和具体内容上都有不成熟或过时之处。中国法律体系的特色应该体现在法律根本内容上，而不是法律分类上，这也不利于增强我们的国际影响力和软实力。

（三）法律经济学的学科特征

1.法律经济学的经济学基础和研究方法。经济学基础主要是微观经济学及福利经济学。研究方法是经济计量学、博弈论和成本-收益分析。①当然，从体系上看，福利经济学也可视为微观经济学的组成部分，而成本-效益分析正是福利经济学的应用。

2.法律经济学的"效率观"。一般而言，经济学比较重视效率，法学更强调公平。而法律经济学则是强调以有效率的方式实现公平。法律经济学的经济效率标准，主要并不是"帕累托效率"，而是"卡尔多-希克斯效率"。前者强调法律的简单可行，尊重个体意愿；后者更重视补偿原则，看重整体利益。

3.法律经济学与中国经济法的关系。按中国现行的法律分类，经济法门下有60 件法律，占有效法律的 25%，主要包括反垄断法、税法、劳动法、合同法、

---

① 前美国总统里根曾颁布总统令，要求所有新制定的政府规章都要符合"成本-收益分析"的标准。2004 年中国国务院出台的《全面推进依法行政实施纲要》第 17 条也明确要求，"积极探索对政府立法项目尤其是经济立法项目的成本-效益分析制度。政府立法不仅要考虑立法过程成本，还要研究其实施后的执法成本和社会成本。"

公司法、银行法、破产法等。①这里需要重点强调的是，法律经济学是研究所有法律问题的经济学，绝不仅限于经济法。②同时，法律经济学的研究虽然覆盖整个法律领域，但其重点研究领域，较早时期是反垄断法和政府规制等有关法规，后来加入产权、合同和侵权等领域，现在所有的法律领域都已进入法律经济学的研究视野。这也是"经济学帝国主义"的一个表现。

4."效果评估"（或更广义的政策评价）在法律经济学中的地位。以效果评估为主要内容的实证研究，就是用经济学分析评估法律的预期效果（预先）和实施效果（事后），这是法律经济学的重要任务。法律经济学界公认的一个规律是，法律的实际效果与人们对其的预期效果往往差别较大，这一条对中国可能更有意义。③而且同"市场失灵"和"政府失灵"一样，社会照样会存在"法律失灵"问题。④法律经济学是研究"法律失灵"的主要工具。

5.法律经济学的研究方法。整个经济学界存在着数学方法或经济模型化是否过度的争议。这在法律经济学界更为明显，因为较多的法学家往往比一般的经济学家更"惧怕"数学。在反对经济学数学化的经济学家中，研究法律的经济学家比重更高。大家公认，案例研究是法律经济学的重要方法。⑤但需要注意的是，案例研究既可以文字表述为主，也可运用数学模型，好的案例往往兼而有之。

6.法律经济学重点培养对象。国外入学设置法律经济学项目多以研究生，特别是以博士生教育为主。国外著名大学的法学院与商学院、医学院类似，多数本身就是研究生院，⑥很少或不培养本科生，但以"专业学位"⑦（如法律硕士 J.

---

① 2011年3月全国人大常委会工作报告中说，中国的法律体系已经建立。中国现行有效法律239件、行政法规690多件、地方性法规8 600多件。在239件法律中，宪法有关的法律38件，民商法33件，行政法78件，社会法18件，经济法60件，程序法60件，刑法1件。
② 单独划分经济法并不符合国际惯例。中国从计划经济向市场经济转型过程中，经济法门类逐渐并将继续衰退。预计会出现两种情况，一是不符合市场经济要求的会逐步取消，二是有的重要法律会按国际惯例并入民商法。因此大体上说，随着中国市场经济体制的不断完善，经济法学研究将呈现"此消彼长"的演变趋势。也可以这样理解，经济法是部分法律被动与宏观经济管理的"局部联姻"，而法律经济学是整体法律主动与经济学的"全面合作"。前者侧重在宏观层面，后者侧重在微观层面，其中的奥妙在于经济体制背景。
③ 一部分法学家和法律从业人员，以及部分人大代表和政协委员，往往有"立法冲动"。其现实中遇到问题，通常都希望通过立法和执法来解决，很少有人认真地从法律的"效果评估"或"政策评价"角度考虑。一般说，法律手段一是时效通常较慢，二是有时执法成本过高。
④ 市场失灵的主要原因有自然垄断、共用品和信息不对称等；政府失灵的主要原因有政治周期、规制俘虏和寻租行为等；法律失灵的主要原因有信息不对称、寻租行为和时滞问题等。
⑤ 在英美法系中，常见的"判例法"本身就是典型案例。
⑥ 相比之下，中国大陆大学中的研究生院大多只是行政机构，不是本意上（不培养本科生）的学术机构；而中国台湾大学的研究所倒是名正言顺的研究生院。
⑦ 英语中的"Professional Degree"的准确涵义应是"职业学位"（如MBA、MPA等，2011年中国已设这类硕士学位39种，博士学位5种），而不是"专业学位"，后者容易与学术教育中的"专业"相混。与"职业学位"对应的是"学术学位"（Academic Degree），后者对应的主要是科学硕士M.S.和哲学博士Ph.D.。

M.、法律博士 J.D.）为主。不同于此，法律经济学重点培养对象却以"学术学位"（Ph.D.）为主。

7.行为法律经济学（Behavioral Law and Economics）的兴起。它是行为主义的经济学，或行为经济学在法律领域的应用。桑斯坦（2006）首次提出这一概念并主编《行为法律经济学》这部开创性著作，但受到了主流法律经济学学者波斯纳的诘难。我们也许应该这样判断，即理性选择法律经济学与行为主义法律经济学如能互相借鉴会更好一些，研究范围会更加广泛，成果会更丰富。范德比特大学法学院是设置法律经济学博士学位项目的典型，甚至将行为主义法律经济学列为该项目2010年三个特色研究方向之首。

三、政治经济学、制度经济学与法律经济学的关系

法律经济学与政治经济学和制度经济学三者之间，在研究对象和研究方法上存在复杂的联系和区别，经常会出现混淆。这里试图清晰地划分三者的界限。三个学科之间的异同比较，见表4。①

表4　　　　　　　　　　　　三个相近学科异同简要比较

分类		内容特点	属性
政治经济学	旧	初期侧重政治制度，后分离出相对独立的政治学和一般意义的经济学	有的学派侧重经济学，有的学派侧重政治学
	新	用经济学研究政治因素，形成新政治经济学	本质属经济学
制度经济学	旧	用经济学研究经济体制（正式制度和非正式制度）。新制度经济学与主流经济学研究思路趋同	侧重经济体制，本质属经济学
	新		
法律经济学		用经济学研究法律法规。主流学派强调经济效率	包括政治制度和经济制度，本质属经济学

① 特别需要注意的是，按照 JEL 的主流观点，这三者之间虽然关联较多，但并不处于同一层次。如果说法律经济学属于"二级学科"，那么政治经济学和制度经济学应属于"三级学科"。

（一）两种涵义的政治经济学

事实上，有两种涵义的政治经济学，一是侧重意识形态、分析政治制度的政治经济学（Political Economy）；二是研究政治因素如何影响经济运行和发展的政治经济学（Political Economics）。前一种涵义的政治经济学形成于 18 世纪，后来逐渐分解为独立的政治学和一般经济学（或更关注一般意义上经济学理论和方法的主流经济学）。后一种涵义的政治经济学起步较晚，是用从前者分离出来的一般经济学重新研究政治问题（主要包括政治周期、政策设计、政府规模和公共支出），而形成的与制度经济学和法律经济学存在交叉又有所区别的经济学分支，有时也称"新政治经济学"。①

总体来看，从 18 世纪到现在，政治经济学经历了蓬勃兴起——逐渐分立——因势重生的过程，但新政治经济学与传统政治经济学不可同日而语。

（二）成为"显学"的制度经济学

制度指人际交往中的规则及社会组织的结构和机制。制度经济学（Institutional Economics）是把制度（主要指经济体制，不是一般的制度）作为研究对象的一门经济学分支。它研究制度对于经济行为和经济发展的影响，以及经济发展如何影响制度的演变。

以微观经济学和宏观经济学为基本理论框架的新古典经济学（Neoclassical Economics）体系，经常受到制度经济学等非主流经济学派的责难。主流经济学重视市场要素如劳动、土地和资本的作用，而制度经济学重视非市场因素（特别是经济体制）对社会经济发展的作用。但自从科斯引入交易成本概念之后形成的新制度经济学，又与主流经济学趋同。②

制度经济学本来不是经济学的主流，但从 20 世纪 80 年代开始，受到前所未有的关注。其中最重要的原因在于，这以后相继有几十个国家进行经济体制变革，从传统的计划经济体制转而实行市场经济体制。转型过程中，各国都面临许多的现实问题，而过去以"批判性"为特征的"政治经济学"较难给予合乎逻辑的解释和"建设性"指导。因此制度经济学正逢其时。特别是在中国 30 多年的

---

① 从某种意义上说，新中国成立后前 30 年的政治经济学，更像是一种"经济政治学"，或者说其主要落脚点不是经济，而在政治。

② 其实，如果把制度与劳动、土地、资本、自然资源、技术等均视为广义的"生产要素"，其也完全可以纳入一般的经济学分析框架。

改革开放和经济转型中，制度经济学顺理成章地成为世所公认的"显学"。

新制度经济学中的"制度"所指的规则，重点并非传统意义上的政治制度。制度分为正式制度和非正式制度。正式制度是指正式确立的成文规则，包括各种法律法规，与其对应的内容构成法律经济学的研究对象。非正式制度则是指逐步形成并得到社会认可的非成文规则，①包括价值信念、伦理道德、文化传统、风俗习惯等。当然，虽然从概念上可以区分正式制度与非正式制度，但在现实的经济社会活动中，二者在实际发生作用时是交织不清的。

（三）方兴未艾的法律经济学

1.法律经济学在国际上日益受到关注，学科体系日益深入庞大。其突出标志是众多的一流的学术刊物，厚重的百科全书、学科大辞典和学科手册。特别是对中国社会而言，从"人治"转为"法治"还任重道远。我们虽然已经初步建立了法律体系框架，但其中许多的法律法规尚需利用法律经济学进行检验和评估。这里仅举几例。

2.《知识产权法》只强调了"保护"的一面，还没有清楚地规定"防止滥用知识产权"的反垄断内容，基本上还处于"只保不反"的初级阶段（于立、吴绪亮，2010）。多年来，跨国公司在华滥用知识产权行为较为普遍，但中国在国际知识产权谈判中处于"有理说不清"的被动地位。

3.又如，《反垄断法》号称市场经济的"宪法"，但中国的《反垄断法》由于出台较晚，既存在"多家执法"难以衔接的问题，也存在与《反不正当竞争法》的重复问题（于立、吴绪亮，2008）。

4.再如，国有企业没有建立起"特殊法人法"的法律制度，往往陷于"名不正、言不顺"，进退两难的境地（于立，1999）。

5.国际上近期发起关于"国际竞争组织"（ICO）的讨论，其很有可能取代WTO的部分职能，甚至增设新的国际组织，以便专门处理竞争政策和相关法律的国际协调问题。中国对此还缺少关注。

6.近年中，社会上法律纠纷中的不少问题都与社会心理学有关。例如，"长期上访者"是否有心理障碍的争议，"一元钱官司"②，"职业法人代表"，"职业

---

① 社会中流传的各种"潜规则"，被人们过多地赋予了贬义。如果是指非正式规则，则更多的应是中性涵义。
② "秋菊打官司"中只求"讨个说法"，这就是个典型的虚构案例。

灾民"，某些资源枯竭型地区出现的几起"杀人食尸案"，①以及"杨佳袭警案"、"南平弑童案"②等突出法律现象，可望借助处于法律经济学前沿的"行为法律经济学"的研究，得到更好的行为解释，并且给出更恰当的法律与政策建议。

四、附录

（一）附录 1　法律经济学博士学位项目

中国的法学教育基本上从本科阶段开始，而国际主流的法学教育主要是研究生教育。

国际上的主要大学都在法学院或经济学系，或者二者联合，设有法律经济学博士项目。法律博士以法学院为主，法律经济学博士有的以法学院为主，也有的以经济学系为主，也有的二者联合。由于法律经济学的学科特点，学术含量更高一些，因而或是授予法律经济学博士（Ph.D. in Law & Economics）单学位，或者授予法律博士与法律经济学博士（J.D./Ph.D.）双学位。从数量上看，法律博士要比法律经济学博士多，因为前者属"职业学位"，后者属"学术学位"，主要是在大学和研究机构担任教职，从事法学教育工作。二者关系同工商管理博士（Doctor of Business Administration，DBA）与管理学博士（Ph.D. in Management）的关系极其类似。

在美国，2008 年由《南方经济学》期刊（*Southern Economics Journal*）公布的法律经济学博士项目排名前 10 的大学有：加州大学伯克利分校、哈佛大学、康涅狄格大学、加州大学伯桑地亚哥分校、普林斯顿大学、麻省理工学院、威斯康星大学、佛罗里达大学、中密西根大学和密西根大学。

在欧洲，1990 年起，由 10 个国家的大学联盟开设"欧洲法律经济学硕士项目"（European Master Program in Law & Economics）。在博士层次，欧洲大学一般只授予法学博士（LL.D）学位，唯一以"法律经济学"命名的博士学位，是由意大利博洛尼亚大学、德国汉堡大学和荷兰鹿特丹大学等三所大学联合授予的，

---

①　据我们的跟踪调研，在某些资源枯竭地区，由于"资源性贫困差距"过大，引起相对挫折感效应，导致反社会人格与行为，出现了几起"杀人食尸"案件。

②　类似案件中存在一种严重的法律悖论。这类极为反常杀人行为的当事人，如果没有心理障碍，似乎令人难以理解，而一旦承认他们有心理障碍，又不应处以极刑；或者说，不严惩不足以平民愤，但当事人又存在明显的心理障碍迹象。

这三所大学都设有欧洲顶级的法律经济学研究中心。

芝加哥大学法学院是全世界法律经济学的第一学术重镇，其应用经济学的理论和方法研究法律问题已有 50 多年的历史，更以"奥林法律经济学项目"（The John M. Olin Program in Law and Economics）著称。诺奖得主科斯 1936 年发表的《社会成本问题》一文，标志着法律经济学的诞生。除科斯而外，贝克尔、波斯纳、爱泼斯坦和兰德斯都是核心人物。波斯纳的《法律的经济分析》在 1973 年首次出版后已多次再版，是法律经济学的第一部经典名著。他们一直重视《版权法》、《专利法》、《破产法》、《商法》、《公司法》、《反垄断法》、《国际贸易法》、《民事诉讼法》等法律问题的经济学研究。近期的研究重点包括卫生改革、保险与银行监管、产品责任等方面的经济分析。诺奖得主贝克尔仍在讲授微观经济学课程，很受学生欢迎。芝加哥大学的法律经济学项目还包括出版《法律经济学》和《法学研究》期刊、《法律经济学工作论文》系列，每年召开一次《科斯法律经济学研讨会》，以及法律经济学相关问题的各种学术会议。这些都很有国际影响。

斯坦福大学由商学院下设的经济系和法学院合办法律经济学博士项目。该大学有阿罗、诺斯、斯宾塞等 8 位诺奖得主。在《反垄断法》、《税法》、《破产法》、《公司法》和《证券法》等经济法律，以及《环境法》、《知识产权法》和《卫生法》等非经济法律的经济学研究中，成效显著。

范德比特大学（Vanderbilt University）法学院从 2006 年起，专门开设法律经济学博士项目（J.D./Ph.D. Program in Law & Economics）。这是个双学位项目，并采取两种方式。一是同时攻读法律经济学博士（Ph.D.）和法律博士（J.D.）；二是先获得法律博士（J.D.），再攻读法律经济学博士（Ph.D.）。该校的法律经济学博士项目，除经济学理论和研究方法课程外，专业课主要有：法律经济学（I+II）、行为法律经济学（I+II）、用于法学研究的经济计量学、法律经济学专题研究、法律经济学文献研讨等。该项目以法学院为主，授课教授来自法学院和经济学系。核心课程是微观经济学、经济计量学和法律经济学。主要研究方向是行为法律经济学、劳动与人力资源、风险与环境规制。

德国法兰克福大学（Goethe University Frankfurt 或 Frankfurt University）开设的"货币与金融领域法律经济学博士项目"（Ph.D. Program in Law and Economics of Money and Finance），富有特色。主要课程包括微观经济学、宏观经济学、经济计

量学、金融学和法律经济学等五个模块。重点研究方向是金融监管和市场规制。

（二）附录 2　法律经济学重要教科书和参考书

1. 罗伯特·库特，托马斯·尤伦：《法律经济学》（2008 年第 5 版）（Robert Cooter & Thomas Ulen，2008）。该书有多个中译本。

2. 杰佛瑞·哈利森：《法律经济学》（2003 年第 3 版）（Jeffrey L. Harrison，2003）。本书概述如何将经济学原理应用到刑法和政府规制等领域。

3. 艾得蒙德·凯奇：《芝加哥学派经济学》（Edmund W. Kitch，1998）。本文追述从 1939 年到 19 世纪 80 年代，由弗里德曼、科斯和波斯纳等人所倡导的法律经济学的发展历程。

4. 米切尔·普林斯基：《法律经济学导论》（2003 年第 3 版）（A. Mitchell Polinsky，2003）。该书为本科适用的法律经济学导论。

5. 理查德·波斯纳：《法律的经济分析》（2007 年第 7 版）（Richard A. Posner，2007）。该书 1973 年出版第 1 版，涉及诸多法律概念，并强调经济效率在法官判决中所起的重要作用。

6. 艾丽克·波斯纳：《芝加哥法律经济学文集》（Eric A. Posner，2000）。本文集系芝加哥大学著名教授为"科斯讲座"所写的论文汇编。

7. 鲍德温·巴卡尔特，格瑞特·吉斯特：《法律经济学百科全书》（Boudewijn Bouckaert & Gerrit De Geest，2000）。吉斯特是欧洲法律经济学协会（European Association of Law and Economics）主席，他与比利时根特大学巴卡尔特共同主编这套百科全书，并由波斯纳作序。全书近 5 000 页，分成 5 卷：I. 法律经济学的历史与研究方法；II. 民事法律经济学；III. 合同规制经济学；IV. 公共经济学与税法经济学；V. 犯罪经济学与诉讼经济学。每个条目都由该领域权威学者进行文献综述，并附有尽量完整的书目。

8. 米切尔·普林斯基，斯蒂芬·沙威尔：《法律经济学手册》（A. Mitchell Polinsky and Steven Shavell，2007）[①]。这部手册于 2007 年出版，分 I、II 两卷，近千页，由斯坦福大学的普林斯基和哈佛大学的沙威尔主编。

9. 彼特·纽曼：《新帕尔格拉夫法律经济学大辞典》（3 卷本）（Peter Newman，

---

① 多年来，总部位于荷兰的 Elsevier Science 出版公司定期出版近 2500 个期刊，已经出版许多部学科性手册，《法律经济学手册》只是其中之一。

2002）。初版于1998年出版，有8个国家的340名专家参与。尽管书名为Dictionary of Economics and the Law，但其实质并不是"经济学与法律"，而是地地道道的法律经济学。正如辞典简介中所说，围绕法律的经济分析有许多，但用严谨的经济学学术语言表述法律问题的却很少；反过来，法学研究和应用极大地促进了对经济学的理解，但在立法和执法过程中却又常常忽略经济学原理。《国际法律经济学评论》（*International Review of Law and Economics*）对该辞典的评语为：它对于将经济学应用到法律的各个方面，提供了权威而又实用的"全景画"。有中译本。

参考文献

[1]BOUCKAERT, BOUDEWIJN, GEEST G D. Encyclopedia of Law and Economics[M]. Cheltenham：Edward Elgar Publishing，2000.

[2]COASE, RONALD. The Firm, The Market, and The Law[M]. Chicago：University of Chicago Press，1990.

[3]COOTER, ROBERT, ULEN T. Law and Economics[M]，5th ed. 2008.

[4]DURLAUF, STEVEN N, LAWRENCE E.The New Palgrave Dictionary of Economics[M]. 2rd .London：Palgrave Macmillan，2008.

[5]NEWMAN, PETER.New Palgrave Dictionary of Economics and the Law[M].3 Volume Set. London：Palgrave Macmillan，2002.

[6]POLINSKY, MITCHELL A.An Introduction to Law and Economics[M].3rd ed. 2003.

[7]POLINSKY, MITCHELL A, SHAVELL S. Handbook of Law and Economics[M].Vols. I & II. Amsterdam：Elsevier Science Publishing，2007.

[8]POSNER, RICHARD A.The Economic Analysis of Law[M].7th ed. 2007.

[9]桑斯坦.行为法律经济学[M].涂永前，等，译.北京：北京大学出版社，2006.

[10]于立，吴绪亮.保反兼顾、内外协调的知识产权政策[J].中国工业经济，2010（5）.全文转载于人大复印报刊《产业经济》2010第8期。

[11]于立，吴绪亮.产业组织与反垄断法[M].大连：东北财经大学出版社，2008.

[12]于立.特殊法人企业有关问题的进一步探讨[N].东北财经大学学报，1999（1）.译文「特殊法人企業に関する問題についての再研究」，发表于日本《九州国際大学経営経済論集》第7卷第2号，2000年12月.译者：山下睦男、方愛郷。

第10讲 工商管理学科的基础理论与研究方法①

内容提要：本文首先提出，应该明确工商管理（或整个管理学）学科的主题是"激励与约束"，否则就会偏离方向、舍本求末。中国将工商管理从经济学门类中划分成独立学科，有利有弊，而由此产生的最大问题是工商管理学科没有独立的理论基础，只好借助于经济学和心理学。进而指出工商管理教育中存在的几个常见理论误区，如对"损益平衡分析"中关键概念的混用，对"产业等于市场"假设条件的忽视，对"成本加成定价法"外部条件的忽略。出现这些误区的根源就在于工商管理学科理论基础的薄弱，一些教师没有受过经济学的系统训练，因而会出现"重术轻道"的现象。最后强调，案例方法不仅是工商管理学科的教学方法，更是研究方法，并总结出案例研究方法的性质及注意事项，如定性与定量、实验与观察、单案例研究与多案例研究。

关键词：管理学主题　激励与约束　"产业等于市场"假设　案例研究方法

一、工商管理（管理学）学科的主题②到底是什么

工商管理学科（典型的是工商管理硕士教育，即MBA教育）属于管理学门类，与其对应的是公共管理（典型的是公共管理硕士教育，即MPA教育）。在国际公认的经济学学科分类中，如JEL标准分类（Journal of Economic Literature Classification Codes）并不单独分出管理学科。中国单独设立学科有好处，也有弊端。最大不足就是"单设"之后管理学没有成熟而且相对独立的理论基础。到目前为止，甚至什么是管理学研究的主题都不清楚。

---

① 本讲原刊于《经济管理》（2013年第12期）。本讲基于作者为教育部高等学校工商管理类专业教学指导委员会而写的一份研究报告。
② 《管理学报》组织过"共议管理学"的争鸣与反思，参与的学者较多。我曾就其中的管理学主题发表过意见。参见于立.共议管理学（一）——对〈再问管理学〉的回应[J].管理学报，2013（6）.

　　1.应该明确"激励与约束"是工商管理学科的主题

　　一门学科是否成立的重要标志是学科主题是否明确而且相对独立。因此，工商管理学科（甚至整个管理学）的首要问题不是确定对象、边界和方法，而是明确学科主题。研究对象和边界的明晰对划分学科很重要，但只是"目"不是"纲"——主题。至于研究方法，马克思曾经说过，一门学科是否成熟要看其是否成功地运用了数学方法。这种观点无疑抓住了关键，但如果主题都不清楚，方法再高明也无济于事，更何况方法多属"公用工具"，很少依附于某一学科。

　　如果说经济学的主题是"竞争与垄断"，那么工商管理和管理学的学科主题则是"激励与约束"。前者从经济学之父——亚当·斯密开始，就是经济学主题，特别是对于"思想性学者"理当如此，只不过有时出现过某些偏离，或者说有些"技术性学者"了解不够而已。而对于管理学主题，目前在中国还没有形成共识。在我看来，管理学研究最大的偏差就是偏离了"激励与约束"这个主题，再加上管理学本身缺乏理论基础或处于"无根"状态，学科的发展并不理想，与中国经济的快速发展和企业管理的丰富实践严重脱节（于立、吴绪亮，2013）。

　　如果能够明确"激励与约束"是管理学的主题，那么许多相关问题则可以迎刃而解，顺理成章。其要点至少有四。第一，管理学可以利用经济学和心理学作为理论基础，否则试图建立新的理论基础谈何容易。经济学强调经济理性，心理学强调心理理性，二者的结合更便于说明管理学的主题及其他相关问题。第二，在国家自然科学基金委员会管理科学部内部的"三分制"分工（一处为管理科学与工程，二处为工商管理，三处为宏观管理与政策）中，"管理科学与工程"领域涉及的主要内容大多属于管理学方法，多属"术"的范畴，特别是数学方法，但这些并不属于管理学主题。一些学者已经意识到管理学界"重术不重道"的偏误，并力求有所改进，但这如同回答"钱学森之问"，非一日之功就能有效解决。对于管理学部的"工商管理"处，只有抓住"激励与约束"这个主题才能不失"道"，甚至达到"道术兼备"的完美境界，实现"守于道而以术御事，精于术而以道为本"。第三，大千世界千头万绪、千变万化，观察研究必须抓住基本线索或主题。"激励与约束"这个工商管理学科主题可归纳、提炼、上升为"色与戒"（Lust & Caution）或"阴与阳"（Yin & Yang）的哲学关系。在有些人看来，"色与戒"的关系字面上看可能有点不雅，但却概括了中华传统文化和现代人文社科的精髓①。从某种意义上说，到目前为止中国的改革开放走的是"效率优先、兼顾公平"之路，实质即是"色字当头"，但这项原则在特定的历史发展阶段又是正确的政策导向。我认为，目前更好的提法和表述应是"企业追求效率，政府强调公平，社会实现和谐"。这才是"各司其职、各得其所、诸神归位"。第四，在正常的市场经济条件下，单个企业追求个体垄断地位的努力反倒促进了行业的竞争，当然有时也可能自然而然地趋向于垄断。但"物极必反"，市场的内外合力又会打破垄断，回到竞争格局。与这种"竞争与垄断"的经济学主题类似，"激励"与"约束"也可侧重主辅，但互相依存、对立统一，真是奥妙无穷。微至个人或团组，宏至国家或国际；软如思想道德，硬如军事法律，大多皆同此理。相关的"团队生产问题"、"委托代理关系"、"激励相容理论"、"逆向选择与道德风险"等理论与管理实践丰富多彩、层出不穷，但万变不离其宗，即"激励与约束"这个主题。

2.应该把"问题导向"作为工商管理学科创新的基本要求

工商管理学科的创新既有优势，也有劣势。优势在于其实践广泛、问题繁多；劣势在于相比其他管理学科，工商管理学科更容易"就事论事"，而不是"就事论理"，更做不到"就理论理"。"就事论理"就是"实事求是"，工商管理以至整体的管理学研究或理论创新要遵循"实事求是"的原则（Seeking Truth from Facts）。对"实事求是"的完整理解应是，依据观测到或调查、实验所得的事实和数据，选择适当的方法进行科学论证，寻求和检验真理或理论。换言之，即以"实事"为起点，通过"求"的过程，达到"是"的结果。"实践是检验真理的唯一标准"这句名言的意义不可低估，但并不是严谨的科学命题。是否"唯一"存在争论，或者说不应完全排斥"就理论理"的作用。再有，"实践"也不能称为"标准"，而主要是途径或方法。见图1。通常人们以为"实事求是"就是说真话，其实这是对其的"过度简化"甚至"亵渎"。前提是"问题导向"，

---

① 与其类似的"太极图"关系还有"效率与公平"、"民主与法治"、"解放思想与坚持原则"、"具体特色与基本规则"等。如果只是"单打一"，只看重一个方面，那就如同只抓了"一缕丝"，而不是"一根绳"。对于经济学来说，价格决定背后存在的一定是"供给与需求"这一矛盾统一体。"按需定价"或"供给学派"是有前提的，一定要完整理解，绝不能只看重一个方面。

再经"实事"→"求"→"是"的过程，不断地证实或证伪，这也是各种学科和理论发展的"基本路线"。

影响工商管理学科理论创新的关键在于没有把"问题导向"落到实处。每年发表的大量文章和书籍，大学课堂的讲授内容和所用的教材，甚至各种科研基金的申报书，真正联系实际、提出科学问题的比较有限，与"顶天立地"的要求距离较大。虽然近年来"问题导向"开始受到重视，但真正做到却很难。如果没有提炼出"科学问题"，至少是真问题，再怎么"实事求是"也不会有理想结果。从概念或数学公式出发，研究"伪问题"是工商管理研究的大忌，难免误入歧途。社会上甚至学术界的不少所谓"理论创新"其实有些不过是些"杂谈"。这对工商管理学科的发展极为不利。由于工商管理学科具有实践性强、社会亟须的特点，一般的大学特别是管理学院多年来招生规模急剧扩张，但培养质量令人担忧。较多接触过工商管理学科本科、硕士甚至博士学位论文且具有深厚学术功底的学者，都会发现相当比例的学位论文很少有理论创新。现实经济中经营企业较为成功的企业家和管理者，也倾向于否定管理理论的作用，这就更扩大了对理论创新的负面影响。

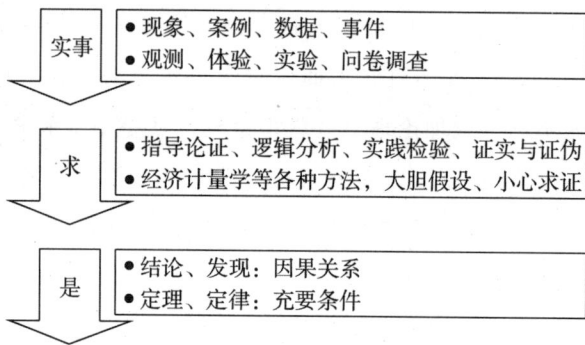

实事	● 现象、案例、数据、事件 ● 观测、体验、实验、问卷调查
求	● 指导论证、逻辑分析、实践检验、证实与证伪 ● 经济计量学等各种方法，大胆假设、小心求证
是	● 结论、发现：因果关系 ● 定理、定律：充要条件

图1　"实事求是"方法论示意图

3.应该把"求本舍末"作为寻求工商管理学科创新的基本原则

就理论的重要性而言，管理学问题是存在层次之分的。借鉴马斯洛提出的"需求层次论"，我曾提出"管理层次论"，按管理职能由低到高可分为"管事"——"用人"——"建制"——"立言"四个层次，每个层次具有不同的特点和要求并由此建立起系统的理论框架（于立，2011）。与此相应，"问题导向"意义下的问题从低到高也可分为四个层次，或称"问题层次论"，即现象或观点型问题（Issue）、问答式问题（Question）、难以解决的问题（Problem），最高层次是悖论型问题（Paradox）。"管理层次论"与"问题层次论"存在着大致的对应关系。层次较低的现象或观点型问题、问答式问题至多属于日常管理工作，一般可直接进入决策程序。有的管理现象背后虽然也存在某些规律，但依然属于细枝末节，不是重点，称不上管理之道。工商管理研究的最高境界是提炼出悖论型问题，并给予解读，再发展出相应的定理、定律。在经济学中，公认的属于较高层次的定理有三个，即"科斯定理"（Coase Theorem）、"阿罗－德布鲁定理"（Arrow-Debreu Theorem）和"M-M定理"（Modigliani-Miller Theorem）。其他的经济学定理层次则要相对低些。但据我所知，管理学领域目前还较少提出这种层次的定理和定律[①]。这也是将工商管理从经济学学科中分出单列的弊端。

　　归结起来，工商管理学科理论不够完善可能有三个原因：一是偏离了"激励与约束"这个主题；二是没有自身的理论基础；三是较少提出高层次悖论。从理论角度看，发现管理学悖论，并提炼出科学问题，无论是否能够给予解答，对于研究者而言都是求之不得的事。从实践角度看，管理者面临管理学悖论，不能无动于衷，束手无策。因而可行的逻辑思路是，针对复杂的难题→提炼出哲学悖论→将悖论归结为两难困境→根据轻重缓急明确取舍关系→按"次优原则"做出管理决策或制定公共政策。然后，经过实践进行效果评价，同时进行逻辑检验，再进行新的或更高层次的问题探索。

　　这里以"价格规制悖论"加以说明。表面上看，这是一个公共（或宏观）管理问题，其实也是微观的工商管理（企业理论）问题[②]。该悖论可概括为一副对联：上联是"没有竞争不知成本为何物"；下联是"有了竞争不知成本有何用"。其大意是，政府机构在对有关企业进行价格规制时，关键问题是对成本的测算和认可。在竞争不充分的条件下，适当的成本水平和成本结构是不可知的，永远都

[①]　管理学家西蒙（Herbert A.Simon）在决策理论方面有突出贡献，1978年荣获诺贝尔经济学奖。曾任计算机科学及心理学教授，因此他的理论基础在心理学和计算机科学方面较为突出。

[②]　国家自然科学基金委员会管理科学部下设"管理科学与工程"、"工商管理"和"宏观管理与政策"三个处。有一种倾向是，似乎只有一处研究管理学理论，但这是"自掘坟墓"的观点。另外，需要注意的是，在一般的国际惯例——JEL学科分类中，这三部分都属广义的经济学门类。更有趣的是，按该学科体系看来，困扰人们的学科研究对象、学科分界、研究主题和研究方法等问题将不存在，因为都有相关的来源和归属。如此看来，中国学者自己陷入了"学科悖论"：不在最高层次单设管理学科，"天下本无事"；如果单设管理学科，又感到缺乏理论基础，较难形成独立的学科体系。

是谜，因而政府机构对价格的审批总是缺乏依据①。然而一旦竞争充分，成本数据可信，也就不必再去规制价格。面对这种"不是无能就是无用"的"两难困境"，逻辑上分析只有两个方向性出路，一是"反垄断"出路，核心是倡导企业竞争，靠市场解决问题；二是"激励性规制"出路，即政府机构不再把精力用在成本调查和价格审定上，而是在政策机制设计上，引导企业自行降低成本、提高效率。对于这类管理学悖论，如果不能给予清晰解读，那就只能是"瞎折腾"，不可能做到"治大国若烹小鲜"。就此悖论来说，对其解读需要围绕"激励与约束"的主题，遵循"实事求是"的要求，从企业理论、产权界定、绩效评估、产业政策、财务金融、财政税收、法律法规等多方面、多层次进行系统研究。既要有"为学日益"的正向解析，更要有"为道日损"的反向归纳，从而避免出现"开口便错、动念即乖"的尴尬局面（于立、姜春海，2005）。

那么在工商管理领域，有哪些管理学问题属于"本元"层次的问题呢？比较典型的管理学问题有"团队生产"理论和"委托-代理"理论。这些都是工商管理范畴下企业理论或企业经济学的核心问题，但主题仍是"激励与约束"。从更大范围来看，不管是政界还是商界，几乎所有贪腐案件的根源都出在"激励与约束"机制上存在严重问题，主要原因并不在于当事者个人的品德与本性。机制存在严重缺陷，好人也会变坏，贪腐现象才会层出不穷。

二、工商管理教育中存在的若干理论误区

在工商管理教学过程中，有几个常见的理论误区。我认为，其中的根源在于管理学科没有自己的理论基础，借用经济学但并没有掌握好经济学的思维，因而经常片面理解经济学概念。

1.损益平衡分析中差异很大的两套概念

损益平衡分析（Break-Even Analysis）是会计学（特别是管理会计）和财务分析中常用的分析方法，这一点不会有疑义。基本公式中包括数量（产量、销售量）、收入（销售收入）、成本（固定成本、变动成本）和利润等变量。其中的关

---

① 过去政府管理部门和一些学者总是争论如何确定利润率，现在看来这是典型的本末倒置。最极端的是军工产品定价，不论成本如何，都是加上一定的（比如5%）利润，即所谓"成本加成"定价方法。与此类似，基于所谓"生产价格理论"的政府定价更是法理不通，是对相关理论的片面理解。

键问题有三：（1）成本是会计成本还是经济成本？（2）与其对应的利润是指会计利润还是经济利润？（3）均衡点（保本点）属于会计利润为零点还是经济利润为零点？由于经济利润等于会计利润减去正常利润，因而又称超额利润，所以不同的两套概念或变量导致完全不同的结果（性质不同、数差较大），尽管公式表面是相同的。遗憾的是，工商管理教学中经常出现这种混乱。

在微观经济学中，企业制定决策的理论基础是"边际分析"。无论在哪种市场结构（一般有完全竞争、垄断竞争、寡头垄断、完全垄断四种结构）条件下，"边际收入=边际成本"（MR=MC）都是基本的决策规则或决策条件。但这里所指的成本必须是包括正常利润的，否则所有相关的图表、公式都不再成立。可以说，使用会计成本、会计利润这套概念计算出来的损益平衡点不是没有任何意义，但已经不是经济学框架体系中的涵义了，由此做出的决策也不再是最优决策。

2."产业等于市场"假设的重要意义

在微观经济学中隐含着一个重要假设，即"产业=市场"（Industry=Market）。符合该条件时，产业（或行业）供给与需求则等于市场供给与需求，在此基础上的供给曲线和需求曲线才会得出均衡价格。不论是长期均衡还是短期均衡，不论是局部均衡还是总体均衡，莫不如此。很多人至今不能正确理解经济学和工商管理不关注"产业结构"而关注"市场结构"的原因（于立、肖兴志，2002）。

在市场营销课程或反垄断政策（竞争政策）的教学和应用中，一些缺乏经验的教师经常忽视这个重要假设，理论分析和应用严重脱离现实。甚至有的市场学博士学位论文也会出现这种错误。比如，房地产市场一定是区域性的，建成后无法移动，因此计算全国或省区的市场集中度或市场份额是没有意义或存在严重偏差的。又如，如果没有行政垄断，水泥产品多是以500公里为半径计算市场范围的，而很多商品在考虑关税、运费等因素后是以全球为市场范围的，不再是国内的产业概念。另外，还需考虑需求和供给的替代弹性等其他因素，不同产品如果相互间替代弹性较大，通常也要划入一个市场。在反垄断执法中，"相关市场"（Relevant Market）界定是个极大的难题。有三条戒律需要明确：（1）相关市场必须一事一议，没有事先可以确定或一成不变的市场；（2）产业结构或市场结构的分析指标（CRn、HHI等）多数情况下不能依赖现有的统计数字；（3）相关市场界定方法多种多样，如假定垄断者测试法（Small but Significant and Non-transitory Increase in Price，SSNIP）、需求替代法（Demand Substitution Method）等，结论也不尽一致。

这里有一类重要问题值得特别关注。经常有学者和官员谈及"产能过剩"，国家社会科学基金也多次立项资助相关项目的研究。但很少有人认真思考"产能过剩"概念本身的科学涵义。判断"产能"及相应的"产品"是否过剩绝不单单是个统计学指标及其数值问题，其关键也在于"市场界定"。市场界定为"某一区域"、"某一国家"，还是全球？是否包括弹性较高的替代品？是短期现象还是长期现象？是单一现象还是周期性现象？产品与产能之间是什么关系？总之，如果不能正确理解"产业=市场"假设的重要意义，相关的研究会充满疑义。据此制定的产业政策必将产生较大偏误，这也是我国的产业政策较少有成功案例的根本原因。

3."加成定价法"与外部条件

加成定价法（Markup Pricing）或成本加成定价法（Cost-Plus Pricing）一度是企业常用的定价方法，在计划经济条件下甚至成为主要定价方法。但这种方法有个致命的不足，就是不考虑企业的外部环境，特别是市场供求关系。中国经济向市场经济转型之后，多数企业都有了自主定价权。在正常的市场竞争情况下，较多的企业只能是价格接受者（Price Taker），或者说主要是在价格一定的前提下决定自己的产量，竞争越充分就越是如此。有的企业需要考虑竞争对手的反应（对应垄断竞争或寡头垄断的情况）。只有在完全垄断的情况下企业才可能完全自主定价，但也不会违背边际收入等于边际成本的定价规则。总体来说，只有企业具有垄断或市场支配地位时，才真正谈得上自主定价。但这样一来，就需要注意是否违背《反垄断法》的问题了。

中国现实经济中，军工产品定价一直是实施加成定价法的典型例子。其基本特点是不考虑成本水平是否合理，只是简单地再加上一定（比如5%）的利润。另一典型例子是广受指责、现已开始取消的药品"序列加价"制度，政策允许每个环节最高加价15%。但这两个例子都以垄断（特别是行政垄断）的外部环境条件为前提。

类似问题的根源一是未打破计划经济的惯性思维，二是对"生产价格理论"的曲解。"生产价格理论"的前提是在充分竞争的条件下，生产资料在行业间自由转移，形成利润率平均化趋势，这时行业的平均价格趋向于生产成本加平均利润。但即使在这种假设情况下，也只适用于处于行业内平均效率水平的企业。效率较低的企业得不到平均利润，长期看需要退出或关闭，而效率较高的企业可获高额利润，多会扩张。中国转向市场经济之后，实际运用中加成定价法用途极其有限，多数情况下失去了经济学理论基础。可以设想，苹果手机和微软产品根本不可能使用成本加成定价法，因为会失去高利机会和创新动力。另一方面，有很多实体书店受网上书店的巨大冲击，面临经营困难，成本加成定价法更行不通。

现有的工商管理教科书很少有把这个道理讲清楚的。与此相关的另一现象是，工商管理学科体系中，产业组织理论经常被忽视。如果不了解相关产业的竞争状况、进入与退出障碍和发展趋势，以及政府的竞争政策，企业就"闭门造车"地制定企业发展战略，难免出现大的决策失误。为此我曾多次向国务院学位委员会办公室（学位办）提出，在中国的专业硕士学位体系中，增设"MIA"（Master of Industrial Analysis），即产业分析硕士，但愿有关部门予以考虑。同时，在工商管理（特别是MBA）的核心课程体系中，加入产业组织理论或产业经济学的课程[①]。

三、案例方法既是工商管理的教学方法也是研究方法

工商管理学科的研究方法很多。最主要的研究方法有博弈论方法、经济计量学方法、优化方法、统计方法等。但经常被人忽略的一个观点是，案例方法不仅是工商管理教育中的主要教学方法，而且更是重要的研究方法。

1.从一次访谈讲起

2009年下半年，上海交通大学组织了一次全国性的"商业案例评选"活动，我作为评审专家参加了投票评议。事后，评选组织者代表《商业价值》杂志进行采访，提及下列问题：（1）一个优秀的商业案例，应该符合哪些最重要的评

---

① 如果按国际惯例，认同经济学的主题是"竞争与垄断"，并且承认市场经济的"经济宪法"是《反垄断法》，那么就应十分重视专门研究"竞争与垄断"关系的产业组织理论，以及基于产业组织理论的反垄断经济学。这也是工商管理学科体系中的一个重要问题。

判标准？（2）很长一段时间，案例教学一直是商学院最吸引人的地方，但是很多案例中的成功者在本次金融危机中都遇到很大的麻烦，而且目前的经济环境越来越趋于不确定，过去的经验似乎越来越不起作用，那么您认为案例教学是否到了需要根本变革的时刻了呢？如果是，需要从哪些方面进行调整？（3）贵校老师在授课时对商业案例的使用和开发情况如何？您认为目前国内商学院在这方面的整体情况如何？

我有感而发，回复如下：

优秀商业案例最重要的评判标准，不在于经营是否成功以及是否构成可模仿的"经验"，而在于它的启发性。案例分析也不要追求唯一的"标准答案"，最好的案例应该类似"八卦阵"，分析者可以仁者见仁，智者见智。这次金融危机正好给我们正确认识和评判案例上了一课，使我们走出误区。这次推举的案例不少就有这方面的问题。案例如果变成"经验介绍"或"宣传广告"，就走偏了。

工商管理教育（特别是MBA教育）重视案例开发与使用有如下理由：

管理学具有"二重性"，既是科学，又是艺术。科学性较强的课程或内容教学比较简单，自学、看录像、上大课都可以，实在不行死记硬背也凑合；艺术性较强的课程和内容则不然，主要靠案例教学、小班课、讨论，死记硬背根本行不通，而且不仅要靠教师的启发，同时也靠学生的悟性。

孔子所说的"不愤不启，不悱不发"是这个道理，老子所说的"为学日益，为道日损"也是这个道理。在我看来，这两句名言足够我们的教授和同学体会一生的。

另外，案例方法不仅是一种重要的教学方法（Teaching Method），也是一种难得的研究方法（Researching Method）。在经济学和工商管理研究中，很多时候是缺乏统计数据的，有时数量方法也不一定适用，这时案例研究（有点相当于过去经常说的"典型调查"）就"生正逢时"。诺贝尔经济学奖得主科斯等都是这方面的大师。

2.哈佛大学商学院案例教学与开发的经验

美国哈佛大学商学院（Harvard Business School，HBS）工商管理教育模式具有典型意义。它主要有三个特点：

（1）它是研究生院的典范：哈佛大学创建300多年来，培养了无数的政治家、科学家、作家、学者和企业家。至少包括近10位美国总统、30多位诺贝尔奖获得者和众多的跨国公司总裁。HBS是哈佛大学的学院之一，且是不招收本科生的研究生院。美国500家大公司里担任最高职位的CEO中，有1/5毕业于这家学院。哈佛大学的MBA成为了权力与财富的象征。

哈佛大学商学院每年招收800名左右两年制的工商管理硕士（MBA），40名左右四年制的工商管理博士（DBA）。其最重要的特点是不招本科生，因而是"自然而然"的研究生院。从这个意义上讲，中国国内大学的研究生院大多名不符实。更为重要的是，商学院、法学院、医学院等天生就应该是研究生院，基本上不适合本科教育。从长远看，中国本科层次的工商管理教育如何发展，还很难预测。

（2）它以案例教学为主要教学方法：MBA教育是HBS的核心，而哈佛MBA教学方法主要是案例法，两年学习中要分析讨论800个左右的案例。HBS的案例教学，重点不是去寻找正确答案，而是依据个人对经营状况的理解和判断，探索处理并解决问题的思路和具体方法。平均每天两个以上的案例讨论，需要研读的材料非常多，还要做大量的读书笔记和分析报告，学生没有一目十行的阅读能力和超人的分析能力，难以毕业。不难判断，中国工商管理教育中常见的应试教育和死记硬背方式下培养出来的人才恐怕很难适应这套案例教学方法。

哈佛商学院案例教学的一个重要特点是教师、学生与企业家的互动，这些对我们极有借鉴意义。比如：在教师方面，教授只讲自己最"拿手"的部分，有时可能一门课要由多个教授参与，而且教师所用案例多为自己开发编写；在企业家方面，作为当事人的企业家多被邀请到课堂观摩，倾听学生们的辩论，介绍企业当时是如何决策的，学生们的创新性思维对企业家也很有启示，可以及时修改经营策略和发展计划，不仅可以改善公司的形象，也可分享错误的经验[①]；在学生方面，分析授课教师自己编写的案例，与企业家一起参与案例讨论，大家都有接近实战的效果，可以"少交学费"，尽量避免错误决策所付出的代价。其实，企

---

① 国际上许多著名商学院一般不进一步划分"研究方向"，只是一般性管理，只培养CEO的决策思维。案例教学适合训练决策的艺术性，主要目的在于锻炼学生在复杂条件下做出正确决策的能力。在中国，本来就有"专业划分过细"的倾向，近年和以后还会进一步增加"专业硕士"的专业。类似MBA这样的Professional Degree，其本意是"职业学位"，翻译成"专业学位"是个大错。这就更加说明，MBA教育甚至EMBA中划分过多的"方向"不是科学的办学思路。而且工商管理教育的重点是MBA，不是本科层次，国内很多大学还没有对此给予足够重视。

业案例与军事战例、医学病例和司法案例等非常类似，都是解决不参加实战没有切身体会，而实战成本又太高这类"两难"问题的有效途径。

（3）其案例开发与使用达到良性循环。哈佛大学商学院有数万个左右的案例在全世界发行，并收取一定的费用，做到"以案例养案例"。写出一个企业案例成本较高，哈佛大学商学院的经验是：时间上要用6个月以上；经费一般达5万美元；50%的案例使用两次就淘汰，因为其素材可能没有广泛的商业价值。中国国内的情况大体也是这样，当年北京大学开始筹建案例库时，曾借助国家自然科学基金项目资助，全国招标的合格案例每个付1万元的补贴，而同期国家社会科学基金一般项目资助幅度为2~3万元，重要性显然可见。

国内的大连理工大学创办了一个专门发表案例的正式刊物《管理案例研究》，另外《管理世界》、《中国工业经济》等国内一流刊物也都设有案例专栏。许多院校在如何把案例视为科研成果方面积累了成功经验。更重要的是，教育部学位与研究生评估中心已经明确，案例建设正式列入工商管理学科评估内容。这是非常正确的做法。

3.案例教学是工商管理艺术性教育的主要途径

人们常说，管理既是科学又是艺术，具有"二重性"。下面一个接近于寓言的故事更能说明这一点。这也是我为东北财经大学出版社出版的一套工商管理教材丛书写的总序中的内容。

科学家爱因斯坦曾经发给艺术家卓别林这样一封生日贺电：您的艺术作品誉满全球，您真不愧为伟大的艺术大师。卓别林这样回复爱因斯坦：您的相对论世界上没有多少人能懂，您真是伟大的科学家。前者"雅俗共赏"很伟大，后者"曲高和寡"也伟大，似乎有些矛盾，其实不然，这恰恰体现出"艺术性"与"科学性"的一致性。

对上述对话的一般理解是，科学往往为少数人所发现，因此"曲高和寡"；而艺术必须要让大多数人所接受，因而"雅俗共赏"。这当然是正确的，但这只是从一个角度看问题。如果再从另一角度分析，才能得到圆满理解，即科学虽然由少数人所发现，但却可以被多数人所掌握；而艺术虽然可为大多数人所接受，但却只能由少数人所创作。正是在这个意义上，"科学性"与"艺术性"在哲理上是完全可以统一的。

对科学和艺术还要做进一步的分析，科学分"科学发现"和"科学应用"两个层面，艺术也分"艺术创作"和"艺术欣赏"两个层面。"科学发现"和"艺术创作"都比较难，而"科学应用"和"艺术欣赏"都比较容易。人们常说，"管理既是科学，又是艺术"，这里所说的"科学"多指"科学成果的应用"，而这里所说的"艺术"却多指"艺术的创作"，绝不是指对艺术的欣赏。对于工商管理工作来说，越高层的管理，如董事长和 CEO 的工作，艺术成分越多；越基层的管理，如部门经理或车间主任，甚至是现场调度或质量控制的工作，科学成分则越高①。当然，与此相应的一般规律是，越是高层，"艺术创造"越重要；越是基层，"科学应用"越普遍（于立，2011）。

对于工商管理教育而言，其课程体系中既有科学成分较多的课程，也有艺术成分较多的课程。前者主要有：《生产管理》、《物流与供应链管理》、《管理信息系统》、《会计学》、《优化方法》等。后者主要有：《组织行为学》、《人力资源管理》、《企业文化与伦理》、《企业战略》、《公司组织设计》或《公司治理结构》、《企业、政府与社会》等。当然，也有的课程差不多是科学成分和艺术成分并重的，如《公司理财》、《数据、模型与预测》、《管理经济学》等。

在工商管理教学过程中，科学成分越多，越适合课堂教学，也就越利于成规模培养；而艺术成分越多，则越适合个人感悟，也越适合于案例教学，从而只能侧重于个别指导或小组讨论。换个角度，对于工商管理的本科生或 MBA 学生，特别是 EMBA 的学生来说，前者可以较多地依赖于学校和教师，后者则主要取决于个人的悟性。这也是"管理学院学得到"与"管理学院学不到"这两种说法都有道理的原因。这两种完全相反的观点（核心是企业家是否是学校培养出来的）的焦点就在于，各自过多强调管理的"科学性"或"艺术性"，而忽略了二者间的一致性。事实上，商学院只有处理好这二者间的关系，才有可能办出自己的特色和声誉。

说到这里，就可以很方便地解释为什么"文人"的子女容易传承父业，而真正企业家的子女却很难继承父业的道理了。其中的关键在于，"治学之道"的"规律性"（即"科学性"）较强，知识和经验的积累可以潜移默化、耳濡目染地

---

① 比如说，美国演员出身的里根可以说是一个难得的国家总统，却难以当好一个企业工程师。企业和国家都是这样，越往高层，"外行领导内行"越普遍，而越往基层，专业技能越重要，"外行领导内行"的现象则越少。

向子女转达。而"经营之道"的"艺术性"较强，企业家的成功经验多具独特性，难以言传。学习所谓的"管理经验"必须经过"再创造"过程，光靠模仿是不行的。

归结起来，工商管理学科或管理工作的性质决定了教学方法。可以说，没有案例教学，管理的艺术性部分或者高层次的管理教育是无法完成的。至于在案例教学过程中，有经验的教授经常故意多提供或少提供一些相关信息，以增加案例分析的难度和复杂性，更是这个道理。

4.案例研究方法的性质与联想

案例方法不仅是重要的教学方法，更是重要的研究方法[①]。对于前者，很多人都了解，只是实际运用得还远远不够。对于后者，能够明确意识到的也不多，更不要说熟练运用，非常值得认真讨论。

（1）"判例法"的启示。众所周知，法学有两大法系，即大陆法系与英美法系。这两个主要法系，涵盖了世界上的主要国家。大陆法系的代表有德国、法国和中国；而英美法系则以英国和美国为其代表。大陆法系继承的是罗马法，而英美法系恰恰未继承罗马法。大陆法系主要是成文法，而英美法系主要是判例法。中国虽然立足于大陆法系成文法，但适当借鉴英美法系的判例法制度也非常必要。实际上，在一个具体国家中，两种法系都是互相补充的。以美国的《反垄断法》为例，《谢尔曼法》、《克莱顿法》和《联邦贸易委员会法》属于成文法，但实际中更多的则是无数的反垄断判例。中国是成文法国家，但也陆续公布了一些指导性执法案例。

成文法的特点是普遍性强，但难免不够具体，所以又要辅之以"实施条例"、"指南"、"司法解释"、"指导意见"。判例法恰恰克服了这些弱点，但也有复杂多变、难以掌握的弊端。这里所要强调的是，判例本身都是经典的司法案例。案例研究作为一种方法，最早出现在法学院的教学中，这种成功做法首创了让法学专业的学生接触司法案例的学习方式。现在看来，案例研究方法首先在法学和司法界得到倡导和运用，不是偶然的。后来，这种方法又为医学教育、军事教育特别是工商管理教育等领域所广泛采用。目前，司法案例、医学案例（或病

---

① 留美社会学者李银河写过一本名为《后村的女人们》的书。发表后引起了关于其典型性大小的讨论，其中的关键便是对于社会学研究中案例研究方法的认识差距太大。著名社会学学者费孝通的《江村调查》、黄树民的《林村的故事——1949年后的中国农村变革》等是这方面的经典著作。

例)、军事案例（或战例）、管理案例以及其他领域的案例已经司空见惯。到 2013年初，中国最高人民法院先后公布了四批（16个）指导性案例，今后还将陆续公布更多。这是中国法制建设的重大进步，体现了"成文法"与"判例法"的相互借鉴和补充，对工商管理教育也有重要启示。全国MBA教育指导委员会每年评选百篇优秀管理案例，已经连续开展多年，这是非常有意义的工作。

（2）案例研究方法与真理检验。著名思想家波普尔（Popper，1959）提出的"证伪原则"（Falsification Principle）具有很大影响。很多知名学者接受波普尔的观点，即理论不能被"证实"，只能不被"证伪"，人们只能暂时接受尚未被"证伪"的理论。张五常对波普尔更是赞赏有加并著有专文。从性质上看，案例研究方法是最容易"证伪"的。也可以说，案例研究方法具有"证实"不足，但"证伪"有余的特点。案例研究方法在波普尔所说的"证伪"检验模式中具有特殊重要的作用。试图证伪，研究者不需要大样本分析，有时只需要一个实例就可。

中国经济发展的经验为"真理检验标准"这个一般性哲学概念赋予了极其特殊和非常重要的涵义。但严格地说，"实践是检验真理的唯一标准"这句话虽然积极意义重大，但其本身并不是一个严格的哲学命题。实践强调的是过程和途径，标准强调的是实践结果或临界条件，实践本身不能构成检验真理的标准。

（3）倡导案例研究方法的大师与经典例证。证据表明，案例研究方法在人类学、政治学、社会学和经济学中运用最为普遍，卓有成效，并日益成为工商管理研究的重要方法。外行的人们往往以为它简单易行、容易掌握，实际上它灵活多样，也许只有大师级人物才能用得得心应手。罗伯特·殷（Robert K. Yin，2002，2012）已经出版两本有关案例研究的重要著作，而且多次再版。从他的著作可以看出，案例研究是最难的研究方法之一，这与普通人的简单理解大为不同。在经济学领域，比较著名的如诺贝尔经济学奖得主科斯和华人经济学家张五常都是成功运用案例研究方法的大师级人物。经济学中经典的例证有斯密提出的"水和钻石价值之谜"、哈丁发现的"公地悲剧"、科斯提出的"灯塔经济学"、曼德维尔所著的《蜜蜂的寓言》以及张五常的《佃农理论》等。

最近30多年，中国经济和社会发展取得了奇迹般的成果，自然也就有了不少关于"中国模式"是否成立以及普遍性如何的争论。其实，中国"奇迹"本身就是一个很好的案例，目前也只能作为一个案例，不要轻言中国模式或对世界各国的普遍意义。

5.案例研究方法的相关问题

有人曾对案例研究方法与以大样本分析为特点的统计方法进行比较，得出的结论是，案例方法是基于特定目的，选择少数甚至单一事例进行深入分析与解释的一种途径。案例方法可以对个案做出历史性解释，也可以通过确定新的假设与变量对因果推论增进了解，在某些情况下也可以发挥验证假设的作用。案例方法的重要特点是通过联结个别研究和一般研究，从而可为一般性理论研究做出贡献，但它本质上并不是一种普遍性研究方法，通常不适合需要用大样本进行分析的问题（李少军，2008）。

格令（Gerring，2007）曾对与案例研究方法有关的三对概念进行辨析，可对我们有所启发。

（1）案例研究方法属于定性（Qualitative）方法还是定量（Quantitative）方法？人们习惯地认为，案例研究是一种定性分析方法，但这并不是严格的结论。实际上，案例研究既可以是定性方法，也可以是定量方法，更可以二者兼备。没有任何理由在进行案例研究时，把数学模型方法排除在外。比如说，统计抽样的目的就是揭示总体的特征，然而样本的功能与案例的功能毫无区别。利用定量技术进行单一案例研究能够有所发现，那就应该将其与案例研究方法结合起来。确实，在社会科学领域进行的几乎所有的案例研究都或多或少地包括定量和定性两个方面。不使用任何数量分析的纯粹描述性案例研究，几乎是不存在的。

（2）案例研究方法属于实验（Experimental）方法还是观察（Observational）方法？实验方法是许多学科领域的主要研究方法，但在广义的社会科学领域（如人类学、政治学、社会学、经济学）受到较多限制，只有心理学是个例外。但近些年来，情况正在发生变化。许多研究者越来越发现，与纯实验方法相比，案例研究的优缺点只有程度上的相对差异，不存在绝对的优与劣。更有人认为，案例研究本身就是一种"准实验"研究。主要理由是，借助"观察"方法，即通过对特征相近的少量案例进行研究，或者对同一案例进行多次重复研究，可能会比对差异性较强的样本进行大样本研究更能达到"实验"的理想目的。简单说，"实验"方法和"观察"方法也是可以统一的。

（3）单案例研究（Single-Case Studies）与多案例研究（Cross-Case Studies）。

虽然从概念上看，单案例研究与多案例研究似乎截然不同，其实是有联系的。至少，在多个潜在案例中做出选择，然后选中某个单案例进行研究，这本身就体现出案例导向与变量导向的统一。选择案例必然涉及对案例总体中的极端情况和差异性等特征因素的考虑。显然，对个体了解越多，对了解全体越有利；反之亦然。

参考文献

[1]GERRING J. Case Study Research：Principles and Practices [M]. UK，Cambridge University Press，2007.

[2]POPPER K. The Logic of Scientific Discovery [M]. UK，Routledge Publishers，1959.

[3]ROBERT K Y. Case Study Research：Design and Methods [M]. NY，SAGE Publications Inc.，2002.

[4]ROBERT K Y. Applications of Case Study Research [M]. NY：SAGE Publications Inc.，2012.

[5]李少军.论国际关系中的案例研究方法[J].当代亚太，2008（3）.

[6]于立，肖兴志.产业经济学的学科定位与理论应用[M].大连：东北财经大学出版社，2002.

[7]于立，姜春海.规制经济学的学科定位与理论应用[M].大连：东北财经大学出版社，2005.

[8]于立，吴绪亮.法律经济学的学科定位与理论应用[M].北京：法律出版社，2013.

[9]于立.管理层次论[J].比较管理，2011（1）.

On Fundamental Theories and Research Methodology of the Discipline of Business Administration

Abstract：One of most important features for the discipline is to set up a clear theme since it is the foundation for building up the theories and methodology as a whole. Especially in China, business administration singled out from traditional economics subject which is quite different from the internationally recognized classification on economics discipline such as JEL (Journal of Economic Literature Classification Codes) classification. The paper mainly focuses on the theme of *incentives and constraints* for the business administration discipline by way of clarifying several theoretical misunderstandings as well as specifying the comparatively effective research methodology of case study.

Firstly, the paper clarifies that the theme of the discipline of business administration should be incentives and constraints. Compared to the theme of monopoly and competition on economics discipline whose founder is Adam Smith, the father of Economics, which is clear and stable, there is no consensus on the theme of business administration discipline in China till now. Therefore, many research works in this field are not concentrated on incentives and constraints. Furthermore, with the fast economic growth and rich experience from various enterprises in China, there is big gap between theoretical analysis and realistic environment. The theme of incentives and constraints can help us to build up fundamental theories which are more applicable to China's economy. Since it is hard to establish a brand new fundamental theory and also not necessary, business administration can take advantage of economics and psychology as its theoretical basis of which the combination could be better explain the theme of incentives and constraints, because economics emphasizes economic rationality whilst psychology stresses on psychological rationality. There are three divisions under the Department of Management Science at National Natural Science Foundation of China (NSFC), i.e. 1) Management Science and Engineering; 2) Business Administration; and 3) Public Administration and Policy. And most of those divisions prefer to use research methodology especially mathematical techniques rather than take fundamental theories. However, both of them get together will produce a perfect result under the theme of incentives and constraints. Actually, the relationship between incentives and constraints could trace back to the relationship of Chinese traditional philosophy between Yin and Yang which embodied the essence of Chinese culture.

Besides, based on this theme, the basic requirements for the discipline innovation should be problem‐oriented such as Seeking Truth from Facts. It is well known in China that *practice is the sole criterion of truth*. Though, it is still under the debate about if it is sole or not, it is right that practice is a starting point, through the process of seeking, we finally get the truth. Furthermore, a key to influence on theoretical innovation for the discipline of business administration is that we fail to put problem‐oriented into action. That is to say, it is difficult to find a scientific problem from so complicated issues. Thus, even we follow the rule of seeking truth from facts; no good results could be produced. And then, the principles of the discipline innovation should be the reverse of the cart before the horse. Just like Maslow's hierarchy of needs, Hierarchy of Problems should be established. There are four hierarchies from low level to high level, issues, questions, problems and paradoxes. And also they should be complied with Hierarchy of Management which I've ever mentioned previously in another paper（Yu Li, 2011）.

Secondly, there are several theoretical misunderstandings on the education of business administration. I try to clarify three specific ideas in order to illustrate the point. One is the confusion of some key concepts when doing break-even analysis. It will get different results by simply using quality‐cost‐profit formula that could mislead decision‐making of enterprises since it may not distinguish the concepts such as economic costs and accounting costs; accounting profits and economic profits and etc. Thus, the rule that marginal profit equals marginal cost（MR=MC）in economics does not work on the condition of only pursuing accounting profits. The second is the ignorance on *industry is market hypothesis*. The implication of industry is market hypothesis are commonly found in the textbooks of economics, however, relevant market has to be defined in reality, especially in the process of enforcement of anti-trust law. Without consideration of specific environment, it will produce false results by misusing CRn or HHI index. For example, it is meaningless to consider about market share nationally in the real estate industry since it is always regional market and it could not be moved once the houses are built. Therefore, we summarize the rules such as relevant market should be considered each time since it is hard to be defined, index of market structure like CRn and HHI may not rely on statistical data in most cases, so on and so forth.

The third is the overlook of external environment on Cost-Plus Pricing. When we use cost-plus pricing method, if we do not think about external environment then mistakes always occurred. In fact, cost-plus pricing is often misused under the central planning economies. Commonly, it is meaningful only when enterprises have strong market power under the market economies. But, at the same time it frequently attracts the attention from anti- trust authorities. Though, it is very special in China that military factories could plus 5% profits based on cost-plus pricing method without considering their costs, it is unreasonable and is not applicable to other industries. For instance, high-tech enterprises such as Apply Company will set their prices according to the market demands and do not take this method. Generally speaking, the method does not work when enterprises are only price-taker in a comparatively competitive market.

Finally, research methodology of case study is under discussion since it is methodology in both teaching and researching. Actually, there are many methodologies such as game theory, econometrics, statistics and etc. However, case study stands out among all due to its dual characteristics of science and arts. On the one hand, the science mostly refers to as the application of scientific achievements whilst the arts refer to as creation of arts on the other hand. As for works on business administration, the higher level of management they have, the more arts they will require, and also, the lower level of management they take, the more science they will need. Following this rule, we found MBA and EMBA students rely on more arts than those of undergraduates who depend on more science. Therefore, how to balance the elements between science and arts in management is quite important. And also here, we take the methodology of case study in Harvard Business School as a typical example as well as differentiate three key concepts related to case study such as Qualitative vs. Quantitative, Experimental vs. Observational, Single - Case Studies vs. Cross - Case Studies to deeply demonstrate the importance of such methods on education of business administration.

Key Words: the theme of business administration; incentives and constraints; industry is market hypothesis; research methodology of case study

JEL classification: M10 M41

第11讲　试析反垄断经济学的学科定位[①]

——兼评布西罗塞《反垄断经济学手册》

A Review on Discipline Orientation of
Antitrust Economics

内容提要： 本文结合评介布西罗塞主编的《反垄断经济学手册》，评述《反垄断法》的经济目标、反垄断经济学的发展历史、主要内容和学科体系，以及它与相关经济学科，如微观经济学、产业经济学、规制经济学和法律经济学的学科关联。

关键词： 反垄断经济学　规制经济学　法律经济学

一、《反垄断经济学手册》的由来与反垄断经济学的发展

在经济学分支学科或我们所说的经济学二级学科或三级学科的发展中，有一个明显的规律，即随着经济活动的实践和学术上的探讨，总是由该学科的先驱者提出基本概念体系和研究框架，再由跟进者不断发展完善，直到比较成熟。而学科成熟的重要标志就是相应学科手册的出现。

① 本讲合著者吴绪亮，原刊于《经济与管理研究》（2009年第4期）。本讲得到国家自然科学基金项目（70672036）和辽宁省教育厅文科基地项目（2008JD12）的资助。本文初稿曾在中国工业经济学会2008年年会上交流，感谢与会专家建设性的点评意见。

在产业组织[①]或产业经济学领域及相关学科中[②]，有几套著名的手册：一是《产业组织手册》，现已出版三卷（Schmalensee & Willig，1989，第 1~2 卷；Armstrong & Porter，2008，第 3 卷）；二是《反垄断经济学手册》（Buccirossi，2008）；三是《经济规制手册》（Crew & Parker，2005）；四是《法律经济学手册》（Polinsky & Shavell，2007，第 1~2 卷）[③]。这些手册的共同特点是，以分篇或分章形式，由研究有关专题的世界一流学者研读该领域的重要期刊论文，并且评述其最新进展和发展方向。[④]

作为一种特定形式的研究成果，经济学手册具有下列功能和用途：

1.“学科定位功能”。手册可以起到确定体系框架、展示历史渊源的作用。特别是对于某些新兴学科或争议较大的学科，由一些大师级学者“把关定向”，可使他人少走弯路。

2.“经典文库功能”。手册可为研究生和同行学者列出推荐阅读书目，“一卷在手”，简捷方便。有的手册采取“归纳整理”的方式，有的手册也可收编少量的经典文献。

3.“工具辞书功能”。手册与辞书的功能有些类似，可作一般性阅读，也可“急用现学”，收“立竿见影”之效。

《产业组织手册》现已出版三卷，前两卷均由施马兰西（Richard Schmalensee）和威利格（Robert Willig）主编，第三卷由阿姆斯壮（Mark Armstrong）和波特（Robert H. Porter）主编。这三卷共分五篇：第一篇：企业与市场组织的决定因素；第二篇：市场行为分析；第三篇：实证研究方法与结果；第四篇：国际性议题与比较研究；第五篇：政府对市场的干预。第三卷没有分篇，主要是填补前两卷的空缺，并总结产业组织理论的最新进展。

近年来，深受《产业组织手册》的启发，我们也不自量力，试图借鉴其成功

---

①　英文的“Industrial Organization”一般可简译成“产业组织”。但应注意，其涵义至少可有三种理解：一是“组织业态”意义上的“产业组织”；二是“学科”意义上的“产业组织学”或“产业组织理论”；三是完全可以意译为“产业经济学”。
②　国内学者前些年对产业经济学与产业组织理论的关系也有争论，其实很多是不必要的。没有偏见的学者都会认为，产业经济学与产业组织理论完全是一回事。国际经济学界也不存在国内某些人提出的“宽派”、“窄派”之分。
③　据我们理解，《经济学手册》系列中没有列入《反垄断经济学手册》和《规制经济学手册》，一是由于二十多年前，这两个学科还不够成熟；二是由于这两个学科现在也不是能与产业组织和法律经济学并列的“二级学科”。
④　这种手册编写方式更适用于相关的学者和研究生，简称“评论式”，但阅读面较为狭窄。比较适合一般读者的编写方式是“辞典式”。还有一种介于二者之间的“导读式”，比如，我们应一家出版社之邀，撰写的《产业经济学名著精读》。

套路，为中国的产业经济学及相关学科发展做点工作。比如，我们完成的《产业经济学的学科定位与理论应用》（于立、肖兴志，2002）、《规制经济学的学科定位与理论应用》（于立、姜春海，2005）和《反垄断经济学的学科定位与理论应用》（于立、吴绪亮，2008），就是学习这些手册的"习作"，尽管限于水平，"照猫画虎"不能尽如人意，[①]但这也正是我们学习进步、探索纠错的过程。

本文重点评介的是布西罗塞主编的《反垄断经济学手册》，它起源于2005年的一次有关《竞争法》的经济学研讨会，有阿姆斯壮（Mark Armstrong）、梯若尔（Jean Tirole）等二十几位国际著名产业组织学者参与，于2008年由MIT出版。

反垄断经济学发轫于20世纪二三十年代的美国，20世纪五六十年代得到较大发展，形成所谓的哈佛学派；转至20世纪七八十年代，部分地受到新制度经济学发展的影响，反垄断经济学再一次得到较大发展，并形成了所谓的芝加哥学派。面向新自由主义的回归是这一时期的主流，并影响了无数的反垄断判例；20世纪80年代后期以来，由于博弈论等分析工具在反垄断分析中的广泛应用，新产业经济学（New Industrial Economics，NIE）和新经验主义产业组织学（New Empirical Industrial Organization，NEIO）渐成雏形。受此影响，反垄断经济学出现了革命性的发展，动态博弈理论、信息经济学、机制设计理论、拍卖理论、模拟技术以及非参数经济计量方法等正从方方面面重新塑造着当代反垄断经济学的概念范畴、分析框架和工具库（于立，吴绪亮，刘慷，2007）。

2006年莫塔出版反垄断经济学领域第一本本科层次教科书《竞争政策》，同年温斯顿出版反垄断经济领域第一本研究生层次教科书《反垄断经济学前沿》。2008年这部《反垄断经济学手册》（以下简称《手册》）的出版正式标志着反垄断经济学学科的进展和成熟。

二、《反垄断法》的经济目标

《反垄断法》的经济目标是反垄断经济学的前提性问题。目标不同，或多个

---

① 《产业经济学的学科定位与理论应用》和《规制经济学的学科定位与理论应用》，均由东北财经大学出版社出版，并均获得辽宁省社会科学成果奖。更有趣的是，《反垄断经济学的学科定位与理论应用》于2008年出版，算起来这几本书都恰好相隔三年。当然，我们非常感谢国内同行和国外学者给予我们的热情鼓励和帮助指导。

目标条件下目标函数的权重不同，会直接影响对垄断行为的评判标准、执法原则和政策导向。

一般而言，"竞争"是一种"共用品"，反垄断是一种旨在培育和促进竞争的公共政策。①美国最高法院给予《反垄断法》"准宪法"的法律地位，可见其重要性。但"竞争"有时又是个含义模糊的概念。例如，如果自由签约是竞争的关键，那么限定自由签约的长期关系就是反竞争的，尽管长期合同可能更有效率；又如，竞争是一种发现过程和选择机制，政府干预必会使之受到影响，那么反垄断干预有时也会与保护竞争的目的出现矛盾。

布西罗塞在《反垄断经济学手册》序言中提出，解决这种矛盾的关键是要明确反垄断本身不是目的，而只是实现公共目标的手段。按此思路，反垄断执法中就需要根据"双层标准"行事：首先要考察某种行为是否阻碍了竞争，然后再确认这种阻碍竞争的行为是否影响了公共目标的实现。第一条标准是前提，因为如果没有阻碍竞争则无需考虑第二条标准；但重点却是第二条标准，因为如果没有危害或危害不大，即使符合第一个标准也不必过虑。②与此相应，对于反垄断的公共目标，主要有两种意见：一种意见是追求总福利（消费者剩余＋生产者剩余）最大化，即配置效率最优化；另一种意见是只需考虑消费者福利最大化。

布西罗塞（2008）认为，赞成以总福利（配置效率）最大化为《反垄断法》政策目标的经济学家会多一些。应该说，总福利标准和消费者福利标准在很多情况下其实并不存在太大的差异，正如 Motta（2004）所指出的，这两个标准"通常不会导致反垄断执法机构和法院作出明显差异的判决"。其背后的经济学道理是，在大多数情况下，总福利和消费者福利都会同向变化，即总福利的增加往往会带来消费者福利的增加。此时存在争议的焦点之一是，分配问题是否适用于《反垄断法》？有人指出，这个问题既不能也不应由经济学家来回答，经济学家只能说明，将《反垄断法》作为分配工具会有哪些成本和收益。比如说，为分配问题而禁止有效率的行为会产生哪些资源配置效率损失？是否会在相对贫穷公司股

---

① "反垄断"与"保护竞争"是同义词。在《中华人民共和国反垄断法》（简称《反垄断法》）出台之前，1994 年中国就公布了《中华人民共和国反不正当竞争法》。其实，双重否定不如简单的正面肯定，简称《竞争法》岂不更好？

② 这两条标准正好对应反垄断法的两条执法原则。第一条原则是"本身违法原则"（per se rule）；第二条原则是"合理推定原则"（Rule of Reason）。应该说，这两个执法原则是国际惯例，中国的《反垄断法》虽未明确提及，但对其实质有所借鉴。

东与相对富有消费者之间出现收入再分配问题？而且，即使我们认为垄断行为产生的任何财富转移都是不合理的，但消除这些影响，是否也会导致成本过高？

但是的确也有总福利和消费者福利非同向变化的情形，最典型的就是垄断企业如果实行完全价格歧视，此时总福利全归生产者。另外一个常常被引用的例子是企业兼并时的"威廉姆森权衡"。兼并企业由于成本降低、效率提高而获得更多的生产者福利，但同时兼并带来的市场集中度的提高往往会抬高价格，从而降低消费者福利。当生产者福利的增加超过消费者福利减少的幅度时，总福利便会与消费者福利呈现反向变化。当然，总体来说，这些情况并不常见，因此将反垄断目标定为追求总福利最大化通常显得更有道理。如果再从动态效率的角度考虑，情况则更为复杂。

但是如果考虑到《反垄断法》的执行问题，情况会有所变化。近有研究表明，在某些特定情况下，对消费者剩余给予比生产者剩余更高些的权重，的确可以提高《反垄断法》执法的效率。比如，从政治经济学的研究角度来看，消费者由于更为分散，从而联合起来通过游说或其他手段捍卫自身利益的能力就比较弱，因此反垄断执法机构强调对消费者剩余的重视有利于生产者和消费者双方力量的均衡。又如，从信息经济学的研究角度来看，企业往往在成本等方面具有比反垄断执法机构更为充分的信息，因此反垄断执法机构在生产者剩余增加与消费者剩余减少之间进行"合理推定"或权衡的时候，难以公正计算出净福利效应大小，此时采取简单的消费者福利标准可以弥补信息不对称的影响，提高执法效率。

在我们看来，其实也可采取折中的方案，即选择总福利最大化为反垄断法的目标，但通过调整其中生产者剩余与消费者剩余的权数来寻求平衡。极端情况下，若将权数全部归于消费者剩余，上面的两种意见就都变成了第二种意见。不然，如对二者赋予相同的权数，就变成了第一种意见。

就此观之，中国的《反垄断法》在目标表述上存在涵义不清、相互矛盾的问题。该法总则指出，"为了预防和制止垄断行为，保护市场公平竞争，提高经济运行效率，维护消费者利益和社会公共利益，促进社会主义市场经济健康发展，制定本法。"其中，"预防和制止垄断行为"和"保护市场公平竞争"有点同义反复，与前述第一条标准对应。"提高经济运行效率"也易引起疑义，有时（比如自然垄断情况下）竞争不一定能实现最高效率，那么追求效率就不一定反对垄断。"维护消费者利益"对应前述第二个目标（消费者剩余），维护"社会公共利益"（消费者剩余＋生产者剩余，即总福利）对应第一个目标，这两个目标是存在交叉重复的。"促进社会主义市场经济健康发展"，可能放在《宪法》层次更为适合，而放入《反垄断法》中则明显是非法律用语。总之，中国的《反垄断法》还存在许多需要深入研究的问题。①

三、反垄断经济学的学科体系

在反垄断经济学领域，有一本篇幅较小，但较有特色的著作，即由 M.D.温斯顿（M.D.Whinston）所著，由于立和张嫚等译校的《反垄断经济学前沿》（2007）。该书的最大特点是"不求全面，只求重要"，全书只有四章，第一章为导言；第二章（对应"垄断协议"）讨论反垄断经济学中公认最为核心的内容，即"价格操纵"或竞争者之间达成限制产量、提高价格的协议；第三章（对应"企业兼并"）讨论最为常见的横向兼并；第四章（兼有"垄断协议"和"滥用市场支配地位"的内容）则讨论纵向排他性合约，特别是独家交易问题。如果说，反垄断问题可大体分为两类，一类是"合谋行为"，另一类是"排他行为"，那么该书第二和第三章主要涉及"合谋行为"问题，第四章则侧重讨论"排他行为"问题。②

作为教育部人文社科重点研究基地重大项目《中国反垄断法与反不正当竞争法的共同经济原理及其衔接》的主要成果，由我们所著的《产业组织与反垄断法》一书，为了与中国《反垄断法》保持一致，核心章节是"第三章：垄断协议"、"第四章：滥用市场支配地位"和"第五章：经营者集中"。中国的《反垄断法》用"经营者集中"代替"企业兼并"，与国际惯例相比名虽不同，实质却相同。③

---

① 这也说明，反垄断经济学确实大有用武之地。
② 《产业组织手册》第三卷最后一章，也是该手册总共30章的最后一章《横向兼并的反垄断政策》，就是由该书作者温斯顿所撰写。
③ "集中"（Concentration）、"兼并"（Merger）和"购并"（Acquisition & Merger，A&M）是涵义相近的概念，但是后两个概念更为常用，而且集中在反垄断经济学中多用于表达其他涵义，如"集中度"（CRₙ）等。因此，严格地说，中国《反垄断法》用"经营者集中"取代"兼并"值得商榷。

布西罗塞主编的《反垄断经济学手册》分为以下五部分，这也体现了反垄断经济学的学科体系，不同著作也都大同小异。如表1所示。

第一部分：定义市场。如何定义产品，如何划定市场的地理界限，即定义《反垄断法》意义上的"市场"，是首要工作；否则，市场份额、市场集中度、市场势力滥用等都无从谈起。

第二部分：企业兼并。包括横向兼并、纵向兼并、混合兼并的竞争效应及其实证方法。

第三部分：垄断协议。包括卡特尔的分类与判别，与横向合谋有关的事前交流、信息分享、股权安排、价格协议等。

第四部分：滥用市场支配地位。包括判别是否滥用市场支配地位（主要有三种方法："牺牲性检验"（Sacrifice Test）[1]、"有效竞争者检验"（As-Efficient Competitor Test）[2]、"消费者损害检验"（Consumer Harm Test）[3]），价格歧视（捆绑销售）的后果，纵向限制协议，独家交易等。其中，纵向限制既属于滥用市场支配地位的范畴，也有垄断协议的可能，因此是垄断协议与滥用市场支配地位的"交集"。中国《反垄断法》第14条将转售价格的纵向限制问题放在垄断协议大类中，从而忽略了其滥用市场支配地位的可能性，给企业形成的印象是该行为本身违法，不纠正这一点则可能会对法律实施造成一定程度的误导。

第五部分：特殊市场与公共政策。包括存在网络效应的市场，《反垄断法》与知识产权保护，双边市场及其对《反垄断法》的影响，拍卖和招投标市场，政府干预对竞争的影响等。

从这一学科体系可以看出，在市场经济条件下，产业组织（产业经济学）专业的学生和学者大有用武之地。很多政府行政部门、法院及法官、公司组织、律师业等，都需要反垄断经济学的知识和基本训练。不用说美国和欧洲各国，就是在中国，每天的报纸、电视、会议、沙龙等都越来越多地大量报道各种各样的垄断行为，讨论反垄断政策。在国际事务中，越来越多的跨国公司涉嫌在华垄断行

---

[1] 亦称"若非检验"（"But For" Test），即考察具有市场支配地位企业的某种行为"若非"为了削弱竞争，是否还有存在的借口（比如盈利）。该类检验对于驱逐对手定价行为尤为有效。

[2] 按照这种检验，具有市场支配地位企业的排他性行为，只有在排挤了不低于自己效率的竞争者的时候，《反垄断法》才应加以限制；如果被排挤者效率低于具有市场支配地位的企业，则属正当市场竞争和优胜劣汰。

[3] 按照这种检验，判定具有市场支配地位企业的排他性行为是否合法，需要考察被排挤者的存在是否有利于消费者利益改进。当然，这种检验的难点在于消费者福利的界定。

表 1　　　　　　　　　　　　　　反垄断经济学的学科体系

分类	章	章　名	一般内容
前提	1	反垄断的经济证据：市场定义与市场势力衡量	定义市场 衡量市场势力
企业兼并	2	横向兼并的单边竞争效应	横向兼并 纵向兼并 混合兼并
	3	兼并的协调效应	
	4	纵向一体化的竞争效应	
	5	欧盟兼并控制的混合效应分析	
垄断协议	6	卡特尔识别	卡特尔（合谋） 横向协议 纵向协议
	7	反垄断中的宽恕与举报人	
	8	便利做法	
滥用市场 支配地位	9	纵向限制经济学	
	10	独家交易与纵向限制：经验证据与公共政策	
	11	滥用市场势力	捆绑销售 价格歧视
	12	价格歧视	
特殊市场 政府干预	13	网络产业的公共政策	网络产业 知识产权 双边市场 拍卖与投标 政府干预
	14	知识产权的竞争政策	
	15	双边市场的竞争政策	
	16	拍卖与投标市场的竞争政策	
	17	欧盟政府援助控制：经济分析框架	

为，中国走出去的公司也越来越多地由遭受"反倾销"起诉转变为"反垄断"指控。尽管中国的《反垄断法》已经出台，但我们的政府机构和司法系统远未准备好。可以想象，如果中国的法律制度，都能用法律经济学"检验"一番，甚至几番，意义该有多么重大？国内一些大学的某些同行，一方面抱怨社会对产业经济学（产业组织）专业不够重视，另一方面又不把教学和研究重点放在学科的主流

方向（即反垄断问题和规制问题）上，岂不是"自暴自弃"？

在中国现实经济中，反垄断问题随处可见，但大多远没有讨论清楚。如图书产业为何要维持转售价格？烟草产业反垄断豁免的法律依据是什么？自然垄断产业为何要进行"准入限制"？真正的自然垄断产业或环节有哪些？"降价是倾销、涨价是垄断、价格不变是合谋"疑团的症结是什么？到底是否存在行政垄断？药品产业、煤炭产业竞争激烈，为何还广存暴利？高速公路收费问题等。

四、反垄断经济学的学科关联

（一）反垄断经济学与微观经济学

反垄断经济学属于微观经济学的范畴，其基本概念和分析框架都以微观经济学为基础。微观经济学与宏观经济学的划分是以"个体分析"还是"总体分析"为依据的，不是根据研究对象的范围大小来划分。过去有人提出"中观经济学"的概念，以为研究国民经济的就是宏观经济学，研究企业经济的就是微观经济学，研究区域或产业的便是"中观经济学"。持这种思路的人无论如何也理解不了"国际贸易"属于微观经济学，"国际金融"属于宏观经济学，二者合起来构成"国际经济学"的道理。

"成本–收益分析"是经济学中的一种重要分析方法，不仅在项目评价或项目可行性分析中经常用到，也是反垄断经济学的常用方法。基于微观经济学的福利经济学对于反垄断目标的确定和执法原则的实施意义重大。微观经济学中的寡头垄断理论既是产业组织的核心，也是反垄断经济学的基石。

（二）反垄断经济学与产业组织（或产业经济学）

产业组织或产业经济学是反垄断经济学与微观经济学的"桥梁"。产业组织来源于微观经济学，但比微观经济学更具体、更侧重于应用，尽管产业组织也有自身的理论问题。正是在这个意义上，产业组织或产业经济学属于应用经济学。

反垄断经济学借助产业组织的理论和方法，具体运用于判别垄断行为和实施《反垄断法》。基于产业组织理论和方法的产业组织模型，其主要用途就是解释市场的功能（S），研究企业行为（C）与市场绩效（P）的关系，以及识别影响这种关系的市场与制度因素。①在国际流行的美国经济学会 JEL 分类体系中，产业组织（产业经济学）是与微观经济学、宏观经济与货币经济学、金融经济学、法律经济学、国际经济学、公共经济学等二十几个二级经济学并列的重要学科。②

在这些产业组织模型的基础上，反垄断经济学和《反垄断法》把重点放在三个核心问题上：第一，什么行为注定就是垄断行为（对应"本身违法"原则（Per se Rule））？第二，什么情况下需要具体分析（对应"合理推定"原则（Rule of Reason））？第三，如何识别垄断行为？

在《反垄断法》的执法过程中，会面临许多具体问题。如，反垄断机构和法院的据以决策的动机是什么？私人利益和公共利益如何影响反垄断竞争机构的执法行为？反垄断案件中什么样的证据可谓适当？为何有时《反垄断法》的私人执行更有效率？谁是提供经济证据的合适人选？计算垄断损害的最好方法是什么？等等。这些问题虽然都与反垄断经济学有关，但有的已经明显超出了反垄断经济学甚至经济学的范围之外，而与公共选择等领域更接近。经济学的长处不在于是否能够对所有问题给出解决方案，而在于确实能够提供一个一致性的分析框架。

（三）反垄断经济学与规制经济学

在《产业组织手册》中，反垄断与规制是合二为一的，早期一些学者的著作也是不加区分的。其实，分与不分没有绝对的好或不好，而是取决于学科发展和学科应用的方便。既可以放在一起，因为二者的共同经济学基础是产业组织或产业经济学；也可以一分为二，因为二者都已经相对成熟，可以分别成为一个次级学科。我们的总体意见是，无论是分是合，二者的分工实际上是比较清晰的。

我们较早提出反垄断与规制（或反垄断经济学、规制经济学）的分工，是因为这两个学科均已成熟，再探讨一些较深入问题时不分工就容易"名不正、言不顺"。③现在，我们更加认为，在产业组织或产业经济学的基础之上，再细分为反

---

① S-C-P（结构-行为-绩效）框架曾是产业组织的核心，现在仍有重要意义。虽然以梯若尔的《产业组织理论》为标志，产业组织更多地运用了博弈论及其他方法，出现了较大的理论性和应用性进展，但其核心问题较少变化。

② 参见国际流行的美国经济学会的 JEL 分类体系，http://www.aeaweb.org/journal/jel_class_system.html。

③ 关于"反垄断与规制政策分工日益明显"的观点，参见于立，吴绪亮，刘康.反垄断法的经济学基础：历史、趋势与难题[J].产业组织评论，2008（1）；关于"自然垄断产业应以反垄断为主，还是以规制为主"的观点，参见于立《自然垄断与规制经济学》，此文是于立给肖兴志所著《自然垄断产业规制改革模式研究》（东北财经大学出版社2003年出版）一书所作的序言；关于反垄断经济学与规制经济学是一个学科还是两个学科，参见于立.规制经济学学科定位中的几个问题[J].产业经济研究.2004（4）.

垄断经济学和规制经济学两个次级学科，已是大势所趋。[1]这里，再举几例：

史普博在其所著的《规制与市场》[2]（史普博著，余晖译，1999，P801）中提到，规制和反垄断代表两种对付市场失灵的制度：规制主要以行政手段，通常具有限制竞争的效果；而反垄断主要是法律手段，旨在鼓励竞争。

温斯顿在其所著的《反垄断经济学前沿》（温斯顿著，张嫚等译，2007，p1）中指出，"《反垄断法》是规制经济行为的法律。但该法在许多重要方面与传统的上所谓的'规制'（regulation）有所区别。规制更倾向于针对特定产业，并且主要涉及直接的定价机制、产品标准，或市场准入条件。而这些规制行为通常是在定期的或专门举行的听证会之后开始实施的。比较而言，《反垄断法》的适用面更为宽泛，并侧重维持某些规则，使企业之间的竞争能够产生'良好'结果。反垄断调查与干预只是例外情况，只有在这些基本规则可能已遭违背的情况下才会实施。"

莫塔在其《竞争政策：理论与实践》（Massimo Motta，2004）一书的前言中，对竞争政策（与反垄断政策是同义词）与规制作了更具体的区分：第一，反垄断政策适用于市场功能可以正常发挥的产业，规制则适用于市场功能不能正常发挥的产业，主要是自然垄断产业；第二，反垄断机构只关注企业行为是否合法，规制机构则会控制企业的价格、投资和产品选择；第三，反垄断机构通常事后干预，规制机构通常事前干预；第四，反垄断机构只是偶尔介入，规制机构则是长期持续介入；第五，反垄断机构更多地以寡头垄断理论为分析工具，而规制机构则更多以"委托-代理模型"为分析工具。

所以，虽然反垄断经济学与规制经济学存在一定的交互性，比如，关于规制行为的限制竞争效应问题，自然垄断企业如何纵向分拆，放松规制与《反垄断法》的衔接等，反垄断经济学与规制经济学已"分而治之"已成为现实。

总体来说，反垄断政策、规制政策与产业政策均属于公共政策范畴，其依据的理论基础都是市场失灵。但是更进一步细分，发现三者存在较大差异。

---

①　在东北财经大学产业经济学国家重点学科和教育部人文社科重点研究基地的建设过程中，在出版前述一套（三本）"学科定位与理论应用""三位一体"系列丛书的同时，我们完成了另外一套"三位一体"的系列丛书，即《当代西方产业组织学》（于立、王询，1996）、《产业组织与政府规制》（于立、唐要家、吴绪亮、于左，2006）、《产业组织与反垄断法》（于立、吴绪亮，2008）。

②　中文译为《管制与市场》。"管制"与"规制"对应的英文都是"Regulation"，但我们认为译为规制更好些。

其中，反垄断政策所主要关注的是垄断或不充分竞争问题，主要解决办法是促进市场竞争或防止滥用市场垄断地位；经济性规制政策主要关注自然垄断问题，主要解决办法是在保留垄断现状的前提下，通过控制价格、进退障碍和服务水平来尽可能减少垄断的弊端；社会性规制主要关注医疗卫生（Health）、安全（Security）和环境（Environment）问题，因此有时也被称作"HSE规制"；产业政策主要关注产业竞争力、失业等问题，主要通过准入控制、投资控制等行政手段鼓励、保护或限制某一产业的发展。

现代经济学界广泛采用美国经济学会《经济文献杂志》（Journal of Economic Literature）所创立的经济学文献主题分类体系——JEL分类体系，将"反垄断问题与政策"（L4）、"规制与产业政策"（L5）分别列为两大类，可见反垄断政策与规制政策、反垄断政策与产业政策均存在很大差别。从根本理念上来看，反垄断政策所推崇的依然是市场这只"看不见的手"，政府只是为了确保市场能够起作用而"偶尔"干预。而规制政策和产业政策则更信奉政府这只"看得见的手"，强调政府的"全程"干预。

如果说实施反垄断政策的目的是发挥市场的作用，而规制是当市场不能发挥作用时的政府干预，那么规制与产业政策就具有较多的相似之处。在JEL分类体系中，规制政策与产业政策同列一大类，表明二者在根本理念上存在很大的一致性。但在"规制与产业政策"（L5）这一大类下，又细分为"规制经济学"（L51）与"产业政策、部门规划方法"（L52）两小类，由此可见规制政策与产业政策也不完全等同。经济性规制仅仅关注自然垄断产业这一领域，产业政策则要广泛得多；社会性规制主要追求安全、环保、卫生等目标，产业政策则追求竞争力、就业、稳定等目标。规制针对的主要是自然垄断或强势产业，强调的是对强势企业的控制和规范，防止出现过高的垄断利润。典型的强势产业如电力产业的电网、电信产业中的地方话网、铁路产业的路网等均包括自然垄断环节。有时还包括由于信息不对称造成的消费者与企业间的矛盾。而产业政策则侧重对弱势产业的促进和扶持，比如对无利或微利产业的财政补贴或金融支持，以及对衰退产业的转型或退出进行的政策扶持。因此，规制政策与产业政策虽然在根本理念上趋于一致，但在适用领域、追求目标等方面依然存在较大差别。

在市场经济条件下，产业政策作用有限，名声不佳，越来越失去存在的必要性，而规制却彼伏此起，因而原有主管产业政策的政府机构便会顺理成章地乘机更旗换帜，但受思维定式和路径依赖的影响，仍然用传统的产业政策的旧思维和老办法，来处理与其实质差异很大的规制工作，这对于体制改革极为不利。近年来，这方面已经暴露出来许许多多的问题，根源就在于此。

（四）反垄断经济学与法律经济学

法律经济学的英文是"Law & Economics"，表面可译成"法和经济学"，国内多译成"法经济学"。如果从其本意，即它是研究法律问题的经济学，或者说是法律的经济分析，那么最佳译法则是"法律经济学"。①它虽然是近40多年来发展起来的一门法学与经济学交叉的边缘学科，却已成为当代经济学中的一个重要的学术流派。主要理由如下：首先，二者不是并列关系，它是一种特定（研究法律问题）的经济学；②其次，作为经济学的一个分支，它研究的不光是正式颁布的法，也包括各种尚未正式成法的法章、条例、与法配套的实施条件，"法律经济学"恰如其分。

从学科性质来看，学者们公认，法律经济学已明确定位是一门"用经济学阐述法律问题"的学科。用波斯纳的话来说，法律经济学是"将经济学的理论和经验及方法全面运用于法律制度分析"的学科。具体地说，法律经济学采用经济学的理论与分析方法，研究特定社会的法律制度、法律关系以及不同法律规则的效率。法律经济学是一门运用经济理论（主要是微观经济学及其福利经济学的基本概念）来分析法律的形成、法律的框架和法律的运作以及法律与法律制度所产生的经济影响的学科。

一方面法律多种多样，另一方面经济学也有多个分支。那么，法律经济学是一门还是多门？据我们所知，到目前为止，法律经济学还是一门，是"多对一"的格局，即主要是以微观经济学为基础，研究多个法律的相关问题。对于任何法律，都可以"××法的经济分析"为基本模式进行研究。

---

① 有一个典型例子是浙江人民出版社1999年出版的译著《法与经济学》。该书"译者说明"的前两句是，"法与经济学是当今法学理论的重要组成部分。从经济学的角度解析法律制度，无疑是认识法律、把握法律的新方法。"该书译稿中，"法与经济学"、"法和经济学"、"法律和经济学"、"法律经济学"是随意混用的。

② 在引进国际学术成果进行学科对应翻译中，有两种倾向值得注意：一是不分主次，如"Law and Economics"本来是法律经济学，即研究法律问题的经济学，核心是经济学，却译成"法与经济学"或"法和经济学"；二是主次颠倒，如"Econometrics"本应译为"经济计量学"，即研究经济问题的计量学，核心是计量学，却译成"计量经济学"。有的经济计量学家荣获"诺贝尔经济学奖"，并不意味着该学科就是经济学。例如，诺奖得主纳什（John Forbes Nash Jr）就很奇怪自己的研究领域博弈论属于数学，却得到经济学奖。

在法律经济学中，"效率学派"是占据主导地位的。其核心思想是法律如何实现效率，如果把"公平"问题考虑在内，则是如何制定法律或什么样的法律才会更有效率地实现公平。代表人物是波斯纳，他本人是个杰出的法官，又是杰出的法学学者。以他为代表人物的芝加哥学派坚持的"效率性"理念，认为法律的目的就是要实现经济效率，在做出制度性安排、选择和确定规则等决定法律制度的时候，应当以各种选择的方式及其结果是否有助于提高人们行为的效率性，作为最基本的评判标准。

这里有一个问题容易使人感到迷惑，即如果认同法律经济学是研究法律问题的经济学，或者是法律问题的经济（学）分析，那么反垄断经济学理所当然应属法律经济学学科范畴，但近年来常见的法律经济学教科书（例如，Cooter & Ulen，2008）却不包括反垄断经济学的内容，这是什么道理？

这种现象，恰好用道家的思想概括就是"过犹不及"、"福祸相依"。这样的例子有很多。如为什么不存在单独的"工业经济学"？就是因为整个经济学，特别是微观经济学，尤其是产业经济学（产业组织）的主要研究对象就是工业（或制造业）经济问题。相反，农业经济学倒可以单独存在。《反垄断法》有"市场经济宪法"之说，反垄断经济学因其内容十分重要，同时又有成熟的经济学基础——产业组织来支撑，已经可以单独成为一个学科，而其他的法律（如产权法、合同法、侵权法、刑法、司法程序等）则往往单独成篇或成章，再合在一起构成一般性的法律经济学。[1]所以说，在整个经济学学科体系中，工业经济学因其重要而"兼济天下"，不能单独存在；而在法律经济学学科体系中，反垄断经济学则因其重要而地位显赫，反倒可以"独善其身"。[2]

法律经济学创建之初，理所当然地把《反垄断法》的经济分析包括在内。例如，法律经济学的开山名著之一是波斯纳的《法律的经济分析》。[3]该书1977年第2版的第10章就是用经济学分析《反垄断法》，而且几乎涉及了反垄断的所有主要内容。在《法律经济学手册》（Polinsky & Shavell，2007）中，对《反垄断

---

[1]　可用庄子的"材与不材"的道理对此加以说明。庄子《山木》篇中说，庄子与学生行于山中，见多数大树皆因"成材"而不能终其天年，又在友人家中见其鹅因"不鸣"（即"不材"）而被杀，由此引发"材与不材"的哲学思考。

[2]　于立曾总结出一套关于儒、道、佛的体会：其一是工作上敬"儒"、治学上崇"道"、生活上尚"佛"；另一个是青年敬"儒"、中年崇"道"、老年尚"佛"，都是较好的组合。

[3]　该书2007年已出至第7版。

法》进行经济分析的有关内容也是包括在内的。①

这就是在法律经济学学科三级目录中，包括反垄断经济学的内容，但在一般的法律经济学教材中却不包括反垄断经济学的原因。同样道理，也可以说明规制经济学与法律经济学的关系。在标准的经济学分类系统中，法律经济学既包括反垄断经济学，也包括规制经济学。

另一方面，构成法律经济学基础的是微观经济学，而构成法律经济学属下反垄断经济学和规制经济学共同基础的却是产业组织理论。

参考文献

[1]ARMSTRONG M，PORTER R H.Handbook of Industrial Organization[M]. Volume 3. Elsevier，2008.

[2]BUCCIROSSI P. Handbook of Antitrust Economics[M]. Boston，MIT Press，2008.

[3]COOTER R，ULEN T. Law and Economics[M]. London，Pearson Education，2008.

[4]CREW M A，PARKER D.International Handbook on Economic Regulation[M]. London，Edward Elgar，2005.

[5]JONG H W，SHEPHERD W G. Pioneers of Industrial Organization[M].London，Edward Elgar，2007.

[6]MOTTA M. Competition Policy：Theory and Practice[M]. Cambridge，Cambridge University Press，2004.

[7]POLINSKY A M，SHAVELL S. Handbook of Law and Economics[M]. Volume 1~2.Elsevier，2007.

[8]POSNER R. Economic Analysis of Law[M]. New York，Little，Brown & Company，1977.

[9]SCHMALENSEE R，WILLIG R. Handbook of Industrial Organization[M]. Volume 1~2.North Holland，1989.

[10]TIROLE J. The Theory of Industrial Organization[M]. Boston，MIT Press，1988.

[11]史普博.管制与市场[M].余晖，等，译.上海：上海三联书店，1999.

[12]温斯顿.反垄断经济学前沿[M].张嫚，吴绪亮，章爱民，译.于立，向国成，校.大连：东北财经大学出版社，2007.

---

① 参见 http：//www.aeaweb.org/journal/jel_class_system.html#K。

[13]于立，肖兴志.产业经济学的学科定位与理论应用[M].大连：东北财经大学出版社，2002.

[14]于立，姜春海.规制经济学的学科定位与理论应用[M].大连：东北财经大学出版社，2005.

[15]于立，吴绪亮.产业组织与反垄断法[M].大连：东北财经大学出版社，2008.

[16]于立，吴绪亮，刘慷.反垄断法的经济学基础：历史、趋势与难题[J].产业组织评论，2007（1）.

[17]于立，吴绪亮.中国《反垄断法》的争议、成果与前景[J].产业组织评论，2008（2）.

第12讲 产业经济学学科定位涉及的几个基本概念①

内容提要：本文针对国际上经济学界对产业经济学学科定位的共识和国内的分歧，概略分析产业经济学学科定位所涉及的产业、产业结构、产业组织、产业政策等基本概念的涵义，试图澄清思路，促成共识。文章最后提出了经济全球化条件下产业经济学面临的一些新问题。本文的目的在于减少不必要的分歧，以便大家能够齐心协力，集中精力发展产业经济学学科，并发挥产业经济学的学科优势，侧重研究中国急需探讨的诸多现实问题。

关键词：产业　产业结构　产业组织　产业政策

一、引言：国际共识与国内分歧

对于产业经济学的学科定位，在国际上的主流经济学界，早已形成共识（Cable，1994；Martin，1994；Williamson，1990；Greer，1992；Phlips，1998；陈小洪，1990；马建堂，1993；等）。这些共识主要包括：

1.产业经济学（Industrial Economics）等同于产业组织理论（Theory of Industrial Organization）（马建堂，1993，第14页；于立，1996，第4页；潘振民，1989，第2页）。

2.产业经济学等同于应用价格理论（Applied Price Theory）（Phlips，1998，第 xi 页）。

3.产业经济学属于应用微观经济学（Applied Microeconomics）（Williamson，1990，第 ix 页）。

4.产业经济学是制定产业政策的理论基础（Greer，1992，第3页）。

总体来说，产业经济学，或称产业组织学（理论），早期亦称价格理论，

---

①　本讲合著者钱勇、张嫚，为中国工业经济研究与开发促进会2001年年会论文。

渊源于微观经济学，属于应用经济学范畴，是各国政府制定产业政策的理论基础。

以上是国际上对产业经济学学科达成的共识。但是，在中国国内，对产业经济学的理解却不大相同。或者说，关于产业经济学学科定位的分歧，指的是国内存在的不同认识。其主要原因大概是受"先入为主"因素的影响，应该有个认识转变过程。

国内学者对产业经济学学科的理解存在几种情况：有的曾到国外攻读经济学学位或进修，熟悉经济学的学科分类；有的在国内受过现代经济学的系统训练，对产业经济学也有正确的认识；有的一开始不了解产业经济学的学科定位，但很快有了正确的判断。应该说，随着学习和交流，分歧将越来越少。

二、产业定义（Industrial Definition）

产业经济学涉及的首要概念就是"产业"。其实，对其可有多种理解，不同的理解或不同的产业分类具有不同的用途，见表1。

表1　　　　　　　　　　　　产业经济学学科定位框架

学科		定义	结构	主要分析方法	政策导向	经济体制
部门间经济问题研究		产业间关系 Inter-industry	产业结构：如三次产业	1.投入产出法 2.发展经济学	计划、比例；优先发展；综合平衡	计划经济
新产业经济学	旧产业经济学（旧产业组织）	产业内、企业间关系（Inter-firm）	产业结构＝产业组织：市场结构	1.SCP范式 2.博弈论	产业政策（反垄断＋规制）	市场经济
	企业组织（侧重企业行为分析）	企业内部组织（Intra-firm）	科层结构（H型、M型等）；公司治理结构	委托代理理论；"黑箱论"	兼并、重组，企业集团	市场经济
部门经济学		单个产业（Industry）	如：农业经济学，资源经济学等			

1.三次产业分类

三次产业分类是新西兰经济学家费希尔首先提出的产业分类方法。该分类方法将国民经济全部活动划分为第一产业（Primary Industry）、第二产业（Secondary Industry）和第三产业（Tertiary Industry）。虽然世界各国对三次产业的划分并不完全一致，但一般地说，第一产业对应的是广义的农业，包括种植业、林业、畜牧业和渔业；第二产业对应的是广义的工业（包括采掘业、制造业、供水、电力等）和建筑业；第三产业则对应着广义的服务业，即第一和第二产业以外的各业。三次产业分类是对全部经济活动的最简明分类，在发展经济学和国民经济核算中广泛运用。

2.标准产业分类

各国大多都有自己的标准产业分类，联合国综合各国经验，于1971年颁布了《全部经济活动的国际标准产业分类索引》。联合国的国际标准产业分类（ISIC）把全部经济活动分为十个大项，每个大项分成若干中项，每个中项又分成若干小项，每个小项再分成若干细项，各大、中、小、细项都有统一规定的统计编码。标准产业划分比三次产业划分要细致得多，但二者间存在对应关系，可以相互转换。值得指出的是，标准产业分类主要是从技术角度确定产业分类，并不一定能够反映市场需求状况。现实统计工作往往按"企业"（而不是按"产品"）进行，而单个企业通常生产多种产品，因此经常不够准确。也就是说，标准产业分类只能大体作为产业经济学研究现实问题的基础，往往不能满足产业经济学研究的需要。

3.产业经济学意义下的"产业"与"市场"

概略地说，一个产业是一定区域内（如一国或一个地区）生产同类或同一产品（包括服务）的所有企业的集合。这主要是从供给的角度入手的。如果从需求的角度看，结果则不一定与其完全一致。比如，两家企业的产品（性能、式样等）基本相同，甚至完全相同，但由于两个企业的营销战略不同，相同的产品成了"差异化产品"，这样供求双方就会出现不一致。而且"差异化"达到一定程度后，两家企业的相同产品甚至可能属于不同产业（或市场）。另一方面，定义产业（或市场）必然要涉及产品或生产要素的替代性，而产品的替代性是从需求角度考虑，生产要素的替代性则是从供给角度考虑。问题是这两个方面的替代性可能会出现较大的差别。①

从产业政策的角度看，在现实中具体定义产业（或市场）经常是非常困难的。例如，美国著名的 IBM、AT&T 和最近的"微软"垄断案中，争议的焦点并不在于是否形成垄断，而在于产业（或市场）的定义，因为定义的不同会直接导致不同的判决。一般意义上的产业指的是这样一种现象，即生产同一产品（或服务）的企业在同一市场中销售。正是从这个意义上说，产业经济学中所指的"产业"、"行业"或"市场"均为同义词。②

由于同样原因，产业经济学研究中经常要在标准产业的基础上，根据需求的交叉价格弹性或其他因素加以调整后再定义产业。例如，需求的交叉价格弹性较大，即替代性较强的两种产品可能同属一个产业或市场。当然，临界点如何判定，则要具体分析。

至此的基本结论是，不仅三次产业分类意义下的"产业"，就是标准产业分类意义下的"产业"，也往往不是产业经济学意义下的"产业"。

三、产业结构（Industrial Structure）

产业结构是人们非常熟悉的名词，但到底什么是产业经济学意义下的"产业结构"，还很值得认真探讨。从附表可以清楚看出，在暂不考虑国际市场因素的情况下，"产业结构"可从两个大的方面来理解：

（1）国民经济内部、产业之间关系（Inter-industry）构成的"产业结构"，如三次产业问题，可称其为"部门间经济问题研究"。比较典型的研究方法是投入产出分析方法③，相关的主要学科是发展经济学④，这类研究的政策导向可以是"优先发展"，也可以是"有计划、按比例"或"综合平衡"，总体来说，计划经济的色彩较浓。

---

① 常举的例子是消费者为了娱乐可把音乐会与钓鱼视为替代物，但从供给方看却不可能替代。另一个例子是生产男鞋和女鞋，需求方不能替代，但供给方却可以替代。
② 汉语中有"产业"与"行业"的区分，在英语中只有一个词"Industry"，而且常与"Market"混用。
③ 投入产出分析建立在一系列严格的假设基础之上，这些假设大都缺乏现实性。例如，最基本的两个假设条件是：（1）每个产业只生产一种同质产品；（2）投入产出间的技术系数固定不变。这也是投入产出分析方法的局限性所在（乌家培，1983）。因此，尽管该方法的创始人曾获诺贝尔经济学奖，我国也花费大量人力、财力研究中国的投入产出表，但并没有发挥多大作用。
④ 严格意义上的产业经济学与发展经济学并没有多大交叉。

这里顺便可以说明一下产业结构与产品结构的关系。如果说同类产品构成产业的话，那么产业结构指的是各产业之间的比例关系和构成；产品结构则指的是具体产品的比例和构成。二者又可以相互转换。比如，当产业结构分类越细，同时产品结构分类越粗时，产业结构可能等同于产品结构。在利用投入产出表进行具体分析时，这种关系会更加明显。

（2）某一产业内部、企业之间关系（Inter-firm）构成的"产业结构"，这种产业结构实质上是一种"市场结构"，是产业经济学得以建立的核心内容，这也是产业经济学又称产业组织学的原因。主要用于产业组织问题研究的"结构–行为–绩效"（Structure-Conduct-Performance）范式，简称SCP范式，以及后来发展起来的博弈论方法是产业经济学的主要研究方法。与这种产业结构或市场结构密切相关的产业政策主要由反垄断政策和规制政策组成。这二者间的大致分工是：反垄断（Anti-trust）政策主要用于限制垄断企业的规模和市场势力；规制（Regulation）政策的主要作用是获取规模经济而在允许垄断的前提下，对垄断企业进行规制。它们构成市场经济体制下竞争政策的"两个轮子"。

可见，这两种意义下的产业结构差别很大，而只有后者才是产业经济学意义下的产业结构。但严格地说，后者应该准确地称其为市场结构，它通过各种市场结构指标反映该产业中的竞争或垄断情况。这也是现代经济学中不存在我们一些人通常所说的产业结构的原因。

多年来，特别是在过去计划经济条件下，社会资源在各产业之间的配置是由国家计划决定的，国家的发展战略决定了资源在各产业之间的分配比例。如在实行重工业优先发展的年代，重工业通过政策倾斜等各种方式获得了更多的资源，其发展速度远远快于轻工业，国民经济的产值构成中，重工业所占的比重也较高。

当时，企业（几乎全部是国有企业）只是计划的执行者，同一产业内部各企业之间也不存在竞争关系，市场结构并不重要。计划经济条件下的资源配置方式使第二种意义上的产业结构问题没有讨论的必要。这种情况在政府主导型的混合经济国家中也同样存在。如日本与韩国，所以早期中国的产业经济研究内容受日本影响较大也就毫不奇怪了。

但在市场经济条件下，资源配置方式发生了根本性改变，第一种意义的产业结构越来越失去重要性，而第二种意义的产业结构与时俱进地越来越重要起来，这也是理所当然的。现在，政府文件、新闻媒体每天反复提及的自然垄断产业改革、价格战、企业串谋等现象不断地向产业经济学提出了挑战。完全可以说，产业经济学对中国的现实经济大有用武之地，而且会越来越明显。在国际上，不仅工业企业，还有金融企业、证券公司等各类非制造业企业，特别是跨国公司都十分重视从企业战略角度，对有关产业的市场结构类型、产业中企业行为特征以及产业的绩效情况进行详细分析和评论。从这一点看，中国的产业经济学界真是任重道远。

四、产业组织（Industrial Organization）

1.产业组织与企业组织

产业组织对应的是产业内、企业间关系（Inter-firm），而企业组织主要指企业内部组织（Intra-firm），包括科层组织（U型结构、H型结构、M型结构、X型结构）和法人治理结构（Corporate Governance）等。产业组织中的"产业"是指生产同类有密切替代关系的产品的企业在同一市场上的集合，这些企业间的相互结构关系称为"产业组织"（臧旭恒，2000）。这一点在旧产业经济学中的SCP分析范式里更为突出。

关丁企业内部的科层组织，过去的企业内部科层组织多为U型结构，即按职能划分部门的一元结构（Unitary Structure）。随着科技发展和企业规模的扩大，现在采用最多的是M型结构，即事业部制或称多分支单位结构（Multidivisional Structure）。企业集团中则多采用H型结构，或控股公司（Holding Company）结构。X型结构则是这几种结构的混合体（Williamson，1985，第280页）。企业集团是介于"纯产业"与"纯企业"之间的"灰色组织"。说它是一个"企业"，构成集团的企业又多是独立法人；说它们是分散的单个企业，它们之间又存在一定程度的协调。多强调企业的独立性，则会更多地体现出市场特征；多强调企业之间的协调性，则会更多地体现出科层性（Hierarchy）。

企业内部组织的另一重要方面是其法人治理结构。这也是近年产业经济学研究的热点问题。其实道理非常简单，产业组织关注企业行为，而企业行为又在很大程度上取决于企业的法人治理结构。如一般情况下，股东控制较强的企业多注重利润最大化，经理等"内部人"控制较强的企业可能更多地追求企业规模（或销售额）最大化。

2.产业结构与企业效率

过去我们总把重点放在调整产业结构上，但往往长线更长，短线更短。实行市场经济体制之后，许多产业都出现了一种十分有趣的现象，即政府不大关注或注意不够的产业往往发展得很好，越来越有竞争力，而越是投资补贴鼓励发展的产业越是发展得不好。这引起了人们对产业政策有效性的普遍质疑。这种现象也比较容易说明道理。因为无论是产业间关系的产业结构，还是产业内企业间关系的产业结构，最关键的因素都在于企业的效率。市场经济的最大优势就是依靠效率高（成本低）的企业作为配置资源的主体。这些企业在产业间不断地"进入"或"退出"，就自动调整着第一种意义的产业结构。同时，效率高（成本低）的企业在产业内部通过兼并或融资进行"扩张"，不断地淘汰效率低（成本高）的企业，也在自动地调整第二种意义的产业结构。

所以，市场经济条件下产业结构的决定因素是企业效率。这两种意义上的产业结构调整实质是产业组织问题。现代经济学不注重研究产业结构的原因就在这里。当然，有的企业也会利用一切可能，形成垄断势力，这就需要竞争政策发挥作用。

3.旧产业经济学与新产业经济学

旧产业经济学，或哈佛学派的主要特点是强调市场结构的作用，利用SCP范式，分析各个产业的竞争与垄断情况，并提出相应的政策建议。芝加哥学派则与其不同，其更加重视市场竞争的作用，一般不主张政府更多地进行干预。新产业经济学则更加重视企业行为对市场结构和经济绩效的影响。以科斯和威廉姆森为代表的新制度学派深入到企业的内部结构，通过交易成本和合约理论，改写了传统的企业行为理论，形成了新产业经济学。从本文的附表中可以看出，新产业经济学是在原先的侧重分析产业内企业间关系的基础上，进一步深入研究企业内部组织结构，从而使产业经济学向前发展。

五、产业政策（Industrial Policy）

这方面存在两个问题：一是产业经济学不是万能的，有的产业政策不能以产业经济学为依据；二是现实中与产业经济学密切相关的产业政策却没有以产业经济学为依据进行政策论证。

1.与产业经济学密切相关的竞争政策

虽然国际经济学界对产业经济学认识比较一致，但对产业政策却争议较多。产业经济学是制定产业政策的理论依据，但并不是唯一的依据。与产业经济学密切相关的竞争政策主要包括两大组成部分：（1）反垄断政策；（2）规制政策。二者之间的大致分工是：反垄断政策及相应的法律主要用于保护竞争，防止垄断，其主要弊端是可能会损失规模经济；而规制政策按其调整对象的不同分为经济性规制与社会性规制。经济性规制政策的出发点在于在承认自然垄断合理性的前提下，对其可能产生的垄断弊端进行约束；而社会性规制主要针对经济运行中可能产生的安全、环境与卫生等方面问题进行政策干预。反垄断政策的主要手段有强行分立、限定兼并条件等；规制政策的主要手段有费率水平限制和费率结构限制等。严格地说，经济性规制与产业经济学关系密切，而社会性规制与产业经济学关系相对较弱。

其他方面的产业政策，如工业化政策、环保政策、区域发展政策等，实质上与产业经济学并无多大关系。[①]

2.产业经济学"缺位"的产业政策

过去，我们曾经制定的一些产业政策，其实应是竞争政策，本来与产业经济学关系密切却很少以产业经济学为基础进行政策论证。如对待"重复建设"、"彩电价格战"、"飞机票价管制"、"国际反倾销"、"粮食保护价格"、"关税保护"、"大企业（或企业集团）战略"、"加入WTO"、"上市公司治理结构指导原则"等，本应主要以产业经济学的理论为基础，对有关的政策进行具体论证。我们应该认为吸取这方面的经验教训，深刻认识产业经济学理论及其指导原则才是市场经济条件下，政府进行适当干预，克服"市场失灵"的主要工具[②]。产业经济学越来越强调"行为准则"的重要性，而逐渐摒弃"结构准则"。

---

① 这几种产业政策主要与发展经济学、环境经济学和区域经济学等学科关系密切。
② 例如，有的省市曾经制定所谓的"反暴利条例"，利润率超过一定界线（如30%）判定为"暴利"。按照产业经济学的原理，不应以利润率高低为据，而是应看有关企业是否违背竞争规则（于立，1995）。

六、经济全球化条件下的产业经济学

随着经济全球化步伐的不断加快以及中国加入WTO，中国经济与世界经济必然更加紧密地联系在一起。在这种背景下，产业经济学面临许多新的问题，突出表现为以下几方面。[①]

1.经济全球化条件下的市场结构

经济全球化条件下，市场范围不再局限于国内，而是延伸、扩大到全球。此外，分工的不断深化使原来国与国之间的分工越来越多地表现为中间产品的分工，在某种程度上使国际贸易成为同一产业内部的"产业内贸易"（Intra-industry Trade）。这时，再用一国范围内的市场结构量度指标（如集中度指标、H指数等）分析市场结构，便可能出现较大的偏差。例如，某一产业原先由一家或少数几家企业"垄断"（或"寡头垄断"），对外完全开放后，国外企业面临相差无几的"进入"条件，也进入到国内市场竞争，有关市场结构的结论就要发生改变。总的方向是，加入WTO后各个产业的竞争性将会加强，企业将会面临更加强烈的竞争压力。当然，也可能由于跨国公司的进入，使某些产业的市场结构由竞争性较强变为垄断性较强。

产业结构研究的范围必须扩展。在全球化背景下，分析某一产业需要研究全球市场的增长率、集中程度、产品差异程度、进入和退出障碍等。处于全球性产业的企业在进行市场分析时，也必须研究外国竞争者、更广泛的潜在进入者和更大范围内的可能替代品等因素。

2.经济全球化条件下的企业行为

在经济全球化形势下，企业（特别是跨国公司）的竞争策略是面向全球的，会根据各个相关国家的竞争政策而调整变化。例如，如何限制和控制跨国公司的"转移定价"（Transfer Pricing）、"交叉补贴"（Cross Subsidy）以及逃税漏税行为，都是产业经济学研究的重要课题。

随着环境的变化，还需要研究企业的跨国经营行为对投资国和东道国的产业

---

① 对中国的产业经济学界来说，有两项任务。首先要充分了解产业经济学已有的理论成果和经验总结，其次要结合中国的实践，发展或丰富产业经济学。

结构、企业行为和经济绩效的影响，以及政府针对跨国公司应制定什么样的竞争政策。迈克尔·波特的有关全球性产业、多国性产业、大宗商品产业及纯国内产业的国际竞争类型的划分，将会更有意义。不同类型产业中的企业行为也会有不同的特点，也需要产业经济学的深入研究。

3. 经济全球化条件下的竞争政策

在经济全球化的背景下，具体国家的竞争政策可能会发生三个变化。其一，在经济全球化的背景下，一国政府的力量越来越显得薄弱，原先的日本式产业政策正在失去其存在条件。其二，由于制度的竞争与模仿，各国之间的某些竞争政策会出现趋同的趋势。例如，英美在金融业与电信业放松规制之后，其他发达国家也加快了放松规制的步伐。当然，有的竞争政策也会出现新的情况。总体来说，各国竞争政策的"互动性"会有所加强。其三，社会性规制政策实施的步伐加快。全球化竞争条件下，市场的开放伴随着产业的跨国流动，在流动过程中如何防范国外污染严重的产业向国内的转移应是一国产业政策给予重点关注的问题。另外，有的国家在放松规制之后又实施再规制。显然，对竞争政策的研究急需加强。

参考文献

[1]DAVID B， AUDRETSCH.Industrial Policy and Competitive Advantage[M].Volume Ⅰ－Ⅲ. Boston：Edward Elgar Publishing Limited，1998，

[2]GREER D F. Industrial Organization and Public Policy[M].London： Macmillan Publishing Company，1992.

[3]CABLE J.Current Issues in Industrial Economics[M].London：The Macmillan Press Limited，1994.中译本见 CABLE J.产业经济学前沿问题[M].于立，张嫚，王小兰，译.北京：中国税务出版社，北京腾图电子出版社，2000.

[4]PHLIPS L.Applied Industrial Economics[M]. Cambridge：Cambridge University Press，1998.

[5]WILLIAMSON O E.The Economic Institutions of Capitalism[M]. New York： The Free Press，1985.

[6]WILLIAMSON O E.Industrial Organization[M].London： Edward Elgar Publishing Limited，

1990.

[7]MARTIN S. Industrial Economics： Economic Analysis and Public Policy[M].London：Prentice Hall，1994.

[8]MIWA Y. Firms and Industrial Organization in Japan[M]. New York： New York University Press，1996.

[9]施蒂格勒 G J.产业组织与政策管制[M].潘振民，译.上海：上海三联书店.1989.

[10]克拉克森 K W，米勒 R L.产业组织：理论、证据和公共政策[M].上海：上海三联书店，1993.

[11]于立，王询.当代西方产业组织学[M].大连：东北财经大学出版社.1996.

[12]于立，李平.产业经济学理论与实践问题研究[M].北京：经济管理出版社，2000.

[13]于立.从两部产业组织学著作获奖想到的[N].经济学消息报，1995-09-15.

[14]汪祥春，于立.产业经济学的产生与发展[N].首都经贸大学学报，1999（1）.

[15]小宫隆太郎.日本的产业政策[M].中国台北：台湾经济研究所.1986.

[16]马建堂.结构与行为——中国产业组织研究[M].北京：中国人民大学出版社，1993.

[17]乌家培.经济数量分析概论[M].北京：中国社会科学出版社，1983.

[18]陈小洪，金忠义.企业市场关系分析——产业组织理论及其应用[M].北京：科学技术文献出版社，1990.

[19]臧旭恒.美国的产业组织理论评述[M]//于立，李平.产业经济学理论与实践问题研究.北京：经济管理出版社，2000.

（本节系中国工业经济研究与开发促进会 2001 年年会论文）

第13讲　规制经济学学科定位中的几个问题

——兼作肖兴志博士书序

规制（Regulation）问题近些年在国内外都是热门话题。但作为经济学的一个分支，规制经济学（或管制经济学）在国内起步较晚。本文试图讨论一下规制经济学学科定位中的几个问题，并以此作为肖兴志所著《中国铁路产业规制：理论与政策》一书之序。

一、从几本译著的书名谈起

由 W. K. 维斯库斯（W. Kip Viscusi）、J. M. 弗农（John M. Vernon）和小 J. E. 哈林顿（Joseph E. Harrington，Jr）合著的 *Economics of Regulation and Antitrust* 一书（以下简称"维斯库斯一书"），是规制经济学领域的一部重要著作和教科书。该书分别在1992年、1995年和2000年出版英文版第一版、第二版和第三版，又曾多次重印。中译本根据其 MIT 的第三版，由厦门大学陈甫军教授等译出，并以《反垄断与管制经济学》为书名，于2004年1月由机械工业出版社出版。

从事翻译工作的同行大都有这样的体会，有些书名的翻译就是难点。维斯库斯一书就恰好属于这一类。该书的英文原名为 *Economics of Regulation and Antitrust*，似乎很容易译成中文，其实不然。这里暂且不谈其中的 Regulation 应译为"规制"还是"管制"，也不谈 Antitrust 应译为"反垄断"还是"反托拉斯"，因为虽然二者之间有些不同，但差别并不大。下面讨论该书几种可能译法的"重要差别"。

第一种可能译法：《规制与反垄断经济学》。关键在于其中的"与"，它既可理解为"规制"（问题）与"反垄断经济学"，也可理解为"规制与反垄断"的经济学，还可理解为"规制与反垄断（关系）"的经济学。

第二种可能译法：《规制经济学与反垄断》。它可能被理解为"规制经济学"与"反垄断（实践），这显然不是该书的本意。

第三种可能译法：《规制和反垄断经济学》。重点在其中的"和"，它强调的是"规制和反垄断"是一个整体。实际上，由伯吉斯所著的另一本英文同名教科书就被译为《管制和反垄断经济学》（伯吉斯著，冯金华译，2003），我相信译者冯金华先生在确定是用"与"还是"和"上肯定动了一番脑筋。

第四种就是陈甫军教授的译法：《反垄断与管制经济学》。我可以理解陈教授的"良苦用心"。因为原书共分三大部分，并且顺序就是反垄断、经济规制和社会规制。但读者切记不要埋解成该书是讨论"反垄断（问题）"与"规制经济学"的，二者是一个整体，是一种经济学。该书的确比其他教科书更重视反垄断问题，这也是其重要特点之一，但从该书多处强调"反垄断规制"（Antitrust Regulation）一词看，若把"反垄断"也视为"规制"的一种，那么全书称为"规制经济学"岂不更好？

总之，在我看来，如果追求简洁、准确，干脆就译成《规制经济学》或《管制经济学》也未尝不可。但这就引出了该学科的名称问题。

二、学科名称与代表作

规制经济学（Economics of Regulation），亦称管制经济学，我本人更倾向于规制经济学。与此相关的著作可以各有千秋，名称也不必相同，例如，在国外，也有大同小异的《规制与市场》、《政府与企业》的各种称谓。①下面评介的几部著作也是如此。

第一，卡恩的《规制经济学：原理与制度》（Alfred E. Kahn, *The Economics of Regulation: Principles and Institutions*）。该书可称为规制经济学的经典之作。该

---

① 有人认为，即使在经济发达国家，规制经济学也尚未成为一门较为成熟的学科。我不同意这种说法，因为无论是该学科的理论基础——产业经济学或产业组织理论，还是相关学科——法律经济学，就连自成体系的规制经济学都有大量公认的著作和教科书。

书1988年版由MIT首次出版，并由美国著名经济学乔斯考（Paul L. Joeskow）作序。到1998年已七次重印。如书名所示，该书由规制的"经济原理"和"制度问题"两部分构成。作者卡恩教授曾担任美国民用航空规制委员会主席。该书的特点是几乎没用任何数学公式和图表，但理论与实践的融合所达到的高度很难有他人可与之相比。据我所知，目前国内尚无中译本正式出版。

第二，伯吉斯著、冯金华译的《管制和反垄断经济学》也是一本可取的教材，它的特点是深入浅出，比较适合用作本科生入门教材。

第三，史普博著、余晖等译的《管制与市场》也是一本倍受推崇的著作，该书将博弈论方法与规制经济学融为一体，比较适合于高年级本科生或研究生阅读。[①]

第四，阿姆斯壮（Mark Armstrong）等人所著的《规制改革：经济分析与英国经验》（*Regulatory Reform：Economic Analysis and British Experience*）。该书最早出版于1994年，以后差不多每年都重印。该书分析框架的鲜明特点是强调"网运分离"或"网厂分离"情况下的规制问题，对规制经济学创新有所贡献，在国内外涉及规制改革时引证较多。

第五，王俊豪著的《政府管制经济学导论——基本原理及其在政府管制实践中的应用》。该书由商务印书馆出版，并于2003年荣获"孙冶方经济学奖"。

以上几部著作都是规制经济学领域的代表作，各有所长。相比之下，维斯库斯一书比较适合作为经济学专业的高年级本科生或研究生教材。这一方面是由于原书写得比较出色，另一方面还因为该书翻译得也不错。据说，当初把佛教经典翻译成藏文时，翻译的人一边听讲经一边翻译，或者把一部经听完了，真正理解了，然后再翻译。这样翻译得就很准确。据我所知，陈甬军教授领衔的翻译小组，就是以英文版为教材研究讨论，再开始翻译的。这个经验值得借鉴。[②]

而且我还认为，应该将该书列为中国MBA的首选教材。具体方案是，改造MBA（特别是EMBA）培养计划中的政治课，用"规制经济学"或"企业、政府

[①]　上海三联书店独具慧眼，在国内对产业经济学或产业组织不甚了解时就组织翻译并出版了几部经典著作，但似乎遗憾的是，有的译作中个别之处关键词语译得不够准确。

[②]　当然，译文也存在一些与原著不一致或不准确之处。如原文中第一部分：反垄断，起自第3章，而译文却起自第1章。实际上，第1章和第2章属导论或背景介绍性质，不应放入第一部分。又如第3章第1节，本应译为"产业组织分析"，译文却译为"市场组织结构分析"。再有，有些很重要的章后附录和书后索引也没有翻译。另一重要问题是，产业组织和规制经济学，尤其是法律经济学著作中经常出现如"Munn v. Illinois"或"Nebbia v. New York"这样的判例（相当于法律）。一般应译为"A诉B案"或"A诉B判例"，而不是"A对B案"。

与社会"课取而代之。这既符合国际惯例，又适合中国国情。

三、主要内容与变化趋势

规制经济学的主要内容大同小异，基本上都由经济规制（主要指"广义"政府对企业在价格、产量、进入和退出等方面的决策进行的限制）（维斯库斯，P172）、社会规制（主要指"广义政府"在健康、安全和环境等方面的规制）和反垄断规制（主要指"广义政府"在企业兼并、串谋、市场集中等方面的限制和豁免）三部分构成，当然不同的著作侧重点会有所不同。维斯库斯一书导论中提到，由于经济规制与社会规制之间的分界线是不明确的，因此用健康、安全和环境规制等更为确切的名称来定义，而不用社会规制的名称。但我认为，经济规制与社会规制的界线是基本清楚的，甚至比经济规制与反垄断规制之间的界线还要清楚，不如将健康、安全和环境等方面规制统称为社会规制。而且实际上，该书附录2A：《美国规制机构预算及职员配备变动趋势》中也是按经济规制与社会规制进行分类的。①

关于规制经济学的主要内容，有几点值得特别注意。

第一，"经济"与"社会"。规制经济学中所说的"经济"与"社会"，与中国政府部门和企业界常说的"经济"与"社会"区别较大。②例如，我们经常见到"经济效益"与"社会效益"的说法，前者错误地指"企业"效益，后者也错误地指企业外部的"社会"效益。其实，"经济效益"本身也可分为"企业效益"和"社会效益"，只不过范围不同。同理，"社会效益"也可有企业内部和企业外部之分。规制经济学中所说的"经济规制"绝没有只限企业内部的涵义，而"社会规制"则指的是健康、安全、环境等非经济方面，这两个关键概念强调的都是性质，不是范围。

第二，"狭义政府"与"广义政府"。规制经济学中的"政府"强调的是公共机构，多指"广义政府"。在美国，包括行政、立法和司法三个部门，例如，在

---

① 原书并无"2A"字样的表头。
② 类似的情况还有通常所说的损益平衡分析。有人将其中的成本简单理解为"会计成本"，不包含正常利润，而经济学中所说的"经济成本"是包含正常利润的。在收入函数相同的条件下，根据差别较大的成本计算出的损益平衡点大不相同。按较窄的会计成本概念，边际收入等于边际成本时，利润最大化的基本原理则不再成立。

著名的"微软垄断案"中，就是由司法部门对微软公司提出垄断指控，再由法院进行裁决。中国实行的不是"三权鼎立"的政治体制，但绝不应只是国务院及以下的各级政府，这也不符合中国的现实情况。①

第三，"反垄断"与"规制"。如果强调"反垄断"与"规制"的相对独立性，不把"反垄断"视为"规制"，也不称什么"反垄断规制"（Antitrust Regulation），那么维斯库斯一书书名译为《反垄断与规制经济学》就再恰当不过了。我自己也曾有这样的理解，即对于非自然垄断，应以反垄断为主，保护竞争；而对于自然垄断，为了获取规模经济、范围经济和网络经济，可允许垄断格局存在，但要实行有效的规制。这样，如果规制得当，就有可能解决产业组织理论中著名的"两难抉择"（Dilemma）。然而，维斯库斯一书中多次提到"反垄断规制"，即把反垄断视为规制的一种，那么就没有必要再在书名中特别强调反垄断。史普博也在其所著《管制与市场》（P801）中指出，从传统角度看，规制和反垄断代表两种对付市场失灵的制度。规制主要是行政手段，通常具有限制竞争的效果；而反垄断主要是法律手段，旨在鼓励竞争。但后来二者具有汇合的趋势。所以我认为，似乎可以判断，如果把反垄断也视为规制范畴，或者承认反垄断与规制有汇合的趋势，则更加可以确信，把这一学科简称为规制经济学是有道理的。

第四，"结构主义"与"行为主义"。同产业组织理论的发展过程类似，规制经济学也有从"结构主义"转向"行为主义"的趋势。在规制经济学的研究体系中，反垄断与狭义规制（主要指经济规制）的区别是，从初衷上看，反垄断强调市场结构，而规制重视企业行为。如果说反垄断与规制的汇合是一种趋势的话，那么这种汇合则意味着，重心从反垄断向规制的融合。如果再考虑到"社会规制"具有加强趋势的话，"结构主义"转向"行为主义"的迹象就更加明显。

第五，"放松规制"与"加强规制"。从20世纪80年代以来，在全球范围内出现了"放松规制"（Deregulation）与"加强规制"（Reregulation）并存的现象。但基本趋势是，"经济规制"趋于放松，而"社会规制"趋于加强。对"经济规制"来说，鲍莫尔（W. Baumol）等经济学家提出的"进退无障碍理论"（Contestability

---

① 从这个意义上说，我不赞成"政府规制经济学"的提法，因为容易引起异议。如果确有必要，可采用"公共规制经济学"的提法。事实上，也不可能存在"私人规制经济学"。

Theory）[①]，和带有网络特征产业中的"厂网分离"或"网运分离"理论[②]提供了理论基础。对"社会规制"来说，人类社会越来越自觉或被迫地重视生活质量，这是导致"社会规制"加强的根本原因。目前看来，这种趋势还会延续下去。

四、相关学科

这里评述一下规制经济学的相关学科，以便了解其在整个经济学体系中的定位，见图1。

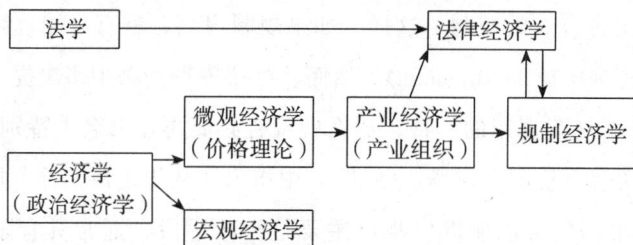

图1　规制经济学的"来龙去脉"

一般认为，经济学基础分为微观经济学和宏观经济学。不少经济学家也将微观经济学视同为价格理论。微观经济学构成产业经济学的理论基础，或者说产业经济学是微观经济学的应用。产业经济学又称产业组织理论。[③]规制经济学是产业经济学或产业组织的自然延续。规制经济学又与法律经济学[④]关系密切，相互补充。法律经济学是用经济学，主要是用产业组织理论研究法律问题而形成的一个新学科。

五、规制经济学的应用

中国历来，特别是改革开放以来，社会各界在理论探讨、政策论证中都极为

---

　　① "进退无障碍理论"的简单涵义是，只要没有或只存在较小的进入或退出障碍，相关产业即使是完全垄断的，也不会产生严重的垄断弊端。

　　② "网运分离"理论是说，传统上的自然垄断产业其实也存在竞争业务，能够竞争的部分应鼓励竞争，对纯粹垄断部分则要加强规制。

　　③ 国内的学科目录分几大体系：一是教育部的本科专业目录；二是国务院学位委员会的研究生专业目录；三是国家社科基金专业目录；四是国家自然科学基金目录。就经济学（以及管理）学科门类而言，这四大目录相互之间缺乏协调，有的学科目录过于陈旧。就其中的产业经济学而言，由于历史原因和受原苏联的影响，对产业经济学的内涵曾有过不同的理解，目前已趋于一致，即产业经济学就是产业组织理论。

　　④ 经常有人将法律经济学称为"法和经济学"，这是由于从国外引入时过于依据字面翻译。不错，法律经济学的英文确为"Law and Economics"，国际著名的英文《法律经济学》杂志也以此为名，但其主要内容是用经济学为基础研究法律问题，本质上属于经济学。因此我认为，简称法律经济学更为确切。

关注政企关系、产业政策、诚信建设、政府改革等问题，这些的确都是影响甚至决定经济增长和社会发展的关键所在。但值得深思的是我们就事论事较多，很少是依据产业组织、规制经济学或法律经济学来进行讨论的。

社会上经常讨论"经济学帝国主义"问题，针对的是经济学家把手伸得太长、太远的现象。但实际上，就某些重大问题而言，经济学并未发挥应有的作用。

中国曾在1994年公布实施《中华人民共和国反不正当竞争法》，目前全国人大又计划出台《中华人民共和国反垄断法》。这两个法律涉及的都是规制经济学的主要研究范围。但这两个法律是否应该单独立法？前者应做哪些修改？后者应有哪些主要条款？诸如此类还有许多问题值得讨论。东北财经大学产业组织与企业组织研究中心，已将《中国反垄断法与反不正当竞争法的共同经济原理及其衔接》作为重大课题立项，争取尽早提出若干重要结论。

另外，经国务院学位办批准，东北财经大学正式设立规制经济学专业目录，招收博士研究生。肖兴志博士的这本《中国铁路产业规制：理论与政策》，就是他在攻读博士学位时完成的毕业论文基础上，修改完善而形成的著作。他在攻读博士学位期间，还曾独立承担过国家社科基金青年项目，在规制经济学理论的应用方面取得了较好的成果。

传统经济理论认为，铁路产业是典型的自然垄断产业。我在名为《自然垄断与规制经济学》的另一篇文章中提出，理论上已经证明，规模经济既不是自然垄断的充分条件，也不是必要条件，那么传统的自然垄断理论和相应的政策建议就必然面临挑战。我提出，规模经济、范围经济和网络经济的"三位一体"理论可以建立起"自然垄断新论"。肖兴志博士在本书中的主要贡献之一就是试图将这种"自然垄断新论"的理论观点，用于分析铁路产业的规制问题，从而提出了一些新的见解。不仅如此，该书在其他方面也有一些独到之处。

本书也是我所主持的国家自然科学基金项目《自然垄断产业的规制政策研究》（70073004）的阶段性成果之一。

第14讲 产业经济学专业博士研究生课程设置

——1999年中国工业经济研究与开发促进会年会演讲稿

内容提要：本文根据国际上主流的产业经济学（或产业组织学）的学科特点和研究范围，提出了我国该专业博士研究生的课程设置、重点课程的基本内容和推荐书目，并简介了国际上产业经济学的8种主要杂志。

一、产业经济学的学科名称

产业经济学（Industrial Economics），又称产业组织理论或产业组织学（Industrial Organization），是国际上公认的相对独立的应用经济学学科。在国际公认的经济学学科分类中，不存在我国过去的"工业经济学"或"商业经济学"的对应学科。我国在20世纪50年代从苏联引进的按工业、农业、商业等产业（或行业）分门别类设立学科的做法，无论是在学术上还是在实践上，都已经被充分证明是极不科学的。1996年，国务院学位委员会公布了新的研究生专业学科目录，虽然仍存在一些问题，但与过去相比的确有了很大进步。产业经济学就是一例，它是"经济学"大类中"应用经济学"这个一级学科之下的二级学科。但应注意，产业经济学中所指的"产业"不仅仅单指"工业"或"商业"或其他某个行业，而是泛指国民经济中的各行各业。在一般情况下，产业经济学中的"产业"与"市场"是同义语。西方国家的产业经济学主要研究的是产业内部、企业之间的产业组织问题，在这个意义上，产业经济学又称产业组织学。中国较早使用产业经济学这一名称的学者主要参考日本某些学者的著作，将产业之间的结构与关联问题（如投入产出关系）也纳入产业经济学的研究内容。但这并不是国际上公认的产业经济学。按国际上的惯例，产业组织学与产业经济学是同义词。

产业经济学与微观经济学存在紧密联系。微观经济学侧重基本经济理论，产业经济学侧重实际应用。由于微观经济学有时也称为"价格理论"，因此产业经济学也可称为"应用价格理论"。曾在1995年担任过欧洲经济学会主席的L.菲利浦斯（Louis Phlips，1998）在他主编过的一本论文集的序言中写道，他本想将该书名定为《应用价格理论》，但推荐人和出版社都不同意，认为这个书名过于陈旧、含糊和不准确，因此最终定为《应用产业经济学》。

关于产业经济学的学科范围，在主流经济学界基本意见一致。1996年，由牛津大学出版社出版了一部由阿宁德亚·森（Anindya Sen，1996）主编的《产业组织学论文集》，汇集了19篇产业经济学领域的名作。他在导言中指出，"产业组织学（IO）的定义可以较宽，包括企业理论、规制、反垄断政策、合同理论以及组织理论的某些内容。"

二、美国经济学博士学位培养的情况

据 U.S.News（可见网页 http://www.usnews.com/usnews/edu/beyond/gradrank）报道，在产业经济学或产业组织学方面，1998年美国博士生教育"18强"如下（同排名者为并列）：

1.麻省理工学院（MIT）

2.斯坦福大学（CA）

3.西北大学（IL）

4.哈佛大学（MA）

5.加利福尼亚大学（Berkely）

5.芝加哥大学

7.耶鲁大学（CT）

8.普林斯顿大学（NJ）

9.宾夕法尼亚大学

10.密歇根大学（Ann Arbor）

11.纽约大学

11.加利福尼亚大学（Los Angeles）

13.明尼苏达大学（Twin Cities）

13.威斯康星大学（Madison）

15.得克萨斯大学（Austin）

16.波士顿大学

16.加利福尼亚理工学院

18.加利福尼亚大学（San Diego）

18.佛罗里达大学

显然，MIT的经济学博士教育很具代表性。

第一，MIT的师资是世界一流的。MIT的经济系已有百余年的历史，在经济学教育、研究和社会贡献方面都有突出成绩。其教师中先后有3人荣获"诺贝尔经济学奖"，5人荣获"克拉克奖"（专门授予40岁以下的优秀经济学家）。这一点对我们很有启示，就是说只有高水平的博士培养单位和导师才可能培养出高水平的博士毕业生。

第二，美国的经济学博士培养过程中一般不再细分专业，但可根据学校和导师的特点和研究基础有所侧重。这与中国目前的情况差别较大。我们是在经济学门类下设理论经济学和应用经济学两个"一级学科"，而产业经济学是应用经济学这个"一级学科"下设的"二级学科"，然后再按"二级学科"招收博士研究生并进行培养。我们的看法是，我们目前的情况虽比过去有较大进步，但仍存在专业划分过细的问题。在今后的经济学博士的培养中，不必过多或明确地划分理论经济学与应用经济学，当然也不应该按"二级学科"设立博士学位授予点。

第三，MIT经济系每年从500人左右的申请者中挑选25名左右的博士研究生。这个数字差不多就是国内财经类大学全校每年的博士研究生招生规模。这至少可以说明我们的招生规模过小，或者另一方面说明我们财经类大学的院系（专业）设置仍然过细（当然也有不合理的问题），二者必居其一，或者兼而有之。

第四，美国的经济学博士生教育往往是用4年时间由学士直接攻读博士，其中前两年主要读修课程，后两年主要从事博士论文写作。国内多数情况是硕士用2年到2.5年，博士再用3到4年，一般说从学士到博士至少要用5年。东北财经

大学产业经济学专业近年来试行"硕博连读"，即攻读硕士学位 1 年后经过严格
选拔可直接攻读博士学位。这样，优秀的研究生也可用 4 年时间由学士读完
博士。

三、对产业经济学博士学位课程设置的初步意见

（一）基础课程

1.微观经济学（Microeconomics）或价格理论

2.宏观经济学（Macroeconomics）

其实，微观经济学与宏观经济学并不存在绝对的划分，完全可以合并为一门
课，即经济学。

（二）主干课程

1.初级产业组织学（Industrial Organization）

基本内容：运用经济理论分析市场结构和企业行为以及绩效的涵义、决定因
素和相互关系。推荐教材或参考书：于立、王询的《当代西方产业组织学》
（1996）。

2.规制经济学（Economics of Regulation）

基本内容：本课程应用经济理论来讨论受到政府规制的市场问题，包括价
格、进入与退出等。受到政府规制的产业或市场包括公用事业（电力、通讯
等）、运输（空运、铁路、公路）、污染规制、消费者保护、金融市场等。说明如
何运用经济理论预测规制者的行为，以及企业和市场对规制或放松规制的反应。

推荐教材或参考书：（1）植草益著、朱绍文等译校的《微观规制经济学》
（1992）；（2）Schnitzer, Martin C. Contemporary Government and Business Relations
（1990）。

3.高级产业组织学（Advanced Industrial Organization）

基本内容：讲授企业理论、多产品成本函数、自然垄断、寡头垄断、策略性
行为、网络外部性和技术进步的有关理论问题。重点放在理论上，大量运用博弈
论方法。

推荐教材或参考书：（1）Tirole, Jean. The Theory of Industrial Organization

（1992）或泰勒尔著、张维迎总译校的《产业组织理论》；（2）卡尔顿、佩罗夫著，黄亚钧等译的《现代产业组织》（1998）。前者需要有较好的数理基础；后者则可"雅俗共赏"。（3）卡布尔主编、于立等译的《产业经济学前沿问题》（1999）。

（三）工具课程

1.经济计量学（Econometrics）

2.博弈论（Game Theory）

信息经济学不过是博弈论的一个应用，或者说是非对称信息博弈论。因此，也完全可以用"博弈论与信息经济学"代替"博弈论"。

推荐教材或参考书：张维迎（1996）：《博弈论与信息经济学》。

（四）相关课程

1.公司理财学（Corporate Finance）

2.组织行为学（Organization Behavior）

3.法律经济学（Law and Economics）

这里有几点需要加以说明。

第一，产业经济学属于应用经济学，课程学习过程中必须配合使用大量的案例。简便的做法是结合教学，每篇（或章）都指定若干篇论文或调查报告作为参考资料，并要求研究生写摘要或组织讨论。

第二，以上的初步意见只能作为参考，国内有关博士点即使同意我们的意见也应该根据具体情况加以重新组合或取舍。国外的一般做法是，选用教科书要用国际公认的权威著作，但主讲教师可以根据需要编写教学大纲和指定参考书目。

第三，中国正在建设市场经济，或者说在今后相当长的时期里都将处于从计划经济向市场经济的转变过程中，这里存在一个如何使理论与实际相结合的问题。我们对此的建议是，要向博士研究生讲授现代的、规范的、典型的产业经济学的内容，同时鼓励、引导博士生（特别是在博士学位论文中）研究中国的现实问题（包括经验和教训）。

四、产业经济学课程的主要内容

以上是我们对整个产业经济学专业的学科体系的意见。具体对产业经济学或产业组织学这门课程的教学内容来说，一般可有"三、二、一"三种安排。第一种是分别开设"初级产业组织学"、"反垄断经济学/规制经济学"和"高级产业组织学"；第二种是分别开设"产业组织学"和"反垄断经济学/规制经济学"；第三种是只开设"产业组织学"，其中前部分（或学期）侧重产业组织学的一般理论和实证研究，后部分（或学期）侧重反垄断经济学/规制经济学，即有关竞争政策问题。这三种做法在讲授内容上并没有实质上的差别，所用课时也可以基本相同。

我们认为，下面的产业组织学授课大纲可供选择。

产业组织学课程大纲

导论：

1.概论

2.完全竞争与社会福利

垄断

1.垄断与主导企业

2.卡特尔

3.《反垄断法》（横向）

寡头垄断市场

1.非合作寡头垄断：静态模型

2.非合作寡头垄断：动态模型

3.合作寡头垄断与默契合谋

4.产业结构与绩效

寡头垄断的策略性行为

1.产品选择与差异化

2.广告

3.进入、阻止进入与驱除对手

4.价格歧视

5.R&D

内部组织、纵向结构与纵向关系

1.内部组织与企业理论

2.纵向一体化与其他纵向结构

3.《反垄断法》（纵向）

又如，MIT经济学系在1998年秋季开设"产业组织学I"，在1999年春季开设"产业组织学II"。他们所用的主要教材是泰勒尔（J. Tirole）所著的《产业组织理论》和施马兰西（R. Schmalansee）主编的《产业组织学手册》以及分门别类的参考文献。①其授课大纲是：

产业组织学I

1.企业理论

2.垄断定价：基本垄断定价模型与价格歧视

3.需求（供给）估计

4.策略性行为与静态竞争：策略性行为导论、价格与产量

5.动态竞争：理论、实证研究

6.企业行为的实证研究：跨产业研究、行为参数理论、特定产业的企业行为研究

7.进入：基本理论、实证研究

8.策略性投资：一般理论、生产能力、产品差异、学习曲线、合同问题

9.信息与策略性行为：阻止进入定价、驱除对手定价、实证研究

10.广告

11.拍卖

12.技术进步：R&D、标准化、技术扩散、实证研究

13.经理动机与企业行为

产业组织学II

1.反垄断：总论

2.反垄断：横向兼并的理论与政策

---

① 我们曾根据MIT施马兰西（R. Schmalansee）教授和乔斯考（P. L. Joskow）教授提供的资料，整理出一份"产业经济学专业博士研究生参考资料"（Reference for Industrial Organization）。

3.反垄断：纵向关系与纵向限制

4.规制的政治经济问题

5.政府所有与私人所有

6.对垄断的有效规制：自然垄断问题、完全信息条件下的最优定价、收益率规制、解决不对称信息的制度与机制、价格上限、拍卖方法。

7.经济规制与放松规制的效果分析：通讯、电力、有线电视、运输、银行规制。

8."社会规制"：外部性、风险与不对称信息（环境保护、卫生与安全规制）。

五、产业经济学有关杂志简介

作为产业经济学专业的研究生，尤其是博士研究生，除了要广泛阅读国内出版的刊物（如《经济研究》、《中国工业经济》）上刊载的有关论文外，还必须经常阅读国际上的主要刊物。《美国经济评论》（*The American Economic Review*）等一流杂志经常刊载产业经济学方面的论文。另外，还有8种产业经济学的专门刊物。

1.《产业经济学杂志》（*The Journal of Industrial Economics*）。该杂志创刊于1952年，同时在美国的加利福尼亚大学（伯克利分校）和英国伦敦经济学院设编辑部，可通过http：//www.jstor.ac.uk/journals网页进行浏览。它主要发表产业组织、市场功能、企业行为与政策方面的创新性研究成果。主要领域包括：寡头垄断理论；产品差异与技术进步；企业理论与内部组织；规制、垄断与兼并等。

2.《经济学与管理策略杂志》（*Journal of Economics and Management Strategy*）。它可通过http：//mitpress.mit.edu进行浏览。它侧重于对管理者竞争策略和企业组织结构的研究，包括产业组织的理论与实证、应用性博弈论和管理策略等方面。

3.《国际产业组织杂志》（*International Journal of Industrial Organization*）。该杂志侧重于研究欧洲、日本和美国的情况，包括对传统的市场结构和绩效的研究，也包括对企业内部组织、技术进步、生产率分析以及各种产业结构的宏观经济涵义的研究。该杂志与"欧洲产业经济学研究协会"（European Association for Research in Industrial Economics）联系密切。可通过 http：//www.elsevier.nl 进行浏览。

4.《法律经济学杂志》（*Journal of Law and Economics*）。该杂志由芝加哥大学 1958 年创刊。它重点用经济学理论和方法研究法律问题以及探讨法律与经济学间的复杂关系，尤其是规制和法律制度对经济体制运行的影响，带有很强的公共政策涵义。可通过 http：//www.journals.uchicago.edu 网页进行浏览。

5.《法律、经济学与组织杂志》（*Journal of Law, Economics and Organization*）。该杂志可通过 http：//www.law.yale.edu 网页进行浏览。它鼓励进行法律、经济学与组织学的跨学科研究，由美国耶鲁大学主办。

6.《兰德经济学杂志》（*RAND Journal of Economics*）。原名为《贝尔经济学杂志》（*Bell Journal of Economics*），可通过 http：//www.rje.org 网页进行浏览。该杂志鼓励对受规制产业的行为研究，对组织的经济分析以及一般的应用性微观经济学研究。

7.《产业组织评论》（*Review of Industrial Organization*）。它是"产业组织学学会"的专门刊物，可通过 http：//kapis.www.wkap.nl 网页进行浏览。它发表广义的产业组织学领域的研究论文，包括竞争和垄断的形式和过程，及其对效率、创新和社会的影响。范围可以是从企业的内部组织到国际比较。在公共政策方面，关注反垄断、规制、放松规制、公共企业、私有化等方面问题。在方法方面，欢迎经济计量学实证和案例分析以及实际调查。

8.《SSRN 产业组织与规制文摘》（*SSRN Industrial Organization and Regulation Abstracts*）。可通过 http：//www.ssrn.com 网页进行浏览。该杂志专门发表产业组织学与规制方面的研究成果文摘，包括市场结构、企业策略、技术进步的原因、各种形式的规制、反垄断政策以及特定产业的专门研究。

第15讲 企业理论研究回顾与展望

——纵向企业理论的兴起与重要问题

一、企业理论的核心问题与重点转移趋势

1."两分法"。科斯（Coase，1937）第一次打开了企业的"黑箱"，他从交易成本的角度，指出了现代企业理论主要研究的两个基本问题，即企业性质+企业边界，从而把人们的视角转向深入考察企业这种制度安排的内部结构。

2."三分法"。在"两分法"的基础上，有学者注意到企业内部存在不同类型的组织结构，从而提出了企业理论的"三分法"，即企业性质+企业边界+内部组织（Holmström 和 Tirole，1989）。

循着科斯的分析思路，企业理论沿着两个分支不断发展和深化：一个分支以企业与市场关系、纵向一体化和不完全契约为分析框架（Grossman 和 Hart，1983，1986；Hart，Tirole，Carlton，Williamson，1990；Williamson，1999）；另一个分支以企业团队理论、代理理论和治理理论为分析框架（Alchian 和 Demsetz，1972；Mirrlees，1974；Jensen 和 Meckling，1976；Holmstrom，1979）。

3."四分法"。但是值得注意的是，把对企业理论的研究仅仅局限于交易成本领域，把经济组织的所有问题都抽象为通过事前契约调整和治理机制来减少激励冲突的问题，这忽视了认知体系、惯例和能力的作用，从而不能够很好地解释企业竞争优势的问题。企业的战略理论学派从企业战略的角度提出了企业理论的"四分法"，即企业性质+企业边界+内部组织+竞争优势（Foss，2005）。

4."五分法"。但是这些研究视角都对外部环境的影响重视不够，为此，于

立（2009）进一步明确提出了完整的企业理论由五个方面组成（五分法）：企业性质+企业边界+内部组织+竞争优势+外部环境。

（1）企业性质关注的主要问题是有限责任还是无限责任、法人地位、营利性、企业伦理和社会责任、一般企业形式（业主制、合伙制、公司制）、特殊企业形式（政府企业、特殊法人、乡镇企业、家族企业），研究的理论问题主要有交易成本理论、资产专用性理论、所有权结构理论、不完全合约理论、产权理论、"公司面纱"、政企关系等。

（2）企业边界研究的重点问题包括企业规模与规模经济、范围经济、网络经济和聚集经济的来源。相关的企业形式有企业集团、跨国公司、虚拟企业、网络组织、企业集群、外包等，主要问题有企业集团的二重性、交叉补贴、转移定价与避税、合并报表规则、外包等。

（3）内部组织研究的重点问题包括公司治理结构（如股权与债权结构、母子公司关系、总分公司关系、交叉持股、互派董事、参股控股关系、相关交易），企业组织结构（如"扁平化"、"纵深化"、U型、M型、H型、分权、集权与授权、公司法与公司章程），模拟市场（如成本中心、利润中心、内部审计），家族企业（如三环模式）等。相关的理论问题如委托代理理论、团队理论、激励与约束理论等。

（4）竞争优势研究的核心问题围绕企业能够生存与成长的因素展开，重要问题有差异化战略、进入战略、退出战略、技术战略、市场战略、联盟战略、定价战略、知识积累等，主要理论包括创新理论、企业家理论、资源依赖理论、核心竞争力理论、动态能力理论、企业文化理论等。

（5）外部环境研究的重点是从企业角度如何适应外部环境，从而选择和确定企业的行为。核心问题包括竞争政策环境（横向协议、滥用市场支配地位、经营者集中）、规制政策环境（放松规制、加强规制、激励性规制）、产业政策环境（扶持、限制、补贴）、文化环境、国际环境等。

近五年来，企业理论研究围绕着这五个基本问题，主要沿着交易成本理论、委托代理理论、契约理论、动态能力理论等理论框架继续深入发展，取得了一些有价值的成果，但并没有提出新的突破性研究分支。

但在同时出现了一个明显的变化趋势，即企业理论研究的重点日益从传统的横向企业理论研究向更复杂的纵向企业理论研究转变，参见 Chen（2005）；Inderst 和 Valletti（2007）；He 和 Sethi（2008）；Smith 和 Thanassoulis（2009）；于立（2009）。具体表现为：

（1）从关注横向并购到更加重视非横向并购（包括纵向并购与混合并购）的研究；

（2）从关注传统的横向限制竞争行为到更加重视更为复杂的企业纵向限制竞争行为的分析；

（3）从关注企业组织结构"扁平化"（Oblate Organization）到更加重视"纵深化"（Hierarchical Organization）；

（4）从关注一般性分工合作到更加重视企业"纵向整合"与"纵向分解"的权衡研究。

二、纵向企业理论亟待研究的重要问题

重点研究领域之 I：纵向交易理论研究

企业的纵向交易理论（如纵向交易主体定位、纵向约束、纵向谈判、纵向接入定价、纵向治理结构等）是企业纵向关系（Vertical Relationships）研究的核心。它重点研究纵向结构关系和纵向行为关系的动因、途径和效果。

这一研究领域值得关注的重要问题包括：（1）纵向整合与纵向分解的权衡理论（于立主持的国家自然科学基金项目"中国煤电企业纵向交易关系研究"初步形成了针对这一问题的研究框架）；（2）纵向交易的形式选择与绩效，比如纵向整合（Vertical Integration）、纵向一体化（Vertical Incorporation）、纵向合谋、纵向合并、企业集团、战略联盟、纵向协调、纵向限制（Vertical Restraints）、纵向分离（Vertical Separation）、外包等多种形式；（3）纵向交易成本与制度改革，涉及煤电关系、石油产业、电信产业、采矿业、自来水业以及知识产权领域三个市场（产品市场、技术市场、创新市场）的纵向结构问题等。

重点研究领域之 II：纵向滥用市场势力问题研究

一体化经济与专业化经济的权衡决定了企业纵向整合（或纵向分解）的程度，而处于二者之间的纵向策略性行为具有限制竞争与提高效率的二重性（于

立，2009）。如何分析企业纵向滥用市场势力行为的动机及其对竞争与效率的影响，是未来企业理论研究的一个重要方向与难点问题。

这一研究领域值得关注的重要问题包括：（1）企业纵向策略性行为，如市场圈定（Foreclosure）理论、搭售与捆绑、驱逐对手定价、供应链上的广告竞争与创新激励、纵向价格竞争的"水床效应"（Waterbed Effects）等；（2）"合理推定原则"和"本身违法原则"的适用范围与权衡；（3）企业组织结构扁平化与纵深化的选择及影响因素；（4）煤电关系、零供关系、药医关系等典型案例研究。

重点研究领域之Ⅲ：竞争政策实施的纵向企业理论基础

在中国《反垄断法》的实施过程中，经济分析是一个难点问题，而其中关于纵向行为的经济分析更是难上加难。因此，研究纵向企业理论问题是竞争政策（核心为《反垄断法》）实施的重要理论基础。

这一研究领域值得关注的重要问题包括：（1）反垄断委员会《市场界定指南》和《并购指南》的制定研究，重点是单边效应与协调效应理论研究；（2）知识产权领域纵向限制竞争行为及相关政策研究；（3）典型产业纵向限制竞争状况的评估指标设计与案例研究；（4）企业纵向限制竞争行为及其对消费者影响的经验研究与实验研究。

三、保障措施建议

1. 加强理论研究与实际业务部门的联系，配合中国下一步改革开放的方向，立足于正确阐释和解决面临的现实问题，比如国务院反垄断委员会制定的"中国企业并购指南问题"、国家知识产权局正在制定的"知识产权领域反垄断指南问题"等，反倾销与反垄断的转化与进展，以及加强企业层面微观数据库的建设，形成全国性的公共研究平台，并注重数据收集为学术研究而非政府报告服务。

2. 认真细致地进行理论创新研究，鼓励在国际高水平学术刊物上发表成果，并鼓励国内学术机构创办有国际刊号的学术刊物，争取形成有中国气派的有影响的研究成果。

3. 加强国际交流与合作，关注 UNCTAD（联合国贸发会）、WTO、ICN（国际竞争网络)、WIPO(世界知识产权组织)等国际组织的活动,把握竞争政策国际协调的动向,以积极态度参与并推动国际竞争规则的起草与谈判,争取成为发起国,并在其中最大限度地保护我国的利益。

参考文献

[1]ALCHIAN, ARMEN, HAROLD D. Production, Information Costs and Economic Organization[J]. American Economic Review, 1972 (50): 777 - 795.

[2]CHEN, YONGMIN. Vertical Disintegration[J].*Journal of Economics & Management Strategy*, vol. 14, no. 1, 2005.

[3]COASE R H. The Nature of the Firm[J]. *Economica*, New Series, Vol. 4. 1937 (16): 386-405.

[4]FOSS J, NICOLAI. *Strategy*, Economic Organization and the Knowledge Economy: The Coordination of Firms and Resources[M]. Oxford, 2005.

[5]GROSSMAN, SANFORD J, OLIVER D H. An Analysis of the Principal-Agent Problem[J]. *Econometrica*, 1983 (51): 7-46.

[6]GROSSMAN, SANFORD J, OLIVER D H. The Costs and Benefits of Ownership: A Theory of Vertical and Lateral Integration[J]. *The Journal of Political Economy*, 1986 (94): 691-719.

[7]HART, OLIVER, JEAN T. Vertical Integration and Market Foreclosure[D]. *Brookings Papers on Economic Activity: Microeconomics*, 1990: 205-286.

[8]HE X, SETHI S P. Dynamic Slotting and Pricing Decisions in a Durable Product Supply Chain [J]. *Journal of Optimization Theory and Applications*, 2008 (2): 363-379.

[9]HOLMSTROM B, TIROLE J. The Theory of the Firm[M]. *Handbook of Industrial Organization*, Amsterdam: North Holland, 1989: 61-133.

[10]HOLMSTROM, BENGT.Moral Hazard and Obesrvability[J].*Journal of Economics*, 1979 (13): 324-340.

[11]INDERST, ROMAN, TOMMASO M V. Buyer Power and the Waterbed Effect[D]. Working Paper, 2007.

[12]JENSEN, MICHAEL, WILLIAM M. Theory of the Firm: Managerial Behavior, Agency Costs and Ownership Structure[J]. *Journal of Financial Economics*, 1976 (3): 305-360.

[13]MIRRLEES，JAMES. Notes on Welfare Economics，Information and Uncertainty[M]. *Essays on Economic Behavior under Uncertainty*，Amsterdam：North-Holland，1974.

[14]SMITH，HOWARD，JOHN T. Upstream Competition and Downstream Buyer Power[D]. Working Paper，2009.

[15]于立，于左. 中国乡镇企业产权与治理结构研究（国家自然科学基金资助成果）[M]. 北京：经济管理出版社，2003.

[16]于立，马竣. "国有企业产权与治理结构" 研究报告（国家自然科学基金资助成果）[M]. 北京，经济管理出版社，1998.

[17]于立. 纵向产业组织理论与反垄断政策：文献综述[D]. 产业组织与企业组织研究中心2009年度讨论文稿.

[18]温斯顿. 反垄断经济学前沿[M]. 于立，张嫚，等，译. 大连：东北财经大学出版社，2007.

第3篇

以论为序与借序说事

撰写书序（或书评）有一种"春秋笔法"，它不同于常见的"导读笔法"。这就是认真地另写一文，"以论为序"，而不是简单的内容提要，"为序而序"。

这种写法的好处至少有四：一是可为原书增色；二是鼓励青年作者继续前行；三是方便读者思考；四是避免"无原则说好话"。

第16讲 《反垄断经济学与政策前沿丛书》总序

东北财经大学产业组织与企业组织研究中心陆续出版《反垄断经济学与政策前沿丛书》（共六本译著）和《产业组织理论与应用研究新进展丛书》（共四本专著）。这里主要针对我国反垄断立法中的若干问题进行讨论，并作为《反垄断经济学与政策前沿丛书》的总序。

一、《反垄断法》的作用是"一窄二虚"

社会各界对《反垄断法》的作用有期望过高的倾向。这不仅不利于反垄断法律体系建设，还可能陷入僵局。虽然《反垄断法》在市场经济国家中素有"经济宪法"之称，在整个国家的法律体系中具有重要地位，但其实际约束范围远没有通常想象得那么宽泛。对于垄断现象和行为，千万不能"一刀切"，必须区别对待。

垄断现象和行为分为人为垄断和自然垄断。人为垄断又分为经济垄断或市场垄断（如合谋、过度集中、滥用市场支配地位等）、行政垄断（如行政许可、地区封锁或部门利益保护等）和法定垄断（如专利、商标、版权等）。

对于法定垄断不应反对，而应维护；行政垄断的情况非常复杂，不能一概而论；即使是属于《反垄断法》主要限制对象的经济垄断，也要根据具体情况而分别遵循"本身违法原则"（Per Se Rule）和"合理推定原则"（Rule of Reason），确定利弊大小，再据以裁决。至于自然垄断，为了获取规模经济或其他目的，往往实行反垄断豁免。近年来，自然垄断理论有了新的进展，反垄断豁免的范围大为缩小，但真正意义上的自然垄断终归还是要实行豁免的。可见，在所有垄断行为或垄断现象中，真正应由《反垄断法》约束的范围是比较"窄"的。

另一方面，《反垄断法》实施过程中还会遇到"时间长"和"取证难"问题。经常连一些基本的"成本"、"市场"概念都难以达成共识，动辄几年都无结果。在欧美等国，每年提起的反垄断诉讼实际上非常有限，且大多以"庭外和解"为结局。因此总体来说，《反垄断法》是一把高悬的剑，主要起威慑作用。

二、对行政垄断应"以柔克刚"

如何对待行政垄断是中国《反垄断法》立法中的一大难题。行政垄断是市场经济的"大敌"，既损害效率，又导致腐败。但《反垄断法》既不是治理行政垄断的首选武器，也不是正确的药方。而随着经济体制、政治体制的改革，行政垄断引发的很多问题会逐渐消失。反之，如若在《反垄断法》立法过程中过多纠缠于行政垄断，就会使反垄断立法裹足不前，以至寸步难行。

对行政垄断也不能"一刀切"。假设《反垄断法》中详举行政垄断的罪责，并公布实施，那么就会有相当多的政府行为（无论条条，还是块块）一下子变成"违法行为"，结果不仅会树敌过多，欲速不达，还会使整个社会无所适从，秩序混乱。何况有的行政垄断（如某些行政许可），即使到将来也不能一反了之。现实中的行政垄断有很多也是利弊共存、是非难定的。

所以，对于行政垄断，既不能熟视无睹，也不能操之过急。务实可取的办法是采取"以柔克刚"的思路，依然将行政垄断纳入《反垄断法》的框架，但仅作原则性的规定。然后，通过其他方面具体的改革（比如规制改革）措施，逐步减少行政垄断的不利影响。正确的思路是，通过体制改革，逐步将行政垄断的资源（机构、权力等）转到政府规制的轨道上来，主要靠规制改革，而不是靠反行政垄断，才可能收到"既疏又导"的一举两得之效。

三、《反垄断法》与行业法应"统筹兼顾"

《反垄断法》立法中的另一个难题是如何对待"自然垄断豁免"与国有企业的特殊性，因为传统自然垄断行业主要由国有企业构成。这一问题可以通过《反垄断法》与行业法的"统筹兼顾"来有效解决。

人们常说的自然垄断行业或自然垄断企业，其实本来并不存在。从经济学和法学上说，需要区分自然垄断行业、自然垄断企业和自然垄断业务这三个极其容易混淆的概念。人们目前仍然常说的铁路、电力、电信、航空、供水、供气等行业，早已不是真正的自然垄断行业，大部分环节或业务都存在比较充分的竞争。根据我们的研究成果，只有规模经济、范围经济和网络经济"三位一体"的某些环节或业务，才可能存在一定程度的自然垄断。而对于这种自然垄断环节或业务，《反垄断法》是要豁免的，或者说，"允许垄断存在，但要加强规制"。反垄断主要针对大多数竞争性行业和"自然垄断行业"中的竞争性业务。现实中容易出现的问题是，许多相关行业的企业故意夸大自然垄断业务，或者滥用垄断优势，谋取垄断利益。而有关部门不明就里，听之任之，甚至推波助澜。

再说国有企业的特殊性问题。在中国，能够从事自然垄断业务的国有企业，还有一些虽然不属自然垄断，但国家实行专营专卖的国有企业，均属"特殊企业"。我们的研究成果表明，典型的国有企业本来就不是"一般企业"，基本不适用于属于私法、商法范畴的《公司法》，也不可能建立规范的法人治理结构或所谓"现代企业制度"，而应主要采取"特殊法人"的企业形式。可取的思路是针对自然垄断和国有企业的实际情况，取消《公司法》中有关国有独资公司的条款，分行业制定"特殊法人法"，然后按照"特殊法高于普遍法"的原则，协调《反垄断法》与行业法之间的矛盾。现实中有关国有企业的法律和政策已经实质上逐步地接近于"特殊法人"的思路，只不过还差"临门一脚"。

四、《反垄断法》体系的建立应"先粗后细"

《反垄断法》应该是一个法律体系，包括居于核心地位的母法《反垄断法》和相应的"子法"（如并购指南等）。

母法应简洁、原则性强、相对少变，不要牵扯过多的具体条款（如具体的集中度问题），而将其留给相关的子法或实施条例。考虑到我国经济转型与经济发展过程的特殊性和复杂性，需要重视母子法律体系的刚柔相济，走"渐进式"立法之路，即出台母法宜早不宜迟，出台子法可灵活务实，而且可以经常调整。

其实，中国有一些子法已经走在了前面。如针对外资并购问题、零售商滥用垄断势力问题，有关部门出台了一些"子法"。但由于母法出台滞后，势必难以充分考虑母法与子法的衔接问题。再有，《反垄断法》与1994年出台的《反不正当竞争法》也存在较大的重复或交叉。

五、《反垄断法》立法应"内外协调"

按理说，中国致力于建设市场经济体制，也急于让国际上承认我们的市场经济国家地位。在此方面，一个非常值得重视的问题是，既不要"内外有别"，公开歧视，又要注意包括发达国家都广泛存在的"双重标准"现象，在反垄断法律体系建设与实施中预留"接口"。

近几年，国际竞争规则的重点正呈现出从"反低价倾销"向"反垄断高价"转移的新动态。一国《反垄断法》的终极目标总是首先服务于本国的利益。这一点在美国"波音–麦道合并案"以及波音、空客对我国"大飞机"项目的关注中都可以清楚看出。我们对此要有清醒的认识，并充分借鉴版权保护立法中的经验，在反垄断法律体系建设过程中及早采取防范策略，尤其需要注意《反垄断法》与产业政策、贸易政策等其他经济发展政策的协调，注意反倾销与反垄断二者之间的逻辑关系及其转化规律。

我们要认清，《反垄断法》国际冲突的根源是发达国家与发展中国家间的利益冲突。在历届世贸组织部长级会议上，许多发展中国家的代表都提出了对于建立国际《反垄断法》的种种看法。比如印度代表就曾提出，对于发展中国家来说，企业联合抵制进口是一个非常重要的战略，国际《反垄断法》应予以豁免；印度尼西亚代表希望国际《反垄断法》中的"核心卡特尔"不包括中小企业合作的卡特尔，因为这种在印度尼西亚很盛行的卡特尔有助于印尼经济的发展。此外，一些拉美国家还颁布了很有特色的专门用来对付跨国公司垄断行为的竞争法。我国反垄断法律体系建设应该充分借鉴这些发展中国家的做法，协调相互之间的立场和利益。

另一个重要问题是，我国政府应把握《反垄断法》国际协调的动向，及早关注与世界贸易组织（WTO）类似的"国际竞争组织"（ICO）的构建，以积极态度参与并推动国际竞争规则的起草与谈判，争取成为发起国，并在其中最大限度地保护我国的利益。

　　呈现在读者面前的这套《反垄断经济学与政策前沿丛书》，既有反垄断经济学与政策研究的前沿性整体介绍，也有对反垄断政策各个方面的深入探讨；既有关于国内反垄断政策的剖析，也有针对国际反垄断政策的阐述，研究方法前沿，主题和体裁丰富。我们真切期盼本套丛书的出版有助于中国反垄断经济学与政策研究水平的整体提升！

第17讲　纵向产业组织理论引论

——《纵向产业组织与煤电关系》书序

一、横向产业组织与纵向产业组织

产业组织理论早就出现了从横向产业组织向纵向产业组织的重点转移。现实经济中有许多现象用传统的"结构–行为–绩效"（SCP）框架已经难以解释。虽然本书较早系统地提出纵向产业组织理论（Vertical Industrial Organization），但基本思路最早可追溯到斯密的专业化与分工理论，后来杨小凯和乔斯考等人又有进一步发展。

国内也有不少学者从不同角度研究纵向产业组织相关重要问题。比较有代表性的主要有：于立、刘冰等人提出的纵向分解与纵向整合的取舍理论（Trade-Off）；于立、王建林、刘劲松等人从纵向价格双轨制角度进行的研究；郁义鸿、于立宏等人从产业链角度进行的研究；张昕竹、姜春海等人从网络接入角度进行的研究；于立、吴绪亮等人从纵向限制和反垄断角度进行的研究。

二、横向价格双轨制与纵向价格双轨制

中国的经济发展在很大程度上得益于"双轨制"的制度安排，从政治上的"一国两制"，地区间的"特区与内地"，到企业用人制度中的"双轨制"，可以说是无处不在。人们通常关注较多的是这种制度的弊端，但应该看到这也许是转型经济中最有效率的"次优安排"（Second-Best Arrangement）。

随着改革开放的深入，过去司空见惯的横向价格双轨制（同一产品，不同渠道或不同地区价格形成机制不同）已经较少存在，但纵向价格双轨制（同一产业链上下游价格形成机制不同）仍广泛存在。于立在1992年明确提出纵向价格双轨制（Vertical Dual-Pricing System）的有关概念。

中国的煤电关系表现出明显的纵向价格双轨制特征，即"市场煤+计划电"的上下游产业链关系。即使将来改革取得较大进展，不再有明显的"市场煤+计划电"现象存在，但只要上下游竞争程度不同，便会长期存在纵向价格双轨制。本书中对此有专门的研究。

三、纵向分解与纵向整合

企业在进行纵向产业链组织调整或战略决策时，一般面临两个不同方向的选择，即纵向分解（Vertical Disintegrate）或纵向整合（Vertical Integrate）。一般情况下，纵向分解趋向于减少组织成本，实现专业化经济；而纵向整合趋向减少交易成本，实现一体化经济。理想且技术上可能的情况下，最终趋势是达到边际组织成本与边际交易成本相等。纵向分解和纵向整合的途径多种多样，企业面临的纵向选择也就很多，但通常会受到技术、信息、时间和资本等方面的约束，有时还有可能受到反垄断执法机构的纵向审查。

从产业组织政策或竞争政策的角度看，与横向的反垄断审查相比，纵向的反垄断审查更为复杂。

四、专业化经济与一体化经济

现存经济学主要有规模经济（Economies of Scale）、范围经济（Economies of Scope）、聚集经济（Economies of Agglomeration）、网络经济（Economies of Network）等基本"经济性"概念，其余的如专业化经济（Economies of Specialization）和一体化经济（Economies of Integration）则是建立在前述基本经济概念基础上的，可用前者来解释。比如，专业化经济多与规模经济有关，而一体化经济多与范围经济有关。

从经济学逻辑上说，斯密的分工理论可以解释纵向专业化经济的来源和性质，即组织成本的节约，同时也是交易成本的增大；科斯的交易成本理论可以解释纵向一体化经济的来源与性质，即交易成本的节约，同时也是组织成本的增大。通常二者不能兼得，需要进行取舍分析（Trade-Off）。

五、纵向竞争与纵向限制

在竞争比较充分的条件下，横向层面无需过多的竞争政策干预。但从纵向层面上看，即使从横向看充分竞争的领域，从纵向上看也往往存在较多的纵向限制，但这类多种多样的纵向限制通常难以得出清晰而无争议的政策结论，因而成为现代产业组织和反垄断经济学的研究重点领域。

从产业纵向链条看，在某些环节具有市场支配地位或存在垄断的情况下，容易出现企业将市场势力向非竞争环节延伸行为，这些行为多为排除和限制竞争的纵向限制。纵向限制明显存在于电信、电力、铁路、煤气、自来水、管道运输等自然垄断领域，其他制造业与服务业，也广泛存在于知识产权及其相关领域。这些纵向限制行为越来越成为反垄断执法的热点和难点。

六、纵向产业组织理论的解释力

纵向产业组织理论在理论上和现实中具有更强的解释力。结合中国的现实经济问题，下面简略地提及几个比较重要的纵向经济问题，这些也是近年和未来产业组织理论的重点研究领域。

1.煤电关系的核心问题是"市场煤"与"计划电"的协调，纵向产业组织理论是解决相关问题的主要工具。

2.煤炭市场虽然总体上比电力市场竞争性更强一些，但在上游煤炭资源的开采权市场上仍然问题不少，在下游也存在一定程度上的区域性集中过高的问题。中国的煤炭市场整体上绝不是有些人所说的"过度竞争"。

3.医药产业上游制药企业之间也许存在较为充分的横向竞争，但到了下游批发和零售市场，"药医合谋"和"医药捆绑"的现象非常普遍，这才是中国药价过高问题的症结所在。

4.中国房价过高的根本原因在于上游土地市场的不规范，多年来总是治标不治本。现实中根本没有真正的"大产权"，全是"小产权"（70年土地使用权+30年建筑寿命），炒来炒去的重点是藏身背后的地价，只是表面上表现为房价。

其他如电信产业的接入问题，电力产业的并网问题，石油产业的纵向限制问题，零售产业的通道费问题等，都是纵向产业组织理论的用武之地。

****

相关研究工作基于国家自然科学基金项目（70672036）和教育部人文社科重点研究基地重大项目（08JJD630013）的资助，由课题组公开发表并由紧密逻辑关系的专题论文组成。这些专题研究基本保持了发表时的原貌，体现了相对独立的研究成果。有的研究内容可能在理论或在方法上存在不足或者错误之处，敬请指出，以便更正。

第18讲 管理的科学性与艺术性

——兼作《工商管理丛书》总序

科学家爱因斯坦曾经发给艺术家卓别林这样一封生日贺电："您的艺术作品誉满全球，您真不愧为一位伟大的艺术大师。"卓别林是这样回复爱因斯坦的："您的相对论仅为世界上少数人懂得，您真是一位伟大的科学家。"前者"雅俗共赏"很伟大，后者"曲高和寡"也很伟大，似乎有些矛盾，其实不然，这恰恰体现出"艺术性"与"科学性"的一致性。

对上述对话的一般理解是，科学往往为少数人所发现，"曲高和寡"；而艺术必须要让大多数人所接受，"雅俗共赏"。这当然是正确的，但这只是从一个角度看问题。如果再从另一角度分析，才能做到全面理解。即科学虽然由少数人所发现，但却可以被多数人所掌握；而艺术虽然可为大多数人所接受，但却只能由少数人所创造。"科学性"与"艺术性"在哲理上是完全一致的。

对科学和艺术还要作进一步的分析，科学分科学发现和科学应用两个层面，艺术也分艺术创作和艺术欣赏两个层面。科学发现和艺术创造都比较难，而科学应用和艺术欣赏都比较容易。人们常说，"管理既是科学，又是艺术"，这里所说的"科学"多指"科学成果的应用"，而这里所说的"艺术"却多指"艺术的创作"。对于从事企业管理工作的人员来说，越高层的管理，如董事长和CEO的工作，艺术成分越多；越基层的管理，如部门经理或车间主任，甚至是现场调度或质量控制的工作，科学成分则越多。突出的例子是，美国演员出身的里根可以是一个胜任的国家总统，却难以当好一个企业工程师。企业和国家都是这样，越往高层，"外行领导内行"越普遍；而越往基层，专业技能越重要。当然，与此相应的一般的规律是，越是高层，"艺术创造"越重要；越是基层，"科学应用"越普遍。

对于工商管理教育而言，其课程体系中既有科学成分较多的课程，也有艺术成分较多的课程。前者主要有：《生产管理》、《物流与供应链管理》、《管理信息系统》、《会计学》，等等。后者主要有：《组织行为学》、《人力资源管理》、《企业文化与伦理》、《企业战略》、《公司组织设计》或《公司治理结构》、《企业、政府与社会》，等等。当然，也有的课程差不多是科学成分和艺术成分并重的，如《公司理财》、《数据、模型与预测》、《管理经济学》，等等。

我自己和很多从事工商管理教育的教授都有这样的体会，就是在教学过程中，科学成分越多，越适合课堂教学，也就越利于成规模培养；而艺术成分越多，则越适合个人感悟，也越适合于案例教学，从而只能侧重于个别指导或小组讨论。换个角度，对于工商管理的本科生或MBA学生，特别是EMBA的学生来说，前者主要依赖于学校和教师，后者则主要取决于个人的悟性。这也是"管理学院学得到"与"管理学院学不到"这两种说法都有道理的原因。这两种完全相反的观点（核心是企业家是否是学校培养出来的）的焦点就在于，各自过多强调管理的"科学性"或"艺术性"，而忽略了二者间的一致性。事实上，管理学院或MBA学院只有处理好这二者间的关系，才有可能办出自己的特色和声誉。这一点已经得到国内外学者的充分证明。

说到这里，就可以很方便地解释为什么"文人"的子女容易继承父业，而真正的企业家却很难继承父业了。其中的关键在于，"治学之道"的"规律性"（即"科学性"）较强，知识和经验的积累可以潜移默化、耳濡目染地向子女转达。而"经营之道"的"艺术性"较强，企业家的成功经验多具独特性，难以言传。学习所谓的"管理经验"必须经过"再创造"过程，光靠模仿是不行的。

总体来说，这套丛书对工商管理的"科学性"和"艺术性"都有所兼顾。作者多是多年工商管理教学经验和丰硕研究成果的教授，有的还曾到日本等国家的大学讲学。作者们按照简明、实用并具有一定前瞻性的要求，力求为读者提供一套富有特色的教材丛书。这套丛书虽然主要是针对工商管理专业本科生的，但也可以作为MBA学生和各类企业管理者的参考书。读者如果基本同意上述有关管理的"科学性"与"艺术性"的看法，那么如何正确地对待这套丛书就不必多絮了。

特以此为序。

第19讲 自然垄断与规制经济学

——兼作肖兴志博士书序

一、自然垄断重在"自然而然"

不仅实业界，即使经济学家对自然垄断（Natural Monopoly）也有个逐渐认识的过程。中国过去一本很有名的经济学辞典就曾将自然垄断定义为由于企业控制了某种自然矿产资源而形成的垄断地位。其实，这与真正的自然垄断毫无关联。

中国现实经济中曾广泛存在、至今仍大有根基的"行政垄断"（或"法定垄断"）也与自然垄断很少关联。当然，现实中的行政垄断有不少是出于部门利益或其他原因，打着自然垄断的招牌。计划经济的主要特点就是行政垄断。即便在市场经济条件下，行政垄断也不是全都不合理，如必要的许可证制度，等等。

一旦允许竞争并达到比较充分的程度，行政垄断多会瓦解。而自然垄断则不然，一方面自然垄断不是天生的，而是通过竞争自然而然形成的；另一方面无论竞争多么激烈，也不可能打破真正的自然垄断，否则不能称其为自然垄断。

自然垄断是竞争的产物，而行政垄断是人为的。在现实中，也存在一些特殊现象，人们确实难以分清到底哪些是行政垄断，哪些是自然垄断，但在道理上二者是截然不同的。

二、自然垄断与规模经济、范围经济和网络经济的关系

一般情况下，人们笼统地认为，规模经济是自然垄断的基本原因。其观点是，由于规模经济的存在，单个企业的平均成本低于多个企业的平均成本，最终其他企业——退出该产业，只留下垄断企业。因此，若想获取规模经济就不能强行打破自然垄断，而自然垄断必然产生垄断弊端，于是陷入产业组织政策的"两难抉择"。

现在，已经得到证明，规模经济既不是自然垄断的充分条件，也不是必要条件。而且一般说，规模经济和范围经济二者也不能构成自然垄断成立的全部理由。到目前为止，定义自然垄断的较好角度是从"成本劣加性"（Subadditivity）入手，并将其作为自然垄断的充分必要条件。我的看法是，规模经济（Economies of Scale）、范围经济（Economies of Scope），再加上网络经济（Economies of Network）"三位一体"才能构成自然垄断的充分条件和必要条件。当然，这还需要详细的定义和证明，这也是当前产业经济学理论的一个前沿问题。其中，规模经济和范围经济已探讨较多。而网络经济，又称网络外部性（Network Externalities）。如果说规模经济和范围经济的经济属性体现在企业的成本方面，那么可以说，网络经济则主要体现在产品的需求方面。应当指出的是，这里的网络经济强调的"网络经济性"，或者是由于网络而引起的"成本节约"，不是指电网、通讯网等各种具体产业。

当然，就目前已有的研究成果看，如果将狭义规模经济理解为"单产品生产中的规模经济"，将范围经济理解为"多产品生产中的规模经济"，再将网络经济理解为"需求方面的规模经济"，那么，自然垄断与这种广义规模经济则存在紧密联系。

三、自然垄断市场的界定

反垄断政策（或反垄断法律）和规制政策涉及的一个关键问题是市场界定。如果是完全的自然垄断市场，企业将等同于产业，也就不存在自然垄断企业与自

然垄断产业的区别。

由于技术进步和经济的发展，传统上被认为自然垄断的产业，如铁路、电力、通讯等，都已不再被视为完全的垄断产业，而是可分解的，从而引出了诸如"网运分离"、"竞争上网"、"网络接入"等类似问题，对传统的自然垄断理论提出了挑战。其一般趋势是，能够形成自然垄断的范围越来越小，因而也就越来越应慎提"自然垄断产业"的说法。从产业经济学角度看，如果说一般产业中还可能经常出现"产业等于市场"情况的话，那么在铁路、电力、通讯等产业中，"市场"正在越来越小于"产业"。这是自然垄断市场界定中的新的重要特征。

另外，根据鲍莫尔等人提出的"进退无障碍市场理论"（Theory of Contestable Market）（有人译为"可竞争市场理论"或"有效竞争市场理论"，似乎都不确切。我认为，"进退无障碍"充分体现了英文原意），即使表面上一个企业占据全部市场，但只要市场进入和退出是无障碍或进退障碍不大的，该产业（市场）也不能算是真正意义的自然垄断，因为潜在进入构成的威胁就可对现有企业的行为施加有效的约束。

分析具体产业是垄断还是竞争，或者何者为主，不应单看企业数目和市场份额等指标，还应有机地考虑该产业主导产品的经济属性，比如是"共用品"（Public Goods），还是"私用品"（Private Goods）。与共用品有关的产业垄断程度会高些，而与私用品有关的产业竞争程度会高些。这无疑是个很好的视角，但在我看来，共用品（如国防）的经济属性与自然垄断并无直接关系。

四、自然垄断产业应以反垄断为主，还是以规制为主?

除特殊情况外，对于非自然垄断产业，应以反垄断政策为主。而对于自然垄断产业，则应以规制政策为主。这样，既可获取自然垄断产业的规模经济（广义），又不至于引发严重的垄断弊端（如减产提价），力争基本上解决产业政策中的"两难抉择"。但这种"双赢"能否成为现实，则取决于能否设计出有效的规制政策。这就是近20年来新规制经济学迅速兴起的基本原因。

国际上比较公认的代表性规制经济学教科书有三本：一是卡恩（Kahn A.E）所著的《规制经济学：原理与制度》；二是威斯库西（Viscusi W.K）等人所著的

《规制与反垄断经济学》；三是植草益所著的《微观规制经济学》。我认为，规制经济学是产业经济学（或产业组织理论）的自然延伸，它有自己的研究对象和研究内容，但在基础理论和基本研究方法上，却建立在产业经济学（或产业组织理论）基础之上。

中国国内对规制经济学的研究虽然取得了一些可喜成果，但多以翻译引进和针对具体产业的政策性研究为主，尚未形成较为系统的理论体系。其中一个特殊原因是国内经济学界对产业经济学的学科定位争论较多。有兴趣的读者可参见由我主编的两本书：一是《产业经济学理论与实践问题研究》（经济管理出版社，2000）；二是《产业经济学的学科定位与理论应用》（东北财经大学出版社，2002）。可喜的是，经过众多同仁的共同努力，近来意见已趋于一致。

特别值得提出的是，中国未来的自然垄断产业中，将有较多的企业以"特殊法人"的形式存在，政府也应以与"特殊法人"相应的规制政策对其进行"微观管理"。这是我们近年来研究的一个主要结论，我对此深信不疑。

本书是青年学者肖兴志在其承担的 2000 年国家社科基金青年项目研究成果的基础上整理完成的。该书运用规制经济学的一些理论，结合中国自然垄断产业的一些重要问题，进行了比较深入的研究，取得了一定的积极成果，也提出了一些有价值的政策建议。希望本书的出版，能够促进这一领域研究的进一步开展。

特以此为序。

第20讲 价格合谋与价格垄断

——唐要家所著《价格合谋的反垄断政策研究》书序

一、价格合谋的概念比价格垄断窄得多

合谋在概念上包括价格合谋和非价格合谋。但非价格合谋与价格合谋在现实中是分不开的，而且很少有合谋不涉及价格或没有价格影响。合谋既可以是贬义的，也可以是中性的；既可能违法，也可能不违法。

在反垄断经济学或其经济学基础——产业组织理论中，多用"合谋"（Collusion）意指企业之间的联合协议。它有时也与"串谋"、"共谋"、"卡特尔"、"联盟"、"协同"等概念混用。欧佩克（OPEC）就是典型的卡特尔。

在法律实践中，"合谋"也往往有多种同义词或相近词。例如：

1.美国的反垄断主要法律（也称《反托拉斯法》）——《谢尔曼法》第一条用"契约"（Contract）、"联合"（Combination）和"共谋"（Conspiracy）三个术语表述合谋行为。

2.欧盟的《反垄断法》——《欧盟竞争法》用了"协议"（Agreement）、"决定"（Decision）和"协同行动"（Concerted Practice）三个术语表述合谋行为。

3.中国的《反垄断法》则用"垄断协议"（Monopoly Agreement）作为总称，并借鉴《欧盟竞争法》，用略有差异的"协议"（Agreement）、"决定"（Decision）和"协同行为"（Concerted Action）三个术语表述合谋行为。

在中国，由国家发展与改革委员会分工负责"垄断协议"方面的反垄断执法。值得注意的是，"垄断协议"只是反垄断执法的三大任务之一，但由其制定

并于2011年2月1日起实施的《反价格垄断规定》，以及配套的《反价格垄断行政执法程序规定》，已经将"垄断协议"扩展到"价格垄断"。比如，其第三条为"本规定所称价格垄断行为包括：（一）经营者达成价格垄断协议；（二）具有市场支配地位的经营者使用价格手段，排除、限制竞争。"这实际上已把属于由国家工商总局分工执法的反垄断第二大任务，即控制"滥用市场支配地位"，纳入了发改委的职权范围。至于由商务部负责的反垄断第三大任务，即"经营者集中"，其表面是购并控制，而实质是防止通过购并形成市场支配地位，从而垄断价格，否则也应该予以放行。所以说，"反价格垄断"实际上几乎可以涵盖《反垄断法》的全部内容。就是说，"价格合谋"等同于"垄断协议"，价格垄断差不多等同于垄断。相应地，"反价格垄断"也就大体上等同于"反垄断"，已经大大超出了价格合谋的执法范围。这是一个非常重要的法理问题。

二、现行价格合谋相关法律规定之间的交叉

依据中国《反垄断法》的条文，价格合谋就是指垄断协议。现行法律和执法过程中，存在着"法律条文交叉、执法机构重叠、相互既推又争"的三种现象。

第一种现象，法律条文交叉的例证如：

1.《反垄断法》第十三条明令"禁止具有竞争关系的经营者达成垄断协议"，将垄断协议定义为"排除、限制竞争的协议、决定或者其他协同行为"，并列举了"固定或者变更商品价格，限制商品的生产数量或者销售数量，分割销售市场或者原材料采购市场，限制购买新技术、新设备或者限制开发新技术、新产品，联合抵制交易"等具体形式。表面上看，垄断协议不光是价格协议，但其实质或最终目的仍是价格合谋。

2.《反不正当竞争法》第十五条规定，"投标者不得串通投标、抬高标价或者压低标价。投标者和招标者不得相互勾结，以排挤竞争对手的公平竞争。"

3.《价格法》第十四条规定，经营者不得"相互串通，操纵市场价格，损害其他经营者或者消费者的合法权益"。

4.发改委《反价格垄断规定》第七条，禁止具有竞争关系的经营者达成固定或者变更价格的垄断协议，包括："固定或者变更商品和劳务的价格水平；固定

或者变更价格变动幅度；固定或者变更对价格有影响的手续费、折扣或者其他费用；使用约定的价格作为与第三方交易的基础；约定采用据以计算价格的标准公式；约定未经参加协议的其他经营者同意不得变更价格；通过其他方式变相固定或者变更价格"等。同时还规定，经营者不得与交易相对人达成固定商品转售价格和限定商品最低转售价格的协议。行业协会不得"制定排除、限制价格竞争的规则、决定、通知"；不得"组织经营者达成本规定所禁止的价格垄断协议"。

第二种现象，执法机构重叠的例证是，《反垄断法》由商务部、工商总局和发改委三家执法，即商务部负责控制经营者集中，工商总局负责防止滥用市场支配地位，发改负责限制垄断协议；《反不正当竞争法》由工商总局负责执法；《价格法》由发改委名下的价格主管部门负责执法。从上面《反价格垄断规定》看，在限制垄断协议方面，工商总局与发改委职能重叠更多。根据经验，多家执法的后果往往是责任大家推，权力都来争。

第三种现象，相互既推又争的例证是，《反垄断法》2008年开始实施以来，除商务部反垄断局有少量执法案例外，工商总局和发改委较少有执法案例，极少的案例引起了广泛争议，甚至否定意见略占上风。又如，假如价格协议仅属垄断协议涵义的一部分，那么仅仅对价格协议进行执法，等于推掉了垄断协议的部分执法内容。再如，根据《反垄断法》规定，反价格垄断由国家授权的中央和省级两级执法。发改委新出台的《反价格垄断行政执法程序规定》，明确"政府价格主管部门实施反价格垄断执法"。而根据《价格法》，执法体制为四级，隶属发改委系统的省、市、县价格主管部门均有相应的执法队伍。《反价格垄断行政执法程序规定》明确规定，中央和省级价格主管部门可以委托下一级价格主管部门实施调查。这样，在商务部和工商总局都侧重于中央一级执法的情况下，发改委名下的价格主管部门事实上的多级执法也可能有争权之嫌。

不仅这三种现象令人失望，更令人担心的，一是价格主管部门执法内容已经由"垄断协议"或价格合谋大大扩展到"价格垄断"，大有包括整个《反垄断法》之势；二是由于传统的价格主管部门多是计划经济的思维，如何避免"换汤不换药"地用价格管制的惯例进行反垄断执法，确实难度极大。现实中已有不少迹象使人感到这种担心并非多余。

三、价格合谋在反垄断经济学中的重要性

这里的关键是要从逻辑上说清价格合谋在反垄断经济学中的地位，进而说清反垄断经济学在法律经济学中的地位。我们采取反向思维的思路。

法律经济学是经济学中的一个重要分支。它是用经济学的理论和方法研究法律问题，所以又称法律的经济学分析。法理经济学，即研究法理的经济学，又是法律经济学的学科基础。法律经济学学科已经相当成熟，其重要标志是三部巨著：一是鲍德温·巴卡尔特和格瑞特·吉斯特主编的《法律经济学百科全书》，全书近5 000页，分成5卷；二是米切尔·普林斯基和斯蒂芬·沙威尔主编的《法律经济学手册》，分两卷，各近千页；三是彼特·纽曼主编的《新帕尔格拉夫法律经济学大辞典》，分3卷，由8个国家的340名专家参与编写。法律经济学领域已有哈耶克、科斯、贝克尔、斯蒂格勒、史密斯、威廉姆森等多位教授荣获诺贝尔经济学奖。国内也有学者建议在现行经济学学科设置的"应用经济学"一级目录下设法律经济学作为二级学科。

反垄断经济学则是法律经济学的重中之重，可以视作法律经济学下属的三级学科。法律经济学最初主要就是研究反垄断和政府规制问题。后来随经济学扩展到诸多法律领域，体系急剧扩大，同时也由于自身的相对成熟，反垄断经济学才被视为相对独立的经济学学科。

价格合谋位居反垄断经济学三大核心领域之首。反垄断经济学对应着《反垄断法》的三个重要组成部分。按中国《反垄断法》的术语，这三个组成部分是"垄断协议"（一般称"价格合谋"）、"滥用市场支配地位"和"经营者集中"（一般称"购并"，或M&A）。所以说，价格合谋问题的研究处于反垄断经济学的核心地位。它的主要研究内容包括合谋的机理、产生条件、稳定性问题、影响评价、识别方法、调查程序、执法原则、制裁政策，等等。按国际惯例，每项内容都涉及复杂的法律经济学分析，行政执法者和法官都需要系统的法律经济学教育和培训，很多情况下还要听取法律经济学或反垄断经济学学者的专家意见。总之，绝不像有些人想象得那么简单。

四、价格合谋反垄断执法中的现实问题

本书取名为《价格合谋的反垄断执法政策研究》，研究的是价格合谋或垄断协议的一般问题和国际经验，对中国的反垄断执法有借鉴意义。在反垄断执法方面，中国虽说可有"后发优势"，但因是从计划经济向市场经济转型，也存在不少"新旧难题"。

就价格合谋来说，在中国目前的经济社会环境下，反垄断执法面临着诸多难题。比如：

1.行政垄断。靠价格主管部门解决行政垄断，法理上都难以讲通，况且有时恰恰物价管理部门正是"始作俑者"，如电价和油价。

2.国企垄断。一般而言，对竞争性较强的行业中的价格合谋现象不必过多关注，而竞争性较弱的行业多以国有企业为主，虽然较多存在价格合谋现象，但《反垄断法》和《反价格垄断规定》难以有效发挥作用。

3.多家执法。中国反垄断属多家执法，现在有关价格合谋的法律条文界限不清，实践中难免问题更多。

4.市场界定。相关市场界定是各国反垄断执法中的一个普遍难题，号称反垄断领域的幽灵，法律工作者和经济学家摆脱不掉的恶魔。如水泥市场实际上以500公里为半径，房地产则可能以很小区域界定市场，而方便面市场则可能以全国为界。这还只是从区域视角，尚未考虑产品差异和替代性等因素。价格合谋问题中的市场界定比经营者集中更为复杂，对执法人员的素质要求更高。目前还未看到价格主管部门对市场界定的典型成功案例。

****

唐要家博士的这部著作《价格合谋的反垄断政策研究》，对价格合谋的主要方面都做了系统的研究和分析，值得一读。当然，关于价格合谋还有很多更深入的研究成果需要借鉴吸纳，同时也存在不少更复杂的理论和法律问题尚未解决。

有兴趣的读者也可参见拙文《现行经济学学科设置问题与法律经济学的兴趣》（《改革》2011年第4期）和拙作《产业组织与反垄断法》。总之，希望成果可以作为有志者深入研究的"导游"。

第21讲　规制经济学的若干基本概念及其关联

——兼为张嫚博士论著作序

作为《产业经济学的学科定位与理论应用》的姐妹篇，我们最近又出版了一本叫作《规制经济学的学科定位与理论应用》的书。由于国内的一些特殊原因，人们对产业经济学（或产业组织理论）和规制经济学这两个相关学科至今还存在不少本不应出现的模糊看法。就其根本原因来说，产业经济学涉及的模糊看法是与过去不科学地划分工业经济学、商业经济学、投资经济学等学科有关。规制经济学涉及的模糊看法则主要与计划经济体制下形成的一些根深蒂固的思想观念有关。这里试图对规制经济学的若干基本概念及其关联作些简要的说明，既作为张嫚博士所著论著的序言，也希望能对理清规制经济学的基本脉络有所帮助。

市场失灵（Market Failure）。市场失灵构成了规制经济学的前提。没有市场失灵，就没有政府规制的必要。根据主流经济学，特别是微观经济学的基本理论，市场失灵主要表现在共用品（Public Goods）、外部性（Externality）、垄断（Monopoly）（包括人为垄断和自然垄断）和信息不对称（Information Asymmetry）等方面。由于上述等方面的市场失灵，市场自身不能完善地发挥配置资源的基础作用，政府规制则正当其时。市场经济条件下，政府的作用大致分成宏观调控和微观规制两个方面。宏观调控通常是指中央政府利用财政政策、货币政策等手段来平抑经济周期，促进宏观经济平稳运行，间接干预特征比较明显。微观规制通常是指各级政府或其附属机构对微观经济和非经济活动主体，在价格、数量、质量、时间等方面的更为直接的干预。从这一点看，规制经济学属于微观经济学范畴。

规制失灵(Regulation Failure)。与市场失灵对应，政府规制也可能出现规制失灵。导致规制失灵的主要原因有规制者任职期限、自身利益、有限理性、有限信息等，甚至出现"规制俘虏"现象。按常理说，如果市场失灵与规制失灵并存，应该"两害相权取其轻"，但现实中情况往往并不如此。这是市场失灵与规制失灵的重大区别，在研究规制问题时需要特别注意。

反垄断（Antimonopoly 或 Antitrust）。反垄断对于维持市场经济的正常运行至关重要，甚至说《反垄断法》（竞争政策的主要内容）是市场经济条件下的"经济宪法"也为不为过。但要注意，《反垄断法》反对的是人为的市场垄断，如滥用市场势力、不当的企业购并、严重影响竞争的串谋行为等，而对自然垄断则通常予以豁免。如果说，广义的规制经济学也把反垄断（规制）包括在内的话，则必须注意这部分内容与产业经济学或产业组织理论的交叉。当然，也可以只把产业组织理论视为《反垄断法》或竞争政策的理论基础。

经济性规制（Economic Regulation）。经济性规制是规制经济学最核心的内容。它与社会性规制既有联系，又有区别。如果把规制对象大致分为经济性活动和非经济性（或社会性）活动，把规制手段大致分为经济学手段和社会性手段的话，那么就可以比较清晰地对经济性规制和社会性规制进行定义。对经济性活动进行的规制就是经济性规制，对非经济性活动进行的规制就是社会性规制。这种划分与运用什么样的规制手段并无直接关系。正如法律经济学是研究法律问题的经济学，社会经济学是研究社会问题的经济学，经济计量学是研究经济问题的计量学（注意不是经济学，因此也不应称为计量经济学），规制经济学就是研究政府规制问题的经济学，或者说是用经济学分析规制问题，而不必在意规制对象是经济性活动还是社会性活动，更不必在意规制手段是经济性手段还是社会性手段。

在我看来，应该进一步明确的是，经济性规制也不是针对所有涉及市场失灵的经济活动，而主要是针对自然垄断的。非自然垄断的规制主要是《反垄断法》的干预内容。这样，又可进一步明确，对于非自然垄断，主要交给反垄断机构去处理；而对于自然垄断，则允许它存在，但要规制垄断者行为。这样，就有可能大体解决产业组织理论中著名的"两难困境"。

社会性规制（Social Regulation）。社会性规制容易跑出经济学家的视野，这主要是因为其不知不觉地受到"经济学帝国主义"指责的禁锢。非经济性活动或非人为垄断＋自然垄断的社会性活动，当然也存在成本与效益的关系，自然也是经济学的用武之地。而且，随着技术进步和社会发展，如果说经济性规制呈放松趋势的话，社会性规制虽然个别时候或许有些结构调整，但整体上一直呈加强趋势。社会性规制有时也称"HSE 规制"，那是由于经济学家到目前为止对医疗卫生（Health）、安全（Security）和环境（Environment）问题研究较多的缘故。这当然不是说社会性规制只限于这几个方面。张嫚博士的《环境规制约束下的企业行为》这部著作就是用经济学分析环境规制的一个成功例证。

放松规制（Deregulation）。根据情况变化和经济与社会发展需要，各国政府有时放松或加强规制是正常现象。但要注意，有时放松规制是特指某些国家的特定历史阶段，比如美国的里根时代和英国的撒切尔时代。通常所说的放松规制是专门针对传统意义上的自然垄断产业的。这可有多方面的理解：一是由于某些过去一般认为的自然垄断产业并不是真正的垄断，而是客观上存在相当程度的竞争；二是由于某些传统的自然垄断产业中有些业务本来就是可竞争的；三是政府规制表现出较突出的规制失灵问题；四是经济全球化和 WTO 等国际组织的要求；等等。而且根据鲍莫尔提出的"进退无障碍市场"理论，如果进退基本无障碍，那么即使"垄断"程度很高，也不会产生多大的垄断弊端。这些原因都自然会导致放松规制。

加强规制（Reregulation）。总的说，经济性规制呈放松趋势，而社会性规制则呈加强趋势。而且较多的经济学家倾向于认为，越是市场化程度高的经济和社会，社会性规制越有必要加强。这一点对中国来说更是成立，比如在中国的医疗产业，存在的很多重大问题还缺乏较有条理的研究，有的研究不是从规制经济学的角度进行，而且明显不得要领。近些年，国内学者利用国家自然科学基金和国家社会科学基金的资助，对所谓自然垄断产业进行了较深入的研究，仍侧重在放松经济性规制方面，而对社会性规制研究较少，更谈不上深入。

激励性规制（Incentive Regulation）。传统的规制手段，如价格规制（上限规制或收益率规制）、市场准入、购并限制、纵向约束、专利保护、污染控制等，在实践中往往产生逆反作用，达不到期望的效率。这有些类似体制改革中的"一管就死"。那么，如何避免"一管就死"，又不会出现"一死就放"、"一放就乱"呢？关键在于尽量发挥激励性规制的效果。所谓激励性规制主要就是研究出适当的规制规则和规制政策，使被规制者感到约束的同时，还有足够的动力去追求与规制政策一致的目标。可以说，激励性规制是规制经济学的核心内容，其中博弈论大有用武之地。因为产业经济学和规制经济学研究都有从"结构主义"向"行为主义"转变的趋势，企业与企业的博弈（竞争）、企业与政府的博弈，越来越引起经济学者的兴趣，目前已有两次（多人）因为研究博弈论而获诺贝尔经济学奖。

规制机构（Regulation Agency）。从市场经济的客观要求和中国体制改革的前景看，现存的规制机构设置肯定是要的，但有的现在已经不合时宜。从国家层面看，发展与改革委员会、工商总局、商务部、人民银行总行、环保总局等较为综合的机构，以及银监会、证监会、电监会，民航总局、铁道部、卫生部等部门性机构，都有相应的规制职能。具有强烈部门利益的机构规管自己是不可行的；即将颁布实行的《反垄断法》的执法机构设置与分工需要认真研究；过于依赖信访机构和领导批示的行政协调急需改革；国际经济关系中的规制重点应从"反倾销"向"反垄断"转变；规制机构与被规制者串通或被"收买"现象应解决；等等。一句话，中国的产业政策和竞争政策制定需要产业经济学（或产业组织理论），中国的政府机构设置和职能定位需要规制经济学。政府官员和公务员加强这方面的素质意义特别重大。

规制经济学领域需要深入研究的问题有很多。张嫚博士在其博士学位论文基础上形成的这部著作，为此作出了自己的贡献，同时也是东北财经大学产业组织与企业组织研究中心建设教育部人文社科重点研究基地和产业经济学国家重点学科建设的成果之一。我希望看到有更多、更好的成果问世。

第4篇

项目申报与开展研究

经我倡导，天津财经大学设立"学术铁人奖"（或称"骡子精神奖"），对结项合格三项以上国家级项目（国家自然基金和国家社科基金）的教师给予专门奖励。目前，我已经是"铁人七项"。

本篇以我主持的国家自然科学基金项目——《"跳单问题"的B-T-C范式与应用》为例，说明如何更好地填写项目申请书及如何富有成效地开展相关研究工作。

成为"铁人"是"青教班"的学子之路！

成为"铁人"是"青教班"的学子之路！

第22讲　最高人民法院首个指导性案例的法律经济学分析①

——"跳单案"案例研究

内容提要："跳单案"作为中国最高人民法院首批首个指导性案例，类似于英美法系中的"判例"或"先例性判决"，这是大陆法系和英美法系相互借鉴的伟大尝试，也是中国法治建设中具有里程碑意义的事件。但是从法律经济学的视角审视此案例，可以发现初级法院一审判决、中级人民法院二审判决和最高法院指导意见背后的法理学和经济学依据尚不充分。本文通过对跳单行为是否违约、是否违法、是否合理等问题的法律经济学分析，根据"合理推定"原则、效率理念、激励相容原理对该案件判据提出进一步改进意见，以促进类似"跳单问题"法律纠纷的解决，并推动《合同法》的修改和完善。

关键词：指导性案例　跳单问题　信息成本　合同理论　最优违约

一、案例概述——跳单问题

2011年12月20日，中国最高人民法院发布《关于发布第一批指导性案例的通知》[1]，公布了首批4个指导性案例，并指出法官在审理类似案件时应参照这些指导性案例。此规定意味着指导性案例已经具有实质性的法律约束力，突破了大陆法系（或成文法系）法官不能"造法"的传统观念。中国首批4个指导性案例，类似于英美法系（或不成文法系）中的"判例"或"先例性判决"，在一定程度上具有"准强制执行力"。这是大陆法系和英美法系日趋融合、相互借鉴的伟大尝试，也是中国社会经济和法治建设中具有里程碑意义的事件。

① 本讲合著者冯博，原刊于《财经问题研究》（2012年第9期）。项目来源：国家自然科学基金"'跳单问题'的B-T-C范式及其应用"；项目负责人：于立。（批准号71272190）

其中，作为首批之首的指导性案例"上海中原物业顾问有限公司诉陶德华居间合同跳单案"（简称"跳单案"）格外引人注目。总的来看，该案例的判决结果和依据较成文法有突破、有新意，但也有不足，特别是从法律经济学的视角审视此案例，可以更清楚地阐释其背后的法理是非。[2]

该案例案情如下：2008年6月，产权人李某（简称"B方"）欲售房一套，并在多家房屋中介公司挂牌。购房者陶某（简称"C方"）在多个房地产中介（简称"T_n"）居间引介下，多次查看该房源。11月27日，房屋中介中原公司（简称"T_1"）与C方签订了《房地产求购确认书》（简称"确认书"），该《确认书》约定，在验看过该房后六个月内，C方或其委托人、代理人、代表人、承办人等关联人，利用T_1方提供的信息、机会等条件但未通过T_1而与B方达成买卖交易的，C方应按照成交价的1%，向T_1支付违约金。当时T_1方对该房屋报价165万元，中介费为成交价的1%，即1.65万元。11月30日，C方经由另一家中介公司（简称"T_2"）居间与卖方协商价格，最终以138万元的价格从B方购买同一房源。T_1由此向法院起诉C方恶意"跳单"，请求法院判令C方按约支付T_1原额违约金1.65万元。初级法院一审判决是，被告C方按实际成交价1%支付违约金1.38万元。一审宣判后，C方不服提出上诉。中级人民法院二审判决是，撤销一审原判；对T_1要求C方支付违约金诉求，不予支持[3]。

案例简况如图1。

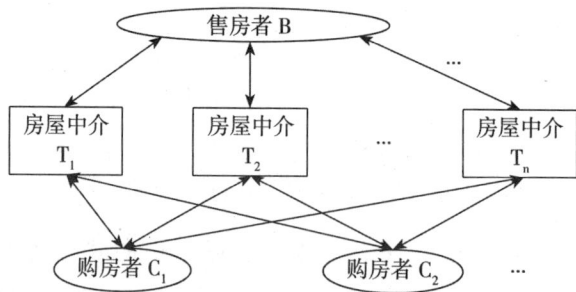

图1 "跳单案"示意图

这一指导性案例不仅具有"首中之首"的法学上的里程碑意义，同时提出了经济学意义上的"跳单问题"。"跳单问题"在个人与组织之间、组织与组织之间经常发生。本例是个典型案例，其他领域如房屋租赁中经常出现的"居间纠纷"，商品零售领域大量存在的"店选网购"（Showrooming）现象，租户与大型商场之间的"租少售多"现象，医疗领域患者"院诊店购"药品的现象，旅游业的"内部人交易"，交通购票中的"黄牛现象"，图书出版业的"截单现象"，均属广义的"跳单"行为。对"跳单问题"的研究可以进一步丰富法律经济学以及企业理论、合同理论、产业组织理论和近十几年兴起的"双边市场理论"（Rysman，2009）。

　　本文是从法律经济学的视角分析这一典型案例，试图分析法院一审判决、二审判决和最高法院的指导意见是否有充分的法理学和经济学依据，"当然违法原则"与"合理推定原则"的适当性问题，《合同法》与效率标准，法院判决是否符合激励相容原理等一系列重要问题。

二、"跳单"是否违约？——合同理论

　　C方的跳单行为是否构成违约是研究"跳单案"的首要问题。法院一审判决认为"构成违约"，二审判决认定"不构成违约"。这两个判决都显得过于简单从事，判据也是自相矛盾，于法于理都有重新分析评价的必要。

　　最高人民法院《关于发布第一批指导性案例的通知》中指出：上海中原物业顾问有限公司（T_1）诉陶德华（C）居间合同纠纷案，旨在解决二手房买卖活动中买方与中介公司因"跳单"引发的纠纷。该案例确认：居间合同中禁止买方利用中介公司提供的房源信息，却撇开该中介公司与卖方签订房屋买卖合同的约定具有约束力，即买方不得"跳单"违约；但是同一房源信息经多个中介公司（T_n）发布，买方通过上述正当途径获取该房源信息的，有权在多个中介公司中选择报价低、服务好的中介公司（T_2）促成交易，此行为不属于"跳单"违约。从而既保护中介公司合法权益，促进中介服务市场健康发展，维护市场交易诚信，又促进房屋买卖中介公司之间公平竞争，提高服务质量，保护消费者的合法权益。

　　该案例裁判要点中的关键问题是，一方面依据《中华人民共和国合同法》第23章"居间合同"的规定，按居间合同要求，C方不得"跳单"违约；另一方面，由于情有可原，"跳单"又不属违约，法院判决自相矛盾。分析可见，重点

不在于"跳单"行为是否构成违约，而在于这种违约是否既合乎情理，又合乎法理。从购房者角度看，C方按165万元的高价签订《房地产求购确认书》，而面对138万元的低价，选择"跳单"显然是理性行为。一般情况下，这种"跳单"违约行为应该允许，但当事人一般应该承担违约责任，支付违约金。同时鉴于买方可以通过正当途径获得房源信息，或者说房屋中介的信息成本可以忽略不计甚至为零，违约方则不必承担违约责任。所以我们认为，需要强调的要点是，既不能由于"跳单"行为的合理性，而否定其违约性；也不应忽视房源信息的低成本甚至无成本，而要求跳单者支付违约金。

对于此案，实际上可有五种都有一定道理的可选判决方案。如图2所示。第1方案对应二审判决实际结果：不构成违约，当然也无须交纳违约金。此方案虽比一审判决（即第4方案）有本质性的超越，但遵循的仍是"当然违法/合法"的简单执法原则，有名不正、言不顺之嫌。至多为可接受判决方案，只能排列第三。

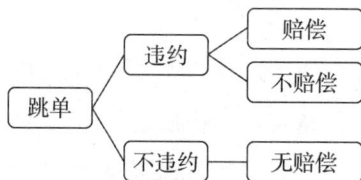

图2的结构：
跳单 → 违约 → 赔偿 / 不赔偿
跳单 → 不违约 → 无赔偿

图2　"跳单"是否违约？

第1方案：不构成违约，也无需交纳违约金。这个方案对应二审判决，也得到了最高人民法院的认可，但仍有不足，仅排列第三。

第2方案：构成违约，但无需交纳违约金。虽然也符合二审判决，但性质认定上有所不足，排列第二。

第3方案：构成违约，交少量违约金或手续费。这是最符合法律经济学的可选判决方案，排列第一。

第4方案：构成违约，交纳成交价违约金。这种方案恰好对应一审判决结果，为较差判决，排列第四。

第5方案：构成违约，交纳约定价违约金。这种方案是原告——中介公司T_1所求，这是多种方案中最无效率，也缺少公平的最差方案，排列第五。

可见，虽然法院二审的裁决结果基本上是合理的，但判据上显得自相矛盾。根据《合同法》认定C方违约的事实，仅由于"其房屋中介信息成本可以忽略不计甚至为零"就认定 C 方不违约，于法于理实属牵强。如果认定中介信息成本为零，那就否定了中介存在的必要性，更谈不上"促进中介服务市场健康发展"了。更好的执法理念是借鉴国际上普遍采用的执法原则，不是简单的"当然违法原则"（Per se Rule），而是"合理推定原则"（Rule of Reason）。既认可"跳单"行为是违约的，同时又判定不必承担违约责任。简单说就是"违约不违法"。这样才能既合乎情理，又合乎法理；否则只合乎情理，不合乎法理。当然，这种判决并不是最优方案。

从图 2 中可以看出，"跳单"行为如果不构成违约，事情则极为简单，也无需赔偿。问题在于如果构成违约，应否赔偿？如何赔偿？

三、违约是否合乎理性？——违约理论

就此"跳单案"来说，违约是否合理可有多种标准：道德标准、经济标准和法律标准。

第一，依据道德标准很难准确判定违约行为是否合理。比如，C 方与 T_1 在自愿的前提下签订了《确认书》，也就表明 C 方已经知悉并愿意承担不得"跳单"的义务。按照传统《合同法》的诚实信用原则，C 方应该认真履行《确认书》，因为任何违约行为似乎都是"不道德"的，应该受到谴责。但这种简单的道德标准并不符合市场经济的基本原则。不符合效率原则自不待言，也并不见得符合公平原则。难道在中国房价过高的情况下，还要求购房者为了某种并不确立的"道德"理念，而自愿承受 27 万元的损失吗？第二，根据法律标准，无论是根据《民法通则》还是《合同法》，该跳单行为无疑属于违约，但不能说明是否合理。第三，根据经济标准，跳单行为完全合乎理性，而不论是否违约或是否违法。本文重点探讨经济标准和法律标准的一致性，即寻求法律经济学的唯一解释。

为便于一般化，首先设定：

P_1——中介 T_1 的约定房价，本例中为 165 万元；

P_2——中介 T_2 的成交价，本例中为 138 万元；

D_1——中介 T_1 的约定违约金，本例中为约定房价的 1%，即 1.65 万元；

D_2——中介 T_2 的约定违约金，本例中未涉及，应为 1.38 万元；

Bt_1——中介T_1对卖方的中介费，本例中等同约定违约金，也为1.65万元；

Bt_2——中介T_2对卖方的中介费，本例中为成交房价的1%，即1.38万元；

Ct_1——中介T_1对买方的中介费，本例中等同约定违约金，也为1.65万元；

Ct_2——中介T_2对买方的中介费，本例中为成交房价的1%，即1.38万元。

那么在本例中，在经济理性的假设前提下，购房者C选择"跳单"违约的临界条件分别是：

第一种情况，当不考虑承担违约责任时：$P_2 < P_1$或$P_2 + Ct_2 < P_1 + Ct_1$；

第二种情况，当考虑承担违约责任时：$P_2 + D_1 < P_1$或$P_2 + Ct_2 + D_1 < P_1 + Ct_1$。

实际上，本例中按第一种情况，P_2=138＜P_1=165，相差27万元，或$P_2 + Ct_2$=139.38＜$P_1 + Ct_1$=166.65，相差27.27万元；按第二种情况，$P_2 + D_1$=139.65＜P_1=165，相差25.35万元，或$P_2 + Ct_2 + D_1$=141.03＜$P_1 + Ct_1$=166.65，相差25.62万元。用经济学术语说，相差的27.27万元或25.35（25.62）万元属于购房者的"跳单"行为可以获得的"消费者剩余"，或者属于继续履约的"机会成本"。可见无论如何，而且不管法院如何判决（即不论选择第1方案还是第4方案），购房者理性的选择都是跳单违约。图3说明同样道理。

简言之，在本案的具体情况下，不考虑道德标准，那么无论按照经济标准，还是法律标准，"跳单"违约都是理性行为。从法律经济学的角度看，违约既合乎情理，又合乎法理。这一结论十分重要，它实际上是"科斯定理"的变形（Coase，1960），简称"跳单定理1"："在价差较大的情况下，无论法院如何判决，最终结果都是跳单违约，差异只在于是否支付违约金或其数额的多少"。这也符合法律经济学体系中的"最优违约理论"，该理论专门讨论违约的条件与效率评价问题（胡蓉，2008）。

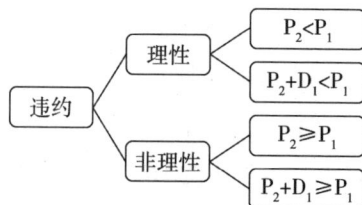

图3　违约是否合乎理性？

法院的一审和二审判决在逻辑上自相矛盾，是简单思维导致的："跳单"就是违约，而违约就是违法，违法就要强制执行或者损害赔偿。为什么会出现这种情况呢？根本原因在于法学意义上的合同与经济学意义上的合同是不同的。这就是法律经济学的"用武之地"，它可以得出法学与经济学之间一致性的结果。法律制度的设计需要符合"激励相容"的根本要求，法律经济学可以帮助人们找到既合乎法理又合乎情理的一致性结果。中国改革开放三十多年的根本经验告诉我们，政策和法律如果做不到"激励相容"，就会形成表里不一、心灵扭曲的社会风气，至多维持一时，最终难免失败。制度设计上的"激励相容"表现在思想方法上就是"实事求是"。

四、违约是否违法？——要件统一

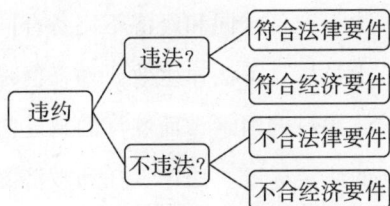

```
                    ┌── 符合法律要件
              违法？─┤
              ┌─────┘ └── 符合经济要件
违约 ─┤
              └─────┐ ┌── 不合法律要件
              不违法？┤
                    └── 不合经济要件
```

图4　违约是否违法？

从图4中可以看出，即使违约，但若不是同时违背法律要件和经济要件，则不构成违法。这是对"跳单=违约=违法"的简单思维的纠正。但新的问题是，在只符合法律要件而不符合经济要件的情况下，法院应如何判决？

在传统的《合同法》理论中，认为凡是双方意思表示真实的情况下所签订的契约就具有完备性，根据《民法通则》第55条关于民事法律行为生效要件的规定和《合同法》第7条、第9条规定，合同生效的要件包括当事人具有相应订立合同的行为能力、当事人意思表示真实和合同不违反法律或社会公共利益。"跳单案"中的《确认书》是否具有法律上的完备性呢？第一，签订《确认书》的双方都有完全行为能力；第二，双方意思表示真实，不存在欺诈、胁迫等现象；[①]第三，《确认书》与现行法律法规和公共利益不违背。因此，该《确认书》符合

---

① 这一要件是可能引起争议的。《合同法》第425条规定："居间人应当就有关订立合同的事项向委托人如实报告。居间人故意隐瞒与订立合同有关的重要事实或者提供虚假情况，损害委托人利益的，不得要求支付报酬并应当承担损害赔偿责任。"在较短的时间内，房价居然相差27万元，价差率高达20%，居间人也有未能提供真实信息之嫌。但在实际案例中，双方并未由此出现争议。

合同有效的法律要件，因此在法学视野中该合同是完备的，因而当缔约方对契约条款有争议的时候，法院就可以强制履行。

但是在经济学特别是法律经济学的视角下，则认为该合同是不完备契约。不完备契约是指由于个人的有限理性、外在环境的复杂性和不确定性、信息不对称性和不完全性而缔结的合同（Grossman & Hart，1986）。《确认书》是在C方不掌握房价信息的情况下签订的，因此该《确认书》在经济要件上是不完备的，不完备契约无法达成最优交易，不能实现合同效率（杨瑞龙、聂辉华，2006）。

在法律和经济学的不同视角下对合同完备性认定存在分歧，主要原因是认定完备性的标准是不同的。本案中《确认书》这样的合同在法律上是完备的，但在经济学上却是不完备的。根据法律和经济学中对于合同不完备标准的认定差异，可以把不完备合同分为法律不完备合同和经济不完备合同，前者是指不具有法律生效要件的合约，后者是指虽然具备法律生效要件，但是由于个人的有限理性和信息不完全等在签约时无法预料的因素，而签订的缺乏效率的合同。传统的《合同法》对法律不完备合同的认定标准、法律责任和救济方式有详尽规定，但是对经济不完备合同涉及极少，我国的《合同法》中只对不可抗力和情事变更等经济不完备情况进行规定。不可抗力和情事变更情形都是发生在缔约之后，且在缔约前无法预见、无法避免和无法补救，它们的发生使履约基础发生了根本的改变，如果强制其履行会破坏交易的经济性，因此应该确认不可抗力和情事变更的法律效力。

但我国现行的成文法律文件并没有也难以对有限理性和信息不对称、信息不完全等因素造成的经济不完备合同作出规定，主要原因在于造成经济不完备的因素比较复杂，既包括不可抗力等客观因素，也包括有限理性和信息不对称、信息不完全等因素，无法在签订合同时完全用法律语言准确阐述其内涵和外延，而且经济不完备合同举证难度较大。由于针对经济不完备合同的法律规定还处于空白，因而造成一定的司法混乱。比如，一审法院就以法律不完备的标准来认定经济不完备合同。二审中级人民法院做出的C方不构成违约的司法判决，显示出对《确认书》经济不完备的法律确认，突破了传统《合同法》单纯地以法律标准判定完备性的做法，这一点具有重要的指导性意义。但仍存在的不足是，不能以经济标准完全替代法律标准，以合理性完全替代合法性。不能因为《确认书》存在信息不对称问题就否认其在法律上的完备性，进而认定违反《确认书》的行为不违约。在法律经济学的视角下，应兼顾法律标准和经济标准，可以认定该跳单行为属于违约，但并不违法，不用承担违约责任。当然，按我们的归纳，这种判决仍属次优判决，排列第二。如果运用"合理推定原则"，更好的判决是，属于违约，但不必明确是否违法，然后由双方商定或由法院判决，由C方交纳适量的违约金，数额可以为$D \leq D_1 - D_2 = 0.27$万元。

五、中介市场效率——信息成本

我们下面转而重点分析中介市场的效率问题，分析的着眼点是"信息成本"。

最高人民法院公布的二审裁判理由是：中原公司（T_1）与陶德华（C）签订的《房地产求购确认书》属于居间合同性质，其中第2.4条的约定，属于房屋买卖居间合同中常有的禁止"跳单"格式条款，其本意是为防止买方利用中介公司提供的房源信息却"跳"过中介公司购买房屋，从而使中介公司无法得到应得的佣金，该约定并不存在免除一方责任、加重对方责任、排除对方主要权利的情形，应认定有效。根据该条约定，衡量买方是否"跳单"违约的关键，是看买方是否利用了该中介公司提供的房源信息、机会等条件。如果买方并未利用该中介公司提供的信息、机会等条件，而是通过其他公众可以获知的正当途径获得同一房源信息，则买方有权选择报价低、服务好的中介公司促成房屋买卖合同成立，而不构成"跳单"违约。本案中，原产权人（B）通过多家中介公司挂牌出售同一房屋，陶德华（C）及其家人分别通过不同的中介公司了解到同一房源信息，并通过其他中介公司（T_2）促成了房屋买卖合同成立。因此，陶德华（C）并没有利用中原公司的信息、机会，故不构成违约，对中原公司（T_1）的诉讼请求不予支持（最高人民法院，2011）。

对此裁判理由，有三点需要特别注意的重要解读：首先，二审法院认定，买方并未利用中介公司T_1提供的信息、机会等条件，这一方面过于牵强，另一方面并不否认中介T_1提供的信息和机会是有成本的，或者说"信息成本"实际上不为零；其次，二审法院认定，买方通过其他公众可以获知的正当途径获得同一房源信息（公共信息），意味着房源信息是无成本的，或者说"信息成本"是为零的；再次，法院的裁判理由忽略了，即使买方利用了 T_1 提供的信息和机会，也有权选择报价低、服务好的中介公司（T_2）促成房屋买卖合同，不过应该给予 T_1 少量补偿。如前所述，虽然二审法院判决比一审法院判决有所进步，但在法理上和经济学原理上仍然自相矛盾。

这里的关键问题可以归结为房源"信息成本"是否为零。在其他条件不变的情况下，如果"信息成本"不为零甚至较大，则一审法院的判决更为合理；反之，如果"信息成本"为零或很小，则二审法院的判决更为合理。诺奖得主施蒂格勒曾根据另一诺奖得主科斯提出的"交易成本"概念，提出"信息成本"的概念，并由此创立了"信息经济学"（Stigler，1961）。根据"双边市场"（Two-sided Market）理论，买房者和卖房者构成双边市场的两边，如图1所示，中介公司是中间平台（Rysman，2009）。中介平台存在的原因就在于，由于信息不对称，双方直接交易成本太高。中介的主要功能就是减少交易成本，而这种交易成本主要就是信息成本。反过来说，如果房屋交易的信息成本为零或很低，中介公司则无必要存在。因此可有"跳单定理2"："其他条件不变时，只有中介信息成本为零，法院（二审）判决才正确，否则将存疑问。"[①]

对中介 T_1 来说，还有几点需要说明。第一，事实上协助买方查看房源，提供了一定的服务，这种服务应该也是有成本的；第二，T_1 提供房价信息与卖方的可接受价格相差较大，买方本来可以反诉 T_1 没有"就有关订立合同的事项向委托人如实报告"，涉嫌"故意隐瞒与订立合同有关的重要事实或者提供虚假情况"，甚至要求中介公司 T_1 "不得要求支付报酬并应当承担损害赔偿责任"（《合同法》第425条）。从法律经济学角度看，T_1 作为原告，本来可有多种选择向C方提出要求，如（1）交纳"足额违约金" $D_1=1.65$ 万元；（2）交纳按成交价计算的较低违约金 $D_2=1.38$ 万元；（3）低于1.38万元的"少量违约金"，比如 $D_3=1.65-1.38=0.27$ 万元；（4）协商解决，交纳双方都能接受的"少量违约金" $0 < D < 1.65$ 万元。交纳约定价足额违约金只是多种选择之一，而且是最不现实的选择。即使按一审判决，也只是要求C方按较低的成交价违约金 $D_2=1.38$ 万元给予赔偿。

[①]　这里需要注意的一点是，这种中介信息成本应是"社会必要成本"，不是指个体成本。其涵义与政治经济学基础理论中"社会必要劳动"的概念是一致的。

现实房屋中介市场中，中国目前的一般惯例是，中介公司从卖方和买方各收取房价1%，合计2%的中介费。①中介费数额高低主要靠市场决定，但仅从约定价与成交价的过高价差这一点看，就可判定相关的中介市场信息成本过高，效率较低。本案中，高低价差率高达20%（即（165-138）/138≈20%），表明该中介市场的信息是高度不对称的，中介市场是严重缺乏效率的。中介机构的作用在于减少交易成本或信息成本，高达20%的高低价差率从反面印证信息成本实在过高，仍处于"暴利"阶段，这也是中介行业频繁被跳单的重要原因。②现在更多的消费者甚至选择利用"58同城"、"赶集网"等网站提供的免费房源信息来租购房屋，以降低交易成本。如果中介行业不及时改变营销策略，势必会造成中介行业的萎缩，甚至消失。从这一点看，二审法院判决"跳单"不构成违约，更无需支付违约金，虽然构不成最优判决，但也是基本符合法律经济学原理的，有助于降低价差率。因而又有"跳单定理3"："在价差较大的条件下，只要信息成本大于零，法院如何判决则至关重要。"这其实也是"跳单定理1"的反定理。

可以认为，中介机构竞争越充分，不同中介间的价差率会越小，甚至趋近于0。反过来，当价差率较小时，对中介市场来说，需要重点关注的则变为如何借助于《反垄断法》，防止中介机构之间的"合谋"（Collusion）行为。

六、强制还是自愿？——法律救济

下面讨论本案例涉及的法律救济问题。现实中，不仅普通的社会成员，就连较多的法律界人员，也都形成了法律就是"是非绝对"的简单思维。③法律更应成为以效率最大化为目标来定纷止争的工具。

由于社会交往的复杂性、风险性与不确定性，人的有限理性，交易成本和信息成本的存在，信息的不完全性与非对称性，语言使用的模糊性等因素，经济上完备的契约几乎是不存在的，因为不可能预见到与契约相关的所有情况，而在事

---

① 美国房屋买卖中介费为6%~7%，一般由双方均摊，或根据市场供求情况由双方商定。但相比之下，美国的房屋中介的收费较高，但服务质量一般好于中国。
② 从这个意义上说，跳单对增进中介市场效率是有作用的。多数情况下，不应简单地因为违约就判定违法，更不应强制履约。
③ 与此相应，有两类司法途径：一是颁布禁令（Injunction）；二是产权交易。经济学家多倡导后者。

先就制定好各自的权利义务。对于法律不完备合同的履行一般要借助第三方执行者，但是对于经济不完备合同的履行，通过法院强制履行经常不能获得最有效率的效果。因此，经济不完备合同应该更强调契约的自我履行而不是法院强制履行。合同的自我履行是指把个人惩罚条款而不是法院强制履行的条款，配置给可能违约的交易方。合约条款和法律制度的设计，要尽量使交易者自觉自愿地去履行，力争做到激励相容，而尽量减少事后进行的强制性救济。

我们已经说明，在本案的既定条件下，无论法院如何判决，跳单违约都是最终结果，而且是有效率的选择。在此前提下，如前诉述，T_1向法院起诉C方恶意"跳单"，法院可能做出五种判决选择。比较这五种判决选择，可以发现，除第3种之外，都属于强制履行或强制救济。第1种认定不构成违约过于勉强；第2种认定违约，但无违约金也不尽合理；第4种虽优于第5种，但也不合理，已被二审推翻；第5种最不合理，一审和二审均不支持。相比起来，最可选的是第3种，即认定违约，只需交纳少量违约金$D \leqslant D_1 - D_2 = 0.27$万元，或相应的数额。这虽只是较小的数值区间，却充满了法律经济学的智慧。正常情况下，争议双方如果确切得知法院的判决区间，多会自动协商解决，而不必劳心伤财，选择去打得不偿失的官司。这一点对法治建议意义重大。

这一结论也说明"跳单定理3"的重要意义。因为这样一来，既能更好地维护消费者利益，也可促使中介公司更好地提供优良服务，还可避免对社会法律资源的浪费使用。

七、判据如何改进？——效率原则

"跳单案"作为中国首批首个指导性案例，它的判决结果对于维护房产中介市场以及一般双边市场的有效运行，促进公平竞争，保护购房者和产权人的合法权益，都有重要意义。但是，此案例的判据和相应的判决结果仍有可以改进之处。

首先，二审法院的判决更符合效率标准，但仍有不足。传统的法理学观念认为法律就是模仿正义，法律不能背离正义，正义应该是司法判决的最高价值诉求。但是在法律经济学的视野中，合同关系蕴含着完整的经济学逻辑，《合同法》的经济功能就是执行增进效率的协议，法院应努力发现能使当事人总收益或社会福利最大化的效率性条款。本案例中，购房者跳单违约是有效率的选择，应该得到法律的维护。当然，如果效率与公平产生冲突，这时法院判决也应选择最有效率实现公平的方式。就"跳单案"而言，C方和T_1签订《确认书》后，如果按照传统《合同法》的诚实信用原则，C方应该认真履行《确认书》。但是显然，这样做既无效率，也不公平。法院应该运用"合理推定原则"，追求效率目标。

其次，二审法院的判决符合以信息成本为基础的"科斯定理"，而反定理更为重要。"科斯定理"是法律经济学一个重要定理，其一般表述是，只要交易成本为零，基本权利的归属或者法院的判决并不重要，当事者总能得出有效率的结果。一方面，本文对房屋"跳单案"的分析表明，"科斯定理"的变形或"跳单定理1"总能成立，即只要"信息成本"足够小，或"中介价差"足够大，那么无论法院如何判决，都会导致有效率的跳单违约结果。法院如果只是僵化地阻止"违约"，则违背法律经济学的效率原则。另一方面，"跳单定理3"表明，其他条件不变时，只要"信息成本"足够大，则法院如何判决至关重要，不一定都有效率。对于法院来说，这种反定理更有重要意义。

再次，法院判决虽然重要，但也有局限性。"跳单定理2"表明，其他条件不变时，只有中介信息成本为零，法院（二审）判决才正确，否则将存疑问。就是说，首先应该确认跳单行为是一种违约行为，不能因跳单行为在经济上的合理性，而否定其违约性。法院二审判决不构成违约，很难自圆其说。另一方面，法院也不能因为违约的合理性，而否定所有中介成本，从而取消一切赔偿。理想的情况是法律划定大致的赔偿原则或上下限（比如$D \leqslant D_1 - D_2$），然后鼓励当事人各方协商解决。这样做，既可节约法律资源，又可避免过多的强制执法。法院应该尽量减少使用"当然违法原则"，比如简单化的"违约既违法"，而是更多地使用"合理推定原则"，比如"违约不违法"、"有条件违约"或"违约+赔偿"等。

参考文献

[1]最高人民法院.关于发布第一批指导性案例的通知.法〔2011〕354号.

[2]于立.经济学学科设置与法律经济学的兴起[J].改革，2011（4）.

[3]最高人民法院.上海中原物业顾问有限公司诉陶德华居间合同纠纷案.最高人民法院审判委员会讨论通过，2011-12-20.

[4]RYSMAN，MARC.The Economics of Two-sided Market[J].Journal of Economic Perspective，2009，23（3）：125-143.

[5]《中华人民共和国合同法》第23章：居间合同.

[6]COASE R H.The Problem of Social Cost[J].Journal of Law and Economics，1960（3）：1-44.

[7]胡蓉.最优违约救济：法律经济学的视角[M].大连：东北财经大学出版社，2008.

[8]GROSSMAN G，Hart.The Cost and Benefits of Ownership：A Theory of Vertical and Lateral Integration[J].Journal of Political Economy，1986，94（4）：691-719.

[9]杨瑞龙，聂辉华.不完全契约理论：一个综述[J].经济研究，2006（2）.

[10]STIGLER G J.The Economics of Information[J].Journal of Political Economy，1961，69（3）：213-225.

第23讲 "店选网购"跳单问题的竞争关系分析①

——以图书行业为例

　　内容提要： 随着互联网和电子商务的兴起，在实体店选择体验而在网上购买的"店选网购"跳单现象②相当普遍，引发诸多经济学与法学问题。典型的行业有服装、电子、电器、家居、化妆品和图书。其中图书行业受冲击最大，争议较多，但存在诸多误区。本文依据纵向产业组织理论（特别是纵向价格双轨制理论），以"店选网购"跳单问题为重点，对这些误区进行剖析，理清关系，揭示实质，总结出"店选网购"的三个"跳单定律"：1.店商与网商专业化程度越强（或一体化程度越弱），跳单现象和搭便车问题则越多；2.偏好个性化需求与体验化服务的顾客多选择店选店购，偏好标准化需求与便捷化服务的顾客多选择直接网购，介于两者之间的顾客则多选择店选网购，而只有店选网购模式存在跳单问题；3.店选网购是跳单的必要条件，而渠道价差较大是跳单的充分条件，跳单率与价差率成正比。在此基础上，初步提出"跳单与RPM互克理论"，同时为企业和政府提出策略选择和政策建议。核心结论是，如果确认企业RPM策略产生了明显的排除和限制竞争效果，则应鼓励和支持消费者的跳单行为；如果确认消费者跳单行为导致了值得关注的反竞争后果和严重的搭便车问题，则应豁免企业的RPM策略行为。

　　关键词： 店选网购　跳单问题　渠道价差　搭便车　转售价格维持（RPM）

---

　　① 本讲合著者徐洪海、冯博，原刊于《中国工业经济》（2013年第9期）。项目来源：国家自然科学基金项目"'跳单问题'的B-T-C范式与应用"（批准号71272190）。
　　② 跳单（Jump-Dealing）又称"跑单"、"漏单"，一般是指在三方主体交易过程中，其中两方"合作"谋利，跳过第三方进行交易的行为。最高人民法院2011年公布的首批首个指导性案例就是"居间合同跳单案"（于立，冯博，2012），其他领域也很多见，如本文讨论的"店选网购"，医疗领域中的"院诊店购"，店面租赁中的"租多售少"等。英文Showrooming或Window Shopping指狭义的跳单现象。我们初步研究发现，跳单理论是"双边市场"理论的重要补充；跳单行为与纵向限制理论中的转售价格维持（RPM）策略互为"克星"。可以期望，跳单问题的深入研究可以进一步丰富产业组织理论。

一、互联网对图书行业的三重冲击

互联网的出现和发展，对很多行业都已经、正在或即将产生根本性的冲击和深远的影响。这些冲击和影响并不限于经济领域，还包括文化、政治、军事、外交等领域，而且是全球性的。这些特点在图书行业的表现特别明显。本文重点研究图书行业，但其分析思路和结论具有普遍意义。根据影响大小与广泛程度，互联网对图书行业的冲击由大到小可分成三个层次。见图1。

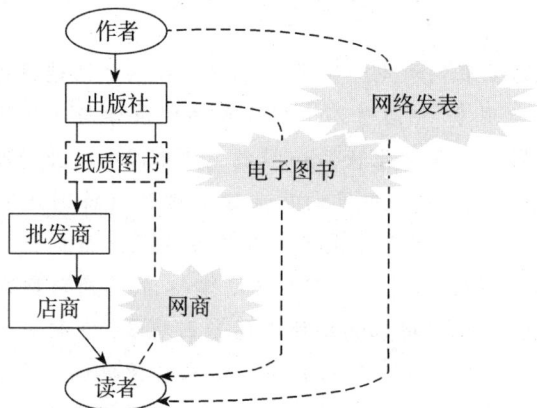

图1 互联网对图书行业的三重冲击

第一层次是"网络写作与发表"对"传统编辑出版制度"的冲击。这是影响最为深远、遍及全球的大趋势。"网络写作与发表"主要是指以网络文学和微博式写作为代表的，将网络作为发表媒介的新型写作方式，如中国较大的网络文学平台"盛大文学"，作者可以直接在网上写作发表，读者也可以直接网上阅读。又如微博、微信、论坛等网络平台也已成为发表个人言论，并与读者互动的重要"场所"。相对于传统的编辑出版方式，网络写作和发表不仅可以在较大程度上规避中国严格的进入管制、书号分配和内容审查制度，而且可以绕过纸质图书从编辑出版到批发零售的各个环节，在作者与读者之间（供求双方）建立起直接联系并可以即时反馈。重要的是，以网络为载体的信息传播方式受众广、速度快、交互性强、自由度高。对于中国的文化氛围和社会特点，这种冲击则显得更为巨大，影响会更加深远（于坚，2013）。

　　第二层次是电子图书对纸质图书的冲击。近年来，随着互联网技术的快速发展，电子图书和电子期刊很快被读者尤其是青年读者所接受，表现出以下几大特征：1.电子图书多可免费下载或售价低廉是其被读者广泛接受的主要原因，电子图书阅读器、智能手机和平板电脑等阅读工具的推广，也使得"便携的"电子图书对纸质图书造成很大影响。如奇书网、北极星书库、百度文库、豆丁网、新浪爱问共享资料和人大经济论坛等，这些网站一般都有可免费下载电子图书。另外，一些网上图书零售商也开始销售电子图书，且售价比纸质图书低得多。当然，这些"免费午餐"经常涉嫌侵犯作者的知识产权。2.电子学术期刊（例如：中国知网、万方数据库、维普网等）使用率增长非常快，文化程度较高的读者（如大学教师和研究生）现在几乎只阅读电子期刊。3.纸质图书虽然有较为固定的读者群，但需求总量增长缓慢，所占份额有限，且日益下降。

　　第三层次是网上购书对实体书店的冲击。自 1999 年起，当当网、亚马逊中国[①]等网上图书零售商迅速崛起，增长速度十分惊人。特别是，京东商城在 2010 年开展图书销售业务以后，网上图书零售商之间的竞争愈加激烈。网上购书凭借其价格低廉、品类齐全、送货及时等优势对实体书店造成了极大的冲击，主要表现为两种方式：一是顾客直接从网上购买图书，简称"直接网购"（直接冲击）；二是顾客在实体店选择体验，而后从网上购买，简称"店选网购"（间接冲击）。"店选网购"（Showrooming 或 Window Shopping）是一种典型的跳单行为，通常指消费者在店商（实体店）选择体验但不在店商处购买，而从网商（电子商务网站）购买同种商品的行为。为准确定义，我们把实体店称为"店商"，网上销售商称为"网商"，而不用通常所说的"实体店"和"电商"。见图 2，其中 P_s 和 P_o 分别表示店商和网商的图书商品销售价格。据中国电子商务研究中心所做的《2013 年 3 月网购图书数据分析报告》，读者通过网商购书的比重高达 60%，其中直接网购占 44%，店选网购占 16%，见图 3。另据 2012 年 12 月《消费者报告》（Consumer Reports）的调查，美国消费者通过"店选网购"方式购买电子商品的比例为 18%，与中国消费者以这种方式购买图书的比例相当。直接和间接冲击的后果则是实体书店的纷纷倒闭、业务萎缩或被迫进行业务结构调整。这种现象也

──────────

①　亚马逊中国的前身是卓越网。卓越网是成立于 2000 年的中国企业，主要经营图书、音像制品等商品。2004 年被亚马逊全资收购，先后又改名为卓越亚马逊（2007 年）和亚马逊中国（2011 年）。

图2　"店选网购"跳单示意图

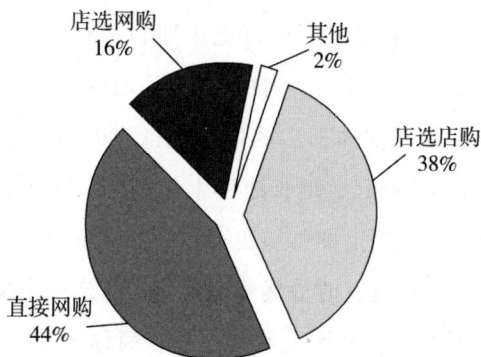

图3　图书购买模式比例图

资料来源：中国电子商务研究中心.2013年3月网购图书数据分析报告[D].

并非中国特有，世界各国都大致如此。为此，一些实体店商"叫苦连天"，甚至要求立法保护。

　　这三重冲击不仅对实体书店，实际上对整个传统图书行业的各个环节也都造成巨大影响。面对这种现象与趋势，中国的官、产、学、媒各界议论纷纷，各找对策。最突出的观点是主张通过价格立法限制打折降价行为，消除"恶性价格战"，以保护实体书店生存。比如，中国出版协会、中国书刊发行业协会、中国新华书店协会就曾于2010年联合制定并颁布了《图书公平交易规则》，其中第二十二及二十三条规定：对出版一年内的新书，进入零售市场时，须按图书标定实价销售，网上书店或会员制销售时，最多享受不低于8.5折的优惠幅度。这种要求图书按照出版社的标价进行销售，不得打折的行为就是"转售价格维持"。其没有意识到，这种试图确认图书"转售价格维持"合法性的做法，实质是《反垄断法》所规定的排除、限制竞争行为，本身就有违法之嫌。正是因为此条款涉嫌违反《反垄断法》，国家发改委曾对此"新书限折令"叫停执行并要求修改。虽然发改委同意以上三家协会起草《关于豁免新版图书出版发行纵向协议的规定》，但实际市场的竞争结果已经表明这些规定即使实施也没有效果，而且对此规定的合法性及合理性都值得深入研究。本文主要针对这种"以法治市，应对冲击"的论调，以图书行业的纵向产业组织特征（主要环节中的竞争与垄断问题）为分析起点，一方面摒弃"无理取闹"的主张（如对抗"直接网购"），另一方面对"似乎有理"因素（如"店选网购"中的"搭便车"问题）进行法律经济学分析，最后阐述相应的策略选择和法律政策建议。其分析思路和对策建议，对服装、电子、电器和化妆品等"店选网购"跳单问题同样多发的行业，应该也是基本适用的。

二、图书行业纵向竞争关系分析

从纵向产业组织关系看，中国图书行业分为上游编辑出版——中游批发——下游零售三个环节，对应的主体是出版社和印刷厂、总发行商和批发商、零售商（包括店商和网商）。如图1和图4。因此，在分析评价零售环节中出现的实体书店经营困难、普遍萎缩问题时，不能只看零售环节，而应从纵向角度对整个图书行业的主要环节进行产业组织分析，兼顾各环节的竞争和垄断情况。

1.图书行业的纵向产业组织关系分析

（1）上游图书编辑出版环节。在此环节中，中国实行着严格的"进入管制"和"书号配给"制度，属于典型的行政垄断。《出版管理条例》第十条、第十一条、第十二条对出版社的设立条件做了具体规定。这些规定看起来简单易行，实际上门槛极高、审批复杂。《中国标准书号》（GB/T 5795-2006）第五条第一款规定中国ISBN管理机构应按照分配规则，根据出版者的出版计划分配书号。中国现有出版社不到六百家，而欧盟数以千计，美国则数以万计。出版限制主要在图书内容，而在图书印刷方面，进入限制则较少，民营中小印刷厂并不少见。中国图书行业行政控制主要是延续原来对政治和意识形态的考虑，但是从产业组织角度看，出版社的实际进入障碍并不大，规模经济性有限，比较适合中小型企业运营。普通图书作者特别是学术性较强的论著作者，面对较强的出版垄断，在稿酬和版权保护方面，谈判能力极其有限，有的则被迫"购买书号"。国家自然科学基金和国家社会科学基金也都视这种出版费用为合理支出。只有少数畅销书作者，情况有所不同。按理，好一点的大学都可设立出版社，其对学术著作的组稿、编辑成本很低，打破出版和发行垄断比较简便。

（2）中游图书发行批发环节。中国过去一直沿袭着出版社出版图书，由新华书店统一经销的传统模式。新闻出版总署和商务部于 2011 年颁布《出版物市场管理规定》，在法律上明确了在新华书店和出版社以外，民营书店、网络书店、外资企业也可以成为图书总发行商。该规定在形式上打破了原新华书店垄断发行批发权的局面，并构成了"二级"（总发行商-批发商）、"多元"（国营渠道、民营渠道、外资渠道、网络渠道）的图书发行批发格局，见图 4。但是，总发行商和批发商市场准入门槛较高，并要经过严格的行政审批，迄今为止，全国的总发行商只有约一百家，其中民营总发行商只有十几家，竞争严重不足，行政垄断仍然存在，而且新华书店由于历史原因，仍然垄断着中小学教材的发行权和经营权。如果按经济规律要求，进一步放开批发市场准入，并且取消中小学教材发行方面的歧视待遇，图书行业的竞争会更为充分。

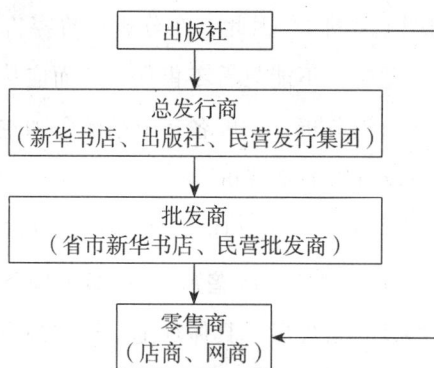

图 4　图书发行批发流程示意

（3）下游图书零售环节。相比上、中游两个环节，下游的图书零售环节的竞争性越来越强。在网商出现之前，特别是在民营书商进入之前，借助出版社在图书封底标注的统一零售价格（即事实上的"转售价格维持"），加之实体店同行之间缺乏竞争，店商可在较大程度上维持图书转售价格，并据此获得垄断利润。

后来，由于民营书商的进入，垄断利润逐渐变薄。而在电子商务出现之后，网商基于成本效率的低价冲击使店商的转售价格维持策略难以为继，其主导地位也逐渐瓦解。在这个过程中，有两种力量发挥作用，一是直接网购，二是"店选网购"。就后者而言，店商自称是互联网冲击的受害者，有时被迫成为网商的"试衣间"。而实际上，网商对店商的冲击更多的是两者竞争的必然结果，虽然在店商与网商之间存在是非待辨的"店选网购"现象和相应的搭便车问题，但它的冲击影响有限，更大的冲击来自直接网购。

2.图书行业的"纵向价格双轨制"问题

根据我们提出的"纵向价格双轨制"理论（于立，1992；于立，王健林，2008），大体上可以判断，中国图书行业表现为上游行政垄断——中游竞争不足——下游竞争激烈的基本格局是引发零售环节出现问题的重要缘由。与此形成反向关系的是电力行业，即上游高度竞争——中游竞争不足——下游高度垄断，也能说明同样道理，见表1。可以说，不论是图书行业纵向上竞争由弱趋强（同时必然是垄断由强趋弱），还是电力行业纵向上竞争由强趋弱（同时必然是垄断由弱趋强），都属纵向价格关系的扭曲，都不符合市场经济配置资源的根本要求。这种"纵向价格双轨制"比通常所说的"横向价格双轨制"情况更复杂，也更有进行改革的必要性。

表1　　　　　　　　　　　　两类"纵向价格双轨制"比较

类型	上游	中游	下游	争议焦点
竞争由弱趋强（垄断由强趋弱）：如图书行业	严格进入管制；书号高度垄断；行政垄断严重	发行权集中；竞争不足	店商僵化被动；网商崛起扩张；竞争激烈	1."店选网购"跳单问题是非待议。 2.图书转售价格维持合法性存疑
垄断由弱趋强（竞争由强趋弱）：如电力（火电）行业	电煤（煤企）高度竞争	电厂（电企）竞争不足	电网（网企）高度垄断	1.存在零星直接售电、竞价上网不足问题。 2.对电网自然垄断特征误区较多

上游垄断定价（对应行政垄断）和下游市场定价（对应竞争）的"纵向价格双轨制"格局不仅在根本上导致图书零售价格的扭曲，同时也造成图书行业各环

节的利润分配不均衡。其中一个关键问题是，新华书店本可以依靠其在发行业务（如教材垄断）方面的优势地位在下游零售环节拥有较强竞争力，没有普遍亏损的道理。亏损的主要原因应该在于经营机制老化、人员组织臃肿、企业战略保守、服务意识不足，有的书店也确应退出行业。总体来说，中国图书行业普遍存在着著作权人（特别是著名学者，还有较多的音乐作品著作权人）利益保护不足，环节过多与苦乐不均等现象。换用产业组织理论术语说就是，由于图书行业事实上的纵向双轨制和价格扭曲，造成了不可低估的显在和潜在的"社会福利净损失"（Deadweight Loss of Social Welfare）。①在这个过程中，网购图书的冲击（直接和间接）只不过是"导火索"或"冰山一角"而已。

理清了图书行业的上述纵向关系后，便可集中分析零售环节的竞争关系。具体可分成三种：一是店商与网商的竞争，表面上也有横向竞争，实质是纵向差异化（Vertical Differentiation）竞争，如店商和网商在经营品种、商品体验、送货服务、购物方便程度等方面存在的差异，这种竞争多有跳单现象和搭便车问题；二是店商与店商的竞争，属于同行横向竞争，基本没有跳单现象和搭便车问题；三是网商与网商的竞争，也是同行横向竞争，也基本没有跳单现象和搭便车问题。见表2。

表2　　　　　　　　　三种竞争关系比较

竞争关系	买者跳单	卖者搭便车	纵向竞争	横向竞争
店商-网商	⊙	⊙	⊙	⊗
店商-店商	×	×	×	⊙
网商-网商	×	×	×	⊙

注：⊙表示存在，×表示不存在，⊗表示兼而有之。文中以下各表涵义相同。

图书行业中，新华书店在网商出现之前的很长一段时期内"一统天下"，在相关市场中具有垄断地位。目前来看，第二种竞争（店店之争）日趋激烈，除一些小型书店外，"诚品"、"佩吉"（PAGE ONE）等连锁书店都形成了自己鲜明的

①至今仍有人很外行地用"无谓损失"一词表达Deadweight Loss的涵义。准确理解此词要注意两个要点：一是这种损失不是"无谓"的，而是很重大的；二是扣除垄断产生价格扭曲带来的消费者剩余和生产者剩余转移部分后，还有潜在的社会综合"净损失"，要点在"净"。

品牌特色。同时，第三种竞争（网网之争）中的网商也逐渐形成各自特色。例如，当当网从经营图书起家，现在也兼营其他商品，商品配送借助第三方物流。京东商城原以经营电子商品为主，现在也介入了图书业务，并有自己专门的物流配送系统，在时效上具有优势。目前看，当当网送货时效稍差，但价格较低且优惠折扣较多；京东商城送货时效较好，但价格稍高。二者可满足顾客的不同偏好，形成差异化竞争。亚马逊中国的特色是进口图书种类多，电子图书优势强，并且开发了电子书阅读器Kindle，也建有物流配送系统。由于后两种竞争关系（即店商与店商、网商与网商）不存在明显的顾客跳单和店商搭网商便车的问题，本文重点讨论第一种竞争关系，即店商与网商之间"店选网购"跳单问题产生的原因和规律。

三、图书零售环节中的"跳单问题"

图书行业下游零售环节店商与网商之间的竞争关系是本文分析的重点，原因在于这个环节存在较为普遍的跳单现象。那么，到底图书行业中顾客跳单和网商搭便车现象背后存在哪些经济规律，又该怎样解决？影响顾客跳单的主要因素是什么？下面从企业经营模式、顾客购买模式和经营渠道价差三个角度进行分析，并尝试总结出相应的三个"跳单定律"。

1.企业经营模式比较

网商的介入使图书零售环节形成新型的市场结构。在供给方面表现出"两类企业（店商、网商）加三种模式（并存、合并、混合）"的组合关系，见表3。为分析简便，假定店商与网商处于同一市场，两类零售商经营的商品本身无差异，但经营模式有所不同。暂不考虑价格和非价格因素对需求方面的影响，仅从供给角度考察企业不同经营模式对跳单问题的影响，分析其他问题时可放松这一假定。

表3　　　　　　　　　　企业三种经营模式特征比较

经营模式	买者跳单	卖者搭便车	专业化	一体化
并存模式	⊙	⊙	⊙	×
合并模式	×	×	×	⊙
混合模式	×	×	⊙	×

经营模式1——并存（Duopoly）模式：店商与网商独立经营、相互竞争，分别从事纯实体销售业务和纯网上销售业务。两类零售企业均不实行纵向整合，各自追求专业化经济，而放弃一体化经济。顾客根据商品外在特征和价格高低选择购买方式，即店选店购、直接网购还是店选网购。这些外在特征包括：售前售后服务、购买风险等。不考虑商品内在差异，因为已经假定商品本身无差异。如果顾客选择店选店购和直接网购，店商则面对直接的低价冲击，但不存在跳单现象，也不存在搭便车问题。如果顾客采取店选网购方式，则会产生网商搭店商的便车或外部性问题，导致对店商的间接（或隐蔽）低价冲击。店商对第一种直接网购冲击，应该无话可说，实属两者正常相互竞争；而对于第二种冲击，店商则有一定的合理诉求因素，应该考虑外部性补偿问题。

经营模式2——合并（Merger）模式：原两类独立经营企业店商与网商实现一体化合并，成为单一法人。这种情况下，顾客选择哪种渠道购买商品对一体化利益并无影响，因为合并后店商与网商之间的外部性实现了"内部化"，从而消除了跳单与相应的搭便车问题。然而，在合并模式和下述混合模式下，一体化企业内部的实体销售业务与网上销售业务之间（企业内部不同事业部，或"成本中心"或核算单位），只要线下线上业务存在价格差异也有可能出现"内部跳单"，但不存在企业之间的搭便车问题，公司总部可以方便地通过内部核算予以处理。例如，大型零售商苏宁发布"双线同价"公告，从2013年6月8日起，实现苏宁店面与苏宁易购的融合，将"店面体验、网上下单"的购物行为，改变为"网上比价、店面购物"的O2O（Online To Offline）模式，所有苏宁门店、乐购仕门店销售的全部商品将与苏宁易购实现同品同价。这也许能够创出新的商业经营模式，但目前看难题不小。合并模式在可能获得一体化经济的同时，也可能消除潜在的基于分工的专业化经济。当然，这种纵向一体化也很可能增强相关企业的市场势力，有垄断之嫌，因而对此应慎重对待。后面要讨论的转售价格维持策略与此类似，虽然不涉及组织机构调整，但通过实施纵向价格协议，也可以达到类似效果。这是需要反垄断机构密切关注的。

经营模式3——混合（Mixture）模式：原先的店商和网商虽仍为独立企业，但实体销售业务与网上销售业务混合经营。这时，店商和网商都不再是纯粹单一的业务分工。这种混合模式发展到一定程度之后，店商与网商的区别可能不再存在。但现实中由于多种因素的作用，比较常见的仍是店商以实体销售业务为主，以网上销售业务为辅。网商则以网上销售业务为主，同时可能有少量的实体销售业务。店商因其进货渠道成熟、品类服务齐全、存储方便等优势使其稍加改造即可以较少的投入费用开展网上销售业务。与其对应，网商也可以开展实体销售业务，但目前这种情况并不多见。总之，混合模式往往是专业化经济与一体化经济兼而有之，此时顾客跳单与网商的搭便车问题虽然不能完全消除，但可以得到根本性缓解。

通过对三种经营模式的特征比较及对跳单问题的分析，可以发现，并存模式与合并模式实为两种极端情况，混合模式则介于二者之间。在从并存模式到合并模式的变化过程中，一体化程度逐渐增强，专业化程度则逐渐趋弱，而跳单程度随之逐渐降低。由此得出：

跳单定律1：其他条件不变情况下，店商与网商专业化程度越强（或一体化程度越弱），跳单现象和搭便车问题则越多；反之则相反。

2.顾客购买模式比较

从顾客需求方面看，图书行业下游零售环节店商与网商之间的竞争表现为店选店购、店选网购和直接网购三种主要购买模式。理论上说，顾客也可有"网选店购"的购买方式，从而店商搭网商的便车，但这方面的事例较少，本文暂不研究。顾客在选择购买方式时，商品价格差异、商品特征差异、购前售后服务、购买风险等都是影响顾客决策的因素。中国电子商务中心在《2013年3月网购图书分析报告》中指出：消费者在选择图书网商方面，第一看品种丰富，第二看价格便宜，第三看送货时间短，第四看订单操作简单，第五看搜索精准快捷。但这些是指对网商的选择，不是对购买方式或是否跳单的选择。归纳起来，这些因素不外乎两类：一是价格因素；二是非价格因素。本节暂不考虑价格因素，而只考虑非价格因素对消费者购买模式或跳单问题的影响。分析的要点见表4。非价格因素，又可细分为个性化需求与体验化服务。个性化需求主要包括：装帧与封面设计、普通版还是收藏版或限量版、版本先后、赠品或周边产品、签名售书等。体验化服务主要包括：图书推介、店内试读、氛围营造、退换服务等。当然，购买风险也是影响购买模式的非价格因素之一，但对图书销售而言，网商的图书质量多有保证，因此这一因素这里可以暂不考虑。而当分析其他商品如服装时，风险

表4　　　　　　　　　　　顾客三种购买模式特征比较

购买模式	买者跳单	卖者搭便车	个性化需求	体验化服务
店选店购	×	×	⊙	⊙
店选网购	⊙	⊙	⊙	⊙
直接网购	×	×	×	×

因素就显得很重要。

购买模式1——店选店购：顾客到店商选择体验并最终购买商品。店商能够通过实体商店展列图书，使顾客对所购商品有直接的感触；能够方便地提供相关赠品，举办签名售书活动。好的店商拥有专业导购人员为顾客提供购前咨询、图书推介；提供场地使顾客能够在店内试读，营造读书氛围，对所售图书提供便捷的退换货服务等。概括地说，"店选店购"的购买模式可以满足顾客对商品的个性化需求，同时也能使顾客获得相对完善的体验化服务。因而，其成为注重商品个性化与服务体验化且时间较为宽裕顾客的首选购买模式。在这种购买模式下，顾客选购商品的过程均在实体店完成，所以也就不存在顾客跳单和网商搭便车问题。如前所述，数据表明顾客通过店选店购方式购书的比例为38%，份额日益下降，主要原因是店选网购与直接网购的购买方式对其造成较大冲击。应该说，实体书店如能不断发挥自身优势，开展特色化经营，更好地满足顾客的个性化需求，为顾客提供体验化服务，则可在"店网大战"中保留一定的竞争优势，还可占据一席之地。

购买模式2——店选网购：顾客在店商选择体验，但最终从网商购买。这种模式由"店选"和"网购"两个环节组成。顾客通过"店选"可以获得店商免费提供的售前咨询、售中试读等体验化服务，同时"店选"又能满足顾客对图书设计、版本差异等方面的个性化需求。再通过"网购"顾客甚至可以在一定程度上实现"熊掌与鱼兼得"，既得到免费的"店选"服务，又可获得网商的低价优惠。当然在现实中，顾客选择店选网购方式，多是对商品个性化与服务体验化要求不高，而更重视价格因素，所以跳过店商实际从网上购买。这种店选网购模式必然引发跳单问题以及由此带来的网商搭便车问题，有时还较为严重。

购买模式3——直接网购：顾客选购商品的过程全部在网上完成。直接网购的特点有二：一是价格低廉，据我们估算，多数图书价差率在20%~40%之间；二是适合标准化程度高的商品（如图书）。如前所述，数据表明直接网购已经成为对店商经营冲击最大的购买方式，在图书网购（占60%）中，2/3来自直接网购。由于商品的"选"和"购"过程全部在网上完成，因此直接网购模式并不存在顾客跳单和相随的搭便车问题。

通过以上对三种购买模式的比较分析，可以得出：

跳单定律2：价格一定条件下，偏好个性化需求与体验化服务的顾客多选择店选店购（样本数据38%）；偏好标准化需求与便捷化服务的顾客多选择直接网购（样本数据44%）；介于两者之间的顾客则多选择店选网购（样本数据16%），而且只有店选网购模式存在跳单问题。

3.经营渠道价差分析

其他因素一定时，价格因素则是影响顾客选择的关键因素。2011年7月Comscore的一项调查显示，美国智能手机用户，放弃店内购物的最主要原因是在网上能够找到更优惠的价格，出于这种原因的受访者比例高达52%。在对非价格因素进行具体分析后，下面重点分析销售渠道价差与"店选网购"跳单问题的关系。

项目组在2013年7月进行了一次调查，重点比较店商与网商之间的渠道价格差额。基本计算方法是，在不同类别中选择若干种代表性图书，以受网商冲击较大的新华书店标准定价为基准（实体店很少打折），对网购图书排名前三位的主流网商亚马逊中国、京东商城和当当网送货平均价格进行比较，计算价差率。调查发现，在图书行业若干种代表性商品组别中，店商价格与网商价格的价差率多在20%~40%之间。如果将跳单率作为衡量顾客店选网购跳单程度的指标，那么有数据表明，中国图书零售中的跳单率为16%，美国电子商品的跳单率为18%。

为进一步分析渠道价格差额和价差率对顾客跳单的影响，现假设：P_w——图书商品批发价格，通常同一市场价格相同；P_s——店商图书商品销售价格；P_o——网商图书商品销售价格；C_s——店商成本加价；C_o——网商成本加价；π_s——店商单位利润；π_o——网商单位利润。因此可有：

$$P_s = P_w + C_s + \pi_s \tag{1}$$

$$P_o = P_W + C_o + \pi_G \tag{2}$$

正常竞争情况下，店商与网商的利润应该相当，即 $\pi_s \approx \pi_o$。根据式（1）和式（2）可得渠道价差额为：

$$P_d = P_S - P_o = (P_W + C_S + \pi_S) - (P_W + C_o + \pi_o) \approx C_S - C_o \tag{3}$$

进而渠道价差率可定义为：

$$R_P = \frac{P_S - P_o}{P_S} = \frac{P_W + C_S + \pi_S - P_W - C_o - \pi_o}{P_W + C_S + \pi_S} \approx \frac{C_S - C_o}{P_S} \tag{4}$$

由式（4）可知，价差率直接取决于店商成本加价 C_S 与网商成本加价 C_o 的差额。从顾客角度看，上述分析并没有考虑交通费用（顾客往返实体店的交通费与网购运费），但现实中网购多数情况下是免运费的，如当当网、亚马逊中国和京东商城都有满一定购买额度免运费的优惠政策，实际上这种最低额度都很小，经常相当于一本书的价格。考虑到这个因素后价差率会更大。从商家角度看，据我们调查的20%~40%价差率推算，网商的成本加价一定很低，甚至可以忽略不计。也就是说，在一定条件下，影响价差率的主要因素是广义的"店面费用"，即包括物业成本、店面租金、工资成本、存货成本、税收等各成本因素的分摊费用。但产业组织理论说明，除非该企业具有市场垄断势力，不然企业自己加进自定分摊成本后的价格不一定能得到市场认可，这才是问题的关键所在。以新华书店为例，实体店的大多店面都是自有产权，较少有账面上的租金问题，很少考虑机会成本。工资成本中含有部分离退休职工福利的成分，这应是社会负担问题，而网商基本没有这种负担。而新华书店在中小学教材发行方面具有经营特权，项目组调查新华书店90%的盈利来自教材中小学经营，可以弥补这方面的成本。如果没有这个特权优势，新华书店的经营会更困难。但无论如何价差率不应该如此之大。

在一定条件下，当网商价格明显低于店商价格时，顾客必然跳单。显然，跳单率与价差率成正比符合经济学常识和人们的一般直觉。因此可得：

跳单定律3：店选网购模式是跳单的必要条件，而渠道价差较大是跳单的充分条件。其他条件（非价格因素）不变时，跳单率与价差率成正比。

总结以上分析和三个"跳单定律"，可以得出的综合判断是，"店选网购"跳单问题具有二重性。一方面表现为网商对店商的冲击，但其背后是电子商务带来的效率或成本节约，这是经济发展的必然规律。另一方面表现为网商在顾客跳单过程中通过搭便车侵害了店商的利益。然而，这种"侵害"一是对店商影响比较有限，因为主要冲击来自直接网购，而不是店选网购；二是假如没有网商的竞争，实体店仍可维持较高的价格和相应的利润，也不符合经济规律。所以总体来说，网商对店商的冲击主要是竞争效应的体现。客观地说，其中的直接冲击促进了市场竞争，提高了行业效率，符合技术进步和经济发展规律；只有间接冲击有"不公平"的一面。对于直接冲击，店商只能面对现实，顺应规律，或者退出竞争，或者设法应对。而对于间接冲击，虽然值得同情，但试图通过"立法"维持原来局面，既不合法理，也不切实际。如果接受下文的另一结论，那么店商更应采取一体化或混合经营模式，以及多元化业务策略来应对被动局面，适当介入网上业务或其他业务，而不是靠"借口"书店的"公益性"获取生存空间。虽然似乎也可以考虑经营某些具有专营特点的"定制商品"，如在汽车和服装行业，企业可以经营某些具有专营特点的"定制商品"来对抗顾客店选网购或直接网购，但要慎重，以免涉嫌垄断。对图书行业而言，这样做不仅可能有垄断之嫌，而且也很难成功。

四、图书行业转售价格维持的法律经济学分析

在中国近年的图书市场运行中，处于竞争劣势的店商及其代言人经常指责网络书店在销售环节"任意打折、恶性竞争"，并呼吁有关部门立法制止。2010年1月8日，中国出版工作者协会、中国书刊发行业协会、中国新华书店协会就颁布了《图书公平交易规则》，提出"新书限折令"，即"对出版一年内的新书，进入零售市场时，须按图书标定实价销售，网上书店或会员制销售时，最多享受不低于8.5折的优惠幅度"。"新书限折令"主要是针对网络书店对实体书店的冲击，但是在其实施的三年多时间中，低于8.5折的销售比比皆是，甚至由新华书店组建的网络书店也开始以低于8.5折的价格销售图书。事实上，在"新书限折令"颁布不久，当当网就发表声明公开拒绝执行"新书限折令"，并提出其有违法之嫌。中国新华书店等规则制定方陷入了"违法又吃亏"的尴尬境地，也并未针对当当网等以"低于8.5折"售书的行为加以处罚。因此，"新书限折令"只能

是一纸空文，形同虚设。其实，即便实施"新书限折令"，网络书店也会通过"团购"等变通手段规避限制。

这种"新书限折令"的主张实质上并没有抓住要害，有关言论大多似是而非。细究起来，需要明确的有四点：一是规范图书行业正常竞争无需新的立法，现有法律已有明确规定；二是适用图书行业竞争关系的主要法律是《反垄断法》，而不是其他法律；三是《反垄断法》中与图书行业最相关的条款是"转售价格维持"；四是"转售价格维持"这一条款的恰当执法需要正确地对其进行法理分析和经济评价。

转售价格维持（Resale Price Maintenance，RPM）是一种经常引发争议的企业经营策略，也是法律经济学特别是反垄断经济学中的一个重要议题，近年来在中国的图书销售领域表现突出。2013年8月1日，在《反垄断法》实施五周年之际，上海市高级人民法院对"锐邦诉强生案"的判决是中国在这个领域的第一个典型判例，并确认了该案中的转售价格维持是一种《反垄断法》禁止的排除、限制竞争的纵向垄断行为，该判决结果对图书行业也有借鉴意义。中国的图书封底惯例上都有明确定价，这种行为在一些国家本身就可能是违法的，也与中国《反垄断法》的主旨相悖。但由于实际上普遍存在幅度较大的打折行为，因此这种表面上的转售价格维持完全形同虚设，效果十分有限。

单从法学角度看，RPM因违背"限制处分权理论"和"契约自由原则"而多被认为属"本身违法"的行为。但是，经济学特别是产业组织理论的研究却表明，RPM可能同时产生促进竞争（正效应）和限制竞争（负效应）两种效果，简单适用"本身违法"原则显得过于机械和严苛（黄勇，2012），有时反而会抑制RPM可能给市场带来的竞争活力。因此，各国均从法学和经济学的双重视角或法律经济学的综合视角审视RPM的合法性和合理性问题，其中美国的"合理推定"执法原则及欧盟的"原则违法、例外豁免"执法原则最具代表性。在美国，2007年的"丽晶诉PSKS公司案"确立了RPM可不适用"本身违法"原则，而适用"合理推定"原则。在欧盟，关于RPM的规定体现在《欧盟公约》第八十一条，其中第一款属于"原则违法"，第三款则属于"例外豁免"。其实，这两个执法原则思路"殊途同归"，没有实质差别。中国大体上属于后者，即也是"原则违法、例外豁免"（许光耀，2011）。

中国关于"转售价格维持"的法律条款主要有：《反垄断法》第十四条"禁止固定向第三人转售商品价格"（属于原则违法）和第十五条"可以豁免提高质量、增进效率等情况的纵向垄断行为"（属于例外豁免）。相关的还有《反不正当竞争法》第十二条"禁止附加不合理条件销售行为"的规定，《价格法》第十四条及四十条"禁止不正当价格行为"，以及《合同法》的相关条款等。重要的是，中国《反垄断法》第十四条与第十五条关于RPM的规定，虽然形式与欧盟的"原则违法、例外豁免"原则相近，但是实质上却排除了被告援引《反垄断法》第十五条进行抗辩的权利，原因是判断某种RPM行为是否具有"提高质量、增进效率"，增进"社会公共利益"的效应过于困难。然而，这不正说明，实体书店的诉求首先就与反垄断法宗旨相违背吗？

根据中国《反不正当竞争法》第十二条的规定，有学者认为RPM应属于"附加其他不合理条件"的销售行为，故认定其属于当然违法的行为。即使认定应先判断某种RPM行为的合理性，再认定该行为的合法性，由于该条款的模棱两可，在法律实践中几乎没有司法判例。根据中国《价格法》的第十四条的规定，与RPM相关的条款是"本法禁止相互串通，操纵市场价格，损害其他经营者或者消费者的合法权益的行为"。这一条款显然也不能成为实体书店诉求的法律依据。中国以往的司法实践中，通常认为RPM是一种纵向协议，属于合同纠纷，一般会援引《合同法》来处理。在"锐邦诉强生案"中，被告强生公司也以此作为抗辩理由，认为原告提出的损失属于合同纠纷产生的损失，不适用《反垄断法》。但是，如果RPM协议本身违反《反垄断法》，则属于无效合同，"反抗"RPM的行为当然也不是违约行为。

从更一般的意义上看，这里似可提出一个新的值得更深入研究的产业组织理论命题，简称"跳单与RPM互克理论"，即在纵向产业组织竞争关系中，消费者的跳单行为与企业的RPM策略互为克星。就是说，在一定的条件下，跳单行为有利于消除RPM的限制竞争效力，而RPM反过来也倾向于制止跳单行为及其相应的搭便车现象。由此得出的基本推论则是，对于反垄断机构而言，如果确认企业的RPM策略产生了明显的排除和限制竞争的效果，则应鼓励和支持消费者的跳单行为；如果确认消费者跳单行为导致了值得关注的不正当竞争后果和严重的搭便车问题，则应豁免企业的RPM策略行为。

这一新的理论发现可对有关RPM的反垄断执法提供新的执法思路。各国对RPM的反垄断执法原则几乎都是"原则违法、例外豁免",美国由执行"本身违法"原则转为"合理推定"原则也是同理。可见原则并不复杂,难点主要体现在对豁免条件的经济分析方面。现在,根据上述的跳单定律和相关命题,则可以避繁就简地观察是否存在跳单现象,跳单程度及规律,从而判断是否需要以及如何进行反垄断规制。这至少是个新的执法角度。比如,如果跳单现象较多(同时价差率趋于减小),则对RPM就不必过虑。如果跳单现象较少(同时价差率趋于增大),则对RPM就应加强反垄断执法。我们按这个思路审视中国图书行业的竞争情况,是非结论和政策导向岂不是比较清晰?

五、基本结论与政策建议

互联网及其相应的技术革命对现代社会的影响超出人们的想象。这种冲击对经济、政治、文化、法律、外交等各方面也都已经和即将产生根本性影响,并必然会引起相应的变革。孙中山先生说过的"世界潮流,浩浩荡荡,顺之者昌,逆之者亡",正应此事。但是图书行业面对网络的冲击,显然过于被动、迟钝、保守,试图通过"新书限折令"等手段维护实体书店的生存,难以实现。概括起来有以下几大误区:1.认不清互联网(网购)冲击的广深性和不可避免的大趋势;2.只关注零售环节,而不是从纵向角度综合分析;3.店商只想保护既得利益,看不到本身就涉嫌违反《反垄断法》("既吃亏又违法");4.对于其中的关键问题(如"店选网购"中的搭便车问题)没有抓住要害;5.对解决困境存在不切实际的幻想,而不是主动应对。本文针对这些误区,基于前面的分析及归结出的跳单定律,提出如下的基本结论和政策建议。

1.要从纵向产业关系来分析图书行业的竞争行为

研究图书行业应该从整个行业的纵向关系着眼,综合分析各个环节中的竞争与垄断关系。根据"纵向价格双轨制"理论,上游高度竞争、中游竞争不足、下游高度垄断的市场(如电力行业)的纵向关系是扭曲的。同理,在上游行政垄断、中游竞争不足的条件下,下游的竞争(如图书行业)也必然是扭曲的,简单地从横向角度评价某一环节的竞争格局难免有失偏颇。在图书行业,只从零售环节的横向角度来看，的确存在"店选网购"跳单行为及相伴随的搭便车问题，但是从纵向关系来看，跳单又是对"维持转售价格"纵向垄断行为的"有力反抗"，在很大程度上有其合理性。因此不能对图书零售环节中的"店选网购"跳单问题一概否定，多数情况下，跳单对促进竞争起着积极的重要作用。纵向产业组织或纵向限制是国际上经济学的前沿问题，纵向垄断是竞争政策（或反垄断执法）的难点所在。中国近年来也逐渐关注纵向垄断行为，先后查处了"奶粉限价销售案"、"锐邦诉强生案"等纵向垄断案件，但仍存在很多值得进一步深究的问题。在政策论证过程中，经济分析的作用应该加大，同时难度不可低估。

2.政府应谨慎干预图书行业中"店选网购"的跳单行为

图书行业广泛存在店选网购跳单现象，并且表现出跳单率与价差率呈正向相关关系的规律（跳单定律3），这是企业经营模式（跳单定律1）和顾客购买模式（跳单定律2）综合作用的必然结果。因此，政府行政部门和反垄断执法机构应该正确对待任何方面的片面诉求和主张，不宜简单从事，轻易干预。分析和处理相关问题时，应该借鉴"跳单与RPM互克理论"，即消费者跳单行为与企业RPM策略互为克星的命题与推论，政府不宜过多干预。基本的政策规则（实施条件和政策导向）是，如果确认企业的RPM策略产生了明显的排除和限制竞争的效果，则应鼓励和支持消费者的跳单行为；如果确认消费者跳单行为导致了值得关注的不正当竞争后果和严重的搭便车问题，则应豁免企业的RPM策略行为。

3.企业应理性地选择经营策略

对于图书零售环节中的店选网购跳单现象，其中存在的不合理因素主要是网商搭店商便车问题。对于网商而言，应该考虑对店商给予某种形式的"适当补偿"，至少可以部分解决搭便车的外部性问题，否则理亏。但店商不应过于期望通过"转售价格维持"或"新书限折令"这样的手段来维持生存。从长远看，店商可以通过转变经营观念、开设网上书店、提供特色产品、提高服务水平等手段限制跳单行为，最终通过市场机制自动解决网商的搭便车行为。原因是，图书行业供给方面所面临的来自网商的高效率直接冲击是大势所趋；需求方面由于顾客店选网购所产生的跳单行为与搭便车问题带来的间接冲击，虽然有不公平的因素，但其冲击影响有限，店商只能积极应对，不能等靠。对于与互联网发展相关的大趋势，有关企业应顺应潮流，积极、主动应对网络时代的冲击。实体书店为改变"被动应付"的局面，可以采取纵向扩展（发展网上销售业务）和/或横向多样化经营的"以攻为守"策略。有的实体店则应选择及早退出原有行业，因为实体书店的萎缩是全球性的普遍现象。实体书店作为顾客跳单过程中网商搭便车行为的受害者，虽然值得同情，但一方面相对于网络发展对其的整个冲击，合理诉求的因素在比重上比较有限；另一方面应该认识到现实经济至多是个"次优"的世界，只有"自强"才能生存发展。

4.通过《反垄断法》来规范图书行业的竞争关系是治本之策

竞争是一切市场经济的核心，竞争与垄断的关系是经济学的主题，《反垄断法》是竞争政策的核心法律。试图通过立法，特别是通过转售价格维持或"新书限折令"等手段来限制网商的竞争行为的主张，法理上不充足，实践上行不通。对于这种纵向限制行为至多是法律豁免，不可能通过法律规定强制实行。政府行政部门和执法机构应该从法学和经济学，特别是二者的结合——法律经济学的角度客观分析，慎重处理。特别需要强调的是，长期看不应也不可能通过价格立法解决店商的困境，反过来应根据《反垄断法》规范图书行业的竞争关系。有关的企业诉求或行业主张，首先要符合《反垄断法》，否则难免陷入"既吃亏又违法"的尴尬境地。在中国《反垄断法》实施五周年之际，国务院反垄断委员会专家咨询组副组长黄勇教授提出，民众要了解《反垄断法》，企业要遵守《反垄断法》，政府要理解《反垄断法》。这就要求，民众需要了解市场竞争符合消费者的根本利益和切身利益，企业要改变对《反垄断法》不知无畏的做法，政府既不能自身搞行政垄断，也不能对市场随便干预。具体对图书行业来说，在编辑出版环节，应放松出版社市场准入，打破书号垄断；在发行批发环节，应消除歧视性政策，维护自由竞争；在零售环节，限制转售价格维持行为，企业自主定价自由竞争，让消费者受惠。这才是治本之策、根本之路。

5.本文学术思想和政策结论对其他领域的普遍意义

转售价格维持（RPM）或纵向协议在产业组织理论和法律经济学中是一种典型的纵向限制行为，但它是否构成《反垄断法》所指的纵向垄断行为或纵向垄断协议则要具体分析。近年来，中国的反垄断执法机构加强了对"转售价格维持"等案件的查处力度。国家发改委于2013年处罚了茅台、五粮液对经销商进行价格控制的行为，对合生元、多美滋、美赞臣、惠氏、雅培、富仕兰（美素佳儿）等奶粉企业进行了"转售价格维持"的反垄断调查。药品加价机制也是构成药品消费终端价格畸高的体制原因，与《反垄断法》主旨相悖，但还没有从这个角度引起足够关注。上海市高级人民法院于2013年8月1日宣判的"锐邦诉强生案"，成为中国第一个纵向垄断司法判例，更是具有里程碑意义。但是，中国的纵向垄断案件总体上仍面临着"理论不清"、"难于认定"、"取证困难"和"赔偿不足"等方面问题，其中的经济分析或专家证词水平有待提高，"原则违法、例外豁免"的相关执法原则还需要完善。1911年美国最高法院判决的"迈尔斯诉帕克公司案"就是经典例子（薛兆丰，2013）。直到1960年，才由经济学家泰舍尔（L.G.Telser，1960）对此判例给出了合理的法律经济学解释。解释中实际上涉及到了跳单问题，但没能给出明确的经济学概念。希望本文提出的"跳单与RPM互克理论"是对相关理论的一个贡献，当然这里还很初步。

参考文献

[1]MATHEWSON，FRANK，WINTER R.The Law and Economics of Resale Price Maintenance [J].Review of Industrial Organization，1998（13）：57-84.

[2]POSNER，RICHARD A.Antitrust Law：An Economic Perspective[M].Chicago：University of Chicago Press，1976.

[3]SHY，OZ.Window Shopping[D].Working Paper，No.13-4.Federal Reserve Bank of Boston，2013.

[4]TELSER，L G.Why should Manufacturers Want Fair Trade？[J].Journal of Law and Economics.1960（3）：86-105.

[5]黄勇.价格转售维持协议的执法分析路径探讨[J].价格理论与实践，2012（12）.

[6]许光耀.转售价格维持的反垄断法分析[J].政法论丛，2011（8）.

[7]唐要家.行政性市场势力与图书纵向价格扭曲[J].产业经济评论，2011（3）.

[8]薛兆丰.不要鲁莽干扰奶粉行业的市场机制[N].经济观察报，2013-07-27.

[9]于坚.不上网，他们到哪里去[N].南方周末，2013-06-27.

[10]于立，冯博.中国经济改革与发展的"三小法宝"[J].改革，2013（1）.

[11]于立，冯博.最高人民法院首个指导性案例的法律经济学分析——"跳单案"案例研究[J].财经问题研究，2012（9）.

[12]于立，王建林.纵向价格双轨制："电荒"的经济学分析与出路[J].中国工业经济，2008（10）.

[13]于立.谈纵向价格双轨制[J].中国物价，1992（8）.

Analysis of the Competitive Relationshipsin Jump-Dealing：Representing Caseof SBWP in Book Industry

Abstract：Following the blooming of Internet and E-commerce，store-browsing-web-purchasing（SBWP，or showrooming）widely emerges，a pattern such that trial at real-body store while make the purchase through web，introducing numerous issues of economics as well as law.Industries that feature with this pattern are clothing，electronic devices，cosmetics and books.Among all，books industry suffers the most，rising various disputes，however many are mistaken.

This paper based on vertical industrial theory（especially vertical dual-pricing system），majorly focusing on SBWP jump-dealing behavior，analyze mistaken fields，clarify and reveal underlying relations，then summarize to three "jump-dealing modes" of SBWP：① the finer specialization of store firm and web firm（the less integration between store and web firm），the more of jump-dealing and free rider will be；②consumers with individual and trial service preference are more likely to choose store-browsing-store-purchasing（SBSP），and consumers with standardized and convenient service preference are more likely to choose web-browsing-web-purchasing（WBWP），while consumers in between are incline to choose store browsing-web-purchasing（SBWP），however，jump-dealing only exists in the third pattern；③ SBWP is necessary to jump-dealing，and price difference between channels is the sufficient condition，jump-dealing is positively correlated with price difference ratio. Based on these three modes，we bring up the "jump-dealing and RPM offsetting theory"，at the same time，offer strategy choices and policy suggestions to firms and government.

Core conclusions are the following, if firms RPM strategy substantially eliminate and restrict competition, then jump-dealing behavior should be encouraged; If jump-dealing behavior leads to substantial anti-completion and free-rider issues, then firms RPM strategy should be exempted.Equivalently saying, if jump - dealing is overwhelming (and price difference ratio tends to shrink), then RPM should not be a concern; otherwise, anti - monopoly agency shall intensify law enforcement towards RPM strategy.

Key Words: SBWP (showrooming); jump - dealing; price difference in distributing channels; free-rider; RPM (resale price maintenance)

JEL Classification: L42L81M21

第24讲　跳单与RPM互克理论及其政策含义[①]

内容提要：维持转售价格（RPM）对市场竞争既有正效应，也有负效应，这种二重性及由此产生的举证困难问题，经常成为反价格垄断执法实践中极富争议的难题。我们研究发现，现实中普遍存在的跳单现象与RPM具有互克作用。本文系统提出跳单与RPM互克理论，并分析其对反价格垄断的政策涵义，为反纵向价格垄断执法提供简易执法原则与方法。这样既可减少现有执法中可能的"多此一举"，更可避免因执法难题而造成的"错上加错"。

关键词：互克理论　维持转售价格　跳单行为　渠道价差　价格垄断

一、引言

价格垄断又称为垄断协议，是指排除、限制竞争的协议、决定或者其他协同行为。垄断协议与经营者集中和滥用市场支配地位，构成各国反垄断执法的三大主要领域。垄断协议通常分为横向协议和纵向协议两大类，我国《反垄断法》第二章（第十三条至第十六条），就专门针对垄断协议做了规定，其中第十三条和第十四条则分别是针对横向协议和纵向协议情形的。

在司法实践中，纵向协议通常被称为维持转售价格（Resale Price Maintenance，RPM），是纵向限制行为的一种。纵向限制（Vertical Restraints）可分为品牌内限制（Intrabrand Restraints）和品牌间限制（Interbrand Restraints）两大类。品牌内限制主要指RPM，品牌间限制包括搭售（Tying Contract）和排他交易（Exclusive Dealing Agreement）等。对于RPM，《反垄断法》第十四条规定了三种情况，即"（一）固定向第三人转售商品的价格；（二）限定向第三人转售

① 本讲合著者冯博、徐志伟，原刊于《价格理论与实践》（2014年第3期）。本讲是国家自然科学基金项目《"跳单问题"的B-T-C范式与应用》（项目号：71272190）的阶段性成果。项目负责人为于立教授。

商品的最低价格；（三）国务院反垄断执法机构认定的其他垄断协议"。但从实践角度看，RPM表现形式主要有三类：一类是限定最低价格和固定价格（即前两种情况），目的在于长期维持较高价格，这是最常见的两种现象；第二类是限定最高价格，目的在于短期维持较低价格，其实质主要就是《反不正当竞争法》第十一条所规定的"驱除对手定价"（或称掠夺性定价），这一条在《反垄断法》中并没有明确规定；第三类是在不同销售区域限定不同价格，其实质是价格歧视。本文所说的RPM行为一般是指《反垄断法》第十四条明确规定的固定价格[①]和限定最低价格。

通常，RPM具有限制纵向价格竞争的负效应，但又有促进非价格竞争的正效应（如防止搭便车行为），即RPM不一定是完全有害的行为。美国最高法院1911年判决的"迈尔斯诉帕克案"（Dr.Miles Medical Co.v.John D.Park and Sons Co.，220 U.S.373，1911）曾认定RPM行为"当然违法"。2007年，美国最高法院接受波斯纳（Richard Posner）法官的意见，认为该案判决原先就错，推翻了百年前的判决，承认RPM行为具有二重性（薛兆丰，2013）。我国《反垄断法》第十五条也规定了满足一定的条件，而且能够证明"所达成的协议不会严重限制相关市场的竞争，并且能够使消费者分享由此产生的利益"，RPM可以得到法律豁免。

虽然经验表明，纵向协议比横向协议更容易符合第十五条的规定，或者说反垄断执法或司法时，对RPM行为更需要进行"合理推定"，会面临更大的举证困难和争议。在规制RPM行为方面，中国实行行政机构（具体指国家发改委价格监督检查与反垄断局）执法和法院司法并行体制。行政机构在处理"图书限折令"等行政案件和法院审理"锐邦诉强生案"等司法案件时遇到的困难都是明证。那么，是否存在某种简便方法，既可以减少因RPM自身具有的二重性而导致反垄断执法和司法的顾此失彼，又可以简化程序、解决举证困难的问题，甚至不劳此举呢？我们的最新研究证明，答案是肯定的。具体来说，当存在跳单现象时，由于其与RPM的互克作用，在一定条件下，反垄断机构对RPM行为不仅可以豁免，有时还应该给予鼓励。显然，这个理论和发现是对法律经济学特别是反

---

①　固定价格在供大于求时起最低限价的作用，而在供不应求时起最高限价的作用。所以，限制价格从根本上说不外乎最低限价和最高限价。

垄断经济学的一个贡献。

二、跳单、RPM 与渠道价差

（一）跳单现象及对 RPM 的克制作用

跳单现象其实早已有之，只是过去很少进行系统的研究。跳单（Jump-Dealing）又称"跑单"或"飞单"，英文中的 Showrooming 或 Window Shopping 均有此意，但都仅强调某一侧面。一般来说，跳单现象具有如下特征：（1）至少存在三方主体；（2）出于经济理性，其中一方主动或被动地与另一方合作，而跳过第三方进行交易；（3）两方主体的合作是基于对第三方的利用，直接或间接地损害了第三方的利益，主要是搭便车问题。如果说 RPM 的通常做法就是限定最低价格，从而达到维持偏高价格的目的，那么在渠道价差较大的情况下，只要有机会就会出现跳单。因此，通常情况下，跳单行为具有明显地促进价格竞争的正效应，因而是 RPM 的天敌。但要指出，只是由于价差较大而选择低价购买的行为（比如直接网购），虽然也有与跳单类似的促进竞争的效果，但由于不存在搭便车问题，不属跳单之列。

例如，中国最高人民法院 2011 年公布的首批首个指导性案例就是"居间合同"跳单案。其中，购房者在价差较大的情况下，跳过一家中介而与另一家中介成交（有一定程度的搭便车）。这既符合个体经济理性，也有利于房产业的合理竞争（于立、冯博，2012）。又如，近年来在各国图书、服装、家居、电子、电器等行业的销售环节中，不仅广泛存在"直接网购"现象，也大量存在"店选网购"（即在实体店体验选择，再通过网上廉价购买）的跳单行为，这是伴随基于互联网的电子商务出现的必然现象。其中，出版商或实体书店试图通过 RPM 维持高价，不仅没有效果而且涉嫌违法（于立、徐洪海、冯博，2013）。

本文主要探讨的问题是，既然当价差较大时，跳单会自动减弱甚至消除RPM 的效果，而有时成功实施 RPM 也会有效限制跳单，二者之间存在互克作用①，那么它们相互作用的机理到底是什么？如果再考虑到二者的正反两方面效应，那么如何才能"趋利避害"？退步说，即使不能做到"两利相容，而无一害"，至少也应该避免"两害相加，而无一利"。研究和解决这些问题对反垄断执法和相关企业经营都具有指导和借鉴意义。

（二）渠道价差是联系 RPM 与跳单的纽带

根据经济学的基本原理，在市场竞争充分的条件下，同一种商品在不同渠道的销售价格应该趋同。但现实却并非总是如此，相同商品在不同销售渠道往往具有不同的销售价格，并由此形成渠道价差。

从渠道价差产生和演变的机理看，某个上游厂商实施限定最低价格的 RPM 策略会产生直接和间接两种效果。直接效果是对企业而言，指对自身渠道下游价格的维持，主要表现为渠道价差的扩大，即自身渠道价格与其他渠道拉开差距，从而在一定时间内获取垄断收益。而间接效果是对市场而言，指对下游相关市场其他渠道价格的影响，即由于其他渠道价格的跟随，相关市场的价格水平会有趋同趋势，结果是整体价格水平向上偏离充分竞争水平，偏离的程度具体取决于市场竞争状况。一般而言，企业实施 RPM 策略的直接和间接效果的综合影响是现实市场价格向偏高的方向趋同，而渠道价差上的表现通常是"先大后小、高位趋同"。本文所说的 RPM 效果就是指这种综合效果。

从渠道价差的影响后果看，渠道价差过大会吸引消费者在某一渠道（通常是价格较高的店商）进行体验选择，而在另一渠道（通常是价格较低的网商）购买商品，从而形成跳单现象。如果跳单达到一定程度，市场竞争会更加充分，价格较高渠道销售的商品会出现滞销，市场价格会向较低的更接近充分竞争的水平趋同。与 RPM 作用相反，跳单对渠道价差的影响表现通常是渠道价差"由大到小、低位趋同"。

至此可知，在 RPM、跳单与渠道价差这种"三位一体"的关系中，渠道价差是连接其余二者的纽带，而 RPM 和跳单的作用方向相反（即互克之义）。下面的理论模型可以完整准确地说明这种复杂关系。

---

① 根据"阴阳五行"的哲学思想，RPM 与跳单不仅会有互克作用，也会存在相生关系。比如，上游厂商实施 RPM 策略也可能引起价差，而价差过大就可能导致跳单。反过来，出现跳单就说明存在价差，而上游厂商为了限制跳单也可能会采取 RPM 来缩小价差。

三、跳单与RPM互克理论模型

完整的跳单与RPM互克理论模型由"两个引理"、"基本定理"、"二重组合"和"三区划分"四个部分组成。下面依次加以讨论。

（一）基于渠道价差的两个引理

假定其他因素（如销售服务、商品属性、顾客偏好及收入水平等）不变，仅侧重考虑渠道价差与跳单、渠道价差与RPM之间的单向关系，则可形成如下两个引理：

引理1：当不考虑是否存在RPM行为时，渠道价差大小与跳单程度成正比。如图1-a所示，横轴表示渠道价差的大小，纵轴表示跳单程度（发生频率或幅度）的高低；渠道价差越大，跳单程度越高，即成正比关系。其中道理不难理解，比如在零售环节，当渠道价差足够大时，消费者自然会选择价格较低的渠道购买商品和服务，而跳过价格较高的渠道；而当渠道价差较小时，跳单也就没有动力。

引理2：当不考虑是否存在跳单行为时，渠道价差大小与RPM效果成反比。如图1-b所示，横轴仍表示渠道价差的大小，纵轴则表示RPM效果的强弱。不同于跳单与渠道价差之间的正比关系，RPM效果的强弱与渠道价差成反比关系。比如，当存在潜在渠道价差而并没有表现出来时，说明现有RPM策略实施的综合效果较强，控制市场价格的目的已经达到。这种情况也容易躲避反垄断机构的关注，危害较大。而且一般情况下，率先实施RPM的上游主导企业，不仅自身获利，而且会影响其他追随企业相应调整价格，最终导致整个市场价格向上偏离竞争价格。与之相反，当市场中高低价格并存且渠道价差较大时，说明RPM策略实施的综合效果较差，即使偶尔局部奏效也难以持久，不能达到维持价格的目的，而且容易受到各方关注。

两个引理（特别是引理2）比较抽象，这里以中国图书行业的实例加以说明（于立、徐洪海、冯博，2013）。在图书零售环节，存在店商（线下实体店，如新华书店）和网商（线上经销商，如当当网）两种销售渠道。在店商书价比网商书价平均高出20%~40%的情况下，购书者自然会选择网上购买，结果导致店商普

图 1-a

图 1-b

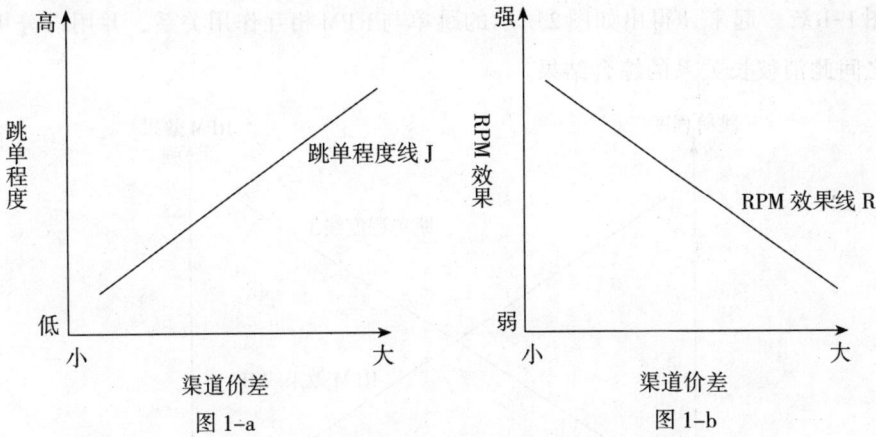

图 1 渠道价差对跳单和 RPM 的单向作用关系

遍经营困难。其中又分"直接网购"（无搭便车问题）和"店选网购"（有搭便车问题，即跳单现象）两种情况。不论出于什么原因，如此巨大的渠道价差必会导致出现普遍的跳单现象。以上分析符合引理 1，而且世界各国情况大多如此。

再看引理 2。处于被动地位的店商联合上游的出版商，试图实施纵向限制策略，并呼吁政府出台"图书限折令"（实质是 RPM 行为），维持较高的图书价格以便生存和获利。假如店商与网商间的渠道价差因"图书限折令"减小以至消失，则证明 RPM 效果强，其限制市场竞争的作用也就明显。若是如此，对于图书行业的 RPM 行为就应该严格限制。但事实却是，在渠道价差过大的情况下，此类纵向限制在现实中几乎没有任何效果。即使没有"店选网购"的跳单现象，光是"直接网购"就会打破 RPM 行为。而且因涉嫌违法，反垄断机构对此必然持慎重态度，政府和司法机构也绝无强行推进 RPM 行为的道理。过去中国的图书销售由新华书店一统天下、一价到底，没有价差，没有竞争，属于 RPM 的极端情况。网商兴起之后，渠道价差由无到有、由小到大，到一定阶段市场价格必然趋同。显然，以上分析符合引理 2。

（二）跳单与 RPM 互克理论基本定理

引理 1 和引理 2 只是分别表明了渠道价差对跳单和 RPM 的单独而反向关系，显示出一定的经济现实解释力。但这远远不够，因为关键不仅仅在于分别单独考虑两组关系，更为重要的是研究跳单与 RPM 二者间的互克作用，即当其他因素一定时，跳单和 RPM 二者之间反向作用的机理及其政策涵义。为此，可将图 1-a

与图1-b统一起来，得出如图2所示的跳单与RPM相互作用关系，并用以分析二者之间此消彼长关系的综合结果。

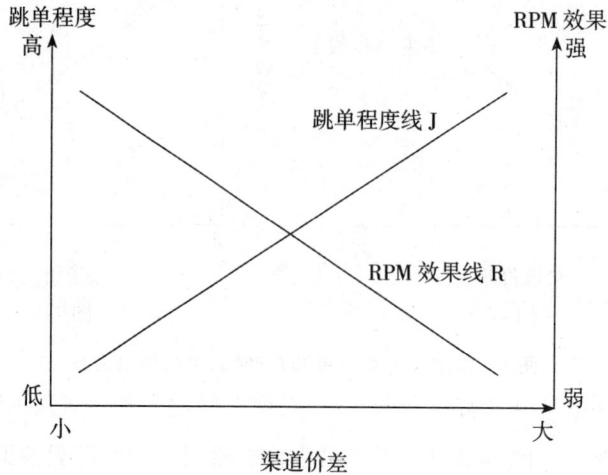

图2　跳单与RPM互克理论示意图

在图2中，横轴从左至右表示渠道价差由小到大，左边纵轴由下到上表示跳单程度由低到高，右边纵轴由下到上表示RPM的效果由弱到强。这样，图1-a中的跳单程度线J和图1-b中的RPM效果线R就构成了相互交叉图形。

由此，可以得到"跳单与RPM互克基本定理"：在其他条件不变的情况下，跳单程度越高则RPM效果越弱，跳单程度越低则RPM效果越强；反之，RPM效果越强则跳单程度越低，RPM效果越弱则跳单程度越高。也就是说，在图2中，从左至右，随着渠道价差的扩大，跳单对RPM的克制作用逐渐增加；从右至左，随着渠道价差的减小，RPM对跳单的克制作用逐渐增加。

这就是跳单与RPM互克理论的基本定理，也是下面"二重组合"和"三区划分"的理论基础。跳单与RPM互克定理的重要意义在于，反垄断机构完全可以充分利用这种互克作用，在反价格垄断执法过程中，对于RPM静观其变，审时度势，充分利用跳单的积极作用，尽量做到无为而治，避免节外生枝，人为添乱。另一方面，相关机构也可以通过限制或豁免RPM来减少跳单的负效应，而不要直接介入对跳单的治理。

（三）跳单与 RPM 的"二重组合"

跳单与 RPM 互克基本定理说明跳单程度与 RPM 效果此消彼长的相互关系，但这还不足以涵盖互克理论的全部涵义，因为还没有完全考虑到跳单与 RPM 对市场竞争具有正效应和负效应的二重性。对跳单而言，其正效应表现为促进价格竞争（通常是达到较低的市场价格水平），但跳单往往还会产生搭便车的负效应，即跳单行为虽提高效率但影响公平。对 RPM 而言，其正效应表现为可以抑制搭便车问题，但它也有限制价格竞争的负效应（通常维持较高的市场价格水平），即 RPM 虽有利公平但降低效率。二者的正反效应和综合评价如表1所示。

表1　　　　　　　　　　　　　　　跳单与 RPM 的二重性

	正效应	负效应	综合评价
跳单	促进价格竞争（趋向低价）	产生搭便车行为	提高效率但影响公平
RPM	抑制搭便车行为	限制价格竞争（趋向高价）	有利公平但降低效率

假如跳单行为和 RPM 行为各自只有一种效应，问题较为容易解决。但由于跳单与 RPM 各自具有二重性质，所以要科学有效地发挥二者之间的互克作用，必须力争做到趋利避害，即在同时限制负作用的前提下，争取最好的正效应。

如图3所示，根据跳单和 RPM 的正、负效应搭配，可有四类（2×2）组合关系：（1）跳单的正效应+RPM 的正效应（对应第Ⅰ象限）；（2）跳单的正效应+RPM 的负效应（对应第Ⅱ象限）；（3）跳单的负效应+RPM 的负效应（对应第Ⅲ象限）；（4）跳单的负效应+RPM 的正效应（对应第Ⅳ象限）。显然，第Ⅰ象限的双正效应最为可取，也可以称为"理想象限"。而第Ⅲ象限的双负效应最不可取，也可以称为"摒弃象限"。第Ⅱ和第Ⅳ象限的效应均为一正一负，彼此有所抵消。政策组合的目标就是尽量靠近双正效应的第Ⅰ象限。当然，现实中更为常见的是跳单和 RPM 的正负效应同时存在，所以需要综合分析二者对竞争影响的净效应。

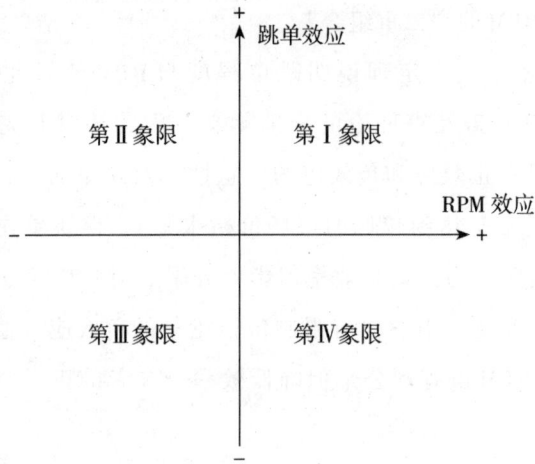

图3 跳单与RPM效应组合图

（四）跳单与RPM的三区划分

图3所示的"二重组合"思路上正确，但操作性稍差。因此，下面根据"两线三区四分法"原理①（于立，2013），将图2划分为三个区间，再据以进行政策组合，思路便会更加清晰，见图4。

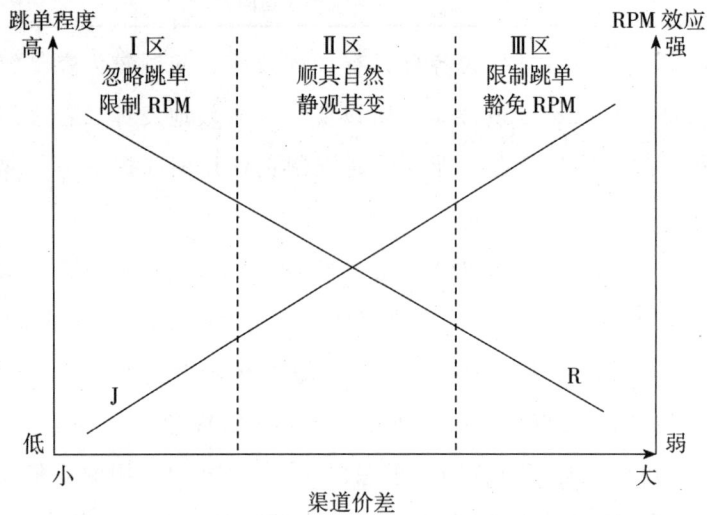

图4 跳单与RPM的三区划分示意图

在渠道价差较小的第Ⅰ区间，跳单程度线J处于低位，RPM效果线R处于高位，即RPM效果较好、跳单现象较少。这种情况下，跳单促进价格竞争的正效

---

① 在构建法理经济学（Economics of Jurisprudence）学科基本分析方法时，于立系统提出了"两线三区四分法"范式，并成功地用于研究多方面复杂问题。

应不够明显，同时因跳单现象较少，也不存在严重的搭便车负效应。而RPM限制价格竞争的负效应更加突出，跳单对其的克制作用十分有限。此区间内二者互克的综合效应，更多地表现为RPM限制价格竞争的负效应。因此，此区间政策组合的要点是"忽略跳单，限制RPM"。

在渠道价差较大的第III区间，跳单程度线J位于高位，RPM效果线R处于低位，即RPM限制价格竞争的负效应不明显，同时跳单现象较多。这种情况下，跳单促进价格竞争的正效应比较明显，也不必担忧RPM可能产生的限制价格竞争负效应。但此时较多的跳单现象会产生比较严重的搭便车问题，而RPM抑制搭便车的正效应比较有限。此区间二者互克的综合效应，更多地表现为跳单所产生的搭便车问题。因此，此区间政策组合的要点是"限制跳单，豁免RPM"。

相对而言，第II区间的情况既复杂、又简单。复杂主要是指关系层面，各因素间交错影响、纷繁凌乱；简单主要是指执法层面，由于互克效应明显，反垄断机构倒多可顺其自然、无为而治。第II区间的跳单程度线J与RPM效果线R高低交错。随着渠道价差的扩大，消费者（或下游经销商）跳单的动机增强，跳单程度必然有所上升。同时，渠道价差的扩大从另一个侧面说明，RPM的纵向价格限制效果虽然不如第I区间明显，但会高于第III区间。此区间二者的作用方向不如第I区间和第III区间那样清晰，但互克的综合效应却更加明显。显然，第II区间是跳单与RPM互克理论的研究重点和适用区间。此区间的政策组合要点是"顺其自然，静观其变"。

根据上述的跳单与RPM互克理论和"三区划分"政策组合要点，可以概括成如表2所示的简易执法原则，对RPM进行执法。当然，由于存在行业属性差异和相关司法判例较少等原因，目前还难以依据经验数据对"三区"进行严格划分。但随着未来判例和研究成果的增多，"三区"也将逐步由定性划分进展到定量划分。

表2   **基于"互克理论"的政策组合与执法原则**

区间	基本特征	政策组合	RPM执法原则
第Ⅰ区间	· 渠道价差小，跳单程度低，对RPM克制作用小。 · RPM效果强，对跳单克制作用大，对价格竞争负面影响大。	忽略跳单 限制RPM	适用"原则违法"执法原则
第Ⅱ区间	· 渠道价差较大，跳单程度较强，对RPM有克制作用。 · RPM效果较强，对价格竞争不利，对跳单有克制作用。 · 跳单与RPM相互克制	顺其自然 静观其变	适用"合理推定"执法原则
第Ⅲ区间	· 渠道价差大，跳单程度高，对RPM克制作用大。 · RPM效果弱，对价格竞争不利影响小，对跳单克制作用小	限制跳单 豁免RPM	适用"原则合法"执法原则

四、理论应用与典型案例

根据跳单与RPM互克理论及其简易执法原则，我们可以对"锐邦诉强生案"、"房屋中介"跳单案等典型案例，在大致划分"三区"的基础上进行法律效果评价，并为"店选网购"、"租少售多"、"院诊店购"、"山寨侵权"等跳单问题提出对策建议。需要说明的是，这些经典案例和跳单问题中有些涉及的是广义的RPM现象，但其性质和影响与狭义的RPM是一致的。具体案例与建议见表3。

下面对表3内容加以解释。

第一，"锐邦诉强生案"。该案是中国首个RPM司法案例，对反价格垄断的执法和司法具有重要的示范作用。强生公司对下游厂商实行了RPM策略，但下游厂商锐邦公司以低于限定价格6%的价格进行销售，可认为渠道价差率为6%，属于第Ⅰ区间。上海高级人民法院的二审判决，认定强生公司RPM行为违法。根据我们的互克理论，由于渠道价差较小，下游经销商跳单动力不足，甚至很少有跳单现象，可以认为RPM效果较强，具有限制价格竞争的潜在能力。因此，该案例应遵循RPM"原则违法"的执法原则，严格限制RPM行为。总之，法院的二审判决合乎法理（于立、冯博，2014）。

第二，"房屋中介"跳单案。该案是最高人民法院公布的中国首个指导性案例，其首次明确了跳单的法律性质，可以很好地说明渠道价差与跳单和RPM的关系。购房者与某房屋中介以165万元的价格签订《房地产经纪确认书》，但很

表3　　　　　　　　　　　　　　　　　典型案例与对策建议

相关领域的典型例证	渠道价差率与区间定位	判例评价、政策建议及企业策略
中国首个 RPM 司法案例——"锐邦诉强生案"（医疗仪器行业）	渠道价差率 5%～6%，属于第 I 区间	·RPM 克制作用强，跳单行为很少。 ·二审判决强生公司 RPM 行为违法，合乎法理
最高院首批首个指导性案例——"房屋中介"跳单案（房屋中介行业）	渠道价差率 16%～20%，属于第 II 区间	·RPM 与跳单相互克制，应允许顾客和其他中介合作跳单。 ·一审判决跳单违法，不符合法理，二审判决跳单合法，符合法理。 ·无需禁止 RPM 行为，但不应判定跳单违法。中介机构应减少信息成本
"店选网购"跳单问题（图书零售行业）	渠道价差率 20%～40%，属于第 II 区间	·RPM 与跳单相互克制，应允许购书者与网商合作跳单。 ·政府原则应限制 RPM 行为，至少豁免 RPM，但绝不能支持"图书限折令"等 RPM 策略。 ·店商可实施纵向一体化或交叉补贴策略，应对搭便车
"租少售多"跳单问题（大型商场商业模式）	渠道价差率 20%～50%，属于第 II 区间	·RPM 与跳单相互克制。 ·政府静观其变，无需主动执法。 ·商场优化租金结构；租户提高服务水平。纵向一体化可适度减少跳单现象
"院诊店购"跳单问题（药品销售行业）	渠道价差率 50%～80%，属于第 II 区间	·RPM 与跳单相互克制，适当允许患者跳单到药店购药。 ·政府放松医院准入，取消"层层加价"制度。 ·医院加强竞争，减少中间环节
山寨侵权问题（IPR 商品）	渠道价差率 90% 左右，属于第 III 区间	·跳单会克制 RPM，应有所限制。 ·与 IPR 相关的 RPM 行为原则合法。 ·政府应限制跳单，维护知识产权，鼓励创新

快又通过另一房屋中介以 138 万元的价格成交，同一房源两个渠道（中介）价差27 万元，渠道价差率为 16% 或 20%，应属于第 II 区间。在这种情况下，跳单克制

和打破了首家中介试图通过合同协议来维持高价的RPM行为。因此，初级法院判决跳单违法是不符合法理的，二审法院改判跳单合法的判决更符合法理。但根据我们的互克理论，二审判决的不足是完全忽略了中介信息成本问题，留下了明显的法理遗憾（于立、冯博，2012）。

第三，"店选网购"跳单问题。近年来，随着基于互联网的"平台式"商业模式的不断创新，很多商品在零售环节普遍存在"店选网购"（或"网选店购"）的跳单现象。在图书行业，实体书店与网上书店之间的渠道价差率一般在20%~40%左右，应属于第II区间。图书行业一度实行"一次定价、分层打折"的RPM制度，图书价格一直偏高。网上书店出现之后，购书者面对较大的差价，自然采用"店选网购"的方式跳单，再加上非属跳单的直接网购，使RPM制度名存实亡。店商也试图通过"图书限折令"等RPM手段，来克制跳单，但由于渠道价差过大，跳单行为和直接网购行为共同作用，使RPM手段形同虚设。根据我们的互克理论，图书行业的跳单促进价格竞争的正效应十分明显，尽管存在一定的搭便车问题，政府机构也不应随意介入。相反，对于RPM行为，至多豁免。同时，店商可以实施纵向一体化或交叉补贴策略，应对搭便车。总之，应依据"合理推定"执法原则，尽量鼓励市场竞争，减少政府干预（于立、徐洪海、冯博，2013）。

第四，"租少售多"和"场选网购"跳单问题。在以场地租赁为主要商业模式的大型商场中，容易同时出现"租少售多"（少租店面逃避租金，背后交易更多获利）和"场选网购"（顾客在商场选购商品，再通过网上购买）的"双重跳单"现象。调研发现，租户在大型商场中租用展位需付的租金成本通常占经营总成本的30%左右，这些成本因素会转移到商品价格中，相应形成商场渠道与非商场渠道（包括厂家直销、销售商独立销售或网络销售等）的渠道价差，价差率一般在20%~50%。面对租户或顾客的跳单行为，商场通常采取普遍提高租金或调整租金结构的策略，有时还制定"线上线下同价"等RPM策略，但由于渠道价差较大，租户或顾客跳单动力也较大，实际中商场的RPM策略效果有限。根据我们的互克理论，可以利用跳单的正效应克制RPM的负效应，同时通过优化商场租金结构、提高服务质量或实行纵向一体化等策略克制跳单引发的搭便车负效应，使最终的综合效应趋向于理想象限。政府机构最好的思路就是静观其变，让跳单行为与RPM互相克制（于立、王玥，2014）。

第五，"院诊店购"跳单问题。调研发现，在医疗领域，经常出现"院诊店购"药品的跳单现象。其主要原因在于不少药品的医院售价是出厂价的8到10倍，与药店的渠道价差率也高达50%~80%。价差如此巨大，似乎应属于第III区间，但造成这种现象的主因在于医疗领域的行政垄断，其不是市场行为，所以应属第II区间，需要"合理推定"。我国长期实行的"药品顺价"政策，允许纵向环节层层加价；同时在医疗行业不当的市场准入和医院高度垄断的格局下，医院"以药养医"成为重要财力来源。高额渠道价差迫使部分自费患者通过"院诊店购"方式跳单。这种跳单行为多是无奈之举，具有合理性。以行政垄断为特征的RPM体制既限制竞争，又极不公平。因此，一方面应该放松医院准入，鼓励医院间横向竞争；同时减少中间环节，取消以"层层加价"为特征的RPM制度。另一方面在政策上应允许患者的"院诊店购"跳单行为，发挥跳单与RPM相互克制的作用。

第六，知识产权商品中的山寨侵权问题。在知识产权类商品（如商标品和版权品）行业，"山寨"、"盗版"现象比较常见，这也是广义的跳单行为。很多"伪而不劣"的商品，渠道价格经常相差数倍、数十倍，价差率甚至达到90%以上，明显属于第III区间。在国内与国外，正品与山寨品价差巨大的情况下，如果对知识产权保护不力，销售和购买山寨品的跳单现象往往具有侵权之嫌。这时，对于旨在维护知识产权的RPM行为，应该采用"原则合法"执法原则。而对损害知识产权的跳单现象，应该严格限制。

总之，根据本文提出的跳单与RPM互克理论，反垄断机构在对RPM的执法中，将跳单作为举证依据和经济分析参考，可以大大简化程序和过程，减少执法费用，提高执法效率。现有的纵向限制案例，可以根据互克理论及其结论，对原来的判决给予重新审议和评估。未来出现新的RPM案例时，可以根据互克理论分析，既可简化执法，又可避免错判。对于目前尚无法律依据的跳单问题，应该结合RPM因素科学分析，尽量根据二者间互克原理，减少不必要的干预。

参考文献

[1]TELSER L G.Why should Manufacturers Want Fair Trade？ [J].Journal of Law and Economics，1960（3）：86-105.

[2]YAMEY B S.Resale Price Maintenance：A Comparative American-European Perspective[M].Aldine Transaction，2008.

[3]薛兆丰.不要鲁莽干扰奶粉行业的市场机制[N].经济观察报，2013-07-27.

[4]于立，冯博.维持转售价格法律适用问题中的"定性"与"定量"——"锐邦诉强生案"的法律经济学分析[J].中国物价，2014（1）.

[5]于立，冯博.最高人民法院首个指导性案例的法律经济学分析——"跳单案"案例研究[J].财经问题研究，2012（9）.

[6]于立，王玥.租少售多"与"场选网购"双重跳单问题研究——大型商场经营模式的考察[D].2014年工作论文.

[7]于立，徐洪海，冯博."店选网购"跳单问题的竞争关系分析[J].中国工业经济，2013（9）.

[8]于立.数字与哲理——"两线三区四分法"概论[M]//于立.天津财经大学"优青班"讲义（第2辑）.法律经济分析与政策评价中心内部教材，2013.

第25讲 维持转售价格法律适用问题中的 "定性"与"定量"①

——"锐邦诉强生案"的法律经济学分析

内容提要： 近年来，中国反垄断执法部门逐渐加强对维持转售价格（RPM）案件的调查和执法力度，先后查处了"茅台五粮液案"、"进口奶粉案"等。上海市高级人民法院还宣判了首例RPM民事案件——"锐邦诉强生案"。这些案件在"RPM认定"、"举证责任承担"、"专家证词效力"等法律问题上具有一定的示范性作用，但是在RPM的"定性"（"违约性"、"违法性"和"合理性"）和处罚的"定量"上还有些概念混淆和处罚不准的问题。本文通过对"锐邦诉强生案"及相关案件的法律经济学分析，对RPM行为的"适用法律选择"进行"定性"和"定量"研究，明确概念、理清思路，为未来类似纵向垄断案件的执法及司法提供借鉴。

关键词： 维持转售价格 适用法律选择 反垄断执法 垄断损害

一、引言

维持转售价格（Resale Price Maintenance，RPM）行为是容易引发争议的一种企业经营策略，也是法律经济学特别是反垄断经济学中的一个重要议题。一般来说，RPM行为是指上游供应商通过签订纵向协议对下游经销商的转售价格进行限定，在酒类、药品、医疗器材、汽车、化妆品和图书等行业尤为常见（黄勇，2012；许光耀，2011）。但在过去，中国鲜有企业自觉意识到这可能是一种违法行为，甚至有的行业协会还试图推动立法支持图书企业的RPM行为（于立等，2013）。

① 本讲合著者冯博，原刊于《中国物价》（2014年第1期）。本讲为国家自然科学基金项目《"跳单问题"的BTC范式与应用》（项目号：71272190）的阶段性成果。

近年来，中国反垄断执法机构和司法机关逐渐加强了对 RPM 行为的审查力度，但仍存在不少盲点有待研究，比如在"锐邦诉强生案"①的司法判决中，就存在这样三个问题：（1）在"定性"上，本案原告（北京锐邦涌和科贸有限公司，简称"锐邦公司"）"违约不违法"，被告（强生（上海）医疗器材有限公司与强生（中国）医疗器材有限公司，简称"强生公司"）"违法不违约"，这是否有悖于"违约即违法"的一般法理？（2）本案虽以《反垄断法》"定性"，但是最终仍然以民法的"补偿"原则来判定赔偿金额，即"定量"，在法律适用上不配套，其合法性和合理性是否应当质疑？（3）中国的反垄断执法本以行政执法为主，如果本案由国家发改委价格监督检查与反垄断局行政执法，该机构无法介入民事案件（《合同法》范畴），可能会如何判决？这三个问题统称为 RPM 案件的法律适用问题，实质上包括根据何法定性，按照何法惩罚和由谁执法三个具体方面。

上述情况在以往相关案件的执法及司法中也经常发生。通常认为，"适用法律选择"和"合法性判断"是单纯的"定性"问题，"赔偿数额确定"是单纯的"定量"问题，结果经常出现"定性与定量"分离、"法学研究与经济分析"脱节和"公平与效率"目标相悖的现象。本文运用法律经济学理论对 RPM 及相关案件的"适用法律选择"问题进行"定性"和"定量"研究，进而解决"合法性判断"、"赔偿数额确定"和"执法机构协调"三个连带问题，为今后的 RPM 反垄断案件执法和司法理清思路，明确清晰规范的"组合关系"。这种组合关系可以简化为如同表1的"344"框架。在本案中，法院判决强生公司属于"1-3-2"的组合关系，而不是强生公司抗辩的"2-4-2"。这里的问题是，法院是否应更为合理地判决强生公司"1-3-1"，而锐邦公司"2-1-4"呢？

---

①2013年8月1日，即《中华人民共和国反垄断法》实施五周年纪念日，上海市高级人民法院对全国第一起纵向垄断协议案件（"锐邦诉强生案"）作出终审判决。此案是中国第一起二审法院撤销一审判决并判决原告胜诉的反垄断民事案件。案件详见上海市高级人民法院民事判决书（（2012）沪高民三（知）终字第63号）。

表1 "三位一体"组合关系

法律选择	定性判断	定量处罚
1.《反垄断法》 2.《合同法》 3.适用两法	1.均不违犯 2.违犯两法 3.违一合二 4.违二合一	1.数倍罚款 2.补偿罚款 3.两者兼顾 4.不予处罚

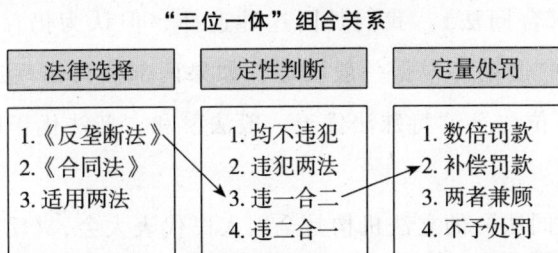

注："违一合二"是指违反《反垄断法》，符合《合同法》；"违二合一"是指违反《合同法》，符合《反垄断法》。

明确RPM行为应该适用的法律是合法性判断、赔偿数额确定和执法机构协调的依据和基础。一般认为，RPM适用法律的选择就是一个认定其法律属性或"定性"问题，不涉及量化的经济计算与分析，这是一种"重定性、轻定量"的片面思维。应该明确，单纯运用一般法理有时并不一定能科学地认定应适用的法律。①根据法律经济学的基础——法理经济学的原理，不仅在确定赔偿数额时要准确"定量"，即使在确定法律适用时有时也需要"先定量再定性"或"根据定量来定性"。"定性"和"定量"之间既可替代，也可互补，如果"定性"是个临界点选择，那么"定量"则成为关键。

二、从一般法理规则看RPM法律适用

RPM行为的实施手段是"纵向协议"（包括显性协议和隐性协议），实施内容是"限制价格"（包括价格上限、价格下限或限定零售价格），实施目的是"纵向垄断"（主要包括操控价格和排挤竞争对手）。因此，RPM行为可能同时涉及《反垄断法》（因为纵向限制涉嫌垄断）和《合同法》（因为书面协议即为合同），②这两部法律在相关案件中的竞合交叉关系最为普遍和明显，这也是RPM案件的一个重要特点。例如，在"锐邦诉强生案"中，原告和被告双方起初就因法律适用问题争执不下，虽然最终法院确认该案适用《反垄

①我们在努力创建"法理经济学"（Economics of Jurisprudence）新学科的过程中，总结出"两线三区四分法"的法理经济学研究方法，可以方便地讨论此类问题。
②在中国目前情况下，还可能涉及《反不正当竞争法》和《价格法》。从长期看，《反不正当竞争法》和《价格法》这两部法律与《反垄断法》重复内容，可统一并入《反垄断法》。近期，《价格法》应该予以废止，而由《反不正当竞争法》专司有关不公平（Unfair）、欺骗（Deceptive）或欺诈（Fraudulent）行为的执法。

断法》，而非《合同法》。我们赞同这种选择，但认为仍存在理由似是而非、界限含混不清的遗憾。根据一般法理，如果两部法律出现适用冲突，可遵循"上位法优于下位法"、"特殊法优于一般法"和"新法优于旧法"三原则选择适用法律。

首先，《合同法》的立法机构是全国人民代表大会，《反垄断法》的立法机构是全国人民代表大会常务委员会。"全国人民代表大会"和"全国人民代表大会常务委员会"是否是"同一机关"，是否存在上位和下位关系？从现行的《宪法》和《立法法》来看，全国人民代表大会常务委员会是全国人民代表大会的常设机构，并没有明确表示两者是"同一机关"，也未明确两者有上位与下位关系。因此，难以通过"上位法优于下位法"原则，来判断应适用哪个法律。

其次，《合同法》只是笼统规定了一般合同或协议的效力，并没有明确规定RPM协议的特殊效力问题。《反垄断法》在第十四条中虽然规定了"禁止固定向第三人转售商品的价格"，但是也并未明确"固定向第三人转售商品价格"就是"RPM协议"。因此，援引"特殊法优于一般法"原则来优先适用《反垄断法》，似乎有些道理，但显得有点牵强。

再次，《合同法》是1995年颁布的，《反垄断法》则是在2008年才颁布，明显《反垄断法》是新法。但是"新法优于旧法"原则只适用于同一机关颁布的法律，对于《合同法》的立法机关——"全国人大"和《反垄断法》的立法机关——"全国人大常委会"是否是同一机关还不确定，援引"新法优于旧法"来判断法律适用问题，似乎合乎法理，但略有不足。

综上所述，通过比较一般法理的法律适用三原则，加之《反垄断法》素有"市场经济宪法"之称，结论愈加倾向于适用《反垄断法》。但就本案来说，至此的法理评述还不足以消除疑虑，还需要更多的其他具体理由。

三、从《反垄断法》和《合同法》特征看RPM适用法律

要判断RPM案件适用《合同法》还是《反垄断法》，还需要对两法的特征进行比较，见表2。

表2　　　　　　　　　　　　　《合同法》与《反垄断法》特征比较

	《合同法》	《反垄断法》
起诉方式	为被动执法。即"民不举，法不究"	多为主动介入，也可接受举报。总之"民不举，官也究"
起诉动机	较强，无明显的"搭便车"问题	较弱，多有"搭便车"问题
影响范围	只限当事人，多为特定利益主体	影响大而广，多为非特定利益主体
执法成本	执法成本低：易举证、易调查	执法成本高：难举证、难调查
惩罚原则	补偿原则	震慑原则
执法目的	保证交易行为，维护个人利益	促进市场竞争，维护社会利益
实施机构	均为司法机关	行政机构和司法机关

　　通过对《合同法》与《反垄断法》的特征比较可以看出，两者除了分属不同法律（"民法"和"经济法"[①]）部门——有着"质"的差别之外，还存在很多"量"的差别，比如起诉动机强弱、影响范围大小、执法成本高低、举证难度大小、增进福利多少等。

　　第一，根据经济学效率原理，适用《反垄断法》通常更符合经济效率准则。《合同法》的执法特点是，主要规范所涉及的个体（个人或企业）的市场交易行为，具有"一事一议"的零散特点，影响范围直接涉及当事双方利益主体，只是间接地影响社会意义上的市场经济秩序。与其不同，《反垄断法》的执法特点是，行政执法机构和司法机关按"民不举官（法）也究"、"有民举官（法）更究"的原则，主动性较强。原因在于，在市场经济中，公平而有效率的市场竞争环境是宝贵的"共用品"[②]（正外部性大），反垄断执法机构有责任为公益目的，主动出击。对于RPM案件来说，很多情况下利益受害者不明确，而且较为分散，单个受害者的损失数额较小，因而诉讼动机和动力不足，即存在经济学中的"搭便车"问题。另一方面，众多受害者难以协调组织，诉讼成本过高，反垄断执法机构主动介入显得更为重要。再有，反垄断立案的比率远远小于合同纠纷立案，但一旦立案其重要性就大大高于合同纠纷案件。因此对于多数RPM案件，应优先考虑适用《反垄断法》。

---

　　① 中国现行的"经济法"与"民法"的分类并不科学，"民商法"中多有经济因素。完全可以按国际惯例，重新分类。类似的还有"经济效益"和"社会效益"的区分，准确的说法应是"个体效益"（如企业效益）与"社会效益"的规范划分，因为"经济效益"既可是"个体"的，也可是"社会"的；"社会效益"（非经济效益，如文化、政治等）也既可是"个体"的，也可是"社会"的。
　　② "共用品"（Public Goods）比"公共物品"等名词更为准确，因有的并不是"物品"（如制度环境），也不强调"公有"，只是强调"共用"，与其对应的是"私用品"（Private Goods）。严格意义上的"共用品"要满足"非排他性"（Non-excludable）和"非竞争性"（Non-rivalrous）两个条件。

第二，根据社会福利分析原理，通常适用《反垄断法》更为公平公正。《反垄断法》更重视的是社会整体福利，包括间接的和长远的社会利益，而《合同法》更维护的是当事人个体利益。如果确认 RPM 行为的垄断性质，那么它不仅侵害个别企业的利益，还会造成社会福利的净损失。《合同法》等民法规范虽然能对受害者进行利益补偿，但通常不涉及社会福利损失问题。通过对纵向垄断的限制和规避，促进市场竞争，从而保证公平正义，增进社会福利往往比处理个体合同纠纷更重要。因此在具体案件同时涉及《反垄断法》和《合同法》时，《反垄断法》应予优先考虑适用。当然，优先考虑不是说不应重视对个体利益的保护，甚至在必要的情况下，在争取获取更大的社会总福利的同时，还应采用法律经济学中的"卡尔多-希克斯补偿原则"，从总福利中转移支付部分利益对受害者进行适当补偿。无论是反垄断执法还是合同法司法，这都是应该坚持的重要原则。

根据对上述两部法律特征的比较，结论更倾向于优先适用《反垄断法》。这也可以成为今后 RPM 案件的执法原则，即当《反垄断法》和《合同法》竞合关系出现矛盾时，应优先考虑适用《反垄断法》。从这一点看，"锐邦诉强生案"选用《反垄断法》是符合法理经济学和法律经济学原理的。

四、从民事损害和垄断损害看 RPM 法律适用

"锐邦诉强生案"中还有一个重要的问题值得研究，即判决中明确表示本案适用《反垄断法》，并裁决强生公司的 RPM 行为违反《反垄断法》，但是在裁定赔偿数额时，确定标准不但未体现反垄断赔偿的惩罚性，反而比《合同法》的补偿标准还要低。《合同法》的赔偿标准一般是因违约产生的直接损失和间接损失，但是在"锐邦诉强生案"的判决中，强生公司只需赔偿锐邦公司直接损失的一部分。这种按《反垄断法》"定性"，却按民法的补偿原则"定量"处罚的做法，不仅违背《反垄断法》的"惩罚性"赔偿原则，也有悖于按《反垄断法》"定性+定量"的一贯规则。这也许是由于中国《反垄断法》没有明确赋予法院反垄断执法权责，因而法院采取了折中的处罚办法，即按《反垄断法》"定性"，却按民法"定量"。在我们看来，虽然法院这种做法的苦衷可以理解，但这又会

引发反垄断司法与行政执法机构如何协调的新问题。这里从民事损害和反垄断损害的差异角度进行比较，对此略加分析。

在RPM案件中，侵害者对受害者的损害可分为两部分，即民事损害和垄断损害。前者是指根据《合同法》规定，只限于受害人遭受的财产和人身损害；后者是指根据《反垄断法》规定，某个垄断行为产生的反竞争效果，多数情况下不限于个体当事人。两者在适用法律、损害对象、赔偿原则和赔偿数额方面存在很大区别，见表3。根据《最高人民法院关于审理因垄断行为引发的民事纠纷案件应用法律若干问题的规定》第14条规定："被告实施垄断行为，给原告造成损失的，根据原告的诉讼请求和查明的事实，人民法院可以依法判令被告承担停止侵害、赔偿损失等民事责任。"可能是由于这个原因，该案的司法判决将民事损害和垄断损害相混淆，以民事损害代替垄断损害，是个重要不足，这既有经验上的原因，也有法律上的原因。这种忽视垄断损害与民事损害差异的行为，造成了中国反垄断损害赔偿数额过低，单倍的损害赔偿标准与《反垄断法》惩罚性的立法初衷相悖的严重问题。因此，应在中国的《反垄断法》中增加"垄断损害赔偿"制度，并树立"民事损害——适用《民法》——单倍赔偿；垄断损害——适用《反垄断法》——数倍赔偿"的执法与司法原则。

表3　　　　　　　　　　　　民事损害与垄断损害的差异

	民事损害	垄断损害
适用法律	《合同法》	《反垄断法》
损害对象	特定主体的 个人利益	非特定主体的 社会利益
赔偿原则	补偿原则	惩罚原则
赔偿数额	单倍罚款	数倍罚款

在这方面，美国的"ARCO诉美国石油案"可以提供法律借鉴。1911年，"标准石油公司案"确定了"本身违法"原则和"三倍赔偿"标准，从而确立了"RPM行为——本身违法——三倍赔偿"的反垄断司法模式。但1990年的"ARCO诉美国石油案"（Albrecht Richfield Co.v.USA Petroleum Co.）又打破了这个模式，使其变为"RPM行为——本身违法——垄断损害——三倍赔偿"模式。也就是说，即便某个RPM行为是违法的，但如果没有造成垄断侵害，就不能主张"三倍赔偿"。ARCO案司法判决的启示有：第一，在RPM执法和司法中，某

个行为违法，并不一定总是实施多倍赔偿，关键在于是否受到垄断损害；第二，严格区别民事损害和垄断损害，民事损害适用《合同法》，遵循补偿性原则，垄断损害适用《反垄断法》，遵循惩罚性原则。

对于"锐邦诉强生案"来说，从法院最终判决来看，实际上并未考虑垄断损害问题，甚至单倍罚款都未做到，这不能不说是该案判决的又一严重漏洞。如果认为不存在垄断损害，或垄断损害较轻，可以不实施数倍罚款，只进行民事赔偿，但应明确给予说明；反之，如果不能否定垄断损害，则须考虑民事损害和垄断损害同时赔偿，而且垄断损害还应考虑数倍罚款，加大惩罚力度。在未来，反垄断惩罚有的还要涉及刑事处罚，尽管目前中国尚无反垄断刑事处罚案例。再有，数倍罚款的思路如何与现行的按"上一年销售额的1%至10%"惩罚条款取得一致，还需要深入研究。

五、从"违约性"和"违法性"统一看RPM法律适用

在"锐邦诉强生案"的判决中，是否违约和是否违法是存在矛盾的，这是该案处理中的另一重要问题。按《合同法》，原告锐邦公司有违约行为，当然也属违法行为，而被告强生公司既不违约，又不违法；但按《反垄断法》，原告锐邦公司虽然违约，却不违法，而被告强生公司虽没违约，却属违法。既然法院已经确认了该RPM案件应该适用《反垄断法》，那么未解的问题是，对抗企业RPM策略的行为是否违约，如果违约是否也意味着违法呢？见表4。

表4   **RPM的违法性和违约性分析**

		违法性（《反垄断法》）	
		是	否
违约性 （《合同法》）	是	违法、违约	不违法、违约 （锐邦公司）
	否	违法、不违约 （强生公司）	不违法、不违约

在普通民众甚至某些法律人士的法学理念中，一般认为某项行为"违约即是违法"，但是这种理念却是一种错误的习惯思维，是对相关法理简单而又片面的

解读。根据法律经济学的分析，违约不一定就等于违法（于立、冯博，2012）。主要理由有二。第一，对《合同法》而言，根据"最优违约"理论，签约后当事一方如果发现继续履行合同的损失大大超过违约的赔偿成本，理性的签约方就会选择违约，同时按约定赔偿对方。这是符合市场经济规律的普遍性交易原则，法律对此不应强加限制。不仅如此，如果继续无条件地履约会减少社会净福利，法律对其也不应鼓励。第二，从《反垄断法》角度看，对于特定的RPM案件来说，上游企业运用限制竞争的RPM行为对下游企业进行价格限制，理性的下游企业采用某些违约的方式来对抗，这种"对抗性违约"有可能是促进竞争的正当行为。再根据我们总结出的"跳单与RPM互克理论"（于立等，2013），在有关企业的RPM行为产生排斥、限制竞争效果的条件下，受害方采取违约"跳单"方式趋利避害，有时可能是类似于反垄断意义的自发调整，有"歪打正着"之效，反垄断执法机构和司法机关对此应顺其自然，静观其变。

因此，对于"锐邦诉强生案"来说，根据《反垄断法》判定强生公司行为的"违法性"是正确的，但不必根据《合同法》否认锐邦公司行为的"违约性"。这里的关键问题是，如果不考虑反垄断因素，只考虑合同问题，那么锐邦公司的行为则既违约又违法，而强生公司既守约又守法；但如果优先适用《反垄断法》，锐邦公司则只违约不违法，而强生公司虽守约却违法。可见不同思路的差异之大。详见表1。

六、结论

第一，现实经济活动中，如果涉及《反垄断法》与《合同法》交叉的RPM或类似案件，一般应优先考虑适用《反垄断法》。虽然难以从简单的"上位法优于下位法"、"特殊法优于一般法"和"新法优于旧法"三个执法原则找出理由，但这主要是由这两部法律的主要特征所决定的。这一点过去并不明确，但对有关方面今后的执法和司法至关重要。由于《反垄断法》的特征和地位，国家发改委价格监督检查与反垄断局应主动担负起更大的责任。

第二，在中国反垄断执法和司法过程中，行政执法机构和司法机构如何协调，还有许多重要问题需要研究。如果行政执法机构只有反垄断的处罚权，法院只有民事处罚权，则在《反垄断法》和《合同法》交叉时不可能实现完全正确的法律目标。这是中国反垄断法制建设过程中的一个重要而又急迫的任务。

第三，一般情况下，民事损害可适用单倍赔偿原则，垄断损害则应适用数倍赔偿原则。但在具体案件同时涉及《合同法》（民法）和《反垄断法》（经济法）时，如果某项行为既有民事损害，又有垄断损害，则在处罚判决中应适用"民事赔偿+垄断赔偿"原则。这是避免"鼓励性惩罚"，实现"惩罚性赔偿"的基本要求。

第四，在反垄断案件涉及合同纠纷时，必须考虑"违约性"与"违法性"是否一致。有时，《合同法》意义上的"违约"不仅并不损害当事双方的利益，甚至可能增进社会净福利，对此法律不仅不应阻止，甚至还要鼓励，这是依据法律经济学得出的重要结论。

参考文献

[1]黄勇.价格转售维持协议的执法分析路径探讨[J].价格理论与实践，2012（12）.

[2]许光耀.转售价格维持的反垄断法分析[J].政法论丛，2011（8）.

[3]于立，冯博.最高人民法院首个指导性案例的法律经济学分析——"跳单案"案例研究[J].财经问题研究，2012（9）.

[4]立，徐洪海，冯博."店选网购"跳单问题的竞争关系分析——以图书行业为例[J].中国工业经济，2013（9）.

第26讲　对跳单经济学研究的学界反应与评价[①]

于立教授主持的国家自然科学基金项目《"跳单问题"的 B-T-C 范式与应用》（项目号71272190），自2012年启动以来取得一系列丰富成果。对房屋中介市场的"居间纠纷"跳单问题、图书市场的"店选网购"跳单问题、"跳单与RPM互克理论"等相关研究成果已经发表在《财经问题研究》、《中国工业经济》、《价格理论与实践》和《中国经济人》(China Economist 等期刊上。租赁型商场的"租少售多"跳单问题、医疗行业的"院诊店购"跳单问题、平台商业模式下的"多重跳单问题"也已完成工作论文，正在进一步修改完善。虽然"跳单问题"是经济学和法学领域中的新概念和新问题，目前的研究仍处于初步阶段，但项目组在探索过程中发现，"跳单经济学"对合同理论、双边市场理论、纵向限制理论等都有很好的补充和贡献。学界对"跳单问题"研究也表现出很大的兴趣和积极的评价，这里将各学术研讨会观点综述，以及专家评价整理如下。同时，对为此项目进一步研究提出有益意见的各位专家、学者表示感谢。

2012年6月27日，于立教授在山东大学召开的"第七届产业经济学与经济理论国际研讨会"上作了题为"双边市场与'跳单问题'"的主题报告。研讨会观点综述文章中对报告内容概括如下：

天津财经大学于立教授报告了关于"双边市场与'跳单问题'"的研究成果，他首先定义了双边市场及几种常见的形式，将双边市场的商业模式归纳为五种，即市场创造商业模式、依靠广告的媒体、电脑软件、视频游戏以及信用卡。他指出双边市场的经济学要点在于双方受益原因是需求侧的规模经济（正外部性），其关键概念则是网络效应，分析的重点应着眼于中介的作用与经营模式，而其核心问题则应归纳为中介结构如何定价。并在此基础上提出一系列有待研究

① 本节为徐洪海整理。

的产业组织新概念和新问题。然后，他又通过对案例的详细分析首次从法律角度对"跳单"纠纷进行解释，并在此基础上得出不同的定理和悖论。但在经济学意义上，从违约的社会福利效应来说，"跳单"既能大大增加客户的"消费者剩余"，还有利于降低中介机构过高的价差率和买卖双方的"交易成本"，促进中介市场的有效竞争，完善双边市场，因此，违约（跳单）有利于双方福利的增加。这就涉及一系列问题的讨论，如"跳单案"与双边市场理论在逻辑上是否一致？违约是否违法（法律要件与经济要件的矛盾）？违约（或违法）如何赔偿？以及判据如何改进？

【引自】尹莉，刘国亮，臧旭恒.产业经济学及相关领域的前沿问题研究——第七届产业经济学与经济理论国际研讨会观点综述[J].中国工业经济，2012（9）.

2013年6月29日，冯博博士和王玥博士生在山东大学召开的"第十一届中国法经济学论坛"上作了题为"租金结构与跳单问题——以家居销售行业为例"的主题报告。研讨会观点综述文章中对报告内容概括如下：

天津财经大学的王玥和冯博研究了广泛存在于房屋中介、电子商务、医药医疗以及零售租赁领域的跳单问题。跳单问题是一种特殊的产业组织现象，伴随着双边市场而出现，以零售租赁为存在基础的"租少售多"跳单问题是该文的研究对象。她们发现，有租可寻是跳单问题的根本实现条件，租金结构是决定因素，而因商场与租户谈判地位的不平等导致租户无法获得合理剩余索取权是租金结构决定跳单问题的深层原因。

【引自】石莹，苗妙，赵阳.法学与经济学融合的加深——第十一届法经济学论坛综述[J].经济研究，2013（9）.

2013年8月10日，于立教授在山东大学威海校区召开的"反垄断与规制经济学学术研讨会"上作了题为"'跳单问题'的法律经济学研究"的主题报告。研讨会观点综述文章中对报告内容概括如下：

天津财经大学副校长、法律经济分析与政策评价中心主任、教授、博士生导师于立作了"跳单问题的法律经济学研究"的报告。于立教授首先以居间纠纷的案例对跳单问题进行了阐述，认为跳单随着网络购物的兴起已经成为一个重要的经济学现象，其中比较典型的跳单问题发生在图书行业。消费者往往在实体书店对自己感兴趣的图书进行选择但并不购买，而是将购买行为在网上书店中进行实施。报告从经济学的角度对跳单现象的特征进行了总结，即在其他条件不变的情况下，店商与网商专业化程度的提高将导致消费者选择跳单；给定商品价格不变，偏好个性化需求和体验化服务的顾客多选择店选网购，只有店选网购模式存在跳单问题，而且跳单率与价差率成正比。对建立在网络购物这一新型商业模式基础上的跳单现象，于立教授认为它折射出图书行业在市场准入、销售渠道歧视等方面存在着垄断行为，不应该通过对网商进行立法限制来解决这一问题，而应在《反垄断法》的框架下对图书行业的竞争进行规范，在时间资源配置效率提高的目标下客观地对这一问题进行分析。

【引自】张伟，付强.转型经济条件下的垄断结构、垄断行为与竞争政策设计——反垄断与规制经济学学术研讨会观点综述[J].中国工业经济，2013（9）.

2013年11月30日，于立教授在南开大学召开的"中国·实践·管理"论坛上作了题为"商业模式与跳单问题"的主题报告。研讨会观点综述文章中对报告内容概括如下：

对于中国管理理论如何发展的方法和路径问题，天津财经大学于立提出"实事求是"的思想和观点。对于"实事求是"，过去简单地理解为说真话、反映实情，其实不是那么简单。"实事"包括现象、案例、数据、事件。"求"是一种过程，可以通过理论逻辑、数学推导、证据证明等方法求证。发现结论则是"是"，这既可以是因果关系，也可以是定理、充要条件，如此，方为"实事求是"。……此外，还有不少学者从其他角度探讨了中国文化背景以及中国管理实践中的科学问题。于立结合中国的文化背景和管理实践，从经济学的视角出发分析了中国的一种独特的商业模式——跳单，并结合已有双边市场理论分析了跳单的涵义、产生原因、具体分类、应用领域等。

【引自】胡望斌，杨坤.实践导向管理研究的中国情境、文化背景与理论创新——2013"中国·实践·管理"论坛观点综述[J].管理学报，2014，11（4）.

2014年7月6日，于立教授和徐志伟博士在东北财经大学召开的"2014年产业组织前沿问题国际研讨会"上作了题为"跳单问题研究对产业组织理论的贡献"的主题报告。评论人郁义鸿教授[①]对该报告的评论和建议如下：

---

① 跳单问题对多数学者而言还属于生疏领域，此次会议安排郁义鸿教授作为评论人也算是一种巧合。因为，在跳单问题研究初期，为"跳单"一词实际上是接受了香港岭南大学林平教授和复旦大学郁义鸿教授的建议，最终译为"Jump-Dealing"。项目组对二位专家的深入思考和宝贵意见深表谢意。

由天津财经大学法律经济分析与政策评价中心于立教授主持的跳单问题相关研究，从新的视角开创了产业经济学研究的新领域，是对产业组织理论的重大贡献。特别是在网络经济和平台商业模式兴起的今天，跳单问题研究具有重大的现实意义。同时，跳单问题研究过程中，于立教授及其研究团队遵循了"观察现象——提炼问题——创建理论——解释现象"的科学研究规律，值得肯定和学习。

在既有丰硕研究成果基础上，希望于立教授和他的研究团队对以下问题继续展开深入研究：首先，现有研究基本按照行业和行为特征对跳单问题进行分类研究，是否能够从厂商和消费者两个角度再进行分类比较，厂商一方可关注其提供的产品特征差异（如价值量、可体验性等）对于跳单行为的影响，消费者一方可关注消费者特征差异（如收入水平、偏好等）对于跳单行为的影响；跳单问题的市场绩效评价、平台企业应对跳单的策略及其对消费者剩余的影响问题，最终的落脚点是是否有必要以及如何对跳单问题进行政策规制。

——复旦大学 郁义鸿教授

研讨会观点综述文章中对报告内容概括如下：

商业模式创新使传统企业逐步由"管线型"模式转变为"平台型"模式，由此引发的市场组织模式逐步从"单边市场"模式转变为"多边市场"模式。伴随这两个转变过程，诸如居间纠纷、店选网购、租少售多、院诊店购等跳单问题开始频繁出现，并且对平台模式造成不同程度的不利影响。天津财经大学于立教授和徐志伟副教授围绕平台商业模式中普遍存在的跳单现象（Jump-Dealing）展开研究，提出和构建了一些产业组织概念和理论。在双边市场理论的基础上，他们发展了分析跳单问题的 B（原商）-T（中间商）-C（客户）范式。他们的进一步研究表明，由信息成本、店面成本和租金成本等因素形成的渠道价差是导致跳单问题的根源。在反垄断政策层面上，他们通过渠道价差将跳单与转售价格维持（RPM）联系到一起，构成三位一体系统，并引申出"跳单与 RPM 互克基本定理"，即在其他条件不变的情况下，跳单程度越高则 RPM 效果越弱，跳单程度越低则 RPM 效果越强；反之，RPM 效果越强则跳单程度越低，RPM 效果越弱则跳单程度越高。其基本政策涵义是：在跳单程度高、渠道价差大时，跳单对 RPM 克制作用大，可以豁免 RPM；在跳单程度较高、渠道价差较大时，跳单与 RPM 相互克制，可对 RPM 采取"顺其自然、静观其变"的态度；而在跳单程度低、渠道价差小时，RPM 对跳单克制作用大，应限制 RPM。他们的研究将跳单问题由现象凝炼成问题，又形成了解释相关问题的理论框架，对互联网经济背景下双边市场和反垄断等相关理论研究都有很好的补充和启示。

【引自】于左，韩超.产业组织理论前沿与竞争政策——2014年产业组织前沿问题国际研讨会综述[J].经济研究，2014（8）.

第 5 篇

会议发言与专题评论

　　青年学者会经常参加学术会议，如在分会上宣读学术报告，这相对比较简单。如果是做大会主题报告或重点发言，则需要形成良好的学术品质，保证做到言之有物，给人留下深刻印象，不然宁可不露脸。千万不要像某些"官员学者"那样，经常言之无物，"赶场走穴"而已。

　　当需要对某些政策性问题提供咨询意见时，要尽量深思熟虑，不可轻易表态；有时难免有些书生气，但要有理有据，显出深厚功底。

　　学子切记："专家"＝"知识面窄"；"学者"＝"书生气足"。

学子切记：
"专家"＝"知识面窄"；
"学者"＝"书生气足

第27讲 能源行业的反垄断与规制[①]

——兼谈"放"与"管"

北京会议印象

- 两个主题发言（吴吟、刘树杰）较好。
- 顾问多是言而无物，有名无实。
- 刘戒骄博士的发言低调实用。
- 有的"专家"发言虽了解实际，但多有片面之嫌。还想倒退到"部门专权"状态。
- 能源行业理论和实践问题很多，业内"专家"也不深入。
- 例如，何为"监管"就很混乱!

2

---

① 本讲为2015年3月28日"中国能源改革与监督高层论坛"发言内容。

《中共中央 国务院关于深化体制机制改革加快实施创
新驱动发展战略的若干意见》
（2015年3月13日）

- **二、营造激励创新的公平竞争环境（立）**

- **（二）打破制约创新的行业垄断和市场分割（破）**

> 加快推进垄断性行业改革，放开自然垄断行业竞争性业务，建立鼓励创新的统一透明、有序规范的市场环境。（侧重市场结构——**电力、石油、天然气、煤气**）

> 切实加强反垄断执法，及时发现和制止垄断协议和滥用市场支配地位等垄断行为，为中小企业创新发展拓宽空间。（**反垄断法2/3——电力、石油、煤炭**）

> 打破地方保护，清理和废除妨碍全国统一市场的规定和做法，纠正地方政府不当补贴或利用行政权力限制、排除竞争的行为，探索实施**公平竞争审查**制度。（行政垄断=地区保护?——**煤炭、电力**）

> 何意?

3

中共中央 国务院
《关于进一步深化电力体制改革的若干意见》
（2015年3月15日）

> 时间表

- 电力体制改革重点和路径：政企分开、厂网分开、主辅分开，**"管住中间、放开两头"**。

1. **三有序放开**：输配以外的竞争性环节电价、向社会资本放开配售电业务、公益性和调节性以外的发用电计划；

2. 交易机构相对独立，规范运行；

3. 区域电网建设，输配体制；

> 电力无线传输?

4. **强化**：政府监管、电力统筹规划、电力安全高效运行和可靠供应。

4

误解与解题

- "管住"有两种管法：规制+反垄断。改革重点是监管机构！

- "放开"不是放而不管，而是侧重反垄断；"放开"针对行政垄断！市场垄断不能靠放！*自然垄断无须"放"！*

- "规制"近于"产业政策"？

- "反垄断"近于"竞争政策"！

- "政府作用"包括"产业政策"+"竞争政策"。但要以"市场决定性作用"为前提，一切政策都要经过反垄断（竞争）审查。随着经济转型，产业政策与竞争政策呈"此消彼长"趋势，这是基本规律！

- "公平竞争审查制度"！（*略论公平竞争审查制度*）

- "能源行业"：垄断性行业？自然垄断但有竞争性业务？垄断协议+滥用市场支配地位？行政垄断（地区保护）？

5

2015 China Energy Consumption Share

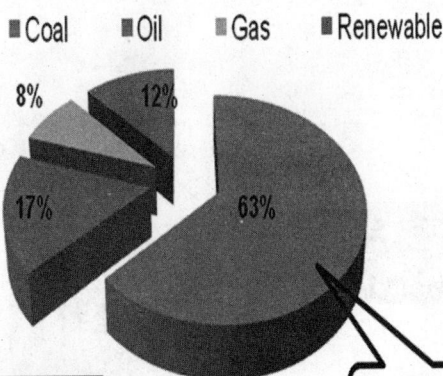

■ Coal ■ Oil ■ Gas ■ Renewable

8%

12%

17%

63%

Down from 68% in 2010

1. 实质是能源比价问题；
2. 环境与运输？

6

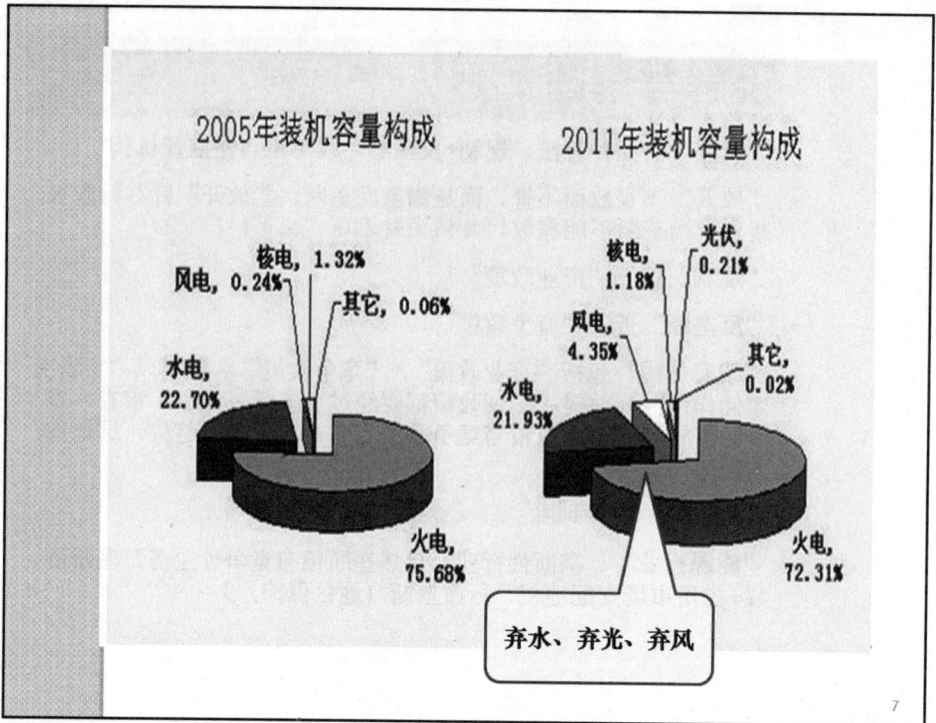

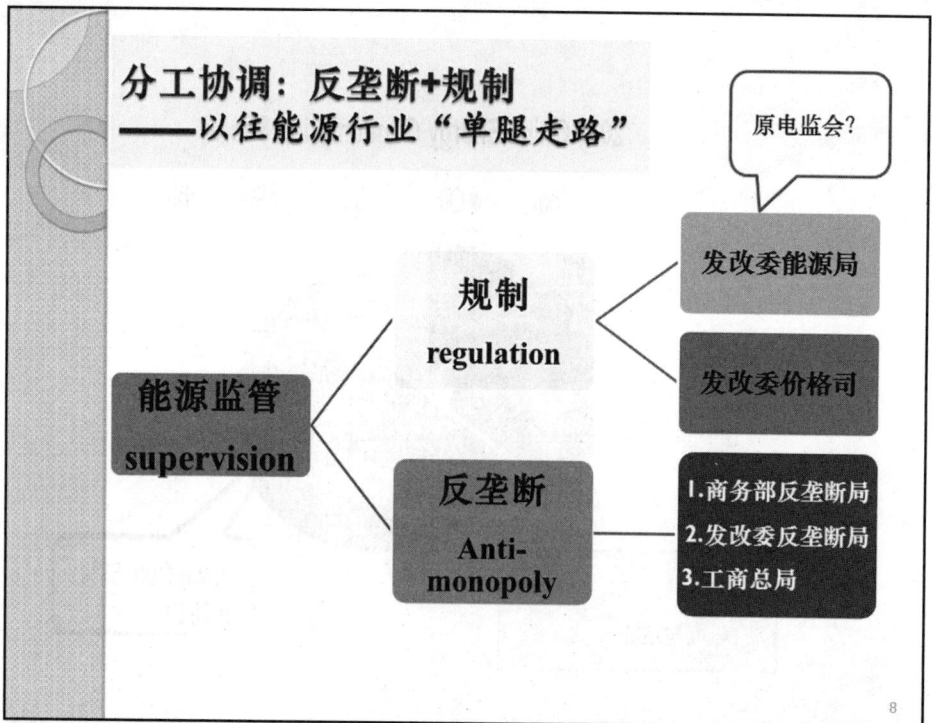

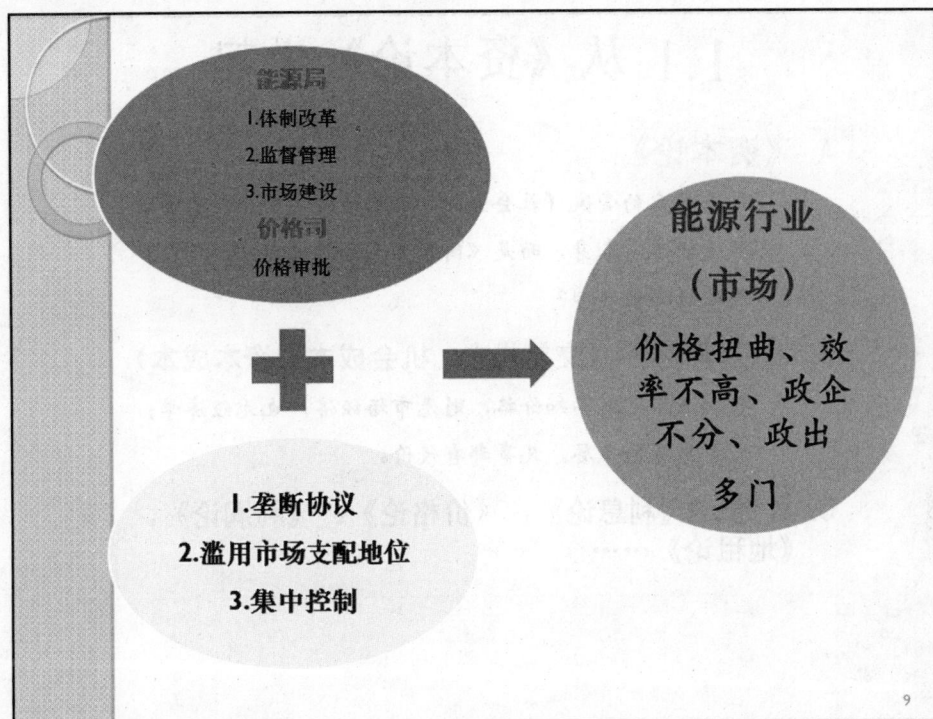

能源局
1.体制改革
2.监督管理
3.市场建设
价格司
价格审批

能源行业
（市场）
价格扭曲、效率不高、政企不分、政出多门

1.垄断协议
2.滥用市场支配地位
3.集中控制

9

理论难点问题

1. 政府定价（审批）——"规制经济学悖论"

2. 纵向价格双轨制——以火电行业为例（美国天然气案例）

3. 相关市场界定——以电力市场为例

10

1.1 从《资本论》说起

A. 《资本论》
- 众多国家的尝试（社会主义、计划经济、阶级斗争学说）
- 不是经济学本身，而是《国家与革命》（列宁，1917）
- 或称经济政治学？

B. 《成本论》（交易成本、机会成本、资本成本）
- 不知成本，则不知价格，则无市场经济，也无经济学；
- 没有免费的午餐，凡事都有代价。

C. 其他：《利息论》、《价格论》、《利润论》、《地租论》……

11

1.2 成本与竞争——规制经济学的基础

- 对联悖论（paradox）："没有竞争不知成本为何物，有了竞争不知成本有何用。"横批："顺势而为。"E.g. I am a liar.

- 竞争性行业（竞争性业务）"不知成本有何用"，而垄断性行业（垄断性业务）又"不知成本为何物"。

- 出路是"激励性规制"！

12

1.3 "生产价格理论"：政府定价的悖论

A. 生产价格理论包括以下原理：

　1. 部门利润平均化的原理：等量资本得到等量利润，竞争导致部门利润率平均化。

　2. 价值转化为生产价格的原理：平均利润率的形成，价值转化为生产价格。

　　生产价格＝成本价格＋平均利润

　3. 农、矿产品不参与利润平均化的原理：保留超过平均利润的超额利润，地租。

B. 竞争是前提，部门间资源自由转移，否则均不成立。

　1. 只有在市场经济条件下，才可能形成"成本价格"。

　2. 正好说明"计划经济"或政府定价的"悖论"。

　3. 结论："生产价格理论"恰恰不是计划经济的定价理论。这一点有人至今不明白。

C. 能源行业不适用。默认成本，荒谬之根；不在收益率如何定！

13

关于"准许成本＋合理收益"原则

- "合理收益"（合理收益率：销售利润率、资本利润率、劳动利润率、资金利润率？）

- "准许成本"？（真实成本不可知！如何核准？）

- "要素价格理论"——矿产资源的资源补偿费（绝对地租）和资源税（相对地租），不参与利润平均化过程，但要市场化！

- 调整的"时间期限问题"。"棘轮效应"（ratchet），"A—J效应"（Averch and Johnson, 1962）！

- "激励性规制"（incentive regulation）？

14

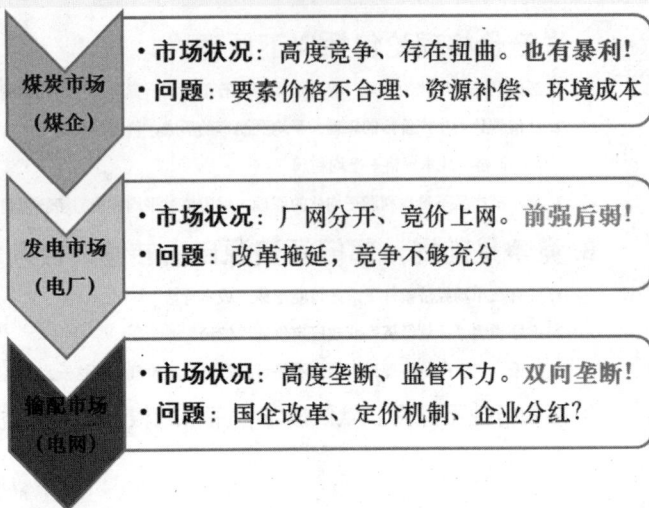

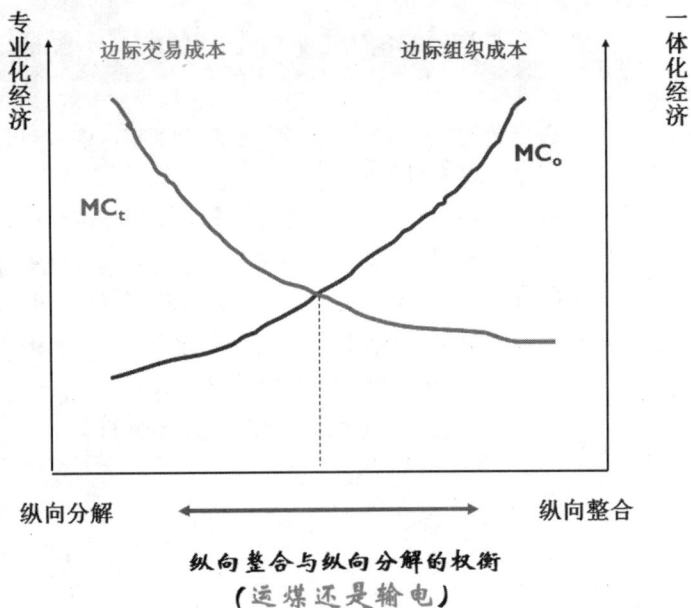

纵向整合与纵向分解的权衡

（运煤还是输电）

电力价格链（"两头"与"中间"）

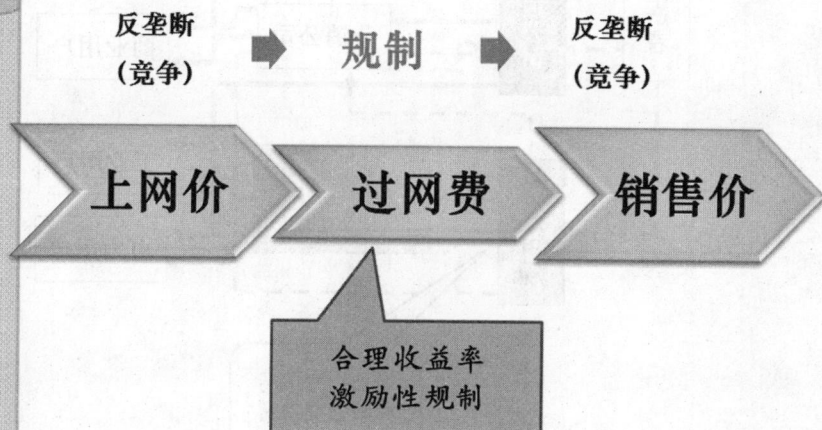

反垄断
（竞争）　➡　规　制　➡　反垄断
（竞争）

上网价　过网费　销售价

合理收益率
激励性规制

17

2.2 案例研究：放松管制前美国天然气产业组织
（1985年以前）——刘戒骄博士提供（下同）

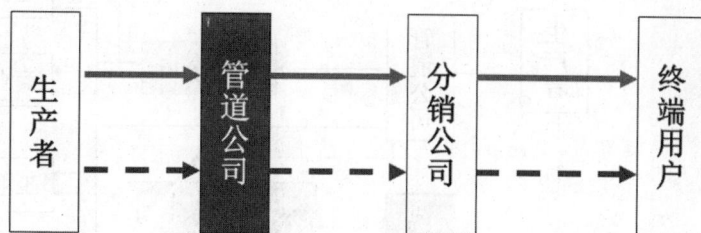

生产者　管道公司　分销公司　终端用户

———— 天然气运输　- - - - 天然气销售

电力网络、石油管道（油、
电、气）等相似?

18

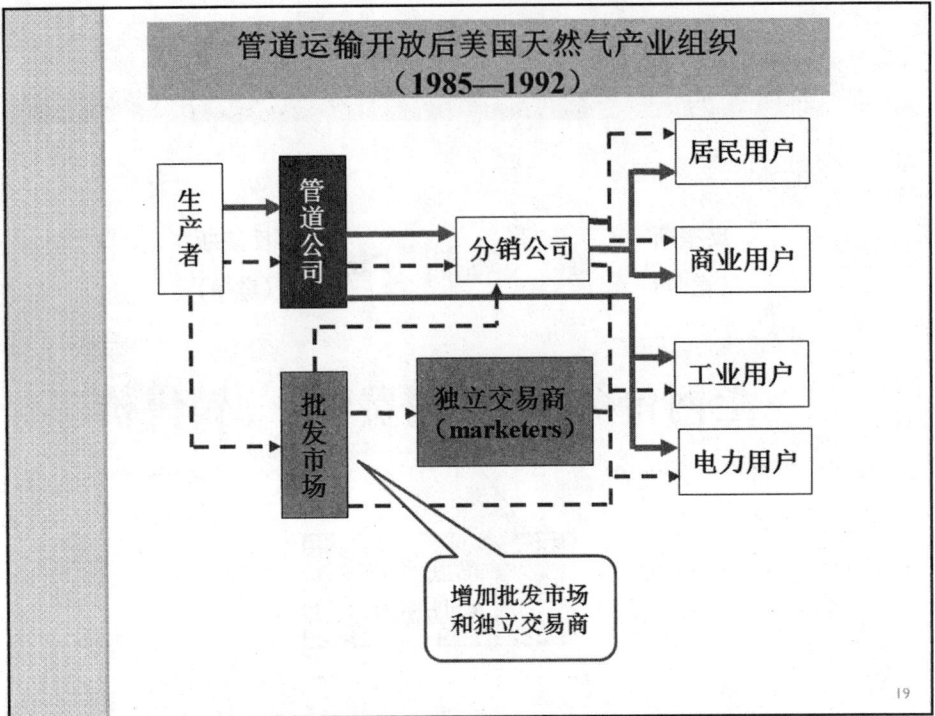

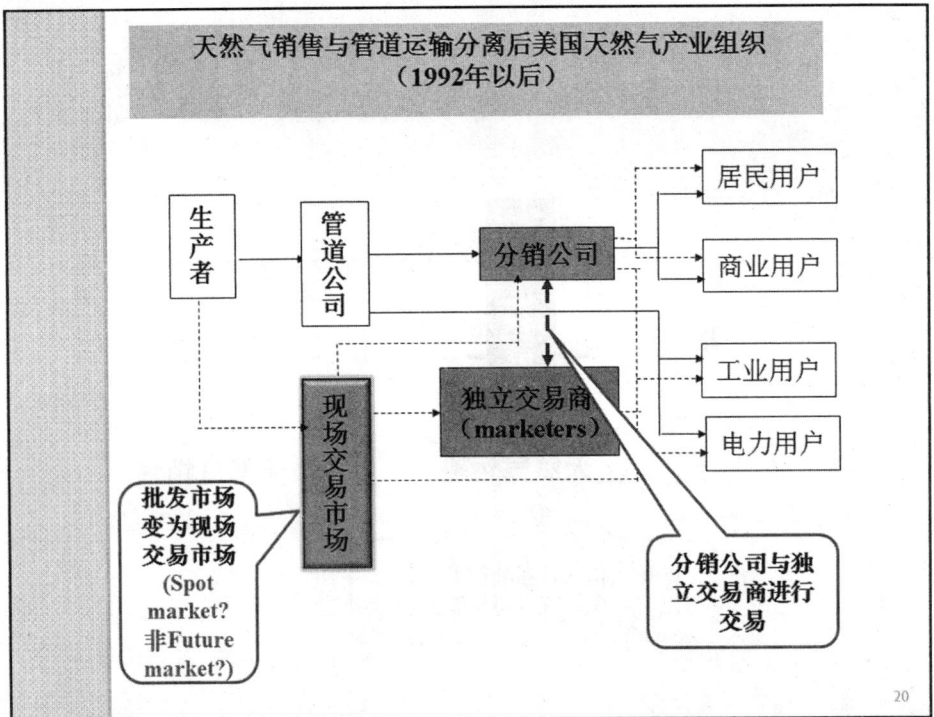

现场交易市场的格局
Spot markets?

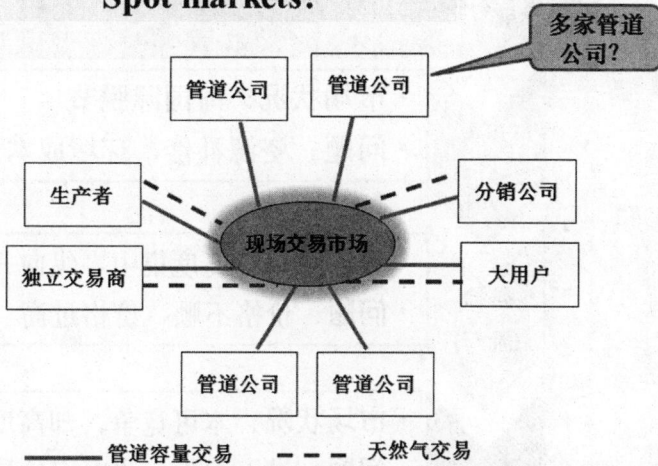

多家管道公司?

管道公司　管道公司

生产者　　　　　　　　分销公司

现场交易市场

独立交易商　　　　　　大用户

管道公司　管道公司

——— 管道容量交易　　- - - 天然气交易

21

刘戒骄博士点评

- 天然气产品与运输、储存、销售服务分离。
- 管道从开放接入到厂网分离、网销分离、输配分离、储运分离。
- 整体上形成了竞争性市场结构（*放开了自然垄断行业中的竞争性业务?*）
- 扩大了用户选择权（*绕道，有无"跳单"?*）
- 监管重点转向管网（输、配）（*"管住中间"?*）
- 对**电、油、水**等类似行业的启示！

22

2.3 纵向价格双轨制——以石油为例

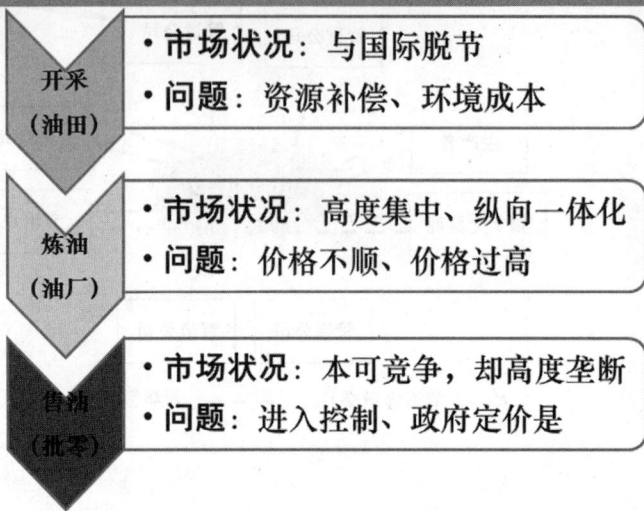

开采(油田)	• **市场状况**：与国际脱节 • **问题**：资源补偿、环境成本
炼油(油厂)	• **市场状况**：高度集中、纵向一体化 • **问题**：价格不顺、价格过高
售油(批零)	• **市场状况**：本可竞争，却高度垄断 • **问题**：进入控制、政府定价是

23

3.1 关键问题：如何界定相关市场？

- **"产品"**因素：纵向产业链？电厂/电网？高峰/低谷？
- **"区域"**因素：区域电力市场（国家电网+南方电网；六大区域市场；省级电网？）？
- **"用户"**因素：价格歧视？阶梯定价？
- "深圳试点"、"内蒙古试点"？
- 结论：（1）不能预设，只能一事一议；（2）不是同一产品或市场，如何判断垄断？
- 其他问题？

24

主要结论

1.能源行业需要适应产业政策与竞争政策"此消彼长"规律，补上"反垄断"这一课。一切经济政策要经反垄断审查！体现市场决定性作用。

2."放开"对应的是行政垄断，放开后的市场垄断仍需反垄断执法。

3."管住"（管好）对应的自然垄断，对此必须是"激励性规制"（避免"棘轮效应"），主要不是反垄断。

4."生产价格理论"（其变形"准许成本+合理收益"）不是政府定价的理论基础。

5."相关市场界定"只能一事一议，是实施竞争政策的前提。对此研究甚少！

6.在能源行业，规制与反垄断如何搭配是新问题。因为竞争性业务与垄断性业务交织。如纵向双轨、接入定价，等等。

25

能源行业监管流程新思路（三部曲）

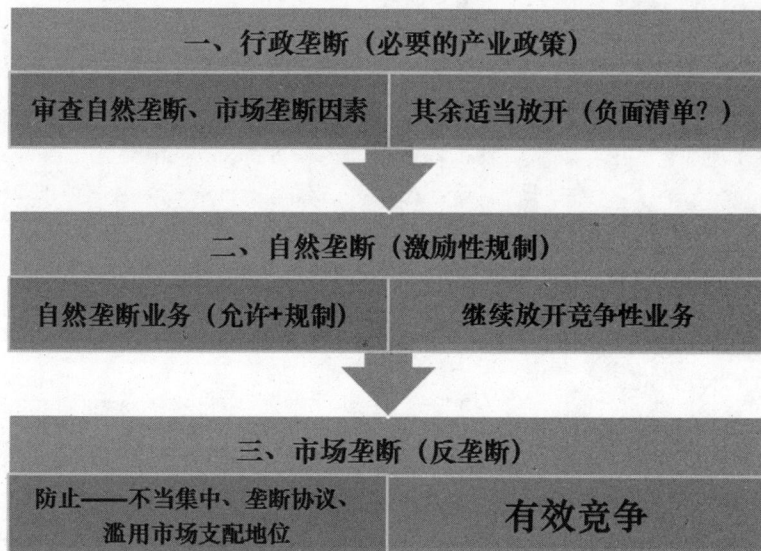

一、行政垄断（必要的产业政策）

审查自然垄断、市场垄断因素	其余适当放开（负面清单？）

二、自然垄断（激励性规制）

自然垄断业务（允许+规制）	继续放开竞争性业务

三、市场垄断（反垄断）

防止——不当集中、垄断协议、滥用市场支配地位	有效竞争

26

研究（论文）选题（课程论文）

1.《略论"公平竞争审查制度"的必要性与可操作性》
（法律依据、行政程序、执行机构）

2.《"放"与"管"的内涵与协调——以**行业为例》
（电力、石油、天然气、供水）

3.《行业划分与市场界定——兼论自然垄断行业竞争性业务》（铁路、电信）

4.《从"成本悖论"看激励性规制》（电价、水价、气价、网费）

5.《"管住中间，放开两头"政策的涵义与实施》
（电、水、气、油）

27

第28讲 集体诉讼与反垄断执法[①]

Class Action & AML Enforcement

二元思维与三元思维

二元思维

- 姓社/姓资、企业/政府、私有/国有、左派/右派、合法/非法
- 非友即敌、非公即私、非社即资、非左即右
- 二元实施：私人实施/公共实施

三元思维

- 道生一、一生二、二生三、三生万物。（一抱道、二抱一、三抱二、万物恒三）。三角形、三原色
- 企业——NPO/NGO——政府；私有——混合——国有
- 当然合法——合理推定——当做违法
- 私人诉讼——集体诉讼——公益诉讼

2

---

① 本讲为2015年3月21日于对外经贸大学"产业组织与竞争政策国际研讨会"发言内容。

两线、三区与四象

全面/方面	举例	两线	三区	四象
小康社会	产品属性	私用品/共用品	私用品—中间品—共用品	私用品—公用品—共享品—共用品 private-common-club-public
	人类行为	傻子/圣人	傻子—中间人—圣人	傻子（损人害己）—小人（损人利己）—君子（利人利己）—圣人（利人舍己）
深化改革	政企关系	企业/政府	企业—中间组织—政府	企业—NPO—NGO—政府
	产权关系	私有/公有	私有—中间形态—公有	私有—合伙—股份—公有
依法治国	执法原则	违法/合法	违法—合理推定—合法	当然合法—无罪推定—有罪推定—当然违法
	法律诉讼	私人诉讼/公益诉讼	私人诉讼—中性诉讼—公益诉讼	私人诉讼—共同诉讼—集体诉讼—公益诉讼

3

举例1：两线三区（IPR）

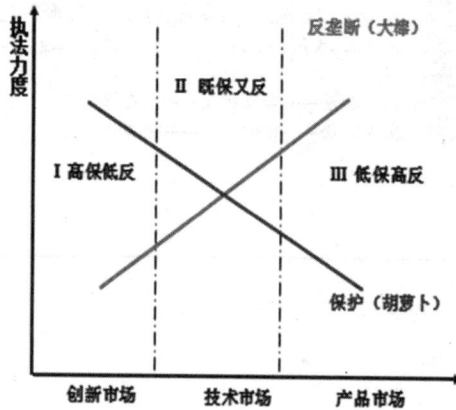

举例2：四象

当然合法—无罪推定—
有罪推定—当然违法

（1）损人害己的"傻子"不足为虑；

（2）利人舍己的"圣人"难以普及（"圣人不死、大盗不止"）；

（3）对损人利己的"小人"要大力防范；

（4）对利人利己的"君子"才应大为鼓励。

- 在处理人际、群际直至国际关系中，A："己所不欲，勿施于人"的东方文化过于保守，难以处理"己不欲、人所欲"的情况；B："己所欲，施于人"的西方文化过于激进，常因"己所欲、人不欲"而出现争端，甚至战争。

- 人类行为和国际社会应以，A："己所不欲、人亦不欲，勿施于人"；B："己所欲、人亦欲，必施于人"作为基本原则，同时尽量做到"己不欲、人所欲，可施于人"；"己所欲、人不欲，缓施于人"。

- 这既可作为小康社会的行为准则，也应成为国际关系准则。

5

三元实施体制的功能定位

共同诉讼

	私人实施 （私人诉讼）	集体实施 （集体诉讼）	公共实施 （公益诉讼）
利益维护	私人利益 （个体）	集体利益 （群体）	公共利益 （社会）
实施方式	私人诉讼+法院裁决	集体诉讼+法院裁决？	I：行政公诉+法院裁决（如美国） II：行政立案+行政裁决（如中国）
惩处原则	补偿性（损失赔偿）	二者兼有	惩罚性（数倍、1-10%）
关注要点	"民不举，法不究"个体激励强	"众不举，法不究"	"民不举，官也究"存在搭便车行为
典型案例	"锐邦诉强生案"（2012沪高民三【知】终字第63号）	"高通反垄断集体诉讼案"【未定】	"高通反垄断案"（发改办价监处罚【2015】1号）

6

三元实施（诉讼）理论

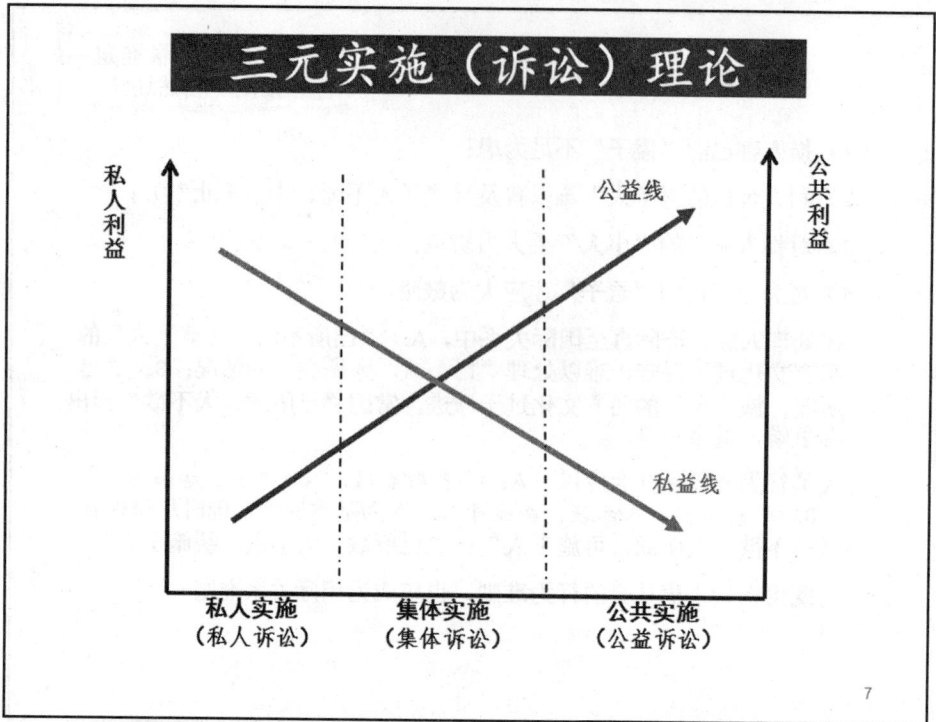

私人利益

公共利益

公益线

私益线

私人实施　　　　集体实施　　　　公共实施
（私人诉讼）　　（集体诉讼）　　（公益诉讼）

7

集体实施（诉讼）的特点与作用

特点	1. 专业性强：代理人——"好事者"看准机会，征集委托人群体授权，（免费）代理诉讼 2. 原告方积极性高：代理人"胜则分成"，败损失有限；委托人"胜有有益、败无损失" 3. 案件多以"和解"告终，因被告看重"股价效应"。也有反例
作用	1. 符合政府简政放权，发挥市场决定性作用的改革大方向。减少"政府失灵"。而且无需增加机构和编制 2. 利于解决当事人众多，缺少激励搭便车，信息不对称等"市场失灵"问题 3. 可回避"保护竞争者"、"歧视外资企业"之嫌
问题	1. 维稳方面考虑，本可成为维稳"正能量"，减少"群体事件" 2. 法院数量考核，不愿集体诉讼 3. 恶意诉讼问题，但已经迫在眉睫，如高通案。非反垄断领域案例更多

8

研究思路

| 问题 | 反垄断执法"公共实施—私人实施"二元执法机制的弊端 |

| 案例 | 锐邦诉强生民事诉讼案 | 高通反垄断行政执法案 | 中美维生素C反垄断集体诉 | 苹果iPod反垄断集体诉 |

研究层次与核心问题

| 基础研究 | "公共实施—集团诉讼—私人实施"三元执法机制 |

| 具体研究 | 三元执法机制在反垄断法中的应用框架 | 方法 | 比较研究 案例研究 |

| 综合研究 | 中国反垄断集团诉讼制度构建 | 方法 | 规范研究 实证研究 |

分类研究	垄断协议中集团诉讼的应用	方法	法学与经济学结合研究
	滥用市场支配地位中集团诉讼的应用		
	行政垄断中集团诉讼的应用		

9

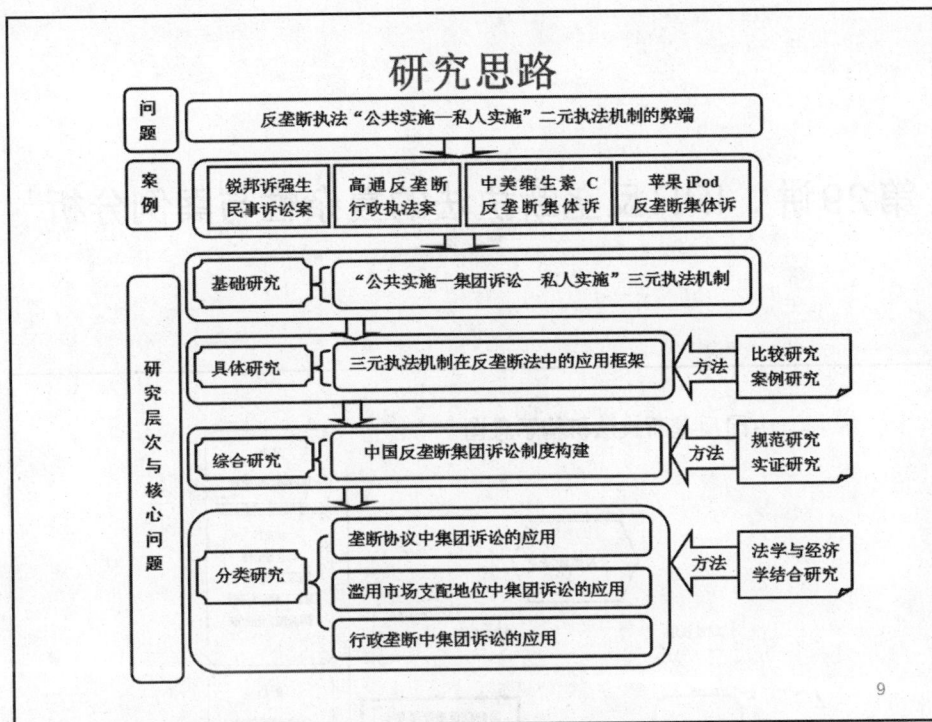

附 反垄断"集体诉讼"案例

时间	案例	代诉律师	结果
2015年	高通垄断受害企业集体诉讼案（全球代理）	北京郝俊波律师所 Hausfeild LLP	未定
2015年	苹果、谷歌、英特尔、Adobe等互不挖人反垄断集体诉讼案	Kelly Dermody律师所	未定
2014年	国泰航空美国客运反垄断集体诉讼案		和解，支付750万美元
2014年2月	国泰航空美国货运反垄断集体诉讼案		和解，支付6500万美元
2014年3月	国泰航空澳洲货运反垄断集体诉讼案		和解
2010年	英特尔反垄断集体诉讼案	J.Clayton Athey律师所	诉讼失败
2003年11月	微软多州（区）反垄断集体诉讼案	各州代表律师	和解，支付优惠券

10

第29讲 IPR反垄断执法的复杂性与案例分析[①]

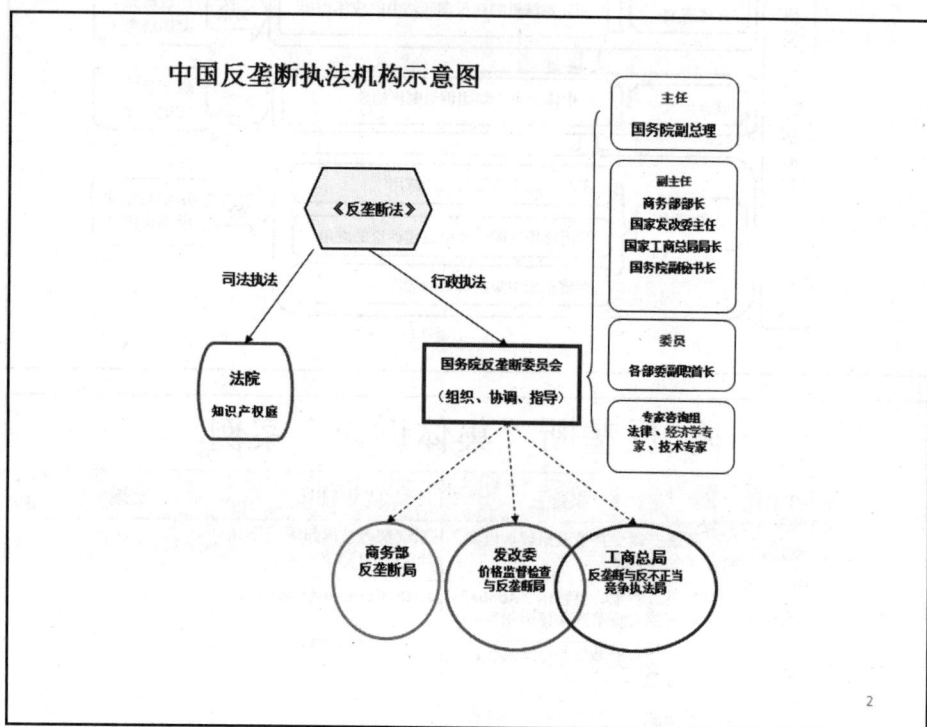

中国反垄断执法机构示意图

魏文王问扁鹊

魏文王问扁鹊曰："子昆第三人其孰最善为医？"扁鹊曰："长兄最善，中兄次之，扁鹊最为下。"

魏文侯曰："可得闻邪？"

扁鹊曰："长兄于病视神，未有形而除之，故名不出于家。中兄治病，其在毫毛，故名不出于闾。若扁鹊者，镵血脉，投毒药，副肌肤，闻而名出闻于诸侯。"

魏文侯曰："善"。

发改委 价格监检与 反垄断局	**已病之病（行为）** • 价格垄断协议 • 滥用市场支配地位 （价格）"高通案"
工商总局 反垄断与反 不正当竞争 执法局	欲病之病（行为） • 滥用市场支配地位 （非价格）"微软案"
商务部 反垄断局	**未病之病（结构）** • 集中审查（事前审查）

3

IPR的反垄断条款

• 《反垄断法》第五十五条：

• 经营者依照有关知识产权的法律、行政法规规定行使知识产权的行为，不适用本法；

• 但是，经营者滥用知识产权，排除、限制竞争的行为，适用本法。

• 评论：留下了过大的执法空间！IPR本身就有排除、限制竞争的特点？关键在于何为"滥用"？

• 国家知识产权总局项目《中国知识产权市场竞争状况评估与相关政策研究》项目编号是"SS09-A-09"。于立主持，合作者之一上海交通大学王先林教授。

4

"保反阶段论"（双重标准)

	对内政策	对外政策
发展阶段 （中国）	以保为主 以反为辅	以反为主 以保为辅
发达阶段 （美国）	保反并重 灵活掌握	以保为主 以反为辅

转变很重要！

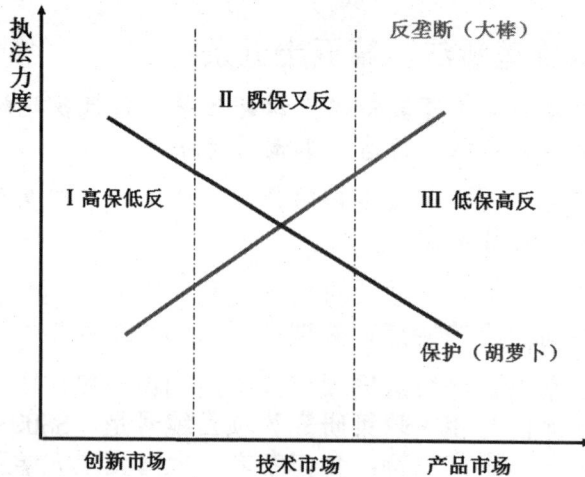

"三三制（三市、三区、三法）"

限制 ← 是 — 是否损害国家安全 → 否　　　保护

创新市场 ⋯⋯→ 技术市场 ⋯⋯→ 产品市场

白区　是否落入白色区　是

黑区　是否落入黑色区　否

灰区

是否产生明显的限制竞争效应 — 否

进入能否及时、充分地阻止或抵消限制竞争效应 — 是

是否会产生足够大的效率改进以抵消限制竞争效应 — 是

是否存在足以阻止或抵消限制竞争效应的其他因素 — 是

否

附加条件地允许（或继续分析）

本身合法　本身违法　合理推定

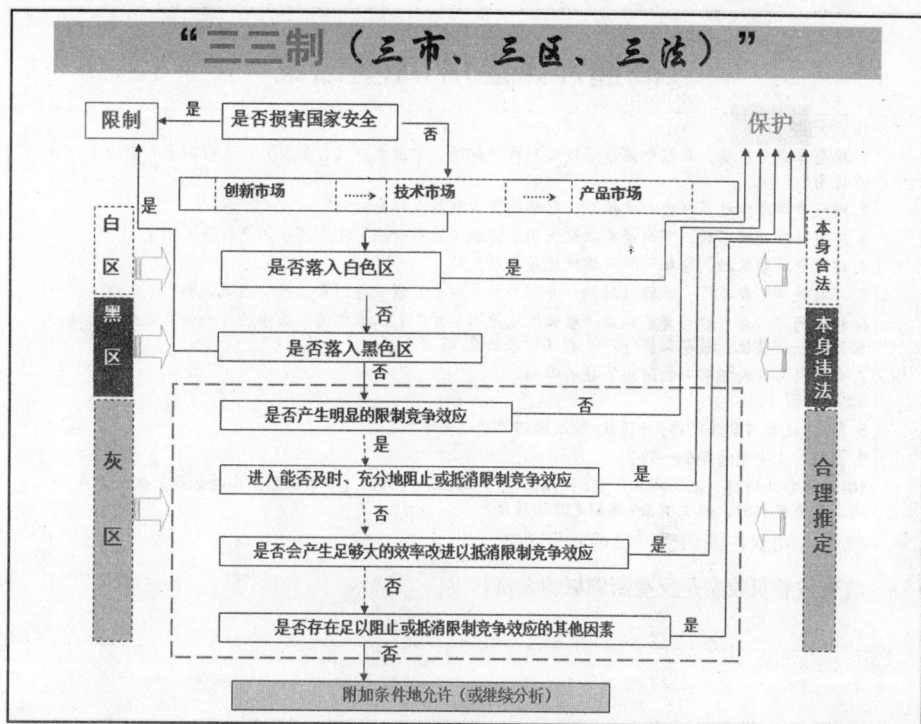

高通涉嫌滥用IPR垄断案

1. **不公平高价许可费**：以手机整机售价作为计算专利许可费的基础。手机芯片组约占手机总成本的5%至20%。为标准必要专利？

2. **免费反许可**：要求与被许可人交叉许可专利，但不向被许可人支付合理对价，涉嫌"低价购买"。

3. **对过期专利收费**：对被许可方不提供清晰的专利清单，部分过期专利继续存在于专利组合中，导致被许可人为过期专利付费。

4. **捆绑许可**：将标准必要专利与非标准必要专利捆绑许可，涉嫌"搭售"。

5. **捆绑销售（交叉补贴）**：将芯片销售与专利许可相捆绑。芯片低价，挤压对手。

8

高通涉嫌滥用IPR垄断案

抗辩问题

1. 按全球定义市场，而按中国市场处罚？口径范围：中国生产（含出口）？进口因素？中国生产并使用？

2. 对竞争者考虑过多（企业举报），忽略消费者利益或社会福利？

3. 若对行政处理不服，可向最高法院上诉？依据《反垄断法》还是《知识产权法》？

4. 许可费计费基础"整机"5%是惯例还是垄断？

5. "有效许可费率"，收费（结构：专利与芯片组合）模式等因素。执法效果预测？

6. 核心问题：许可费计算基础是"整机"还是"芯片"？二者之间？基带芯片——芯片组（模块、器件）——整机；技术秘密——专利（标准必要/非必要）——产品。

7. 专利与芯片的捆绑如何解决？技术难题。

处罚问题

8. 禁令+没收（非法所得）+罚款+整改承诺"四项并举"。

9. 罚款：上年销售额6%～7%？

10. 没收非法所得：2009年起？利润（收入？）的20%～50%？（专家估算，高通认罚）假如芯片成本只占整机5%，那么其余95%都是非法所得？

规则：罚款按销售额，没收按利润？

改变按整机收费是反垄断领域的大事！

9

5、银联涉嫌价格垄断案

- 支付宝等第三方支付，当初银联看不上眼。（非金企业的商业模式创新）

- 银联封杀第三方支付，2013年12月19日，银联印发《关于规范与非金融支付机构银联卡业务合作的函》（17号文），要求成员银行对第三方支付企业的开放接口进行清理整治，2014年7月1日前，实现非金机构（主要是"第三方支付"）互联网银联卡交易全面接入银联。（纵向限制、强制交易？）

- 17号文自述：银联卡线上支付业务中，非金机构向成员银行支付的手续费费率平均为0.1%左右，低于银联网络0.3%～0.55%的价格水平。此项手续费年损失30亿元人民币。（垄断利润？）

- 银联重罚一家与支付宝在线下POS业务密切合作的银行。（卡特尔内惩）

- 《反垄断法》出台前，央行批准唯一境内银行卡公司。（无市场准入型市场结构）

10

银联涉嫌价格垄断案

- 三个原则：竞争、开放、创新。
- 三股力量：（1）国际竞争（2016年）；（2）横向竞争（"民联"）；（3）纵向竞争（成员行与支付宝合作）。实际上，垄断损害并不大！
- 纵向合作是一种促进竞争的"**跳单行为**"，与纵向限制有"**互克**"之效。
- 跳单行为是有无"**搭便车**"因素：（1）品牌价值；（2）BIN码效应。据说，支付宝等愿意给予一定的补偿。实质是IPR问题。
- 央行支持反垄断；银联也已知错。
- **政策建议**：承诺整改，而不重罚？
- 综合因素：（1）为国际竞争作准备；（2）不能完全排除搭便车；（3）实际损害并不大；（4）市场中有互克机制。

11

反垄断执法的定性与定量
（3+1）×（3+N）×3×2——不只"三三制"

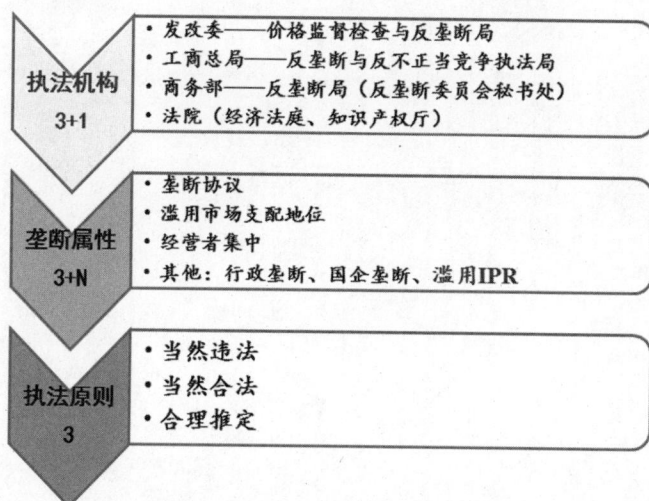

执法机构 3+1
- 发改委——价格监督检查与反垄断局
- 工商总局——反垄断与反不正当竞争执法局
- 商务部——反垄断局（反垄断委员会秘书处）
- 法院（经济法庭、知识产权厅）

垄断属性 3+N
- 垄断协议
- 滥用市场支配地位
- 经营者集中
- 其他：行政垄断、国企垄断、滥用IPR

执法原则 3
- 当然违法
- 当然合法
- 合理推定

12

参考文献

[1] 于立，吴绪亮.保反兼顾、内外协调的知识产权政策[J].中国工业经济，2010 (5).

[2] 于立，吴绪亮，等.法律经济学的学科定位与理论应用[M].北京：法律出版社，2013.

13

第30讲 公用事业改革与创新的比较分析①

——"两线三区四象五分法"

解题

- "政府"的改革与创新（很难）
- "企业"的改革与创新（普通企业不难）
- "公共事业"的改革与创新（NPO/NGO半政府半企业，不难但乱）
- 公用事业与"国有企业"非常类似？（特殊法人，思维混乱）

2

---

① 本讲为2014年12月13日于首都经贸大学"第六届全国比较管理学术研讨会"发言内容。

思想缘起

◆老子曰：道生一，一生二，二生三，三生万物。为学日益！

◆于子曰：一归道，二归一，三归二，万物归三。为道日损！

◆《易传·系辞上传》第11章："易有太极，是生两仪，两仪生四象，四象生八卦，八卦定吉凶，吉凶成大业。"

3

"四菜一汤"

元始太极道生一，
三生万物二为基，
四象五行多巧妙，
八卦推演至无极。

◆占住六合圆又满，
◆七星阵法不失迷。

——于子又及

4

名与实（名不正、言不顺、事不成）

● **"城市公用事业"** （urban public utilities）

特指城市交通、城市燃气、城市给排水等基础设施。强调的是"公共设施"，不是"公用事业"。也许简称"市政行业"（和市政公司）为好？

● **"市政行业"：**

1. **环境方面**：如垃圾清除、污水处理、防洪、消防等。

2. **交通运输**：如地铁、电车、公共汽车、*出租汽车*、停车场、索道、道路、桥梁等。

3. **基本设施**：如自来水、电力、煤气、热力的生产、分配和供应。

4. **医疗教育**：医院、防疫、学校。

5. **其他方面**：如文体场所、娱乐场所、公园、房屋修缮、邮政通讯、火葬场、墓地等。

● **"国有企业"**——真正的国有企业只能是特殊法人！

5

1. 政企关系"三区分法"

◆ 政企关系一直是中国改革开放中的重点和难点。其实并不复杂。"三分法"是基本思路。即"企业——NPO/NGO——政府"。当然还可进一步细分。

◆ PPP（Public-Private-Partnership）公私合作？

◆ 市政行业或市政公司的突出特点：NPO。简单的企业化或政府包办都不对路！

企业 （股份公司）	NPO/NGO （特殊法人）	政府 （政府企业）
· 业主制 · 合伙制 · 公司制	· 医院、大学 · 慈善组织 · **市政公司（单位）**	· 中央政府 · 地方政府 · 分权制度（广义）

铁路总公司：
· *企业性质*
· *法律依据*
· *运营方式*
· *监管模式*

6

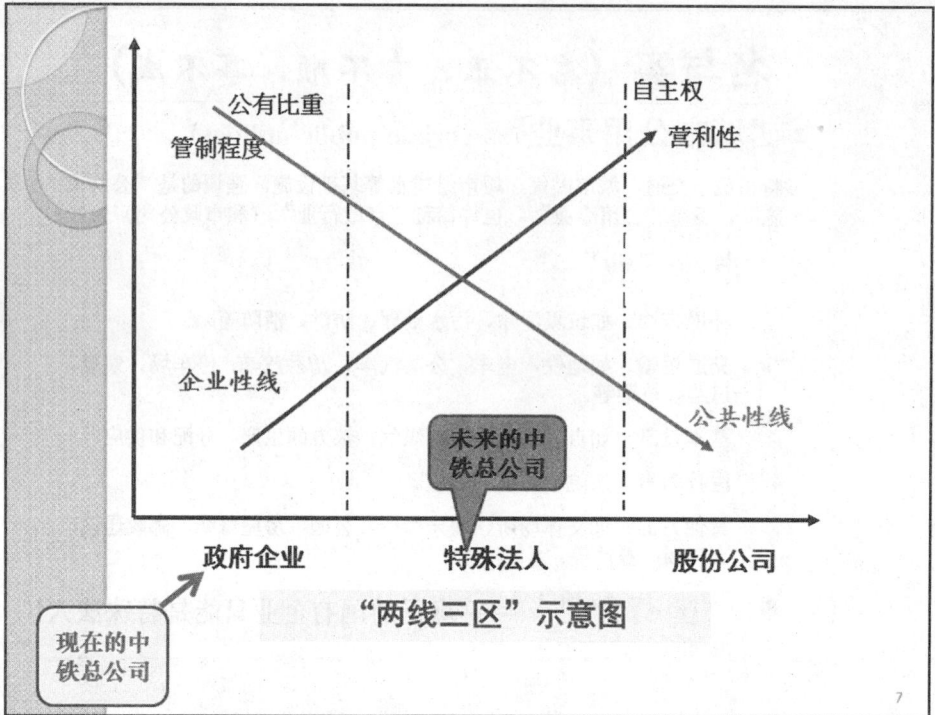

"两线三区"示意图

NGO——非政府组织

- **NGO(Non-Governmental Organization)**：不属于政府，不由国家建立的组织。可以是公益性的，或是服务于特定人群的，一般具有法人地位、有公开的组织章程和透明的财务管理。

- **NGO是比NPO狭窄得多的概念。**

- （1）民间NGO:民间的社会团体、民办非企业单位、基金会，以及因为政策限制被迫在工商部门注册为企业但实际从事公益慈善事业的机构，一些未获得合法身份的民间公益团队；（2）官办NGO：由政府出面举办的行业协会、基金会、红十字会、慈善会及妇联等群众团体，这类组织在性质上与NGO有区别，是中国特色的政府组织或准政府组织；（3）环保NGO、教育NGO、残障NGO、国际NGO；（4）"红色NGO"。

- 基金会本质上也是一种NGO。中国的国家社科基金和自然基金？FORD Foundation？

NPO——非营利组织

- NPO，即非营利组织(non-profit organization)。这个概念晚于NGO。

- "非营利"并不是无利润，更不是不讲经营，而是说这种组织的经营、运作目的不是将获取的利润用于分红，而是继续用于实现组织的使命。所以非营利组织的运作所需资金，除了来自政府、企业和个人的捐赠，也可能通过出售产品和提供服务来获得。简单讲就是，非营利组织可以盈利，但不能营利。?

- NPO涉及艺术、慈善、教育、医疗、政治、宗教、学术、环保等等。NPO亦被称为第三部门，以区别于政府部门(第一部门)和企业界的私人部门(第二部门)。

- 误区：很多人搞不清"盈利"和"营利"的区别，非营利组织也常常被误写为非盈利组织、非赢利组织；或者误以为非营利组织不能从捐款中提取管理费，从业人员不能拿工资，不能搞有偿服务、不能进行投资增值等。

- 中国的国有企业由于很少分红，实质上是NPO？

9

2. 行业性质（四象分法）

1. 公用品（common goods）：虽有"竞争性"，但无"排他性"。"公用"与是否"公有"（国有）无对等关系。如高干病房、老年人乘车。产权界定是解决排他性主要措施。

2. 私用品（private goods）：既有"竞争性"，又有"排他性"。如普通医疗服务、大学教育。对应众多的竞争性行业，没有市场失灵问题。出租车、停车场等属于私用品。

3. 共享品（club goods）：有"排他性"，但无"竞争性"。特点是交了"会费"才可享用，尽管常有闲置。知识产权品（如专利）就是典型，边际成本近乎于零，但可排他。如收费公园、收费的网络电视。有的不应广泛收费。

4. 共用品（public goods）：既无"竞争性"，又无"排他性"。如传染病防治、无限入电视、空气等，国防服务，但不一定对应武器装备。经济学中经常讨论的"灯塔"常被视为共用品，但并不尽然，科斯就研究过反例。

10

"四象表"

	排他性	非排他
竞争性	私用品: 食品、服装、家用汽车、个人电子用品。普通医疗、高等教育。出租车。高峰地铁	公用品: 渔业资源、城市广场、城市公园、无主牧场、无主森林、无主矿产
非竞争	共享品: 专利、版权、品牌、空位影院、私人园林、卫星电视、封闭高速公路、非高峰地铁	共用品: 无线电视(不设密码)、空气(雾霾为公害)、国防、传染病防治

11

几点误区(比较分析)

◆ 何为"公益"?特指具有外部性(externalities)的事务或行为,或者说社会效益大于个体效益(社会成本小于个体成本)。一般意义上的学雷锋(做好事)不一定具有外部性,有的只是"利益转移"或"转移支付"(transfer payment)性质,仍是"私益"。

◆ "公有"不等于"国有"。"全民所有"也不等于"国有",那只是最小的"小产权"。"市政公司"一般不是"央企"。

◆ "公用"不等于"共用"。前者的定义是"有竞争+不排他"的组合,后果是"公有悲剧"(common tragedy),解决对策是产权界定。

◆ "共用"的定义是"无竞争+不排他"的组合,后果是"市场失灵"(market failure)。

不准确概念:"公共物品"、"公共财货"、"公办"

12

"四象分法"举例——医院

		设立	
		公立	私立
运营	非营利	甲类（10%左右）：政府主导（公立＋非营利）。主要负责提供普适性基本医疗服务。CDC机构	乙类（65%以上）：主要由财团、慈善组织和宗教团体兴办，免纳税收，成为主体。政府可给予财政补贴。目前数量太少。鼓励境内外投资
	营利	丙类（10%以下）：靠政府投入，按市场收费，最不可取。目前这类比例过大	丁类（15%左右）：市场主导。初期可适当税收优惠降低进入门槛，政府不应政策歧视。既可高端，也可低端。医药研发的主力

28

13

3.典型市政行业（5元分法）

行业	公用	共用	公益	公有	公办
地铁	4	3	4	4	4
公汽	3	2	3	2	2
出租	1	0	2	0	1
电力	3	3	4	1	2
煤气、天然气	4	3	4	3	3
供水	3	3	2	3	3
污水处理	3	4	4	2	2
公园	4	3	4	3	4
消防	4	4	4	4	4
大型体育（文化）场所	4	3	4	3	3

• 表中数字属示意性质，不一定准确，而且可变
• 5×5分法表明改革和创新完全可以差异化

14

典型行业五分法（五行续）

行业	公用	共用	公益	公有	公办
大学	2	1	2	1	1
中小学	4	4	4	2	2
高铁	2	2	3	3	3
高速公路	3	1	2	1	2
京剧院	3	3	2	2	1
作协	1	2	2	1	1
图书馆	1	2	3	2	2
警察局	4	5	4	4	3
公共外交协会	2	2	3	2	1

- 表中数字属示意性质，不一定准确，而且可变
- 5×5分法表明改革和创新完全可以差异化

15

总结：改革与创新思路一目了然

两线
- 阴阳、左右、公私、供求
- 政企关系、计划与市场、竞争与垄断

三区
- 当然违法—合理推定—当然合法
- 公有制—混合制—私有制
- 企业—NGO/NPO—政府
- 政府企业—特殊法人—股份公司

四象
- 君子（利人利己）—小人（损人利己）—圣人（损己利人）—傻子（损人害己）
- 完全竞争—垄断竞争—寡头垄断—完全垄断
- 私用品—公用品—共享品—共用品
- 公立非营利—私立非营利—公立营利—私立营利

五分
五元×五分
公用—共用—公益—公有—公办

16

应用举例

[1] 于立，张杰.中国产能过剩的根本原因与出路：非市场因素及其三步走战略 [J] .改革，2014 (2)，全文转载.

[2] 于立，冯博，徐志伟.跳单与RPM互克理论及其政策涵义 [J] .价格理论与实践，2014 (3) .

[3] 于立，冯博.中国经济改革与发展的"三小法宝" [J] .改革，2013 (1)，头条特稿.

[4] 于立，刘冰，马宇.纵向交易理论与中国煤电的纵向交易效率 [J] .经济管理，2010 (4)，全文转载.

[5] 于立，吴绪亮.保反兼顾、内外协调的知识产权政策 [J] .中国工业经济，2010 (5)，全文转载.

[6] 于立.福特基金项目——《中国国有企业产权与法人治理结构研究》及系列论文.

[7] 于立，徐志伟.中国高铁产业发展的政策依赖及其微观基础——中国铁路总公司特殊法人改革思路 [D] .天津财经大学法律经济分析与政策评价中心工作论文，2014.

17

第31讲 中国铁路总公司的特殊法人之路[①]

观点形成

- 于立,马骏.中国国有企业改革与公司治理结构 [M].国家自然科学基金与美国福特基金联合资助(1997—2000).

- 于立,马骏.特殊法人企业有关问题的进一步探讨 [J].东北财经大学学报,1999(1).

- 于立,马骏.中国国有企业改革与治理结构的构建新思路 [M].公司治理结构:中国的实践与美国的经验:第13章.北京:中国人民大学出版社,2000.

- 于立.关于国有企业制度和治理机构的建议 [J].上报全国政协、全国人大、国务院.

- 于立,徐志伟.中国高铁产业发展的政策依赖及其微观基础——中国铁路总公司特殊法人改革思路 [D].津财经大学法律经济分析与政策评价中心工作论文,2014.

2

---

① 本讲为2014年12月6日于厦门大学"中国企业管理研究会年会"发展内容。

中国高铁产业的十年发展

- 高铁元年：2004年1月国务院通过《中长期铁路网规划》建设" '四纵四横' 快速客运专线网"。

中国的高铁速度

- 高铁投资：2014年预估6 500亿元人民币。

- 运营里程：2014年接近1.1万千米。

- 客运量：2014年预估7亿人次。

- 技术创新：2013年与载人航天、探月工程、载人深潜、北斗卫星导航系统一起写入政府工作报告。

- 国家品牌：开展高铁外交，与阿里巴巴在美国IPO一起成为值得自豪的两个标志。

成功"秘诀"？

- 管理运营上，政企不分
- 资金投资上，不计成本
- 技术开发上，举国体制
- 市场开拓上，总理推销

5

长此以往，此路不通！

- 腐败温床说？

- 烧钱产业说？

- 以铁道部名义参与国际竞
  争，名不正言不顺！

6

铁路总公司成立恰逢其时！

2013年3月17日，中国铁路总公司正式挂牌成立。

（一）实行铁路政企分开

根据第十二届全国人民代表大会第一次会议审议的《国务院关于提请审议国务院机构改革和职能转变方案》的议案

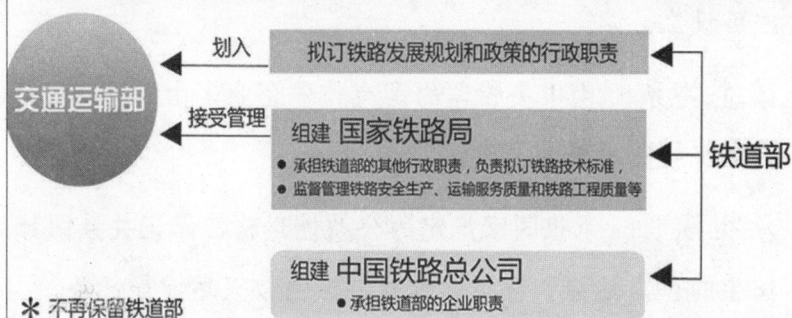

交通运输部

划入 → 拟订铁路发展规划和政策的行政职责

接受管理 → 组建 **国家铁路局**
- 承担铁道部的其他行政职责，负责拟订铁路技术标准，
- 监督管理铁路安全生产、运输服务质量和铁路工程质量等

组建 **中国铁路总公司**
- 承担铁道部的企业职责

※ 不再保留铁道部

铁道部

脆弱的庞然大物！

- 2014年一季报，其总资产规模为5.11万亿元人民币

- 注册资本金，10 360亿元人民币（接近工农中建四大国有银行股本之和，相当于5.6个中石油，9个中石化）

- 企业员工起200万人

- 2014年上半年实现收入合计4 784.8亿元人民币，税后亏损53.56亿元人民币

- 负债合计3.43万亿元人民币

- 每季度还本付息的资金需求就超过650亿元人民币

文件解读（1）

国函〔2013〕47号

- 设立依据：依据《中华人民共和国全民所有制工业企业法》设立。

- 政企关系：由中央管理的国有独资企业，由财政部代表国务院履行出资人职责。

- 承担职责：承担国家规定的公益性运输，保证关系国计民生的重点运输和特运、专运、抢险救灾运输等任务。

9

文件解读（2）

国函〔2013〕47号

- 清产核资：不进行资产评估和审计验资，实有国有资本数额以财政部核定的国有资产产权登记数额为准。

- 治理结构：总公司的领导班子由中央管理；公司实行总经理负责制，总经理为公司法定代表人（正部级）。

- 公司章程：《中国铁路总公司组建方案》和《中国铁路总公司章程》由财政部根据本批复精神完善后印发（已设立接近两年，章程依然难产）。

10

疑问与结论

1. 依据《全民所有制工业企业法》，不是《公司法》，却称 "公司"？铁路企业也不是 **"工业企业"**，属运输企业（服务业），却适用《工业企业法》？

2. 是否真正能够做到政企分开？不能！

3. 承担公益性任务，享受国家财政补贴，如何成为市场主体？

4. 是否能够进行清产核资？是否有必要进行清产核资？

5. 逐步建立完善的 "公司法人治理结构"，能吗？

6. 《中国铁路总公司章程》的性质、内容，为何迟迟不公布？

结论：股份公司式的现代企业制度不适用铁路总公司！仍是典型的 **"政府企业"**

11

改革方向：特殊法人制度

企业 （股份公司）	NPO/NGO （特殊法人）	政府 （政府企业）
• 公司制（现代企业制度） • 标准的公司治理结构 • 产权分散清晰、完全自负盈亏 • 可有国有股，但不控股	• 未来的铁路总公司 • 特殊的法人治理结构 • 国有控股，产权基本清晰 • 独立核算、自负盈亏，偶有政府补贴 • 管理者面向市场	• 现在的铁路总公司（政府附属物） • 不独立核算，不自负盈亏 • 无通常意义的法人治理结构 • 一般国有独资 • 管理者实为政府官员

12

国有企业的"二重性"

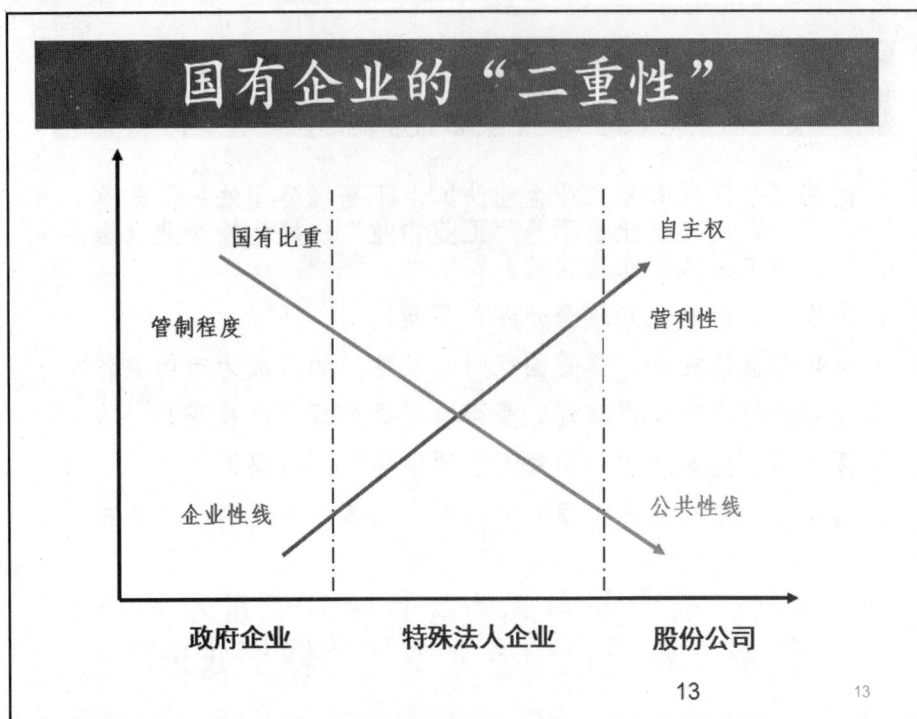

国有比重

管制程度

自主权

营利性

企业性线

公共性线

政府企业　　　　特殊法人企业　　　　股份公司

13

国有企业的"二重性"

1. 国有企业的国有比重与政府管制程度成正比。

2. 国有企业的经营自主权与营利性成正比。

3. 总体来说，"公共性"与"企业性"是互为替代或成反比关系，不能"同高同低"、"忠孝两全"。

4. 三类国企的动态转化？不同国家、不同历史时期、不同行业，其相应的"公共性"曲线和"企业性"曲线位置会有所不同。

14

铁路总公司（未来）与股份公司比较

比较维度	铁路总公司	股份公司
行业特征	自然垄断性高、外部性强	竞争性行业
政府管制程度	较高	很低
政企分开程度	难以分离	政企分离
所有者/投资人	国有独资或控股	股权分散
法律依据	《特殊法人法》	《公司法》
所有者	无真正意义股东大会	产权多元化，有股东会
管理者来源	面向市场	从经理市场聘任

15

特殊法人之路（一）

- 政企关系的适度分离

  政府干预应限于公益性运输等特定方面，总公司内部按业务性质分类管理，根据需要设立分公司、子公司。

- 制定特殊法人企业法

  修改《公司法》，取消"国有独资公司"有关条款，并在此基础上制定符合铁路产业特征的"特殊法人企业法"。

16

特殊法人之路（二）

- 逐步完善特殊法人的治理机制

　　按特殊法人制定《铁路总公司章程》；初步尝试建立管委会，随着混合所有制的逐步实施以及股东会的建立可考虑由管委会过渡到董事会；公司管理者（总经理和经理）逐步转为由管委会（或董事会）公开聘任，减少公司高管"官员化"。

- 解决与有关法律的冲突
  1. 《反垄断法》
  2. 《公司法》
  3. 《工业企业法》

17

国际经验

- 新加坡？
- 日本？
- 欧盟？

18

第32讲　企业理论的主题、边界与前沿[①]

浅识拙见

[1] 工商管理学科的基础理论与研究方法［J］.经济管理，2013（12）.

[2] 登高望远，道术兼备——管理学的发展之路［J］.管理学报，2013（6）.

[3] 经济学学科设置与法律经济学的兴起［J］.改革，2011（4）.

[4] 产业经济学的学科定位与理论应用［M］.大连：东北财经大学出版社，2002.

[5] 规制经济学的学科定位与理论应用［M］.大连：东北财经大学出版社，2005.

[6] 法律经济学的学科定位与理论应用［M］.北京：法律出版社，2013.

2

①　本讲为2014年8月22日"国家自然科学基金工商管理学科发展战略专家座谈会"发言内容。

学科主题：（太极之理）

	学科	普适主题	中国现状
1	管理学	激励与约束	无根
2	经济学	竞争与垄断	混乱
3	哲学	科学与宗教	贫困
4	法学	权利与义务	幼稚
5	史学	兴起与衰落	断代
6	政治学	效率与公平	纠结
7	文学	情爱与怨恨	迷失

3

管理学 研究主题	激励与约束

- 不要偏离主题，重点亦非指挥、控制等管理职能

管理学 理论基础	经济学+心理学

- "经济理性"与"心理理性"如何统一？

管理学科 两大分支	工商管理（私利）——MBA
	公共管理（公益）——MPA

- NPO、NGO？（非私非公"三分法"）

4

中国现行经济学门类学科分类

	编号	学科名称		编号	学科名称
一级学科	0201	理论经济学	一级学科	0202	应用经济学
二级学科	020101	政治经济学	二级学科	020201	国民经济学
	020102	经济思想史		020202	区域经济学
	020103	经济史		020203	财政学
	020104	西方经济学		020204	金融学
	020105	世界经济		020205	产业经济学
	020106	人口、资源与环境经济学		020206	国际贸易学
				020207	劳动经济学
				020208	统计学
				020209	数量经济学
				020210	国防经济

5

中国现行管理门类学科分类

一级学科	二级编号	学科名称	一级学科	二级编号	学科名称
1201 管理科学与工程	管理科学与工程	不设二级学科	1204 公共管理	120401	行政管理
1202 工商管理	120201	会计学		120402	社会医学与卫生事业管理
	120202	企业管理（含：财务管理、市场营销、人力资源管理）		120403	教育经济与管理
	120203	旅游管理		120404	社会保障
	120204	技术经济及管理		120405	土地资源管理
1203 农林经济管理	120301	农业经济管理	1205 图书馆、情报与档案管理	120501	图书馆学
	120302	林业经济管理		120502	情报学
				120503	档案学

"经济管理" = "工商管理" ?

6

国家自然科学基金G02 工商管理

G0201 战略管理	战略理论与决策	G0206 公司理财与财务管理		G0211 企业信息管理	企业信息资源管理
	竞争力与竞争优势	G0207 会计与审计	会计理论与方法		电子商务与商务智能
	战略制定、实施与评价		审计理论与方法	G0212 物流与供应链管理	
G0202 企业理论		G0208 市场营销	市场营销理论与方法	G0213 项目管理	
G0203 创新管理			品牌与消费行为	G0214 服务管理	
G0204 组织行为与组织文化	组织行为		网络营销	G0215 创业与中小企业管理	创业管理
	组织文化与跨文化管理	G0209 运作管理	生产管理		中小企业管理
G0205 人力资源管理	领导理论		质量管理	G0216 非营利组织管理	
	薪酬与绩效管理	G0210 技术管理与技术经济	企业研发与技术创新		
	人力资源开发		企业知识产权管理		

7

国际通用经济学分类（JEL分类）

编号	学科名称	编号	学科名称
A	一般经济学	K	法律经济学
B	经济思想史、方法论	L	产业组织
C	数理方法、数量方法	M	企业管理、营销学、会计学等
D	微观经济学	N	经济史
E	宏观经济学、货币经济学	O	发展经济学、技术进步、增长经济学
F	国际经济学	P	经济体制
G	金融经济学	Q	农业经济学、资源经济学、环境经济学、生态经济学
H	公共经济学	R	城市经济学、农村经济学、区域经济学
I	卫生经济学、教育经济学、福利经济学	Y	其他经济学（书评、学位论文）
J	劳动经济学、人口经济学	Z	经济学专题（文化经济学）

8

产业组织（L）=产业经济学

编号	二级领域	三级领域
L1	市场结构、企业策略、市场绩效	产量、价格与市场；企业规模；完全垄断、寡头垄断；交易、合同、信誉、网络；信息与质量；标准与兼容；市场绩效
L2	企业的目标、组织与行为	经营目标；企业组织与市场结构；市场与层级；整合与分解；生产的组织；外包与合资；企业绩效：规模、寿命、利润、销售额
L3	NPO与公共企业	**NPO、NGO**；公共企业（国有化）；私有化
L4	反垄断政策	横向垄断；纵向限制、转售价格维持；合法垄断；反垄断政策
L5	规制政策	加强规制、放松规制；产业政策（？）
L6-L9	行业研究（产业分析）	制造业（工业）；初级产业与建筑业；**服务业**；交通业；基础设施行业

9

JEL（M）企业管理和企业经济学;营销学;会计学
(Business Administration and Business Economics; Marketing; Accounting)

编号	二级领域	三级领域
M1	企业管理	生产管理，人事管理，创业管理，公司文化与社会责任
M2	企业经济学	**Business Economics**（广义的"企业理论"）
M3	营销与广告	营销学，广告学
M4	会计与审计	会计学，审计学
M5	人力经济学 **Personnel Economics**	用工决策；工薪与福利；培训；劳动管理（团队，岗位设计，任务分派）；劳动合同（外包，特许）

10

M2：企业经济学（Business Economics）

- "企业经济学"用经济理论和数量方法分析企业行为，以及影响企业组织结构和与要素、产品市场关系的各种因素。

- "企业经济学"关注组织、管理和战略三大主题。具体问题（广义的"企业理论"？）：

  1. 企业产生和存在的原因；

  2. 横向、纵向扩展的动因；

  3. 企业家的作用与创业；

  4. 组织结构（含公司治理）的重要性；

  5. 企业与劳方、资方、客户和政府的关系；

  6. 企业与商业环境（竞争政策与产业政策）交互作用。

11

M5：人力经济学（Personnel Economics）

- "人力经济学"：应用经济学理论和方法研究人力资源管理（HRM）问题。

- 发展历程：

  - 20世纪70年代，人力经济学出现并发展，主要是为了说明企业内部商品和劳务如何定价。

  - 20世纪80年代，更多地运用实验经济学（Experimental Economics），产生数据，验证理论。

  - 20世纪90年代，侧重利用大公司的数据进行实证研究。特别关注薪酬与生产率关系、不完全劳动市场和寻租行为等问题。

12

"企业理论"与相关学科

- 企业经济学多与产业经济学或产业组织（Industrial Economics/Industrial Organization）交叉，但后者原来多与工业有关，企业经济学也关注服务业。

- 企业经济学有时可简称"企业理论"或"厂商理论"（Firm Theory），不同于狭义的企业理论（The Theory of Firm），其多与制度经济学有关。

- 管理经济学（Managerial Economics）限定于与企业决策有关的经济学问题，大大窄于企业经济学。

- 商务经济学（Economics for Business）范围比"企业经济学"更宽。

- 工商管理（Business Administration）与"企业理论"？

- 何为"经济管理"（Economic Management）？无人能懂！

13

若干经典的"企业理论"

1. "交易成本理论"（Coase）——企业存在的原因与边界，即企业与市场的关系。

2. "规制俘掳理论"（Stigler）——企业与政府的关系。

3. "M—M理论"（Modigliani & Miller）——企业资本结构的决定因素与影响。

4. "有限理性理论"（Simon）——企业决策问题。

5. 其他理论："产权理论"、"代理理论"、"合约理论"、"激励理论"、"租金理论"、"团队理论"等等。

14

企业理论的重要性（*重点项目答辩*）

- 《企业融资行为与融资策略研究》——国企无困难、民企融资难、好企业不上市。不分类无法研究？
- 《医疗与健康的物流管理》——医院讲赚钱、患者想省钱、政府推责任。目标不一如何优化？只为医院咨询？
- 《变革环境下的中国企业领导行为研究》——"企业领导力"重视治理结构和制度，"企业家领导力"重视个人能力；国外领导力讲引导作用和领袖魅力，国内讲实权、做老大、一把手说了算。国企、民企领导力差异大。必须概念清晰！
- 《消费者福利与决策行为研究》——盲目的过度医疗、无选择的有害食品、疯狂的教育支出、投机的房屋购买、走投无路的储蓄行为，主要从"最小后悔方法"入手，难解"非理性，真无奈"。反垄断+消费者保护。方向有偏?
- **其他例子**：产业=市场（区域、行业）；损益平衡点（会计利润与经济利润）；平均利润与合理价格（无竞争不知成本为何物）。

15

企业理论研究的重点问题

- 企业与竞争政策（核心是企业与政府和法律的关系）。ICO问题！反垄断问题？
- 国有企业的特殊法人制度（公司法不适用，其他国家不重要），解决中国重大现实问题。
- "跳单问题"的理论与研究范式，可能对企业理论有些许小的进展和贡献。

16

第33讲　国有企业理论新论

——《改革》杂志座谈会发言稿

一、国有企业的理论误区——引言

中国国有企业改革和发展的过程中，有成绩也有不足，但由于缺少清晰理性的国有企业理论指导，在相当大程度上做对的不知对在哪里，做错的不知错在何处，有些争论甚至不知对错。当前呼声较高的顶层设计，如果没有坚实的理论基础，岂不同于沙滩上建高楼？困扰国有企业的理论误区主要有：

第一，在政企关系上误认为所有国有企业都能做到"政企分开"。国有企业普遍存在二重性，即"公共性"与"企业性"共存。政企能够分开的性质上已经不属于国有企业。反过来典型的国有企业不可能做到"政企分开"、"自负盈亏"。

第二，在法律依据上误认为《公司法》是适合国有企业的主要法律。国际经验表明，国有企业可以有多种模式，《公司法》只是基本适用于其中少量的甚至非典型的"股份公司"，仅靠《公司法》作为全部国有企业的法律依据和调整规范有点"杀牛用鸡刀"。

第三，在实践中误把"国有独资公司"当做国有企业的主要形式。我的研究表明，"特殊法人"才是国有企业的主要模式。《公司法》中为国有企业量身定做的"国有独资公司"条款显然有些"削足适履"。

第四，《反垄断法》是否适用于国有企业的争论也多不得要领。由于不分红或极少分红，国有企业事实上表现为"非营利组织"（NPO），因而经常成为国际社会不承认我国市场经济地位的口实，在反倾销谈判和反垄断政策国际协调中也减少了自己的话语权。

二、国有企业的分类——三分法

从主要方面来看，中国一直试图用非国有企业的模式来改革国有企业，这是一种"南辕北辙"的改革思路。其"症结"是不自觉地认为国有企业只有一种模式，这种僵化的思维为害深远。

国有企业是应该也能够分门别类多样化的，不分类就会使许多问题纠缠不清。根据国际惯例，并考虑中国国情，可将国有企业分为如下三大类：

1.政府企业（Government Enterprises）或部门企业，或政府现业（Departmental Undertakings）。这类企业是由政府所有并直接由政府机构经营的非营利组织（国有国营）。这种企业数量较少，不具有独立的法人地位，隶属于主管政府部门（政企不分），如军工企业、造币厂等。产品主要是"共用品"（Public Goods）或"准共用品"，价格与成本无关，不追求利润最大化，也不要求自负盈亏，更不可能建立普通的法人治理结构。

2.特殊法人企业（Public Corporations 或 Special Public Legal Entities）。这类国有企业区别于按公司法设立的普通法人，主要受特殊法人的有关法律（如烟草专营法、铁路法、电力法）的规范，具有法人地位，但属特殊法人。政企应适当分开，基本独立核算（不排除必要的财政补贴或特种税收），以政府独资或以政府投资为主，主要从事于自然垄断和政策性垄断行业，可模仿标准的公司治理结构。侧重生产并提供"准共用品"或特殊的"私用品"（Private Goods），产品价格与成本有较大的相关性。

3.股份公司企业（Joint-stock Companies）。这类企业依据标准公司法运作，政企分开，国有经济或政府参股（控股），具有普通法人地位，建立标准的公司治理结构，主要从事于竞争不够充分的行业。与民营的公司制企业（在中国目前包括有限责任公司和股份有限公司）没有多大区别，只不过国有经济参股或控股而已。

以上的三类划分有两点需要注意：一是从"横向"上每一类还可根据需要进一步细分，相互间也可以转化；二是从"纵向"上这种分类既适用于国有即或中央政府所有的企业，也适用于省、市、县各级政府所有的企业，包括地方性政府企业，地方性特殊法人企业和地方政府参股或控股的股份公司。

三、国有企业的性质——二重性

以诺奖得主科斯为代表提出的企业理论针对的是一般性企业，不完全适用于国有企业。国有企业理论的核心是我们提出的"二重性理论"（如图1所示）。

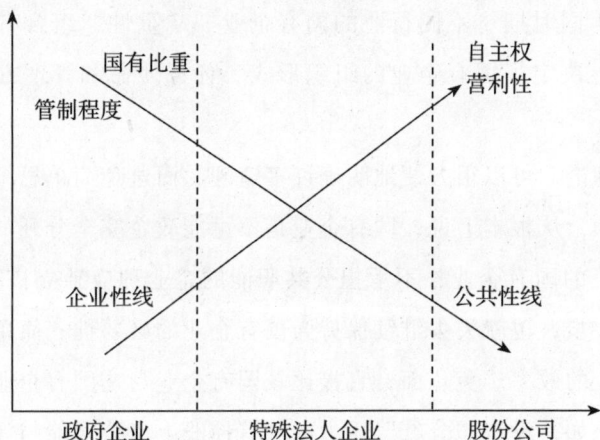

图1　国有企业"二重性"示意图

所谓"二重性"类似于传统文化中的阴阳"太极图"，是指"公共性"与"企业性"的辩证统一，既相互排斥又相互依存，不同类型国有企业的差别只在于"公共性"和"企业性"的组合比例或方式不同。一方面，国有企业由政府（中央或地方）全部或部分所有，同时处于政府或多或少的直接管制之下，企业行为在不同程度上类似于政府行为，因此具有"公共性"；另一方面，相当多的国有企业，特别是特殊法人企业和股份公司企业，也具有不同程度的经营自主权和自身的财务目标（或营利性），因此又具有"企业性"。这种"二重性"反映了国有企业的基本性质和基本特征。如果用"国有程度"和"管制程度"这两个指标代表"公共性"，同时用"自主权"和"营利性"这两个指标代表"企业性"，那么可用图来加以说明。

虽然在理论上或法律上，如图所示上述三类国有企业的性质是不同的，但在现实经济中，它们之间的界限在很多时候又是模糊不清的。因此图中以连续曲线来表示。

国有企业"二重性"理论的要点：一是"国有比例"与"管制程度"成正比。"国有独资公司"不可能真正实现政企分开；二是"自主权"与"营利性"成正比。完全可以"自负盈亏"的企业已失去保持为国有企业的必要性；三是"公共性"与"企业性"是互为替代或成反比关系，通常不能"同高同低"，做不到"忠孝两全"。"公共性"越强，越不能政企分开、自负盈亏；反之，"企业性"越强（如国有股较低的股份公司），距真正的国有企业越远；四是不同国家、不同时期、不同行业的国有企业"二重性"组合有所不同。这些特点就从根本上决定了国有企业的组织形式、任务使命和管理方法等都会大有不同。

根据上述理论，可以很方便地明确许多道理，而避免简单思维、以偏概全而陷入误区。例如，从根本上说，国有企业是不可能政企完全分开的，能完全分开的则不再是真正的国有企业；不承担公共职能的企业理应独立核算、自负盈亏，而一旦到了这一步，也就失去继续保持为国有企业的必要性；简单地根据盈利情况评价国有企业的效率难免片面；直接比较国有企业与非国有企业的经济指标也会使人误解。比如，没有"分红"压力的国有控股上市公司能与一般公司平等竞争吗？这样的公司一旦遭遇国外的"反倾销"或"反垄断"诉讼，能不败诉吗？另外，根据情况变化，国有经济有扩有减，国有企业有进有退，而且不同时期、不同行业情况应有所不同。

四、国有企业的典型模式——特殊法人

特殊法人企业应成为中国国有企业的典型模式，而普通的公司制法人企业只是国有企业的次要组织形式。应该根据有关行业的特点专门制定特别法律，用以规范和调整特殊法人企业的设立与经营。目前看，铁路（含地铁）、高速公路、航空、机场、港口、电力、煤气、供水排水、电信、邮政、金融、养老基金、烟草加工或关键技术开发行业中的国有企业都可以考虑按照特殊法人的模式来运作。

特殊法人的特殊性。法人可分为公法人和私法人。划分的标准可以是法人设

立的目的（如以公益为目的还是以私益为目的），或法人设立所依据的法律（如以公法为依据还是以私法为依据），或看法人是否行使或分担国家权力（或政府职能）等。具体划分标准可多种多样，但其基本原则是一致的。这里所说的"公"与"私"（如"公益"与"私益"或"公法"与"私法"）的划分都是相对的。例如，一般意义上的公司法按国际惯例均属"私法"、"民法"或"商法"范畴，因此依据公司法设立的一般有限责任公司和股份有限公司也就属于"私法人"。但要切记"私法人"企业却不一定就是私有企业，它完全可能是公有甚至国有企业或国家参股、控股企业。在这方面，姓"社"姓"资"或姓"公"姓"私"的争论是没有多大实际意义的。

在日本等一些国家，在国家行政法人（纯公法人）与一般民间法人（纯私法人）之间存在一些中间形态，如"公社"、"公团"、"公库"、"营团"等特殊法人企业。它们几乎都是国家独资的国有企业。中国的大型国有企业也应考虑主要采取特殊法人的组织形式，既不是纯粹的公法人，也不是纯粹的私法人。

特殊法人企业与依照公司法创立和经营的普通公司法人企业，虽在表面上都有"法人地位"，但在法人地位的确立上有本质的差别。中国将"国有独资公司"归属公司法约束就是忽略这种本质性差别的突出例证。从法律上讲，普通公司的法人地位并不是政府可以随意决定的，因为由众多股东共同出资创立的产权分散的有限责任公司或股份有限公司，天生就具有法人资格。这是由于单个股东的股份份额相对很小，又以出资额为限承担有限责任，因此既无能力又无动力去干涉公司日常事务，也不能随意撤回资本，只能采取"用手投票"或"用脚投票"的方式维护自己的利益。这样，公司的所有权与控制权（或经营权）分离，法人地位便会自动形成。这种法人地位的形成可看做是由于公司所有者（股东）授权，也可看做是公司制度的自然产物，不取决于政府是否授予。与此不同的是，政府所有或控制的"特殊法人企业"虽然表面上也是依法（指区别于公司法的其他特殊法律）创立或运营的，但其法人地位在根本上却取决于国家或政府是否授予。

概括起来，特殊法人企业的特殊性体现在下表：

表1 特殊法人与普通法人的比较

	特殊法人	普通法人（股份公司）
法律依据	特别法律（如烟草专营法、电信法、铁路法等）	公司法（私法、民法、商法）
法人地位	有，属特殊法人	有，属普通法人
所有者	国家（或各级政府）投资、或控股	股权分散、国家（或各级政府）参股，政府与民间合资
法人类别	兼有公法人和私法人特征	私法人
	兼有营利法人和公益法人特征	营利法人
	兼有社团法人和财团法人特征	社团法人
财政补贴	有	无

　　特殊法人法不是一个单独法律，而是对每个特殊行业或特殊法人专门立法的一系列法律的总称。制定法人法既不是全都从零开始，也不是把现有有关法规推倒重来，只需稍作调整。特殊法人企业不仅要受特殊法人法的约束，还要受其他适用法律（如安全、劳动、环境保护等）的约束。有时，根据实际需要，在法律规定的范围内，政府或有关机构也可以"政令"或政府条例的非法律形式出台一些政策性规定，来对特殊法人企业进行管制。根据社会经济和技术发展情况，通过法律调整，特殊法人形态可以变化。例如，特殊法人可以变成普通法人，普通法人也可变为特殊法人。

　　更重要的是，国有企业按特殊法人规范还从根本上解决了与《反垄断法》（第7条）的矛盾，也理清了与"行政垄断"所造成的纠葛。例如，《反垄断法》第7条规定，"国有经济占控制地位的关系国民经济命脉和国家安全的行业以及依法实行专营专卖的行业，国家对其经营者的合法经营活动予以保护"。所以，特殊法人与《反垄断法》完全一致，"名正言顺"。

　　总之，特殊法人企业在设立原则、治理结构、资本结构、监督机制、行业分布、政策环境和法律依据等方面都有很多特殊之处。这些都是国有企业理论新论的重要内容。

五、附录：相关研究成果

[1]于立，马骏.中国国有企业改革与公司治理结构[J].国家自然科学基金与美国福特基金联合资助项目（1997—2000）.

[2]于立，马骏.特殊法人企业有关问题的进一步探讨[J].东北财经大学学报，1999（1）.

[3]于立，马骏.中国国有企业改革与治理结构的构建新思路[M].公司治理结构：中国的实践与美国的经验：第13章.北京：中国人民大学出版社，2000.

[4]于立.关于国有企业制度和治理机构的建议[J].上报全国政协、全国人大、国务院.

[5]于立，肖兴志，卢昌崇.对国有独资公司若干问题的探讨[J].当代财经，1998（4）.

[6]于立."以偏概全"是国企改革的大忌[J].开放导报，1999（11）.

[7]于立.再论国有企业改革新思路[J].天津社会科学，1998（5）.

[8]于立.垄断行业国企改革如何走出僵局[J].中国企业家，2006（5）.

[9]于立.国有企业改革与治理结构的构建新思路[J].辽宁城乡金融，2009（2）.

第34讲　关于中国电信和中国联通涉嫌价格垄断及整改情况的评估意见

根据有关材料和数据，我对中国电信和中国联通涉嫌价格垄断并按要求整改的效果，主要从经济学的角度提出以下评估意见。

中国电信和中国联通涉嫌价格垄断主要涉及三个方面：

第一，拒绝交易。一方面表现为"中国电信涉嫌以过高价格变相拒绝与中国铁通交易"，另一方面表现为"中国电信和中国联通之间没有实现充分互联互通"。经过整改，中国电信与中国铁通骨干网直连带宽结算价格由110万元/月/G下调到80万元/月/G，同时也进行了扩容。中国电信和中国联通进行了较大幅度扩容，互联互通质量有较大改进，但联通至电信的忙时网间时延（85.36ms）与丢包率（3.3%）仍未达到基本要求。两公司之间的互联互通机制有待继续完善。

第二，价格歧视。中国电信和中国联通利用市场支配地位，对规模较大、具有竞争潜力的ISP实行高价。经过整改，价格管理办法和资费标准适当公开透明，情况有所改进，但同地区、同专线速率，不同折算价格的情况（价差率最高达80%）仍然存在。

第三，价格挤压（或纵向圈定）。两公司均在既做宽带批发又做宽带零售的情况下，利用市场支配地位，对自己的大客户实行零售低价，而对中小ISP实行批发高价，甚至达到"批零倒挂"的程度。经过整改，统一专线接入资费标准并按照"就低不就高"的原则过渡，情况有所改进。

基本评价：国家发改委价格监督检查与反垄断局对中国电信和中国联通的反垄断调查和两个公司的整改取得了较好的效果，同时也暴露出中国反垄断执法中的一些重要问题。

具体说，中国电信行业的产业组织有三个突出特征：一是"行政垄断型市场结构"，即行政部门（工信部和国资委通过发牌限制准入和经营区域）主导"市场结构"，或者说相关企业的"市场支配地位"是行政主导的，而不是市场竞争的结果；二是"双轨寡头型企业行为"，即处于寡头垄断地位的企业（中国电信和中国联通）一方面依靠政府投资或利润存留进行基础网络建设，另一方面按市场化规则制定收费标准和接入服务策略；三是"价高低效型行业绩效"，具体表现在终端市场价格偏高、联网速度较慢、消费者满意度低等方面，这也是"行政垄断型市场结构"和"双轨寡头型企业行为"的必然结果。早期产业组织理论所强调的"结构决定行为，行为决定绩效"的"S-C-P范式"对于中国当前的电信行业具有较好的解释力。这三个特点决定了反垄断执法的难度和方式，简单的反垄断罚款手段难以奏效，有的根本性问题要靠经济体制改革来解决。

一、关于"行政垄断型市场结构"

这是影响电信行业竞争状况的关键因素，短期内也很难通过反垄断执法打破这种局面，更多的要靠经济体制改革来解决。这也是《反垄断法》不能根本解决行政垄断和国企垄断的普遍性问题。但是从技术发展的角度来看，随着电信行业信息技术的发展（如从3G转向4G、三网融合的实现）和"虚拟运营商"（目前已有19家）的积极加入，三家全业务基础运营商（中国电信、中国联通和中国移动）新的竞争格局即将形成，客观上有利于打破原先中国电信和中国联通两家公司的市场支配地位。或者说，"三家基础运营商+多家下游运营商"的特定市场结构比较符合中国电信行业的技术经济特点。由于中国电信市场的潜在规模和市场需求，实现基础运营商数量的增加也是可能的。从长远看，电信行业的自然垄断性减弱，竞争性增强，需要重新认识国有企业控制电信行业的必要性和运营模式。

二、关于"双轨寡头型企业行为"

上述的"行政垄断型市场结构"在很大程度上已经决定了相应的企业行为。必须清醒地认识到，通过反垄断罚款的惯例做法不可能从根本上解决市场结构问题，虽然对于一般性市场的企业垄断行为可望收到较好的执法效果，但对于约束和规范中国特定情况下的"双轨寡头型企业行为"作用却很有限。我们不赞成也不相信以简单的罚款手段就能解决问题，而比较支持国家发改委价格监督检查与反垄断局采取"调查+整改"的执法方式。虽然中国电信和中国联通目前的整改效果还不能十分令人满意，但想用规范"行为"的手段去解决"结构"问题无异于"南辕北辙"。

三、关于"价高低效型行业绩效"

虽然中国电信和中国联通曾向国家发改委价格监督检查与反垄断局提交中止调查申请，并针对两网互联互通、专线接入资费管理、消费者上网速率和资费等问题做出整改承诺，但应该看到，两公司的整改效果中既有技术发展和外部竞争的原因，也有国有企业投资机制"软约束"的因素，在一定程度上并不是反垄断执法的直接效果。在两公司的市场支配地位没有根本性改变的情况下，"结构决定行为、行为决定绩效"的机制不可能改变。虽然在反垄断机构的高压下，垄断行为会有所收敛，但不会根本改观，再加上执法机构与被执法企业间的信息不对称问题，行业绩效很难实现理想目标。这也是今后反垄断执法机构仍将面临的难题。

四、关于执法方式的评价

国家发改委价格监督检查与反垄断局对中国电信和中国联通两家公司的反垄断调查，对政府行政机构和相关企业而言，都是极好的《反垄断法》普法教育，对整个社会的竞争文化和竞争环境的塑造起到了很好的促进作用。鉴于电信行业的现有情况和产业组织特征，反垄断机构不是"直接取证罚款"，而是采取"调查+整改"的执法方式是比较恰当的，既坚持了《反垄断法》的宗旨，也符合中国的国情。这次反垄断调查可以总结出两条重要经验。一是反垄断罚款只对规范企业行为有一定效果，但解决不了市场结构的根本性问题，在缺乏竞争的条件下对行业绩效的影响也比较有限。这一点对于处理类似于中国电信行业的其他行业（如电力行业、石油行业等）都有重要启示。二是中国目前的这种"分散+配角"（即在国家发改委、商务部和工商总局三个机构分散设立并非主要职能的反垄断执法机构，外加各级法院中的知识产权厅）式反垄断机构设置注定是效率低下的。反垄断执法机构今后还应加强激励性规制的研究及执法举措，减少执法成本，提高执法效率，同时尽快建立统一高效的反垄断执法体制。

执法建议：我认为根据《反垄断法》第四十五条规定可以考虑有条件地终止对中国电信和中国联通涉嫌价格垄断的调查。附加条件可以包括：中国电信与中国联通两个公司对实现互联互通的程度和质量、互联网专线接入资费以及消费者宽带速率和资费标准等问题应做出进一步的承诺，并定期上交整改报告。

此外，为防止中国电信和中国联通可能滥用市场支配地位，还应进一步放宽下游运营商的市场准入，使竞争主体多元化，比如中国电信和中国联通应承诺继续放宽出租给虚拟运营商的基础网络资源百分比，提升网络运营商的市场竞争能力。同时，中国电信和中国联通必须加强自身的体制改革，在投资机制、人员激励和经营决策等方面去除国有企业的体制弊端，切实增强市场竞争能力，优化经营业务结构，从根本上改变依赖国家投资建设基础网络而缺乏业务创新和提高服务质量动力的局面。

（参加评估讨论的天津财经大学法律经济分析与政策评价中心其他人员：刘玉斌、徐洪海、王玥、丁左、徐志伟、冯博、张建宇、张杰）

第35讲 关于经营者集中若干问题的意见提纲

一、关于第三份文件的题目

草稿题目《关于审查横向经营者集中市场竞争单边效应和协调效应的指导/参考意见》，其中"市场竞争"没有必要，这两种效应都或多或少带有"垄断"的含义。

建议：删除题目中的"市场竞争"这四个字。另外"参考意见"优于"指导意见"。

二、关于第三份文件的定位

《关于审查横向经营者集中市场竞争单边效应和协调效应的指导/参考意见》（简称《指导意见》）与各国通常制定的，且中国商务部也正在起草的《合并指南》有何关系？

如果二者相同，则按照惯例和经济理论，通常包括三个部分：（1）市场界定、市场结构和安全港；（2）限制竞争效应分析（包括单边效应和协调效应）；（3）抵消因素（包括市场进入、买方力量、效率抗辩和破产企业抗辩），现有这份《指导意见》显然不完整。

如果二者互相补充，则参考欧盟等经验，《合并指南》应为概括、分析性内容，《指导意见》应为操作、实施性内容。现有这份《指导意见》同样偏重于概括、分析，而非操作、实施，似有不妥。

建议：方案1：《集中指南》包括三部分，即（1）市场界定与结构；（2）限制竞争效应分析；（3）反竞争效果抵消因素。方案2："虚实搭配"。

三、"协调效应"与"协同效应"的区别

这两个概念在经济学和管理学中差异较大，不应混用。详见表1。

表1 "协调效应"与"协同效应"的区别

概念	英文	特点	语义
协调效应	coordinated effects 强调"共济"	是对多个企业而言，指集中后企业数目变少更便于串谋所引起的后果	贬义：多指串谋的负面效果
协同效应	synergistic effects 强调"增效"	是对单个企业而言，指两个以上的企业集中或整合（一体化）后，减少交易成本，提高组织效率的情况	褒义：多指组织效率的提升

建议：统一用"协调效应"一词，来作为"单边效应"（unilateral effects）的对称；也不用"多边效应"的提法。

四、关于协调效应的三个条件

草稿中，关于经营者协调行为三个条件的陈述应该简化，不然既不符合"指导/参考"意见的口气，反倒有"教唆之嫌"。

建议：简化或删除。原则应是，只提反垄断机构如何评估协调效应，而不要过多介绍经营者如何做才能保证协调机制的有效运作。

五、关于反竞争效果抵消因素

草稿中关于反竞争效果抵消因素，内容过于简单。整个《指导意见》应是"单边效应"、"协调效应"和"抵消因素"三大部分，在字数和权重上应大体对

称。目前"附录"所述内容基本上都有关。这是"合理推定"原则的最好体现。

单边效应和协调效应是否也有程度问题？二者是否可以加总？效率因素如何考虑？

这里有一个重要问题，即使集中有促进效率提升的好处，而且大于单边效应与协调效应之和，也要考虑利益分配问题。一般情况下，好处多归生产者（集中者），坏处多由消费者承担。

相关的理论问题是，总福利=消费者剩余+生产者剩余。

2009年诺奖得主Willianmson（1968）提出的"权衡模型"，寻求削弱竞争与增进效率间的平衡。当然，如果本意见只是关于审查两个负面效应的，也可不特别涉及"效率"问题。但要在适当的文件中专门表达关于效率的政策取向。

建议：扩展反竞争效果抵消因素的内容，而不用"附录"的形式，即"3部"模式；或者也可考虑将整个第三问题内容都列入附录，即"2+1"模式，而且还要提及集中的利益分配问题。

六、关于申报标准的数量指标问题

第2条[申报标准]：所有经营者全球营业额100亿元，其中两个经营者中国境内4亿元；所有经营者中国境内营业额20亿元。这些数字指标没有考虑市场的区域性，与市场界定的原理存在矛盾。因为有的市场不是以国为界，如房地产行业、水泥行业、出租车行业等。这不同于欧洲的一些国家，它们以国为界大多成立。简言之，可能有不少的行业中，"中国境内不等于市场"。虽然申报标准不等于限制标准，而且不申报也等于不审查，但容易产生误解。

三条误区或禁忌：一是国界等于市场；二是行业等于市场；三是规定绝对数。

绝对指标对于不同行业应有所不同，如竞争性行业和非竞争性行业，或者区分寡头垄断行业与非寡头垄断行业。

建议：增加"一般情况下"字样；或者进行大体的行业分类，比如主要限定在寡头垄断行业，再在此基础上规定数字指标，而且尽量用相对指标（如市场份额）。

七、关于经营者集中方式（与知识产权有关的内容）

经营者集中方式之二（即第1.2条，和第5条[取得资产]）："经营者取得股权或者资产的方式取得对其他经营者的控制权。"其中的"资产"当然包括无形资产，特别是知识产权。天津市一家科技企业通过专利评估，获得银行2000万借款，是全国首例。但第5条只提及"市场营业额明确归属的如商标或者特许权等资产"。

建议：明确提及"知识产权"（包括专利、版权、商标等），价值或经有关机构评估，或者双方认可即可，反垄断机构不必过于关注此事。

八、关于格式的几个具体细节

建议：

1.可用小标题或段落编号，使全文层次更清晰。

2.意见正文、术语力求简洁，详细的专业术语解释和案例可以通过脚注或附录形式细化。

3.说明理论和政策时，可采取概念界定与实例列举相结合的方式。

4.全文用语一定要一致。

第36讲　关于反垄断《经济分析问题研究》项目的意见提纲

一、总的评价

思路清晰+体系完整。如六章：

1.经济分析和经济学家的角色和作用：但要注意与后面内容的重复。

2.界定相关市场：前提或基础工作。

3.经营者集中的效应（多为负面，应称"反竞争效应"，而不是"竞争效应"）。

4.进入障碍：重要补充。因为在进退基本无障碍的条件下，垄断是不成立的。甚至有时可以首先分析进入障碍问题。

5.经营者集中的效率影响：正面效应，或称效率抗辩，体现"合理推定"的原则。

6.其他相关问题：附加条件、补救方案、破产企业。

二、几个问题

1.此报告与《国务院反垄断委员会关于相关市场界定的指南》的关系：修正还是补充？

2.此报告与《关于审查横向经营者集中单边效应和协调效应的指导意见（草案）》的关系：分头研究，统一调配？

三、名词概念

有些名词概念经常用到，不仅法学家和经济学家用法不同，就是经济学家同行，也经常出现不一致。下面提供一套尽量准确的"标准"或"小词典"，供大家参考：

1. "单边效应"（unilateral effects）——备选方案是"独行效应"，以与"协调效应"对应。

2. "协调效应"（coordinated effects）——强调"共济性"，是对多个企业而言，指集中后企业数目变少更便于串谋所引起的不良后果。多为贬义，即集中后多个经营者更易串谋的负面效果。

3. "协同效应"（synergistic effects）——强调"增效性"，是对单个企业而言，指两个以上的企业集中或一体化后，减少交易成本、提高组织效率的正面效果。多为褒义，即组织效率的提升。这在管理学或有关企业兼购的实践中常用。

4. "规模经济"（economies of scale）——不称"经济规模收益"，指"规模"上的"经济性"或"效率性"，不同于"经济规模"。相对应的有"范围经济"（economies of scope）、"聚集经济"（economies of agglomeration）和"网络经济"（economies of network）。经济学中主要就是这四种"经济性"概念。与"规模经济"相关的还有"最小有效规模"（MES，minimum efficient scale）。

5. "进入障碍"（barrier to enter）——对称是"退出障碍"。不要称"进入壁垒"或"管制壁垒"等，过于陈旧，也不准确。例如"退出壁垒"就不伦不类。原来多指闭关锁国情况下的"贸易壁垒"，现已很少再用。

6. "进退无障碍市场"（contestable market）——不要称"可竞争市场"，含义不清；也不要称"有效竞争市场"，这也是有特定含义的。按程度来分，可有"进退完全无障碍市场"或"进退基本无障碍市场"的说法。

7. "福利净损失"（deadweight loss）——不要称"无谓损失"，其本意指的是垄断企业高价所引起的扣除消费者剩余向生产者剩余转移后的社会福利净损失，又称"福利三角形"。

8. "本身违法原则"（per se rule）——与"合理推定原则"相对。

9. "合理推定原则"（rule of reason）——与"本身违法原则"相对，不宜称"合理原则"，既不对称，也不准确。

10. "驱除对手定价"（predatory pricing）——或简称"驱除定价"，它与"限入定价"相对称。称为"掠夺性定价"含义不清。

11. "专利联盟"（patent pool）——强调"串谋"行为，不称"专利联营"或"专利池"为好。

12. "搭售"（tying）——区别于"捆绑"，无固定比例，多指无关产品或服务。

13. "捆绑"（bonding）——指只以固定搭配的方式出售，例如鞋和鞋带，通常为相关产品或服务。

14. "市场支配地位"（market dominant position）——与"市场势力"相关。

15. "市场势力"（market power）——不称"市场力量"为好。

16. "共用品"（public goods）——不称"公共物品"、"公用物品"、"公用品"为好。

17. "私用品"（private goods）——不称"私人物品"、"私用物品"为好。

18. "规制"（regulation）——不称"管制"为好。

19. "交易成本"（transaction cost）——不称"交易费用"为好，强调"代价"，多与制度或体制有关。

20. "法律经济学"（law & economics）——是指研究法律（法规）问题的经济学，不是"法与经济学"，也不说"法经济学"为好。它与"经济法学"相对。又如，"经济社会学"和"社会经济学"就不是一回事。

21. "经济计量学"（econometrics）——是指研究经济问题的计量学，本身不是经济学。如"生物计量学"等。

22. "产业组织理论"（theory of industrial organization）——是"产业经济学"的同义词，但一般的"产业组织"是指一种"产业状态"或"产业格局"。

第 37 讲　关于微软涉嫌垄断案意见提纲

一、主要着眼点

1.已经被欧盟或其他国家反垄断执法机构处罚过的行为，是否仍在中国重现？

2.微软有无专门针对中国市场的垄断行为？（例如针对汉字的，涉及盗版的）

3.问题单提及的问题，是否在其他国家也存在？他们的处理办法如何？

4.有哪些问题是"蓄意存在"的，有无属于多方沟通后就可简单解决的？

5.哪些是危及用户、产业安全、国家安全的？

> 美国：（1）针对个人电脑操作系统市场的垄断；（2）将 Windows 操作系统与浏览器捆绑销售等。结果是"拆分"。
>
> 欧盟：（1）兼容性；（2）搭售。与中国类似，可重点参考。结果是罚款。耗时 4～6 年。
>
> 韩国：微软将应用程序（MSN 和 Windows Media Service）与 Windows 操作系统捆绑销售。结果是罚款。
>
> 日本：微软涉嫌迫使 PC 销售商接受一些强制性条款。结果是禁止。
>
> 中国：（1）微软 Windows 操作系统和 Office 办公软件的相关信息没有完全公开造成的兼容性问题；（2）搭售问题；（3）文件验证问题。

二、三家执法机构的特点

1.商务部负责"集中审查"为事先规制，只能当"无名英雄"，专治"未病之病"，即"华佗大哥"角色。

2.发改委负责"垄断协议"，横向协议多不用市场界定，多适用当然违法；纵向协议则较为复杂。

3.工商局负责"滥用市场支配地位"，前提是"市场界定"。影响大、难度高，但不论结果如何，都是"胜利"。反垄断执法"过程重于结果"！

三、对微软有利的因素

1.关注技术发展趋势对微软有利。技术发展趋势增强同行竞争。

2.考虑盗版因素对微软有利。盗版多表明替代性强，因而缩减市场份额。

3.加强IPR保护对微软有利。关键在于是否存在滥用IPR行为？拒售？歧视？

4.重视消费者利益对微软有利。目前只从同行竞争者角度看问题有所不足，可能不足以体现反垄断法的宗旨。

四、中国的特殊经验

1."歪打正着"——"盗版"、"走私"、"跳单"是打破垄断（行政垄断和市场垄断）的有效手段。

2."因祸得福"——由于执法不严和政策执行不力，某些错误的理念和政策坏作用并不大。政府干预需慎重！

五、软件行业的特点

1.涉及知识产权，"保反兼顾"较为困难。创新市场"以保为主"；技术市场"保反兼顾"；产品市场"以反为主"。软件行业如何区分"三种市场"。

2.软件产品市场天生就是全球性，中国不是独立市场。海关的作用？盗版问题？

3.产品市场边际成本接近于零，也无运费，难以从价格和成本角度考虑问题。例如，高价对竞争对手可能是有利的？

4.软件技术市场成本较高，创新市场更难。

六、问题 1——兼容性

➤是否"充分开放"，关键在于"技术性证据"是否充分有利，不在定性争论。

➤Windows 操作系统（源代码）和 Office 办公软件（附属软件）性质大有不同，应区别对待。美国和欧盟都将相关产品市场界定为基于 Intel 的 PC 操作系统，这就将苹果公司的 OS 系统等操作系统和其他移动设备排除在外；在涉及搭售问题时还会界定出另外一个独立的相关市场，PC 操作系统和被搭售产品成为两个独立产品，否则无搭售问题。

➤信息公开不充分：源代码；API。延期公布，过期的完全公布。

七、问题 2——搭售

◇IE 浏览器和媒体播放器（Media Player）有两个问题：（1）是否"不可卸载"？（2）是否免费？并以前者为前提。

◇预装 MS Office Starter 关键在于：（1）微软与电脑厂商是否有"纵向协议"？（2）协议是否"排他"？

八、问题 3——文件验证

（1）目的是什么？

（2）是否属于提示义务？

不属反垄断执法范围，而属反不正当竞争？

九、市场界定问题

是否具有支配地位是判定企业是否滥用支配地位的前提。而支配地位的认定基于对相关市场的界定。在本争议中，提及了：（1）信息处理市场；（2）基于不同终端设备的操作系统市场（如基于 PC 的桌面操作系统，基于手机、基于平板电脑的操作系统）；（3）应用软件市场（如浏览器和媒体播放器）；（4）相关技术市场（如产品的存储格式）等多个层面的相关商品市场概念。微软在答复中强调了其在信息处理行业中的优势地位不复存在（仅仅经过 10 年的时间，微软如今已不再处于信息处理行业的中心地位），以此来说明其不具有支配地位。争议点在于，信息处理行业很难成为反垄断法意义上的相关商品市场。

十、几个结论性意见

1.强调全球市场，回避盗版问题。总的策略是"攻其一点，不及其余"。

2.如果是为了防止盗版，有的做法是否有情可原？

3.无论如何定义市场，微软具有支配地位可能难度不大。但更关键的在于是否滥用。二者兼备才能说垄断。

4.对竞争者考虑较多，对消费者考虑较少。

5."没有原告"问题？

6.三种结果都是"胜利"：处罚；承诺（或中国制定标准，学欧盟）；证据不足。

7."标准"由微软操控问题？

十一、研究选题

·盗版问题：从 IPR 保护与反垄断两个角度。盗版对竞争的促进作用；"某些时段允许盗版"也可能是企业的经营策略。

·商业模式的"二重性"。